本书由扬州大学出版基金资助出版

祁龙威文集

QILONGWEI WENJI

祁龙威 著
吴善中 编

壹

广陵书社

图书在版编目（CIP）数据

祁龙威文集 / 祁龙威著；吴善中编. -- 扬州 : 广陵书社，2023.10
ISBN 978-7-5554-2021-7

Ⅰ. ①祁… Ⅱ. ①祁… ②吴… Ⅲ. ①祁龙威（1922-2013）－文集②中国历史－文集 Ⅳ. ①K207-53

中国国家版本馆CIP数据核字(2023)第088136号

书　　　名	祁龙威文集
著　　　者	祁龙威
编　　　者	吴善中
责任编辑	王志娟
出　版　人	曾学文

出版发行	广陵书社
	扬州市四望亭路 2-4 号　　　邮编　225001
	（0514）85228081（总编办）　85228088（发行部）
	http://www.yzglpub.com　　E-mail:yzglss@163.com
印　　　刷	无锡市海得印务有限公司
装　　　订	无锡市西新印刷有限公司
开　　　本	889 毫米 × 1194 毫米　1/32
印　　　张	95.25
字　　　数	2143 千字
版　　　次	2023 年 10 月第 1 版
印　　　次	2023 年 10 月第 1 次印刷
标准书号	ISBN 978-7-5554-2021-7
定　　　价	980.00 元

祁龙威先生

（1922—2013）

序

祁龙威(1922—2013),当代著名历史学家。他在中国近代史特别是太平天国史、辛亥革命史、张謇与晚清政治、清代学术史等方面的研究著作等身,名重海内。

祁龙威先生是江苏省常熟县港口镇(今张家港市凤凰镇)人。据先生自己讲,港口镇的祁姓原先是清初从对岸江北的如皋迁入的,后来一直卜居港口,开枝散叶。先生多次提及,太平天国占领常熟期间,他的曾祖心培公任太平军的基层乡官——军帅。先生也给我看过心培公传存下来的几枚太平天国铜钱。祁先生早年家境殷实,幼而岐嶷,5岁启蒙,从塾师吴仲渊读《诗经》《左传》《论语》等古书。1934年,13岁时就读于常熟私立孝友初中。寒暑假日,从同乡秀才陆蔚章先生学习古体诗。旋又得其表兄杨无恙的引见,师事同邑宿儒金叔远(鹤翀)学古文辞。据祁先生后来回忆说,金叔远先生"胸罗桑梓掌故,讲习之暇,常拈髭危坐,娓娓细论古今,事关世道人心,生徒倾听,不觉日暮"[1]。1937年,考入苏州东吴大学附属高中。时值日寇大举入侵,11月,苏州沦陷,在颠沛流离一年之后,由杨无恙表兄的帮助,到上海租界,入业已迁沪的苏州东吴大学附中肄业。

---

[1] 祁龙威:《常熟乡镇旧志集成序》。

1939年，18岁的祁龙威又由杨无恙托人推荐，拜国学巨擘吴江金松岑（天翮、天羽）为师。时金松岑先生教授于光华大学，祁龙威亲承謦欬，侍奉左右，读清代朴学鼻祖顾炎武所著书。经业师荐引，与国学大师章太炎弟子朱季海、贝仲琪、王仲荦等交游论学，从此，萌发了研习考据学的念头。

1941年，祁龙威先生从东吴大学附属高中毕业，考入东吴大学化学工程系。该年冬，太平洋战争爆发，大批日军开进公共租界，东吴大学内迁，先生返回故里。1943年2月至1945年7月，任常熟县立初级中学教师。其间，由于光华大学解散，金松岑先生归隐苏州，祁龙威不时赴苏州问学金松岑先生。1945年抗日战争胜利，东吴大学文理学院在苏州复校，祁龙威重回学校，但改读物理系，兼附中教师，仍侍从金先生。1947年8月，在同门前辈的推引下，应上海法学院之聘，任讲授国文和历史的教师，正式踏上了专业研习文史的道路。

1949年新中国成立前后，祁先生在上海法学院、震旦大学、上海法政学院任教。1951年8月，入苏州华东人民革命大学政治研究学院学习。翌年初，结业后被分配至常州中学教授历史。1954年8月，奉调至扬州苏北农学院附设工农速成中学任教。1956年10月，调北京九三学社中央，任宣传部编辑。1957年8月，调入苏北师范专科学校（扬州师范学院前身）执教。1978年10月，评为副教授。1986年11月，任教授。1995年4月退休。2013年11月24日，病逝于扬州苏北人民医院。

祁先生大半生涯是在扬州师范学院（以及后来的扬州大学）度过的。从1957年开始在师院历史系任教开始，先生一直以中国近代史的教学和研究为职志。扬州师院历史学专业是学校的一个传统专业,早在 1952 年就已经建立,屈指算来,迄今已经有 60 年的办学历史(其中,1964—1978 年,曾经停办)。可以毫不夸张地讲,祁先生的名字和扬州师院历史系是紧密联系在一起的——因为有了祁龙威先生,历史系才在海内外赢得了一定的学术声誉。1978 年至 1983 年底,祁先生任历史系主任,为历史学专业的恢复和发展作出了重要贡献。这一时期是历史系的恢复时期。由于原来的历史教学人员流散,资料设备在"十年动乱"中损失严重,百废待兴,困难重重,但在祁先生的领导下,全体师生共同努力,一方面大力落实知识分子政策,调动广大师生的工作积极性,另一方面抓人才引进,抓学科建设和专业建设,抓教学质量的提高,全系各项事业迅速恢复和发展。其间,在 1982 年,历史学专业开始恢复招收本科生,1982 年中国近现代史专业开始招研究生,1984 年又取得了硕士学位授予权,这是当时扬州师院仅有的两个有学位授予权的硕士点之一。正是在这个硕士授权点的基础上,后来历史系才获得了中国近现代史博士授权点和中国史一级学科授权点。

祁先生治史,坚持以马克思主义为指导,重史料,重证据,精于考证,在中国近代史研究领域,卓然而立,硕果满枝。他的研究,涉及中国近代史的方方面面。特别是对太平天国和辛亥革命史有精湛的研究,这一点,海内公认,众口皆碑。祁先生多次说过,他研究太平天国,是从 20 世纪 50 年代初在常州任中学历史教师时起始的。1953 年 1 月 30 日,他在《大公报》(上海)发表《美英法帝国主义者组织"洋枪队"在浙江省进攻太平天国革命军的真相》,这是祁先生运用唯物史观研究太平天国革命的一篇较早的有影响的学术论文。祁先生曾公开表明自己的太平天国史观:"我认为,肯定农民反封建、反侵略斗争的正义性,歌颂太平军的爱国主义精神,总的研究旨趣是正确的,所以,我把太平天国史作为自己的研究重点之一。"[1]在数十年研究太平天国史的历程中,他一以贯之地以马克思主义的立场、观点和方法研究太平天国,一方面,肯定太平天国农民运动反帝反封建的基本性质和丰功伟绩,另一方面,也及时指出要准确认清农民运动的局限性特别是其不可避免的封建化趋势。20世纪五六十年代,学术界对太平天国运动高度推崇,评价无限拔高,在这一倾向面前,1957年,祁先生发表了《从〈报恩牌坊碑序〉问题略论当前研究太平天国史工作中的偏向》,该文通过对吴云《两罍轩尺牍》、龚又村《自怡日记》的解读,从中发现忠王李秀成部太平军驳杂衰败、通敌内乱之状令人惊心动魄。祁先生将这种情况与简又文、罗尔纲等前辈所作信史的《常熟报恩牌坊碑序》相比较、对勘,发现出于叛将之手阿谀奉承忠王的碑文内容是不真实的,其中说太平天国治下的常熟民丰物阜是虚假的,这一观点和看法,不仅是一个事实的辨正,而且意在纠正当时学界所存在的一种实际上偏离了马克思主义的不正常学风,这是需要睿智眼光和无畏勇气的。1979年,祁先生对太平天国所谓的政治平等、经济平等、男女平等和民族平等这所谓的"四大平等"提出了质疑,指出农民小生产者是提不出也不可能实行"四大平等",他们只会主张和实行"功勋等臣,世食天禄"[2]。

祁先生说过:"评述太平天国史学的发展,是以马克思主义为依归。坚持还是否定马克思主义对太平天国史的指导,一直有反复。集中反映在对太平天国评价的分歧上。"他明确不赞成改革

---

[1] 田汉云、金永健:《祁龙威教授访谈录》。
[2] 祁龙威:《释"功勋等臣,世食天禄"》。

开放后一些论著重新宣扬"农民战争破坏论",并对曾国藩、李鸿章"平反",强调他们"学西方"的"丰功伟绩"的历史虚无主义的论调。他旗帜鲜明地说:"谁负战争破坏的罪责?不同的阶级作了不同的解答。"封建阶级把战争破坏罪强加给农民阶级;资产阶级则采取"客观主义"立场,将清军和太平军各打五十大板,判处分担破坏的责任,表面公正,实际不公正,"只有马克思主义者,站在无产阶级和人民大众的立场,揭露'官逼民反'的实质,把战争造成的破坏,归罪于封建统治阶级,才是真正的公正"[1]。

论从史出,史料考证是理论分析的基础。祁先生治太平天国史,十分注意太平天国资料目录、版本、辨伪、编纂、训诂和考释等问题,他说,"这些都是从清代乾嘉以来,朴学家提倡的基本功",研究太平天国,要坐冷板凳,要在这些基本功上下功夫。其中,要"突出识别史料的真伪"[2]。

祁先生写过不少太平天国史料考证的名作佳篇,但他自己较看重的是3篇关于《燐血丛钞》辨伪的文章,即《〈新说〉质疑》《〈燐血丛钞〉辨伪》和《李秀成官爵考——兼辨新出"民不能忘"碑文是假的》。

《燐血丛钞》共4卷,出现于20世纪50年代,1979年上海古籍出版社出版的《太平天国史料专辑》收录了其中的一、三、四卷。祁先生吸取清人阎若璩《古文尚书疏证》的证伪方法和今人罗尔纲揭露伪书《江南春梦庵笔记》的考伪经验,考证《燐血丛钞》作者的作伪真相:(一)发现破绽。如《燐血丛钞》所收《新

[1] 祁龙威:《太平天国史学导论后记》。
[2] 《太平天国史学导论后记》。

说》,伪托洪仁玕之子所作,但经与太平天国文献勘对,发现《新说》作者对洪仁玕的活动行迹一无所知,而且,洪仁玕也没有这样一个带兵在外的儿子,矛盾重重。(二)抓住铁证。如《燐血丛钞》中的所谓"民不能忘"碑,伪托投降太平军的清将李文炳等为忠王李秀成所立,碑文称忠王为"军师",查李文炳已于1862年谋叛被处死,而忠王李秀成于1863年夏天才封为"军师",李文炳怎能先作预见?显然,这是后人作伪的露出的马脚。(三)查明伪书的资料来源。《〈燐血丛钞〉辨伪》一文中,祁先生列举了《燐血丛钞》大量抄袭伪书《江南春梦庵笔记》的例证,并且,伪上加伪,杜撰史实。祁先生的这一辨伪成果,受到罗尔纲先生的充分肯定,说"大著辨伪精微,鞭辟入里","完全同意尊考矣"[1]。

祁先生早年师从金松岑等国学名家,有过硬的考证学功底。1982年,他开始招收中国近现代史研究生,研究方向主要是太平天国。他以考据方法训练研究生治太平天国史。由于缺少这方面的教材,他不畏艰辛,只身一人,亲自编写教学讲义,有《太平天国史学史》《太平天国史料学》《太平天国文献学》等,用于讲课。这些讲义,有的是在他先前所写的论文基础上编成的,如,以原先两篇《太平天国史学简史》论文为基础,加上为编写讲义所写的《简又文评传》《萧一山与太平天国文献学》《罗(尔纲)先生赞》等文,编成《太平天国史学史》,遵循史学史的研究理路,纵向上梳理太平天国史学的研究历程,横向上评述太平天国研究的宗师们所走过的学术道路以及治学特点、经验和学术成就;在祁先生看来,教学

---

[1] 赵昌智、华强主编:《朴学的守望者——纪念祁龙威先生文集》,广陵书社2014年版,第181页。

和科研是互为表里、互相促进的。他的不少论文甚至专著，就是在其讲义基础上修改、充实而成的，如其著作《太平天国经籍志》[1]，是在他的手写讲义《太平天国印书》基础上完成的。1987年，在学术著作出版较为艰难的情况下，祁先生得到了学苑出版社的一个出版书号，恰巧他过去的一个邻居在扬州的一家印刷厂任厂长，表示愿为印书，祁先生便提炼整合了这些讲义，编成了《太平天国史学导论》，1989年出版。在后记中，祁先生说该书是他"指导研究生的自编教材。其中包括：（一）太平天国史研究经验总结；（二）太平天国史料考证举例。在一定意义上说，本书对学生起入门向导的作用，故名《导论》"。书中以论文的形式，举例讨论太平天国资料的目录、版本、辨伪、词语训诂和概念考释等方法，引导研究生初窥考证学门径。

祁先生认为，运用考证学的方法研究太平天国典章制度，大有可为。他指导的研究生，前几届多以太平天国典章制度为选题：华强研究太平天国政区地名、华国梁研究职官、吴善中研究天历、周新国研究刑法、夏春涛研究服饰、王波研究科举等。他曾说过，简又文、罗尔纲前辈虽对太平天国典章制度多有研究，但"及门诸生"花两三年功夫，集中精力研究其中的一个方面，"语其一曲，智或过之"。而且，他始终告诫研究生，研究太平天国典章制度，要以唯物史观为指导，注意史论结合。

对太平天国的同盟军——捻子、捻军，祁先生早年曾花费心血进行过深入的研究，发表《关于宋景诗起义的补述》[2]《外国侵

---

[1] 广西人民出版社1993年版。
[2] 《光明日报》1955年4月14日。

略者对捻党起义的武装干涉》[1]《关于捻军史分期问题的商榷》[2]《西捻军最后一战与戊戌维新的伏笔》[3]《略论1864—1868年的捻军战争》[4]等,著名捻军史专家江地教授评论:"龙威同志对太平天国史和捻军史都有一定研究,他的意见值得重视。"[5]对后来率领捻军作战的太平天国遵王赖文光,祁先生曾写过一本《赖文光》[6]小册子,又撰写《赖文光是知识分子出身的农民英雄》[7]《东捻军失败与赖文光被俘事迹调查简记》[8]论文,后一篇文章中,他通过亲自前往扬州万福桥、湾头、瓦窑铺等地调查,搜集口碑资料,再结合文献记载,生动再现了1868年(同治七年)初赖文光率领东捻军从扬州高邮、邵伯镇、仙女镇直趋运河渡口湾头、瓦窑铺,希图抢渡运河重返皖北的战斗场景,揭露清军尔虞我诈、争权夺利的丑态,歌颂赖文光对太平天国事业的赤胆忠心。

在辛亥革命史领域,祁先生多有创获和贡献。1957年,在扬州师院党委的支持下,祁先生带历史系的部分师生辗转江苏各地,搜集辛亥革命江苏地区文献、文物、回忆录和口碑资料,编成《辛亥革命江苏地区史料》,共40余万字。1961年10月,中国史学会和湖北省哲学社会科学联合会在武汉举办纪念辛亥革命五十周年学术讨论会,当时还年轻的祁先生携稿与会,在北京大学邵循正教授的

---

[1]《光明日报》1955年10月13日。

[2]《史学工作通讯》1957年第2期。

[3]《历史教学》1984年第2期。

[4]《历史教学》1962年第12期。

[5] 江地:《论太平天国和捻军起义的关系》,《历史研究》1963年第3期。

[6] 与秦自信合作,1957年江苏人民出版社出版。

[7]《光明日报》1956年2月16日。

[8]《光明日报》1958年2月3日。

推荐下,作了搜集、编辑该稿经过的报告。随即,该稿由江苏人民出版社出版。1980 年 10 月香港大东图书公司翻印。这本史料集,是研究中国近代史特别是辛亥革命史必备的资料书。早在 20 世纪 60 年代初,陈旭麓先生就发表文章,高度评价作者所做的开创性工作和该书重要的史料价值,认为"其中文献部分,不少是当事人的手稿、日记和档案资料,得来颇不易"。"这本书的特点,是文献资料和调查资料的结合,有互相印证的好处,……这是搜集和整理近现代史资料的好方法,但要付出较多的劳力。"陈旭麓先生指出,该书的史料价值在于:"虽然只是记载一个区的活动,却在好些地方可以加深对辛亥革命全局的认识",特别是对这次革命不彻底性的认识;"对革命失败的根本原因——没有发动广大人民群众,(该书)也就江苏一地,作了充分的反映";另外,"对江苏地区革命党人活动的事迹,如赵声在新军第九镇中的影响,李竟成的奔走联络,周实、阮式等青年革命知识分子的英勇牺牲,均收集了传记资料,以表彰他们对革命所作的努力。"[1]胡绳《从鸦片战争到五四运动》曾多次引用该书中的史料来说明江苏地区辛亥革命的妥协性、复杂性。为论证辛亥革命中旧势力是如何投机革命的,胡绳先生选取了书中最具有代表性的江苏巡抚程德全"光复反正"的事例;为说明江苏地区辛亥革命的复杂性,胡绳先生又引用了书中由祁龙威执笔的《孙天生起义调查记》《千人会起义调查记》所述及的在扬州发生的以孙天生为首的城市平民、清军士兵武装起义和在苏南无锡、常熟、江阴三界边界地区 1911 年发生的由教门武

---

[1] 陈旭麓:《一本有价值的辛亥革命地区史料》,《文汇报》1962 年 9 月 16 日。

装发动的"千人会"农民起义。

祁先生先后发表一系列辛亥革命史研究论文。20世纪60年代初,国内史学界曾对辛亥革命时期社会主要矛盾展开热烈讨论。祁先生和他的学生张锦贵撰《论辛亥革命时期的社会主要矛盾》[1],提出独到看法。认为《辛丑条约》签订后的民族矛盾虽进一步深化,但其激化的程度已比义和团运动时期趋向缓和。而中国人民大众与帝国主义走狗、清朝封建统治者之间的国内阶级矛盾却日益尖锐,逐步上升为社会主要矛盾。它的存在和发展规定和影响着其他矛盾的存在和发展;在祁龙威《辛亥革命时期江苏光复情况简介》[2]《赵声的〈歌保国〉》[3]文中,阐明辛亥革命的第一枪虽打响在武昌,而中华民国临时政府诞生在南京,所以,江苏在辛亥革命中的重要地位不下于湖北;江苏光复的斗争十分复杂,内容十分丰富:有革命党人秘密发动的新军起义,有地主官僚进行的"和平光复",有自发的民变兵变,有革命党人与地主官僚联合攻击清军的斗争,有革命党与地主官僚共同对农民起义的镇压,有地主、官僚、军阀消灭革命势力的政变。指出"江苏的情形,是全国的缩影"。文章充分肯定江苏所孕育的一大批资产阶级和小资产阶级的革命知识分子如赵声、李竟成等人的革命活动和不凡功绩。特别值得一提的是,在荣孟源先生的力荐下,1964年,《历史研究》第2期上发表了祁先生的《论清末的铁路风潮》一文[4],在大量史料的基础上,运用唯物史观,阐明铁路风潮之所以

---

[1] 《江海学刊》1961年第10期。

[2] 《江海学刊》1961年第8—9期。

[3] 《江海学刊》1961年第9期。

[4] 收入《辛亥革命论文选》,三联书店1981年出版。

引发辛亥革命,乃是列强掠夺中国铁路和清政府卖国的结果。

祁先生对张謇与晚清政治的研究,也有杰出的成就和贡献。

首先,他较早地在南通地区点燃了张謇研究的星星之火。按照南通地方史研究专家穆烜的说法,早在20世纪60年代初,祁先生就在南通"促成了两方面的事情:一是点燃了张謇研究的星星之火。……二是助成了大生档案资料的集中"[1]。

1961年秋天祁先生带领师生赴南通,得晤目击过辛亥南通光复的乡贤耆老费范九(1887—1967),得到了费老写的《南通光复记》《回忆丝鱼港风潮》,并了解了大生纱厂档案的大致收藏情况。该年冬天,应南通市委宣传部之约,祁先生再赴南通,这次一起去的还有江苏人民出版社副社长蔡逻、扬州师院历史系中国近现代史教研室主任姚能等人,主要讨论和协商扬州师院历史系学生来南通整理大生纱厂档案以及由先生和姚能等整理、笺注保存在南通的后半部《张謇日记》并交江苏人民出版社出版事宜。祁先生两次赴南通,先后拜访了当地相关部门的领导及专家,广泛宣传张謇研究的重要性必要性和南通研究张謇的优势,所以,与祁先生交谊多年的穆烜说"先生点燃了(南通地区)张謇研究的星星之火"。的确,其后,南通地区在市委第二书记钱岗、宣传部部长曹从坡的带领推动下,南通学者写出了《张謇的悲剧》(曹从坡)、《张謇在辛亥革命中的政治活动考实》(管劲丞)等有价值的论文,开始着手编撰《大生资本集团史》等工作。另外,由于祁先生计划带领学生整理大生档案,客观上"助成了大生档案资料的集中","于是原来散在各厂和上海大生事务所的档案都集中到市档案馆,民间散存

---

[1] 赵鹏:《费范九致祁龙威函赏读》,《博物苑》2011年总第16辑。

的有关张謇的文献也或捐赠或抄成副本,保存到市图书馆。这无疑是一次关于张謇资料的大抢救,它有序地避免了后来'文革'的毁灭之灾。这些档案资料成为如今张謇研究的重要基础"[1]。

其次,笺注《张謇日记》。祁先生在研究张謇过程中,用力至勤的当然是笺注张謇日记。张謇日记初名《柳西草堂日记》,起于清同治十二年(1873)九月初四日,迄于民国十五年(1926)阴历六月廿四日。前后凡50余年,计28册。张謇逝世前,少有人得见,蔡元培挽张謇联"为地方兴教养诸业,继起有人,岂惟孝子慈孙,尤属望南通后进;以文学名光宣两朝,日记若在,用裨征文考献,当不让常熟遗篇",表明当时的蔡元培虽然知道有《张謇日记》,但怀疑《张謇日记》是否还存留人间。后来,张孝若撰《南通张季直先生传记》,该书用的史料有的直接取自于张謇日记,人们始知日记得以存世。

1961年冬天祁先生第二次来南通时,得见下半部《张謇日记》。据当时任南通市革命史料编辑室副主任穆煊先生回忆,"蔡(蔡暹)等四人由曹从坡陪同,来我办公室,看张謇日记,我即取出,让他们翻阅片刻。祁龙威看了辛亥的部分,指出几条认为很有史料价值。他当时就建议蔡暹出版日记,并说,可以加以整理、笺注,就更有史料价值。蔡暹说,等回去请示、研究后再联系。曹从坡表示,等他们回去研究后,听他们意见再决定,并表示,愿意向学术界提供这份资料"[2]。

本来,祁先生与蔡暹等商量,由他和姚能等将《张謇日记》标

[1]《费范九致祁龙威函赏读》,《博物苑》2011年总第16辑。

[2] 赵鹏:《穆煊与张謇日记的出版》,《江海晚报》2014年6月10日。

点、笺注整理后，铅印出版。祁先生雷厉风行，决定春节后立即北上北京，查找笺注所需资料，并把这一想法写信告诉了南通费范九。1962 年 4 月 3 日上海《文汇报》还发了一条新闻，标题是《扬州师范学院整理〈张謇日记〉》。但后来情况发生些许变化，江苏人民出版社认为标点笺注等整理工作太慢，而"影印来得快，还可保持原样"，决定立即影印，通过出版社和穆煊的辛勤工作，下半部《张謇日记》于 1962 年 5 月得以影印出版。

日记的上半部也得到出版。在港台地区，1967 年，张謇友人之子、前新亚书院图书馆馆长沈燕谋将张謇后人取走的上半部分日记手稿从香港携入台湾，交台湾文海出版社以《柳西草堂日记》原名影印出版。

国内学者研究《张謇日记》，迄今为止大概只有祁先生于1962 年所写的发表在《江海学刊》（第 5 期）上的《关于〈张謇日记〉》一篇。该篇文章有两个主要观点：一、《张謇日记》是一部珍贵的史料，与《张季子九录》等史料特别是与《啬翁自订年谱》相比，具有重要的史料价值；二、《张謇日记》记事简略、文多隐晦，需辑录其他资料相印证；张謇历时既久，朋友众多，在他的日记里，多用表字或别号，需要注释；日记内容也有讹误，需要校勘。总之，"对《张謇日记》的整理工作是完全必要的。现在我们正在进行这项工作，迫切盼望各有关机关、历史专家、社会耆老支持我们，给以指引和帮助"。

从 1962 年起，祁先生开始笺注张謇日记。为了"调查取证，为《张謇日记》作注，以便读者"，先生焚膏继晷，兀兀穷年。那么，先生所言"调查取证"又有哪些手段与方法呢？在《〈张謇日记〉笺注后记》一文里，先生作了具体阐述，一、搜集直接证据；

二、留心旁证;三、择要补证。先生说,"陈垣氏尝言:'注书例有二派:一注训诂典故;一注本事。'如罗尔纲氏的《李秀成自传原稿注》,可谓对二者兼而有之。我注释《张謇日记》等清末民初史料,侧重钩稽背景,说明本事,择要作注,择善取材"[1]。

祁先生注《张謇日记》,备极艰辛,可谓"一字之证,博及万卷,折心解颐,他人百思不能到"[2]。先生曾跟我们说及,为了一个不能辨识的草书字词,他在北京拜访过不少名家、大家,最后也未曾有结果;为了弄清某一人的名、字、号或笔名、地名等,又不知查阅了多少种资料。但苦中有乐。1963、1964 两年,先生一直长驻北京搜访查找笺注资料。章开沅先生曾提到,1964 年,他在中华书局从事张謇传的写作,"祁龙威当时也在这里校注张謇日记,我们正好从事同一历史人物的研究,朝夕相互切磋,获益更属匪浅"[3]。祁先生也曾对我们讲过,那时与章先生同住一室,说章先生白天用心苦读,有时夜里自己一觉醒来了,发现章先生还在挑灯夜战,温习英文,很是感动,自然自己也就不敢荒废时光了。

第三,以笺注《张謇日记》时所搜集的史料为基础,写出了多篇重要的有关张謇与晚清政治的论文。祁先生笺注《张謇日记》,一方面是为了方便大家读通读懂《张謇日记》,纠正《张謇日记》中的一些讹误;另一方面也是为了服务于自己的史学研究。祁先生明确说过"我注《张謇日记》,欲借此书为脉络,考证近代史事"[4],的确如此,祁先生主要依据《张謇日记》等史料,写出了诸

---

[1] 祁龙威:《张謇日记笺注选存》,广陵书社 2007 年版,第 153—157 页。

[2] 阮元:《王石瞿先生墓志铭》。

[3] 章开沅:《张謇传》,中华工商联合出版社 2000 年版,第 385 页。

[4] 《张謇日记笺注选存前言》,第 1 页。

如《从〈张謇日记〉看中日战争时的帝后党争》《帝党与戊戌变法》《从奕䜣出入军机看前后"清流"的悲剧》《戊戌政变后"帝党"在东南的活动》《从"东南互保"看洋务派破坏人民反帝斗争的罪行》等多篇极富创见、有很高学术价值的论文,祁先生把这类论文称为"笺余",也就是笺注的副产品。草蛇灰线伏脉千里,祁先生如果不笺注张謇日记,恐怕不大可能写就那么多与张謇有关的有重要学术创新的论文。

祁先生学术贡献的另一很重要也是很具有代表性的方面,就是研究清代学术,并且发扬光大了扬州学派,推进了当代考证学的发展。祁先生对清代学术素有研究,1962 年就发表了《乾嘉史学初探》[1]《关于乾嘉学者王念孙》[2]两篇著名论文。祁先生曾提及:"从上世纪 60 年代起,我即拟约集扬州师范学院同志,开展扬州学派研究,共振朴学之风,因'十年浩劫',此事中断,直至上世纪 80 年代,始得偿愿。"[3]在祁先生等人努力下,1988 年在扬州召开了首届"扬州学派学术研讨会"。与此同时,祁先生先后写出了《初论扬州学派对史学研究的贡献》[4]《为创建新时代的"扬州学派"而努力——培养研究生的初步经验》[5]《研究扬州学派,为建设社会主义服务》[6],为进一步加强扬州学派研究鼓与

---

[1]《江海学刊》1962 年第 1 期,另收入吴泽主编:《中国史学史论集》下,上海人民出版社 1980 年版。

[2]《学术月刊》1962 年第 7 期。

[3] 祁龙威:《清代扬州学派经学研究序》,见刘建臻:《清代扬州学派经学研究》,江苏人民出版社 2004 年版。

[4]《扬州师院学报(社会科学版)》1985 年第 4 期。

[5]《江苏高教》1986 年第 3 期。

[6]《扬州学派研究序》,《扬州学派研究》,扬州师院印刷厂 1987 年印刷。

呼。其后，祁先生亲自为研究生开设"清代学术史"课程，1988年写就《梁启超与〈清代学术概论〉》[1]。为阐释清代学术的阶段特征、发展流变和一些代表性成果，他发表《读阮元〈揅经室集〉札记》[2]《清乾嘉后期扬州三儒学术发微》[3]等文。在祁先生的穿针引线下，1999年扬州大学人文学院邀请台湾学者来扬州进行学术交流；2000年，在扬州举行"海峡两岸清代扬州学派学术研讨会"，两岸学者济济一堂，对扬州学派进行了广泛深入的探讨。先生在会上发表了诚挚热情的致辞："我祝愿，扬州将有群贤继先哲而起，敦行绩学，广师多友，在栖灵塔下、瘦西湖畔这块风景如画的土地上，为弘扬文化和哺育英才而弦歌不息。"2001年，两岸学者在台北再次举行"扬州学派学术研讨会"。当时先生已经80岁高龄，为推动海峡两岸的学术交流，毅然赴台，与台湾学界共襄盛举。会后，他与台湾学者林庆彰合作主编《清代扬州学术研究》上下册，台湾学生书局2001年出版。2004年，祁先生受任负责修纂《清史·朴学志》，执笔其中的《小学篇》等，至此，其早年所有的国学修养以及后来对清代学术的长期钻研，终于有了用武之地。

晚年祁先生老骥伏枥，对考证学的实践和理论进行了艰辛探索。他讲道："1994年6月至1997年1月，我旅居美国。先后利用密歇根大学、匹兹堡大学东亚图书馆的庋藏，纵览海内外出版的当代中国考证学论著，特别是梁启超、王国维、胡适、陈寅恪、陈

---

[1]《扬州师院学报(人文社会科学版)》1988年第2期。

[2] 杨晋龙主编：《清代扬州学术》下册，台湾"中央研究院"文哲研究所2005年印行。

[3]《扬州大学学报(人文社会科学版)》2000年第2期。

垣、郭沫若等之书，总结其发展乾嘉考证学的经验，先后撰成《近代史家与考证学的发展》和《考证学与中国近代史研究》二文。前者发表于 1996 年 6 月第 13 期《中国文化》，后者发表于 1997 年第 1 期《扬州大学学报》创刊号。归国后续有撰述，以表达自己对考证学的概念、方法、准则及其历史发展等的一些新的认识。"2003 年 8 月，广陵书社出版了他《考证学集林》一书。

在中国近代史论与史料、鸦片战争、洋务运动和戊戌变法等研究领域，祁先生也颇多建树，发表过不少有真知灼见的研究成果。

先生逝世前仍笔耕不辍。如果从 1947 年他为其师金松岑辑校《天放楼文言遗集》并撰写《天放楼文言遗集·跋》算起[1]，祁先生从事学术活动近 70 年。现编辑而成的《祁龙威文集》，基本上荟萃了祁先生一生的主要学术成果。草木秋死，松柏独在。万物逐波流，金石终自止。祁先生一生留下呕心沥血的论著，将如松柏独在，金石不朽。

弟子 吴善中 敬序

2023 年 5 月 28 日

---

[1] 新中国成立前，祁先生还写过一篇《松岑传》。《钟泰著作集·钟泰日录（上）》（上海古籍出版社 2021 年版）记：1949 年 4 月 17 日，"午后，（徐）振流偕祁龙威来顾。祁，金松岑门人也。出所作《松岑传》相示"。《松岑传》，已亡佚。不过，祁先生晚年另撰有《记先师金松岑》行世。

总 目

论文

本册目录

太平天国史料学举例^[1]

──────────────

[1] 本文集编者按,此书为祁龙威先生于20世纪80年代初为研究生授课所撰写的讲义。

太平天国史学导论[1]

---

[1] 本文集编者按,《太平天国史学导论》(学苑出版社 1989 年 12 月版)原有七篇:《释"王相"》《释"恩和"》《释"部僚领袖"》《〈新说〉质疑》《〈燐血丛钞〉辨伪》《"东阳文书"考辨》《评〈太平天国史料丛编简辑〉》,收入《太平天国史料学举例》,为合体例,此处存目。此书另有"研究生文粹(萃)"内容,因非祁龙威先生作品,本文集不再收录。

太平天国经籍志[1]

---

[1] 本文集编者按，《太平天国经籍志》（广西人民出版社 1993 年 12 月版）中第五篇《太平天国文献释文举要》，内容与《太平天国史学导论》中《太平天国词语释文举例》相同，为合体例，此处存目。

龙威读书录[1]

---

[1] 本文集编者按，《龙威读书录》（广陵书社 2010 年 3 月版）原有《释"功勋等臣，世食天禄"》《李秀成官爵考》两篇，收入《太平天国史学导论》；《〈燐血丛钞〉辨伪》一篇，收入《太平天国史料学举例》，为合体例，此处存目。

祁龙威文集·专著(附：史料搜集整理)

太平天国史料学举例

一、目录版本之学举例

太平天国"旨准颁行诏书总目"考略

太平天国出版的书籍,统称"诏书"。"诏书"必盖天王金印,上刊"旨准"二字,才准颁行,故又称"旨准颁行诏书"。迄今,太平天国所印书籍好多种都在封里插页附刊"旨准颁行诏书总目"。随着太平国革命的发展,"旨准颁行诏书总目"也逐渐增加。

太平天国辛开元年(1851)的印书,现存《太平礼制》和《幼学诗》二种,封面题"太平天国辛开元年新刻",封里无"旨准颁行诏书总目"。

太平天国壬子二年(1852)印书,现存《太平诏书》、《天条书》、《太平条规》、《天父下凡诏书》(一)等,封里也都无"旨准颁行诏书总目"。

另有几种封面题"太平天国壬子二年新刻",因此,以往也被当作壬子二年印书:

《幼学诗》,旨准颁行诏书总目共有十三部。

《太平军目》,旨准颁行诏书总目共有十三部。

《颁行诏书》,旨准颁行诏书总目共有十四部。

《天命诏旨书》,旨准颁行诏书总目共有十四部。

《太平天国癸好三年新历》,旨准颁行诏书总目共有十四部。

其实,这些书都不是壬子二年的初刻本,而是癸好三年

（1853）的刊本或再刊本。我们作出这样判断的主要根据是：

第一，《幼学诗》《太平军目》所刊"旨准颁行诏书总目"十三部，其中已有《旧遗诏圣书》和《三字经》等书，而这些书的封面明白写着"太平天国癸好三年新刻"，可见这本《幼学诗》和这本《太平军目》至少都是癸好三年年初的刻本。

第二，《幼学诗》《太平军目》所刊"旨准颁行诏书总目"与初刻本《太平救世歌》附录"旨准颁行诏书总目"是同样的十三部。《太平救世歌》封面题"太平天国癸好三年新刻"，显见这本《幼学诗》和这本《太平军目》也刊于癸好三年。

第三，《颁行诏书》《天命诏旨书》《太平天国癸好三年新历》所刊"旨准颁行诏书总目"共有十四部。十三部之外增加的《新遗诏圣书》一种，封面也题"太平天国癸好三年新刻"，可见《颁行诏书》等三书的刊刻时间比上述《幼学诗》《太平军目》《太平救世歌》的刻本虽然较后，但也在癸好三年。

太平天国癸好三年印书初刻本，现存还有：

（1）《太平天国甲寅四年新历》

附刊"旨准颁行诏书总目"共有十五部，比十四部增一《太平救世歌》。

（2）《天父下凡诏书》（二）

封面题"太平天国癸好三年新刻"，附录"旨准颁行诏书总目"共有廿部，比十五部增多。除《天父下凡诏书》（二）外，还有：《建天京于金陵论》《贬妖穴为罪隶论》《诏书盖玺颁行论》《天朝田亩制度》。这四部书的封面也都题"太平天国癸好三年新刻"。这一切证明，截至癸好三年年底，"旨准颁行诏书总目"共有二十部。壬子、癸好两年间，太平天国革命正胜利发展，它在此时颁书也最多。

太平天国甲寅四年(1854)初刻的第一部"旨准颁行诏书"是《天理要论》。该书附录的"旨准颁行诏书总目"共有二十一部，即比二十部增加《天理要论》一部。甲寅四年初刻的"旨准颁行诏书"还有《天情道理书》和《御制千字诏》，但迄今我们尚未见该两书的初刻本。

太平天国乙荣五年(1855)初刻《行军总要》一部，该书附录"旨准颁行诏书总目"共有二十四部，即比二十一部增加《天情道理书》《御制千字诏》和《行军总要》三部。

太平天国丙辰六年(1856)发生"杨韦事变"，这一年未刻新的"旨准颁行诏书"。

太平天国丁巳七年(1857)初刻《天父诗》。但同年预刻《太平天国戊午八年新历》附录"旨准颁行诏书总目"共有二十四部，尚无《天父诗》，可见《天父诗》的刊行已在这年年底。这时天京政局重新得到相对稳定。

太平天国戊午八年(1858)初刻的"旨准颁行诏书"三种，但现在国内流传的仅《醒世文》一种。该书附录的"旨准颁行诏书总目"共有二十八部，比二十四部多《天父诗》《钦定制度则例集编》《武略书》和《醒世文》四部，国内另传封面也题"太平天国戊午八年新刻"的《太平礼制》一种，该书附录的"旨准颁行诏书总目"也共有二十八部，但书中已有干王、英王、忠王、侍王、赞王、辅王、章王等称谓。考洪仁玕等封王已在己未九年(1859)以后，可见这部《太平礼制》已非戊午八年的初刻本，而是己未九年以后的增订本。

太平天国己未九年虽然颁行了洪仁玕《资政新篇》等书，但未编入"旨准颁行诏书总目"。

太平天国庚申十年（1860）初刻的《王长次兄亲目亲耳共证福音书》。附录"旨准颁行诏书总目"共有二十九部，这年预刻的《太平天国辛酉十一年新历》附录"旨准颁行诏书总目"也共有二十九部，即比二十八部增多《王长次兄亲目亲耳共证福音书》一部。

太平天国辛酉十一年（1861）起颁行的书籍，如《钦定士阶条例》等，都未刊入"旨准颁行诏书总目"，也不再附录"旨准颁行诏书总目"。

总上述，太平天国印书附录"旨准颁行诏书总目"，始于癸好三年，迄庚申十年止，从十三部增加至二十九部。一般来说，某书初刻本所附"旨准颁行诏书总目"都包括本书在内，但也有例外，如《太平救世歌》初刻本所附"旨准颁行诏书总目"不包括《太平救世歌》。"旨准颁行诏书总目"帮助我们了解太平天国印书的发展，辨别它们是初版还是再版，研究"旨准颁行诏书总目"，是研究太平天国文献的入门。

（原载《太平天国史新探》，江苏人民出版社 1982 年版）

太平天国文献解题(三则)

一、《原道救世歌》《原道醒世训》《原道觉世训》

洪秀全为发动太平天国农民起义,而写的文章。据韩山文《太平天国起义记》载,鸦片战争结束后一年,1843 年,洪秀全在花县开始劝人拜上帝。1844 年,他偕冯云山前往广西贵县传道。几个月后,冯云山深入紫荆山区做群众工作。洪秀全返回故乡花县。1845、1846 年间,他在家写了几种鼓吹革命的文件。其中最重要的有以上三篇。

原道:谓推究天道。《原道救世歌》以歌词的形式,写出洪秀全把社会划分邪正的革命思想。他宣传上帝是主宰世界的唯一的神,号召群众拜上帝。"开辟真神惟上帝,无分贵贱拜宜虔。""天父上帝人人共,天下一家自古传。上古中国同番国,君民一体敬皇天。"洪秀全劝人"勿拜邪神,须作正人;不正天所恶,能正天所亲"。文中反对"六不正":"第一不正淫为首";"第二不正忤父母";"第三不正行杀害";"第四不正为盗贼";"第五不正为巫觋";"第六不正为赌博"。文章又强调指出:"他若自驱陷阱者,炼食洋烟最颠狂,如今多少英雄汉,多被烟枪自打伤。"这是针对当时英国向中国输入鸦片,广大人民遭害十分严重而说的。所有这些,以后成为"拜上帝会"的宗教信条和太平军的革命纪律。

《原道醒世训》朴素地阐明了社会变革的观点。文章首先尖锐揭露当时社会上不能和睦相处的种种黑暗现象："无如时至今日，亦难言矣。世道乖漓，人心浇薄，所爱所憎，一出于私。""世道人心至此，安得不相陵相夺相斗相杀而沦胥以亡乎！"文章接着提出了人人平等的理想："天下凡间，分言之则有万国，统言之则实一家。""天下多男人，尽是兄弟之辈，天下多女子，尽是姊妹之群，何得存此疆彼界之私，何可起尔吞我并之念。"作者最后强调指出，社会正在变，黑暗将过去，光明在前头，"于今夜退而日升矣"。要求广大兄弟姊妹"跳出邪魔之鬼门，循行上帝之真道"，为实现"天下一家，共享太平"而努力。"几何乖漓浇薄之世，其不一旦变而为公平正直之世也！几何陵夺斗杀之世，其不一旦变而为强不犯弱，众不暴寡，智不诈愚，勇不苦怯之世也！"

《原道觉世训》在宗教外衣下，给群众指明了打击的对象，文章以"天下凡间兄弟姊妹"为一方，以"魔鬼"为另一方，划分为对立的两个营垒。又划分"上帝"和"阎罗妖"二者的对立，指出"阎罗妖乃是老蛇妖鬼也，最作怪多变，迷惑缠捉凡间人灵魂"。怎样对待阎罗妖？觉悟的群众一定会立即消灭它，就能享天堂之乐。"天下凡间我们兄弟姊妹所当共击灭之，惟恐不速者也。"但是，世人未觉悟，因此受地狱之苦。"世人偏伸颈于他，何其自失天堂之乐，而自求地狱之苦哉！"这就说明了作者写这篇文章的宗旨，在于促使世人觉悟，共同击灭阎罗妖。文章反复驳斥"阎罗妖注生死"的邪说，实质上就是说，反动头子不能决定人们的命运。

以上三文对组织这次农民战争具有指导性意义。金田起义后，太平天国合刻为《太平诏书》。现存两种版本：1852 年初刻本征引很多《诗》《书》一类古籍，1853 年重刻本已经删去。

二、《天朝田亩制度》

1853年，太平天国颁发的建国纲领。这个制度的核心，是按人口平分土地，并规定剩余生产物归公，兵农合一、军政合一、政教合一，废止买卖婚姻等条例，要求在小农经济的基础上，建设一个"有田同耕，有饭同食，有衣同穿，有钱同使，无处不均匀，无人不饱暖"的平均主义社会。它反映了千百万农民群众反封建的革命要求，具有巨大的革命意义。但是，正如毛泽东同志所指出的：绝对平均主义，"只是农民小资产者的一种幻想"[1]，是不可能真正实现的。

《天朝田亩制度》又规定"功勋等臣，世食天禄"。"功勋"，指永安以前首义之人，太平天国优待这些有功之人，是合理的；但是，让他们的子孙世袭各人的特殊待遇，则是不合理的。这实际是保留封建世袭制。

《天朝田亩制度》现有两种版本：甲寅四年（1854）重刻本，庚申十年（1860）以后的修订本。两种本子所反映的职官制度不同。革命前期军师集权，后期职官繁琐。人们可以从中看到太平天国政局的变化。

三、《资政新篇》

洪仁玕于1859年总理朝政后，向洪秀全条陈的施政纲领。其目的在于辅助天王"善铺国政以新民德"，故名《资政新篇》。他指出"用人"和"设法"两方面的改革措施。在"用人"方面，洪仁玕要求"禁朋党之弊"。在"设法"方面，洪仁玕主张学西方，发展资本主义，使中国富强。洪仁玕认为"事有常变，理有穷通"，

---

[1]《关于纠正党内的错误思想》。

必须"因时制宜,度势行法",他介绍世界各国的概况,强调革新则兴,守旧则衰,他赞扬俄国彼得大帝改革的成功,也预见日本"明治维新"必然导致国家富强。他力劝天王"曷不乘此有为之日,奋为中地倡",使"太平一统江山万万年也"。对于洪仁玕的大部分建议,洪秀全都表示赞同。加批"是"或"此策是也"。但是,由于历史条件的限制,在农民军里,还没有实现洪仁玕先进思想的社会基础。他所作出的一切努力,未能从根本上改变农民革命最后失败的命运。洪仁玕以身殉国。然而,他的爱国主义思想和《资政新篇》等革命文献,将同伟大的太平天国革命一起,永垂史册。

（原载《历史教学》1981 年第 9 期）

太平天国印书封面考略

太平天国所印书籍,都有特制的封面。当时人丰城毛隆保于清咸丰三年(1853)五月亲见《天条书》等后说:

> 县城纷纷送礼,钱、米、油、烛、猪、鸡等物共二次,一为乡民,一为各店商,送去俱称进贡云。
>
> 送礼者归,各得书数本,名《天条书》者一本,红纸壳,面上横列"太平天国壬子二年新镌",中书"天条书"三字。
>
> 有名《天父下凡诏书》一本,卷面蟠龙。

又据香港英华书院所办杂志《遐迩贯珍》第二号载《佛兰西公使赴天京记》:

> 有佛国教师入城住两日一宿,回舟时携带书籍多种,皆系太平王编纂,卷首绘刻王图像。

毛隆保所见图样,与现存太平天国印书的封面相符。《中国近代史资料丛刊》之Ⅱ《太平天国》,影印了太平天国印书封面四十帧,其中包括各种形式:

一种书头横列出版年代。例如,"太平天国癸好三年新刻"。

下长方边框。框额刊双龙戏珠。额下中间直书"天父上帝言题皇诏",加框,线条较外框稍细。两旁各刊一龙。《天父下凡诏书》《天命诏旨书》《太平诏书》《太平军目》等的封面都是这样。毛隆保所谓"卷面蟠龙"者,就是这种。

一种书头横列年份,下长方边框。正中直刊书名,如"天条书"。两旁刊细直线各一条。无龙纹。《太平条规》《三字经》《天朝田亩制度》《天情道理书》《钦定军次实录》等的封面都是这样。也有书名两旁无直线的,如《幼学诗》。

一种书头不刊年份。如《王长次兄亲目亲耳共证福音书》和《幼主诏书》,其他花纹一如《天父上帝言题皇诏》等。

一种刊明作者官衔姓名。如"太平天国禾乃师赎病主左辅正军师杨、右弼又正军师萧奏准颁行诏书"。又如《资政新篇》,中刊书名,右小字"钦命文衡正总裁开朝精忠军师干王洪制",左小字"旨准颁行"。

对太平天国印书的封面,值得研究。

一、太平天国印书的封面,对我们考证太平天国的历史,提供了重要根据。例如:

其一,关于天王改国号一事,从太平天国印书的封面可以证实始于辛酉十一年(1861)。查《太平天国》一所列四十幅封面中,有《天父下凡诏书》等九幅,书头横列"太平天国壬子二年新刻";《三字经》等十一幅,书头横列"太平天国癸好三年新刻";《天理要论》等三幅,书头横列"太平天国甲寅四年新刻";《行军总要》一幅,书头横列"太平天国乙荣五年新刻";《天父诗》一幅,书头横列"太平天国丁巳七年新刻";《醒世文》一幅,书头横列"太平天国戊午八年新刻";《资政新篇》一幅,书头横列"太平天国己未九年新镌"。

庚申十年所刻《王长次兄亲目亲耳共证福音书》，封面无年份，书中有年份，但无国号。《钦定士阶条例》《钦定英杰归真》《钦定军次实录》等三幅封面，书头均横列"天父天兄天王太平天国辛酉十一年新镌"。《诛妖檄文》封面书头横列"天父天兄天王太平天国辛酉十一年镌"。《太平天日》封面写明："此书诏明于戊申年冬，今于天父天兄天王太平天国壬戌十二年，钦遵旨准刷印铜板颁行。"可见罗尔纲同志判断，洪秀全在太平天国上加"天父天兄天王"字样始于辛酉十一年，这是可信无疑的。

其二，洪仁玕任又副军师，从太平天国印书封面找到确证。按，军师，职司辅政，官位最高。前期，杨秀清任左辅正军师，萧朝贵任右弼又正军师，冯云山任前导副军师，韦昌辉任后护又副军师，丙辰六年"杨韦事变"后，杨、萧、冯的职衔仍见之于文件，而韦昌辉的职衔姓名则已不见。己未九年，封洪仁玕为开朝精忠军师，不详正副。左辅正军师由幼东王承袭，右弼又正军师由幼西王承袭，副军师由幼南王承袭，见《敬避字样》（抄本）的附录。干王洪仁玕列名在南王下翼王上，见《朝天朝主图》。据此推断，他填补了韦昌辉又副军师的职位。《诛妖檄文》的封面提供了确证："钦命文衡正总裁开朝精忠又副军师顶天扶朝纲干王洪制。"这是迄今仅见的一条关于洪仁玕任又副军师的根据。

二、太平天国印书的封面，反映了太平天国逐年印发"旨准颁行诏书"的概况。

"旨准颁行诏书"，是太平天国印书的主要部分，从元年至十年，共刻了二十九部。

辛开元年刻本，现存《太平礼制》和《幼学诗》两种，封面都题"太平天国辛开元年新刻"。

壬子二年刻本,现存《天父下凡诏书》(一)、《天条书》、《太平诏书》、《太平条规》、《颁行诏书》等五种,封面都题"太平天国壬子二年新刻",另有《天命诏旨书》,封面也题"太平天国壬子二年新刻",但末尾已有癸好三年正月天王诏令,可见已是三年以后的重刻本。还有《太平军目》,封面也题"太平天国壬子二年新刻",但所附"旨准颁行诏书总目"中已有《三字经》等,都系三年刻本,显见这本《太平军目》也非二年初刻本。

癸好三年刻本,现存《天父上帝言题皇诏》、《天父下凡诏书》(二)、《旧遗诏圣书》、《新遗诏圣书》、《三字经》、《太平救世歌》、《建天京于金陵论》、《贬妖穴为罪隶论》、《诏书盖玺颁行论》等封面都题"太平天国癸好三年新刻"。另有两种版本《天朝田亩制度》,封面也题"太平天国癸好三年新刻",但从附录的"旨准颁行诏书总目"看,一本已列甲寅四年颁行的《天理要论》,可见已是四年再版本;另一本已列庚申十年颁行的《王长次兄亲目亲耳共证福音书》,可见已是十年以后刻本。至于三年初刻本《天朝田亩制度》,则迄今未见。

甲寅四年刻本,现存《天理要论》一种,封面题"太平天国甲寅四年新刻"。另有《天情道理书》《御制千字诏》二种,封面也题"太平天国甲寅四年新刻",但从内容判断,二书已都非四年初刻本。《天情道理书》末尾有"己未遵改"四字,《千字诏》末尾有"戊午遵改"四字,可见已是九年、八年修改本。这二书的四年初刻本现都不见。

乙荣五年刻本,有《行军总要》一种,封面题"太平天国乙荣五年新刻"。丁巳七年刻本,有《天父诗》,封面题"太平天国丁巳七年新刻"。原件藏英国剑桥大学,内载诗一百首。现在国内看到的,已是十年以后增补本,内载诗五百首。

戊午八年刻本,现存《醒世文》一种,封面题"太平天国戊午八年新刻"。另有《太平礼制》一种,封面也题"太平天国戊午八年新刻",但书中已有干英忠侍辅章等王称谓,可见已非八年初刻本,该书初刻本今已不见。

庚申十年刻本,现存《王长次兄亲目亲耳共证福音书》。

列入"旨准颁行诏书总目"的,还有《颁行历书》,现存三年、四年、八年、十一年四个年份的。这些一般都是在前一年底刊行的。但从《癸好三年新历》附录的"旨准颁行诏书总目"看,其中已有《三字经》等三年刻本之书,可见这本"历书"已是当年刊行之书。

列入"旨准颁行诏书总目"的,还有《武略书》和《钦定制度则例集编》。《武略书》,英国不列颠博物馆藏有原刻本,但国内未翻印。《钦定制度则例集编》迄未发现。这二书的最初刊行,估计在七年、八年间。

上述太平天国每年印行"旨准颁行诏书"多寡的概况,正是这次农民革命兴盛、衰落的侧影。元年、二年、三年,印书逐年增多,这是出于革命胜利发展的需要。四年、五年,印书转少,这反映革命领导层的日益不稳定。六年,天京内讧,印书也中断了。七年起继续印行"旨准颁行诏书",这是洪秀全为重建新的领导核心和挽回危机而作出的努力。但是,这种努力已无法根本扭转太平天国失败的命运。

关于太平天国印书封面上的年代,一般都标记这书初刻的时间,该书重版时仍刻初版年份不变;但也有例外,如《幼学诗》,国内已发现两种封面的原件。北京中国历史博物馆藏有《幼学诗》封面刻板，板面横列"太平天国辛开元年新刻"。上海图书馆藏有《幼学诗》一册，系二年重刻本，封面题"太平天国壬子二年新刻"。又如《太平救世歌》，国内也有两种刻本的原件。1953年，在杭州吴煦后人家中，发现《太平救世歌》的三年初刻本，封面题"太平天国癸好三年新刻"。1960年，又在北京发现《太平救世歌》的四年重刻本，封面题"太平天国甲寅四年新刻"。对于这一点，读者也需要注意。

（原载《历史知识》1982年第2期）

关于抄本《敬避字样》

　　太平天国规定避讳字样，是农民反封建斗争的一种手段，也是他们内部斗争的工具。

　　还在金田起义前后，为树立天父、天兄的最高权威，借以号召群众，打击敌人，洪秀全、冯云山等规定："不好妄题皇上帝之名。"[1]"神""爷""上"等字，都只能用之于天父，也不准世间有人僭称"皇帝"[2]。通过这种形式，太平天国把封建统治阶级所利用的神圣偶像一扫而空，把打击的矛头直接指向清王朝的头子。

　　随着领导核心的形成，太平天国避讳字样，相应扩大到了天王、东、西、南、北、翼五王以及天王诸子的名字，秀改绣，全改泉，等等。并从对革命吉利出发，改字扩大到了历法等制度，丑改好，卯改荣，亥改开，等等[3]。

　　自从"杨韦事变"和石达开出走之后，由于内部斗争的需要，太平天国大大加强了对天父、天兄、天王、幼主避讳字样的规定，"其一切至尊至荣之字，必在天父、天兄、天王、幼主份尚（上），方可称用"。为使各级官员遵照执行，由文衡正总裁干王洪仁玕颁布了《敬避字样》。

---

[1]《天条书》。

[2]《天命诏旨书》。

[3]《贼情汇纂》。

《敬避字样》首洪仁玕喧谕。他说明了颁布这书的政治意义：一方面，"以见朝拱尊敬之意"，一方面，是要使"各样妖荒浮文"，"灭迹消声"，"删除净尽"。《敬避字样》就是按照这样的原则编起来的。

《敬避字样》规定，应避的词和单字共六十余组，其中五十组是属于天父、天兄、天王、幼主一个系统的。

在革命初期，洪秀全不许称己为"圣"，以区别于天父、天兄。"天父是天圣父，天兄是救世圣主，天父、天兄才是圣也。"[1]随着太平天国内部政治情况的变化，在石达开出走之后，洪秀全为提高自己的"权威"，自称"真圣主"[2]。《敬避字样》规定："圣怀""圣虑""圣颜""圣德""圣恩""圣寿"……"都成为天王、幼主、代代幼主的专用词。天王、幼主、代代幼主，被称：万代圣主。"

除已故的东、西、南三王外，对其他异姓诸王的避讳字样已经消失。洪秀全的"肉身父"洪镜扬的名字也列入了《敬避字样》。

所有这些，都给我们研究太平天国后期走向改朝换代的历史，研究洪秀全的"皇权主义"，提供了确凿的资料。

就在避改文字这件事上，反映太平天国内部的斗争是相当激烈的。洪仁玕指出："乃今本章文书之内，多有未能敬谨遵避者，是以屡蒙圣诏下颁，教导周详，并多操劳圣心，御笔改正。"其中有的是出于误书，但也有的是敌人破坏。即如叛徒钱桂仁等写的《报恩牌坊碑序》，明目张胆违背太平天国的制度，不避冯云山的

---

[1]《天命诏旨书》。
[2] 戊午八年《晋天燕照会》。

名讳,不改山为珊,公然刻上"虞山"的字样,这绝非是撰写者的偶然疏忽,而是叛徒、地主文人对农民革命反扑的信号。

《敬避字样》不仅是太平天国的史料之一,而且也是研究太平天国其他文献的工具书。如,1966年苏州新发现的一批太平天国文物中,有"就嗣钧"黄三升的几封往还信札。查《敬避字样》:"东西嗣君可称君字,余信勇至列王长主可称嗣钧。"据此可以判明黄三升就是王黄盛爵的长子。又如太平天国后期印书之一《太平天日》叙洪秀全早期革命活动的历史。书名究作何解?查《敬避字样》:"王,乃天日也。"可见"太平天日"意即"太平王"。诸如此类。

《敬避字样》与洪仁玕的其他著作颇有互相发明之处。如:"圣德,不得渎以妖龙德字。""圣寿,不得渎以岳降、嵩生等字。""太平天国,是天父、天兄、天王开辟之国,不得渎以妖社稷、宗庙、百灵等字。""其三生有幸,前身再世;一切仙佛怪诞之说,不得引为故事。""凡祝寿,不得用鹤算、龟年……"《军次实录》有同样的内容。"……且具本章不得用龙德、龙颜,及百灵、承运、社稷、宗庙等妖魔字样,至祝寿浮词,如鹤算、龟年、岳降、嵩生,及三生有幸字样,尤属不伦,且涉妄诞。"我们研究洪仁玕的其他著作时,《敬避字样》可供参证,这就是一例。

洪仁玕给"京都内外大小官员及各书士人等"的喧谕没有注明年月。从避讳的字样看,此书的颁行当在辛酉十一年(1861)或更后一点。辛酉十一年五月十六日"天王诏旨":"幼主名洪天贵福,见福加点锦添花。"这是避福改福之始。《敬避字样》规定:"福,代用衣旁或用复、複、馥等字或意近似者代以恩宠等好字义。"可见,此书的颁行不可能早于辛酉十一年。

甲子十四年(1864)天京失陷时,曾国藩的幕僚赵烈文看到过这种书。他写道:同治三年七月初五日,"见伪书《敬避字样》"[1]。但经过反动派的销毁,迄今在国内尚未发现这书的刻本。

现在我们看到的《敬避字样》,其原件乃是一个抄本。抄本附录了三种文件,也有史料价值。

第一种附件开列了太平天国晚期的爵职称谓。(一)特爵:幼东王、幼西王、幼南王、翼王、忠王、英王、侍王、辅王的全衔。(二)列爵:幼豫王、护王、相王、听王、慕王、来王、纳王、趋王的全衔。(三)天将以下的称谓。在某种程度上说,这是壬子二年、戊午八年《太平礼制》的续作。壬子二年颁行的《太平礼制》,是有关天王诸子女和早期五王等称谓的制度。戊午八年以后的《太平礼制》,是有关天王诸子女和东王、西王、王长兄、王次兄、南、干、翼、英、忠、赞、侍、辅、章诸王等称谓的制度。这个抄本的附件,是有关晚期诸王等称谓的制度,可惜抄者所录"特爵""列爵"的名单,是不完全的。然而这个名单还是有价值的。单是它留下了幼东王的全衔"殿前统领转奏右(左)辅正军师顶天扶朝纲王五殿下幼东王九千岁",就帮助我们解决了研究太平天国文献中的一个难题。这个全衔,是太平天国内部斗争的产物。从庚申十年之后,洪秀全为了集权,重新推行了"东王制度":一切内外本章先经朝内诸王等"公议",再经幼西王"赍奏",最后必经幼东王"转奏",才得天王处理。当时幼东王等都是孩童,实际不管事,洪秀全不过借用他们承袭东王等的崇高威信,以集权于洪氏亲族之手。

杨秀清满门已被韦昌辉灭绝,何来幼东王?这里解开了一个

---

[1]《能静居日记》。

谜。"王五殿下幼东王",有人误解为东王第五子,其实他是洪秀全的第五子。按《太平礼制》,天王的第五子称"王五殿下",东王的第五子则应称"东五殿下"。还有人把幼东王弄错为杨秀清仅存的幼子。这是望文生义。如果幼东王是东王幼子,那么难道幼天王也是天王幼子吗?

从辛酉十一年起,"天王诏旨"所开受诏人名单,第一位是"天佑子侄",第二位才是幼西王——"和甥"(萧有和)。天佑是谁?也是个谜。《敬避字样》抄本的附录回答了这个问题,此人即"殿前统领转奏""王五殿下幼东王"。查《贼情汇纂》所录天王诸子避讳字样中,有"佑改宥"。"佑",当即"王五殿下"洪天佑承继杨秀清为幼东王,位居百官之首,他对于洪秀全既是子又是侄,所以天王称之为"子侄",幼王称之为"佑弟"。

抄本附录了一些"对联"的底稿,有贺联和春联。

抄本又附录了一些文牍的样本和底本。(一)太平军攻克杭州后的两篇告示。(二)各类奏章十二件,如结婚时敬天的祈祷文——"花烛奏章",迁家时的祈祷文——"乔迁奏章",等等。(三)各类信函十二件。

抄本的三种附件都反映太平天国辛酉十一年、壬戌十二年、癸开十三年的片断,可证它抄于癸开十三年之后。

附件"列爵"之中有听王陈炳文等的全衔,证明抄本不能早于壬戌十二年。查壬戌十二年二月,陈炳文的头衔还是"忠孝朝将"[1],而同年邓光明在石门县发的"门牌"已写听王爵号,陈炳文封王即在是年。

---

[1]《李秀成谕刘肇钧》。

附录对联中有"癸开新正月春联",也证明抄本不能早于壬戌十二年。

附录告示信函之中有辛酉十一年太平军攻克杭州后的"化民""安民"告示,有壬戌十二年攻克松江、湖州后给李秀成的请安信,"迩际蒲夏风和,爽秋气朗","迄今湖州以及松江等郡,城池毕献"云云。也足证,这是壬戌十二年或更后一点的抄本。

特别是附件"特爵"中,李秀成已称"真忠军师",更确证这书最早只能是癸开十三年的抄本。因为直到癸开十三年,李秀成等才升封军师。

上海图书馆的顾廷龙老前辈根据此书附录两件"御林工师水七指挥书士"汪克昌的信,断定这是汪克昌的手笔。汪,吴县人,清举人,做过内阁中书。他死于壬戌十二年,已不能完成这个抄本。郭若愚同志看到"联句稿本中有潮王联独多,推测为潮王黄子隆部下的书士所为"。此说也有道理。

此书原件曾落入苏州旧书商之手,他们转抄出卖时,给附件加上了"天朝点将录""对联""天朝文确"等标题。中华人民共和国成立后,各家翻印不同,因此出现了几种版本。

(一)中国史学会主编的《太平天国资料丛刊》[1],据转抄本辑入了《敬避字样》及附录的两种,删去了"对联"和旧书商所加的标题。

(二)郭若愚《太平天国革命文物图录续编》影印了原抄本《敬避字样》及附录的两种,删去了各类文牍。

---

[1] 本文集编者按,《太平天国资料丛刊》,指《太平天国》(《中国近代史资料丛刊》),共8册,神州国光社1952年出版。

（三）太平天国历史博物馆编的《太平天国印书》，影印了原抄本的全部。

抄本有个别衍文错字，需按其他文献加以订正。这里不一一说明。

（原载《社会科学战线丛刊》1980 年第 2 期）

二、编辑、校勘、标点之学举例

《平贼纪略》校记

太平天国历史博物馆编的《太平天国史料丛编简辑》第一册,已由中华书局上海编辑所出版。《平贼纪略》是辑入其中的较好的一种。据编者说,原件为南京图书馆藏书抄本,无作者姓名。从内容判断,当是无锡人所作。此书较施建烈《纪(无锡)县城失守克复本末》、华翼纶《锡金团练始末记》、张乃修《如梦录》等为翔实。窦镇撰《锡金续识小录》,于太平天国一段,即以之为主要蓝本,但曾经删节,内容已不完整。试举两则重要资料为例:

一则是关于太平军在无锡征收商税的记载。《平贼纪略》说:

> 城贼既收田捐,复收各镇铺捐,不满欲壑,又立卡抽税。在荡口、新桥、老湖桥、新塘桥、东亭、龙舌尖、茅塘桥、观音墩、马口里、南北四河口、五丫浜、大湄南桥、八士桥、倪家湾、万安桥、堰桥等处外,又巡船分卡无数,勒索行商,检舱者皆土匪为之。

《锡金续识小录》节录上文,内容已不完整。

> 城逆既收田捐铺捐,不满欲壑,在新塘桥、东亭、龙舌

尖、四河口、五丫浜、大湄、八士桥等处，立卡抽货之税，并立
分卡巡船无数，勒索各路来往行商。

一则是关于土地问题的记载。《平贼纪略》说：

> 城贼黄和锦出示招募锡金老书吏，设伪钱粮局于东门
> 亭子桥唐宅。分业田收租完粮，令民自行投柜，随给伪串。
> 城乡业田者俱得收租糊口，或顽佃抗租，诉贼押追。

《锡金续识小录》节抄上文，内容也有出入。

> 又招两邑之老书吏，设伪钱粮局于东门外亭子桥，造册
> 分业佃完粮，令民自行投柜，随给伪串。业田者稍得收租，
> 或顽佃抗租，诉贼押追。

以上两事，《平贼纪略》明白说是在咸丰十一年正月，窦书因
裁并原文，误列于同年四月之下。由此可见，《平贼纪略》的出版，
对研究无锡一带的太平天国史事是很有意义的。

由于作者见闻所限，再加转辗传抄，颇多讹误，虽经编者校
勘，但尚有疏漏。兹就鄙见所及，择要举例，供编者和读者参考。

按编辑凡例："凡原稿错字能肯定其错误的，则在原字之下（ ）
号注明改正的字。"今读全书，则颇有应改正而漏改的。例如咸丰
十年庚申四月"张玉良驻锡"一则云：

> 初五日，张提督亦退无锡，驻崇安寺。……饬道员史保

悠、武弁郑魁士、水师曾秉忠驻守高桥,江南知府郑济美营
双河口至钱桥……

"郑魁士"当是"郑国魁"之误,只需一读上下文便可了然。按
咸丰五年六月"盐枭劫案"一则云:"盐枭头目刘正裕、郑国魁、陈
三秃子俱巢湖人,素为米市接客,名曰接江。咸丰初年,江浙漕粮
改道海运,河运船遂废。船头共六千六百六十九艘,其舵工水手类
都安徽、直隶人,失业散游,旋以贩盐为生,不投课,官捕则拒,所谓
盐枭也。正裕、国魁久留吾邑,人地熟悉,因之盐贩请其贿捕,借得
分肥,于是弃本业就贩盐,尊为头目,盐贩日众,渐至遍地盐担,官
不能禁。"咸丰五年六月,巢湖帮盐贩在无锡行劫。清地方官吏"以
案情重大,须首从皆办,设计诱刘等到案,刘枭示泗堡桥,陈枭示梨
花庄,郑国魁当逸东坝营"。咸丰十年二月,"郑国魁至锡招勇"一
则云:"国魁即郑小老大,自乙卯犯案逸入东坝营,隶道员史保悠部
下,旋得官,不知其职。舟泊北塘江尖口,所招诸无赖,名曰义勇,
不给饷,无约束,络续起程往东坝,沿途任其逗留滋扰,民害不堪。"
以上都是"张玉良驻锡"一则的上文。它的下文"锡金城陷"一则
云:"(咸丰十年四月)初十……张玉良在北路方胜,见惠山贼旗遍
插,即退入北门,史保悠、郑济美战殁,郑国魁、曾秉忠遁太湖。"从
上述,显然可见"张玉良驻锡"一则中的"郑魁士"乃是"郑国魁"
之误。我们可以再找一些其他记载以为旁证。

《清史列传》把郑国魁的出身打扮得冠冕一点,但也承认他
曾隶史保悠部下以及在无锡被太平军击败的事实。

郑国魁,安徽合肥人。咸丰七年,由监生捐都司,分发

江苏。随常镇通海道史保悠会办溧阳南渡盐厘局务。九年，捐加游击衔。十年三月，粤贼逼溧阳。两江总督何桂清檄国魁募勇三千人驻无锡高桥，防军四集。四月，贼猝至，何桂清不战而奔，官军瓦解。国魁孤军撑拄，背股皆伤。裹创血战，历三昼夜，军中子药尽，退守黄埔墩，伤重离营就医。未几，苏州、太仓并各属县相继陷。十月，署江南提督曾秉忠募勇清淮，檄国魁为统领，带赴上海。

还有几种资料可以参考：

《东华续录》载咸丰十年四月乙酉和春奏：

> 张玉良已在离无锡城二十里之高桥及十里外之黄埠墩等处修卡筑营，并又檄调候补道史保悠所募巢湖义勇三千名，俟到防后兵力稍足，即当进援常州。

《纪（无锡）县城失守克复本末》：

> （咸丰十年四月）五日，候补道史保悠、江南府知府郑济美至。……十日申戌，贼自江阴、宜兴分窜吾境。……史保悠为其部下郑国魁所杀。郑济美统步队，曾秉忠统长龙船，约会剿。济美战死，秉忠舟驶入太湖。

《吴清卿太史日记》：

> （咸丰十年四月）廿六日，晴。昨晚有巢湖船百余号由

甪直、陈墓驶至周庄,连檣而下,居民望见惊恐。后费玉坐枪船迎问,有郑、葛二公素与费玉熟悉,乡人问知郑驼背之名,共相认识,即系史道台所管带,由东坝至无锡与贼打仗,因张玉良败退苏城,亦即开散,现存百余号,无处停泊,故至周庄招〔投〕费玉以为暂避之计。

这个"郑驼背"即系郑国魁之弟。周庄陶煦所撰《贞丰里庚甲见闻录》云:

> (咸丰十年五月)十五日,有长发十余人至镇求见玉成,乃巢湖郑姓之兄,今天津镇郑总兵国魁也。自贼脱出,将偕其弟带船往南路。

以上资料都说明了一点,即随史保悠部在无锡被太平军击败的,是"郑国魁"而非"郑魁士"。考郑魁士,《清史稿》有传。咸丰十年江南大营瓦解之际,他已官至浙江提督,不得隶一候补道为"武弁",这也是容易理解的。

除上述一例之外,应当改正而没有改的还有不少。有关于太平天国制度方面的。如咸丰十年五月"贼立伪乡官"一则云:"军师属监军。""钱桥立伪局"一则云:"华二升伪监军,双福升伪军师。"六月"堰桥立伪局"一则云:"以胡三庆为军师。""军师"皆当改正为"军帅",因太平天国乡官制度有"军帅"而无"军师"。

有些地名未勘正。如咸丰十年八月"江阴贼陷常熟县城举人江之升团长许国昌死之"一则云:"贼犯北潩,冲顾山、黄庄。"同治二年七月"苏贼扰荡口"一则云:"李巡抚至黄庄察阅地势。"

同治三年二月"粤匪回窜"一则云："十六日，越虞山而下，败贼于黄庄。""黄庄"皆当改正为"王庄"。再如同治三年三月"常熟等处窜贼肃清"一则云："时嘉兴已复，檄刘士奇、王永胜统程学启所部开字营三千名，会郭松林军，循福山、洛苑进剿。""洛苑"当作"鹿苑"。因常熟西北乡有"王庄"而无"黄庄"，有"鹿苑"而无"洛苑"。同治二年六月"克复吴江县城"一则云："李巡抚派程学启水陆十三营与戈登、李恒嵩等取花泾港、洞里等镇。"按吴江县有"同里"而无"洞里"。

有些人物的姓名与爵职被弄错了，而未订正。如咸丰十年九月"贼与民和"一则云："苏贼贼酋熊万铨偕长洲团董徐少蘧及锡贼黄和锦义子伪觉天福时至荡口笼络，以两不相犯，彼此便宜。"[1]按"万铨"当作"万荃"，"少蘧"应改"少蘐"。同治元年十一月"常熟城降"一则中之"康天义钱桂仁"当作"慷[2]天义钱桂仁"。"佘拔郡"当作"佘拔群"[3]。

也有衍文而未被删除的。如咸丰十年五月"贼立伪乡官"一则云："一图一旅帅，旅帅、司马、百长属之，五旅属一师，五师属一军。""一图一旅帅"下衍"旅帅"二字。

有些可能是排印之误而未经校正。如咸丰三年七月"青浦土匪陷嘉定"一则中误"青浦"为"清浦"。咸丰十年八月"江阴贼陷常熟县城举人江之升团长许国昌死之"一则中误"长泾"为"长径"。

---

[1] 华翼纶：《锡金团练始末记》说："至十月廿日，熊万荃与徐少蘐来议和，言各不相犯。"可相参证。

[2] 钱桂仁所居爵号的第一字为"慷"，后改"镇"字。见龚又村：《镜穰轩自怡日记》。

[3] 佘拔群系太平军的叛徒之一，在常熟叛变。见谭嘘云：《守虞日记》及《李文忠公奏稿》卷二《收复常熟昭文攻克福山浒浦折》。

也有原本不误而编者误改的。同治二年九月"逆众割稻"一则云:"二十八日,……松林复进西仓,毁梅村贼营,夺获稻船数十只,生擒贼目李生香,毙伪航王唐正财。忠逆由茅塘桥来援,松林饬吴建瀛破西仓,亲〔新〕败忠逆退茅塘桥老巢,松林受伤,乃返。"[1]"亲"字本不误,编者误改为"新"。

本书的标点也有不少问题。

有误用顿号而使原意变样的。例如咸丰十年五月"贼立伪乡官"一则中"于是分境各募军、师、旅帅、司马、百长",被误点为"于是分境各募军师、旅帅、司马、百长"。"着军、师、旅帅(编)造烟户人丁册",被误点为"着军师、旅帅(编)造烟户人丁册"。遂使读者误会太平天国乡官制度有"军师"一级。

有误用逗号而使原意被曲解的。例如咸丰七年二月"调缺"一则云:"江南提督和大臣为江宁将军,帮办军务张国樑为江南提督",被误点为"江南提督和大臣为江宁将军,帮办军务,张国樑为江南提督。"使人误解是调和春帮办军务,再如同治二年十月"苏州城降"一则云:"捷闻,奉旨:曾大臣从优议叙,李巡抚加太子少保衔并赏穿黄马褂,提督黄翼升赏给有差,权授江苏省总兵戈登赏给头等功牌,并银一万两,以示嘉奖。"被误点为"捷闻,奉旨……提督黄翼升赏给有差,权授江苏省总兵,戈登赏给头等功牌……"令人误解为黄翼升权授江苏省总兵。还有如同治二年

---

[1]《纪(无锡)县城失守克复本末》说:"(同治二年九月二十九日),松林复进梅村、西仓,先毁梅村贼营十余,夺贼船数十艘,擒伪护国军师户部尚书李生香及伪侯伪主将以下酋数十,毙伪航王唐正才。秀成由麻塘来援,松林令吴建瀛攻西仓,而自督队败秀成,追抵麻塘……松林伤乃返。"可相参证,有些写法歧异,以施书为准。塘桥,依《金匮县舆地全图》当作毛塘桥。

三月"伪潮王至锡守城"一则云:"潮逆凶残甚于他逆,民称潮白地,所欲不遂,即出掳掠,人心惶惶,居民迁避,乡镇市肆渐散,或由荡口至上海,或由江阴至靖江、泰州,或走常熟渡江至通州、海门等处。"编者误点为"……居民迁避乡镇,市肆渐散……"表示仅是无锡城内商业衰歇而已,与事实不符[1]。又如同治三年二月"粤匪回窜"一则云:"十三日,黄中元带队出东门,郭松林出北门,中元至鸭城桥,适王庄踞贼走安镇、张泾桥,两路直冲东亭至大西桥。李统领派余思枢出队,见贼即却,降监军黄顺元驻马至鸭城桥,请中元追击,败贼于新塘桥,追过万安桥,贼退芙蓉山一带。"编者误点为"……李统领派余思枢出队,见贼即却降……"是余思枢曾经投降太平军了,也不合事实[2]。

　　总之,校勘和标点都是编辑史料工作中的重要环节,失之毫厘,差以千里,任何粗枝大叶的态度都将贻误读者,造成遗失。上举的事实,是不容忽视的。因此,我建议太平天国历史博物馆和中华书局上海编辑所在继续出版《太平天国史料丛编简辑》的过程中,改进校勘和标点的工作。

（原载《扬州师院学报》1962 年总第 15 期）

---

[1]《如梦录》云:"守锡伪主将,驿天义驱济天义而夺其职守,较济天义残暴万分,居民咸相率远迁。"驿天义即黄子隆,后封潮王。

[2]《纪(无锡)县城失守克复本末》说:"(同治三年二月)十二日,窜江阴、常熟之贼,蔓延至吾境张泾桥、东亭。十三日黎明,突至鸭城桥,李鹤章先自无锡登陴,督守令余思枢出城迎战。思枢所部见贼即却。幸鹤章前檄黄中元援兵适至,横击之,东亭贼溃遁。"《锡金团练始末记》说:"二月十三日早,贼已冲至鸭城桥,余思枢率队出城,见贼旗即退。贼已冲至东亭,黄中元兵适至,横击之,贼稍却。"可相参看。金匮监军黄顺元降清,见本书同治二年五月"金匮黄监军投贼"一则。

评《太平天国史料丛编简辑》

研究历史,必须占有丰富的史料。因此,编辑和出版史料的工作,对于发展历史科学是有重要意义的,近年出版的《太平天国史料丛编简辑》[1],共辑入未刊和稀见的太平天国史料四十六种又三十一篇,其中如萧盛远的《粤匪纪略》、赵烈文的《能静居日记》等,都有较高的资料价值,编者还写了"解题",进行了校勘,这种工作给读者不少帮助。但是,这部书的编辑和出版工作还有一些缺点,谨抒肤见,以供参考。

一、关于体例。怎样分类编次,是关于体例的重要问题。本书所收史料,从内容看,不外是综合性和地区性的两类记载[2]。如果即使按此分为两大类,各依时间和地区编次,则也能够体现历史的联系。但本书采用文体分类法,把史料分为专著、记事上、记事下、时闻、文书、诗歌六部分,却不能显示历史内容的相互关系。并且,有的资料包括几类文体,因此编者措置为难,便加以分割。例如把《粤匪杂录》里的《粤氛纪事诗》拆到"诗歌"部分,把天地会文件编入本书之外的《太平天国文献》第二集,其余编入"时

---

[1] 太平天国历史博物馆编,中华书局上海编辑所编辑,中华书局 1961—1962 年版。

[2] 编者以为《简辑》是《丛编》关于各地区的资料中抽出的,所以不能再按地区编次(见前言),其实仍然是可以的。

闻"。这些都使读者感到不便。

怎样选录，也是关乎体例的重要问题。本书凡例对选录的资料，并未交代取舍的原则，推编者之意，当以有无参考价值为准。但在具体选录时，有些有参考价值的部分却被割弃了。例如龚又村的《镜稧轩自怡日记》，共三十二卷，本无刊本，编者说明："选其有参考价值的三卷付印。"即第十九、二十、二十一卷，包括1860年至1862年间，太平军在常熟等地史事。这样，第十二卷记1853年太平天国定都南京后常熟等地农民的抗租斗争，第二十二卷记1863年中外反革命侵入苏南各县时的军事斗争、土地关系等，皆有参考价值，而未被选录。就是选录的三卷之中，也被舍弃了若干有参考价值的部分。以二十一卷为例，由于它仅选至同治元年十月为止。所以十一、十二月记常熟太平军守将骆国忠等叛变时城乡阶级斗争的情况，一概不录，未免可惜。

二、关于解题。书目解题必须交代出处，介绍作者，提示内容及其价值，并说明改编、删节等处。本书的"解题"不够统一，有的做到了上述各点，有的却没有这样写。交代出处不明的，如第6册的《徽郡御寇案牍》，是一未刊抄本，并未交代收藏机关。介绍作者含糊的，如第3册的《落花春雨巢日记》和《能静居日记》，同系赵烈文的日记，编者分写了两则"解题"，又不相呼应，前一则云："《落花春雨巢日记》，著者赵烈文，江苏阳湖人。"后一则云："《能静居日记》，著者赵烈文，字惠甫，自称能静居士。"这就使人误认为是同姓名的两个人。提示内容不确切的，如第6册的《清朝官员书牍》，编者说："上卷多为曾国藩的狐群狗党给曾国藩的信，下卷多为黄翼升的狐群狗党给黄翼升的信。""两卷资料以上卷较重要，下卷也有可供参考之处。"其实两卷之中，"湘淮将帅"如李鸿章、曾国荃、彭玉麟等之间,往来信函也有多封。因此,单提曾、黄,不够确切,至于这些信函主要反映了哪些情况,"解题"没有提示。

三、关于改编和标题。本书的有些资料,曾经编者重新组织,也有值得商讨之处。有不需改编的,如把沈梓的《避寇日记》(见第4册)拆成三部分:日记是一部分;夹在日记内的论文,传记及所录奏疏、檄文,另成一部分;所录太平天国布告,则抽出编入《太平天国文献》第二集,这就打乱了原书的内容结构。有应当改编而没有做的,如吴云的《两罍轩尺牍》(见第6册),次序颠倒。第一函致冯桂芬,论冯修《松江府志》事,已在太平天国失败之后;末一函复李某(李文炳,原清军军官,于苏州投降太平军),尚在1861年,吴云策动李文炳破坏太平天国革命的时候。如果编者根据内容,重新排定先后,则可以使读者免得发生困难。

本书有些小标题是编者加的。有的很好,有的还做得不够。如第6册的《清朝官员书牍》中,有《国瑞致□□书》一题,文中说:"岱岳功高,云霄望慰,引詹节斾,盼颂交殷。弟权摄戎机,材惭浅陋,所幸光分东壁,即堪指示南针。查逆匪自四月廿四日我军挫败之后,逆焰益张,围城攻圩,肆行无忌。弟迭次接奉寄谕,仰见圣明深以此股发、捻为忧。今幸中堂顾全大局,迅遣雄师入东,刘军门少年英勇,足见知人善任,钦佩奚如"(第261—262页)。显然这是在1865年"督办剿捻军务"的清将僧格林沁被捻军击毙后,他的"帮办"国瑞暂署"钦差大臣",写给新任"督办剿捻军务"曾国藩的。"中堂"即曾国藩,时为协办大学士。原函虽无上款,但从内容可以断定是曾。因此,编者以为不知姓名,用□□代号,对读者帮助不够。又如《刘松山致少翁书》(第270

页），少翁即梅少岩，名启照，时总办"金陵北征报销局"。参阅前后函件可以看出，刘松山写给梅的信，尚有多通，有的称"少岩仁兄"，有的称"少翁仁兄"，二者实即一人。

四、关于校勘和标点。本书凡例说："凡原稿错字能肯定其错误的，则在原字之下用（　）号注明改正的字。"今读全书，有当改而不改的，如《能静居日记》录第二次鸦片战争时，清咸丰帝逃往热河的情形说："扈从惠王、郑王、军机大臣肃穆、顺荫之外，侍卫寥寥。"（第3册，159页第6行）肃顺、穆荫，误为肃穆、顺荫，未加改正。有不当改而改的，如《平贼纪略》云："（同治二年九月二十八日），松林复进西仓……忠逆由茅塘桥来援，松林饬吴建瀛破西仓，亲（新）败忠逆退茅塘桥老巢。"（第1册，第300页）"亲"字本不误，编者却误改为"新"。

本书的标点，也有不少错误。如《能静居日记》述1860年太平军击破清"江南大营"的情形说："营中自帮办光禄卿许乃钊、总办文案庐凤道萧盛远等皆不得出。"（第3册，第139页）编者于庐凤道与萧盛远之间，加一顿号，就把一人变为二人。又如同书说："徽饷仰浙豫二省，最贫。"（同册，第138页第3行）编者把它误点为"徽饷仰浙、豫，二省最贫"，使意义大变。校勘与标点虽属细节，但对编印史料来说却是很重要的。

总之，本书的编辑者和出版者的成绩是应该肯定的。以上缺点说明，编印史料不是一件易事，要进一步提高它的质量，还需要作更大的努力。

（原载《人民日报》1964年5月10日）

评《捻军资料别集》

聂崇岐先生编的《捻军资料别集》(上海人民出版社出版)，选录三十二种书籍，对研究捻军史提供了一部分稀见资料；但是由于编者的资产阶级观点作怪，因而给读者带来了毒素。

聂先生写的"书目解题"[1]是指示读者辨认全书材料来源和阶级性质的线索，但是他回避不谈这些材料的作者的反动立场，反而在字里行间对他们表示好感。

如史念祖、马玉昆都是以屠杀捻军起家的反动军官，而聂先生都美之为"弱冠从戎"，对史念祖尤赞不绝口，说什么："陈臬云南，升贵州布政使。史氏不以科第进，但诗文均有相当造诣。"

再也荒唐不过的是，聂先生公然为封建官僚周天爵残杀人民的罪行辩护说："周氏治尚威猛，未免近于残酷。"

对近代历史上的一些重要事件，聂先生的看法也都是有问题的。

如歌颂丁日昌"为同光时'洋务'健将，曾国藩之造船制器，得丁氏赞化之力甚多"。显然聂先生对封建军阀所搞的"洋务运动"是赞许的。

述林纾则云："林氏工古文，擅绘事，白话文运动起，林纾反对

---

[1]《捻军资料别集》卷首。

甚力。"并无只字加以贬斥，显见聂先生对五四时期的白话文运动也是反对的。

正因为聂先生的资产阶级观点作怪，所以选录了一些无聊的资料，如从《陶风楼藏名贤手札》中辑出的《莫友芝致曾国藩书》，照抄如下：

> 端午后又闻奉命督剿河南、山东余捻，早晚当开幕府淮河间。……公十年以来，以只手整顿乾坤半壁，何物捻子，尚稽天诛？遥想旌麾所指，莫不推枯振槁，迅扫一空；释朝廷南顾之忧，脱河济倒悬之厄，特时月间事耳。[1]

全文都是莫友芝谀颂曾国藩之词，对捻军史的研究，毫无价值。

由此可见，有些资产阶级知识分子说：问"立场、观点问题对编纂史料工作并无影响"，这不过是自欺欺人之谈罢了。

（原载《光明日报》1959 年 1 月 8 日）

---

[1]《捻军资料别集》，第 266 页。

点史琐议

标点，对于征引史料和发表史料来说，都很重要。一点之误，意思大变，必须注意。标点史料，发生错误，有多种原因，兹就近来所见者举例说明之。

第一，征引史料时粗心大意造成错误。例如，太平天国《朝天朝主图》的说明，都是七字一句。由于逢到"天"字抬格，所以其中有两句是这样写的。

> 乃乃八字盖乃头
> 东西乃龛共朝
> 天

近见有人引用这两句，把"天"字疏忽地省略掉了。这怎么通呢？

> 乃乃八字盖乃头
> 东西乃龛共朝[1]

第二，照抄成文，承袭了前人的错误。例如，《天朝田亩制度》后刻本说：

---

[1]《中华文史论丛》1979 年第 2 辑，第 448 页。

> 钦命总制并细核其所统监军,某人果有贤迹,则列其贤
> 迹,某人果有恶迹,则列其恶迹,注其人,并自己保升奏贬姓
> 名,一同达于将帅、主将,将帅、主将达六部、掌及军师,军师
> 直启天王主断。

中国史学会编辑的《太平天国资料丛刊》,把"六部、掌"错点成"六部掌"。按太平天国后期官制,六部,指吏、户、礼、兵、刑、工六部官;掌,指掌率,是军师的下级官。《天朝田亩制度》后刻本上有"文天王降旨,军师宣列王,列王宣掌率以下官一体遵行"等语可证。少了一个"、"号,把"六部、掌"点成"六部掌",便使读者误解六部与掌率为一官。自从 1952 年出版的《太平天国资料丛刊》(第1 册,第 324 页)错点之后,1976 年出版的《洪秀全选集》(第 84 页),1979 年出版的《太平天国印书》(上册,第 412 页),都照样错了。

第三,由于对当时的历史不熟,所以把史料标点错了。例如,《第二次鸦片战争资料丛刊》(第 4 册,第 531 页)所辑咸丰十年七月十四日《惠亲王绵愉等致钦差大臣桂良等勿准英法军入踞津郡函》,其中有"已函致桂樵光禄等驻扎城外"二语,都被错点为"桂樵、光禄"。其实,桂樵光禄是一人。焦祐瀛字桂樵,时任光禄寺少卿,在天津督办团练。该书上页有《惠亲王绵愉等致光禄寺少卿焦祐瀛令津郡绅民抗阻英法军入城函》可证。不该在其中加一"、"号,使读者误解为二人。

个别标点差错,虽是小事,但对于征引史料和出版史料来说,却不应忽视,当力求避免错误,以便读者。

(原载《光明日报》1980 年 2 月 5 日)

三、辨伪举例

《新说》质疑

最近出版的《太平天国史料专辑》发表了一种未刊资料《燐血丛钞》，其中收录了一部干王子"静宜草堂主人"的《新说》一书。《丛钞》编者自序："咸丰庚申四月，贼陷吴门，予躬罹其厄，越一月，始脱虎口。同治癸亥，奏恢复功，予又随军入城，先收图籍，得备见贼人著述，事涉诡奇，随笔摘录。见闻所及，亦附于编。"《新说》，即《丛钞》卷四所录太平军将士部分著述之一。《丛钞》编者介绍说："伪干王子静宜草堂主人，著有《新说》二册，间有足资谈助者。"

我怀疑这书不是洪仁玕儿子的作品，理由是：一、从史料中找不到可靠证明洪仁玕有这样一个带兵打仗的儿子；二、他竟然弄错了洪仁玕从香港到天京的重要年份；三、他竟然对一度与自己同时在苏州的洪仁玕的重要活动似乎无知，因此无只字记录。

按，洪仁玕的长子洪葵元，是屡见于太平天国文献的。据《同治三年九月二十七日清南昌知府许本墉对洪仁玕的提讯记录》，仁玕"娶妻张氏，生有三子：长子桂（葵）元，年十四；次子兰元，年九岁；三子芝元，去年生的"[1]。英人富礼赐的《天京游记》记

---

[1]《洪仁玕选集》，中华书局1978年6月版，第95页。

1861年在干王府见到"干嗣君",也说:"是一个很精乖可爱的小孩。"[1]由此上推,在1860年(庚申十年),洪葵元还不过是一个十岁左右的孩子,即使很聪明,也不可能独领一军,在天京破围战中立了功,又随李秀成攻克苏常。而《新说》中说:"予自善桥血战竟日后,直下丹阳、常州、无锡、苏州,皆赶出英队之前,紧接忠队以行,妖兵皆望风瓦解,曾未一经战阵。"显而易见,这位"干王子"不可能就是年幼的洪葵元。

其次,如果《新说》的作者,真是洪仁玕的儿子,那么,他应该清楚洪仁玕是于1859年(己未九年)到达天京的。但在《新说》中,却一再肯定洪仁玕于1857年(丁巳七年)已在天京。《新说》中说:"洋人甘密达自上海来,售军火,自言癸丑岁,父王尝馆于家。丙辰岁,父王至京时,甘曾厚赠资斧。丁巳,甘尝入京谒父王,固旧好也。"[2]

如果真有这位"干王子",1860年随李秀成进驻苏州,参加过忠王招待英王的宴会,等等;那么,他对这时洪仁玕到苏州的重要政治活动就不应该一无所知而毫无记录。如,李秀成于庚申十年五月三十一日《致英美法公使书》:干王"奏请来苏,候驾面叙一切,已蒙真圣主恩准"[3]云云。又英国传教士杨笃信《致伦敦布道会秘书戴德曼书》说:"我们在八月二日早晨到苏州,当天和干王会面。"[4]

洪仁玕此次到苏,还为了调解英、忠二王之间的争执。华翼纶

[1]《太平天国》六,第954页。

[2]《专辑》,第411页。

[3]《吴煦档案中的太平天国史料选辑》上,第4—5页。

[4]《太平天国史料译丛》,第139页。

《锡金团练始末记》：“江阴、常昭两县为英逆麾下攻取，苏省为忠逆独占，陈逆不慊，每择繁华市镇，多设一卡，归英逆管辖，以资军需。八月间，伪天王弟洪军师到苏，即调停忠、英二酋之误会也。”[1]

这一切，为什么在《新说》中都得不到反映呢？

我怀疑此书不仅不是干王子所写的，而且也不是太平军将士的著述。理由是：一、他竟敢违背太平天国的禁令，自称“主人”；二、他提供的一封李秀成的书信，乃是假的。

按，太平天国对“主”字的应用，是有严格规定的。《敬避字样》：“主，上主皇上帝、救世主、真主、幼主、赎病主、主将，主宰之主可用，余俱以司字专字柱字代。”[2]那些“家主”“船主”“田主”“店主”等习惯称呼，都被严格禁止，辛酉十一年正月十三日《天王诏旨》：“土木石金妄僭神，无天无父罪该渊。家船田店妄称主，无哥无日实多愆。”[3]“无哥无日”，哥指耶稣，日指天王。然而《新说》的作者，却居然自署“静宜草堂主人”[4]。查此书已有“壬戌岁”（1862）关于李文炳伏诛的记载[5]，可见成书已经在上述《天王诏旨》等颁发之后，他应该遵守。

《新说》作者又胡诌了一封李秀成给困守湖州的反动头子赵景贤的劝降信，信中说：“天父天兄天王太平天国开朝精忠军师忠义宿卫军忠王李奉书清官赵君左右……”[6]李秀成在攻克湖州以

---

[1]《近代史资料》，《太平天国资料》，第125页。

[2]《太平天国》二，第699页。

[3] 金毓黻等编：《太平天国史料》，第119页。

[4]《专辑》，第411页。

[5]《专辑》，第412页。

[6]《太平天国》二，第415页。

前,尚未升封真忠军师。我们常见的几件李秀成署衔"真忠军师"的文书,都是在 1863 年下半年发出的。一件是癸开十三年九月二十九日给陈坤书的信。一件同一天给黄子隆的信[1]。一件是癸开十三年十月二十六日发给英人吟唎路凭[2]。这时,赵景贤早已死了。至于开朝精忠军师,则是干王,不是忠王。

又,李秀成也不得称赵景贤为"君"。《敬避字样》:"君王,前侯皆不得妄称此二字,唯上帝、基督、君王父、君王母、真圣主、幼主、代代幼主可称此'君王'二字,东、西嗣君可称君字,余信、勇至列王长主可称嗣钧。"[3]查《太平天国文书》辑录的李秀成于辛酉十一年十一月给赵景贤的信是这样称呼的:"九门御林忠义宿卫军忠王李谆谕按察司衔候补道总理湖州团防事务赵景贤知悉。"[4]这是合乎太平天国体制,也是真的李秀成留下的历史文献。

总上述,《新说》作者与洪仁玕的关系不明,他对太平天国的典章制度,又非常陌生,动辄抵牾,而对苏州潘世恩家的底细等却很熟悉,津津乐道。是真是伪,问题非常明白。

辨伪,是史料学的首要任务,面对一部眩迷人目、真伪掺杂的新资料,一定要严肃地查来源,查内容,弄清真相。只有这样,才能在史料方面把太平天国史学继续推向前进。

(原载《光明日报》1980 年 9 月 30 日)

---

[1]《太平天国》二,第 764—765 页。

[2] 罗尔纲:《太平天国文物图释》,第 266 页。

[3]《太平天国》二,第 689 页。

[4]《太平天国》二,第 741—742 页。

《燐血丛钞》辨伪

辨伪，是史料学的首要任务。太平天国的史料极为丰富，但出于伪造的也不少。罗尔纲同志著《太平天国史料辨伪集》，总结了辨伪工作的若干经验，这对我们鉴定《燐血丛钞》有巨大的帮助。

一、重温罗尔纲同志鉴定伪书《江南春梦庵笔记》的经验

《太平天国史料辨伪集》的首篇也是全书代表作：《太平天国史料里的第一部大伪书——〈江南春梦庵笔记〉考伪》。

《江南春梦庵笔记》署名"武昌沈懋良撰"。书后有春草吟庐主人跋极力吹捧它的史料价值："懋良陷贼十三年，相处者又倡乱之巨逆，宜乎其所言源源本本，如数家珍也。"又说："所载群逆之出处，伪制之详明，又足补诸书所未备。"在叙述洪杨来历时，作者沈懋良曾交代："上皆蒙得恩所言。"书中又强调蒙得恩对作者的恩遇："予自入金陵，蒙逆即以卜姓女妻我……"可见与作者相处十三年的"倡乱之巨逆"，是太平天国赞王蒙得恩。

这一大伪书出笼于清光绪间，收入上海申报馆聚珍版《四溟琐记》内。中华人民共和国成立后又辑入神州国光本《太平天国

资料丛刊》第四册中。尽管它眩迷了一些人目,如历史家朱希祖曾相信"所载事迹,则多真确"[1]。然而,研究太平天国史的老专家简又文早已否定这书某些记载的真确性。他在考证洪秀全生辰时说:"关于天王洪秀全诞生之年月日,见诸中外各家记载者,截到现在,得有下列九说……"其中(四)"嘉庆十七年壬申九月初九日未时,见沈懋良:《江南春梦庵笔记》。"简氏断言:"此说不可信。"[2]

但是,任何史料,总有传闻失实等处,不可能所记全部真确。《江南春梦庵笔记》之所以被罗尔纲同志揭露为伪书,绝不是由于它的部分内容不真确,而是由于全书虚构伪托。从史料的来源和内容之间的矛盾上,罗尔纲同志发现那个自称长期在蒙得恩身边的沈懋良,对蒙得恩的情况却几乎是无知。

(一)蒙得恩虽然是金田起义的老兄弟,但不是"倡乱"的首脑人物。到了1859年,他才封王。然而《江南春梦庵笔记》却说:"金田倡乱之时,逆党与密谋者,惟东、西、南、北、翼、赞六逆,伪翼王曰石达开,伪赞王曰蒙得恩,外皆后进也。"显然这是虚构了蒙得恩的历史。

(二)蒙得恩在金田起义时,已快四十岁,他同长子蒙时雍一起参加革命。蒙得恩在金田入营,蒙时雍在平南县花洲入营。《江南春梦庵笔记》却说:"蒙得恩,广西人,从逆时仅十九岁。"显然这是虚构了蒙得恩的年纪。

(三)蒙得恩有五个儿子,时雍、时安、时发、时和、时泰。《江

---

[1] 朱希祖:《太平天国丛书第一集序》。
[2] 简又文:《太平军广西首义史》。

南春梦庵笔记》却胡诌蒙得恩"无子,生三女,长适西逆萧全福,次配仁玕子,三未字。"显然这是虚构了蒙得恩的家庭。

（四）蒙得恩早于辛酉十一年病逝。《江南春梦庵笔记》却说,甲子十四年天京失陷前几天蒙得恩还在天王宫值宿。显然这是虚构了蒙得恩的生平。

从以上判断,书的作者并不是长期在蒙得恩身边的人。那么,他的史料究竟来自何处呢? 罗尔纲同志花了巨大考证工夫,进一步揭露了《江南春梦庵笔记》作伪的真相。原来它是这样产生的。

其一,凭空捏造。如说幼天王是国舅赖汉英前妻所生子,天王后赖氏原是赖汉英继室,等等。

其二,篡改文献。如把天王两篇《改历诏》并成一篇,并把"九月初九哥降节,靠哥脱罪记当初"的后一句篡改为"亦朕降世记当初",以此证成天王诞生于九月初九的谬说,等等。

在掌握了大量确凿的证据之后,罗尔纲同志给《江南春梦庵笔记》定下铁案,宣判它是一部大伪书。

《江南春梦庵笔记》曾经欺骗了一些人。正如罗尔纲同志所说:"有人根据它来考证太平天国的律法与印行的书籍,有人根据它来考证《天朝田亩制度》与太平天国的考试制度、省制等。他们在考证太平天国史的工作上,都把它的记载作为断定太平天国史事的最重要的根据; 即使遇到文献俱在,记载分明,千真万确的史事,而因为它有不同的异说,也居然根据它来怀疑真实的历史。这部大伪书,对太平天国史以伪乱真,到了怎样的地步,发生了怎样严重的恶劣影响,于此可以想见。"揭穿这部大伪书,澄清它的恶劣影响,留给我们深刻的教训,这是罗尔纲同志对太平天国史料学所作出的一大贡献。时隔二十余年,重温罗尔纲同志鉴定

《江南春梦庵笔记》是伪书的经验,对我们仍然是非常有益的。

二、《燐血丛钞》几乎是
《江南春梦庵笔记》的翻版和续篇

1979 年 10 月,上海古籍出版社出版的《中华文史论丛增刊——太平天国史料专辑》发表了十三种新史料,其中有《燐血丛钞》的节选本。编者【说明】:

> 《燐血丛钞》共四卷,约十二万字。据苏州市文管会范烟桥先生(已故)考订,该书系吴县谢绥之(家福)所撰(见《太平天国时笔记选录——〈燐血丛钞〉》,载《光明日报》1962 年 8 月 23 日)。谢绥之在序言中说:"咸丰庚申四月,贼陷吴门,予躬罹其厄,越一月,始脱虎口。同治癸亥,奏恢复功,予己〔又〕随军入城,先收图籍,得备见贼人著述,事涉诡奇,随笔摘录。见闻所及,亦附于编。"可见,《燐血丛钞》主要是一本太平军将士著述和时人笔记的汇编。
>
> 《燐血丛钞》所搜集的笔记和日记,共有三十多种,基本上都是记载太平天国在苏州地区的革命活动。据初步校核,其中有些著述是罕见的。它对研究太平天国后期苏州地区的政治、经济等是有较大参考价值的。
>
> 本专辑现选录了此书一、三、四卷中太平军将士的部分著述和未曾公开刊印的时人笔记若干篇,以供研究太平天国史的参考。

但我看了这节选本之后，发现其中有不少段落，不是什么"未曾公开刊印的时人笔记"，而是早已出笼的《江南春梦庵笔记》。

有的是全文照抄，如：

《江南春梦庵笔记》：

> 伪春官所颁节日除夕祝文云："小子某率领众小子外小等跪在地下，祷告天父上主皇上帝老亲爷爷、救世真圣主天兄亲大哥，今于某月某日虔备茶果灯亮酬谢天恩，恳求天父天兄时锡圣神，化醒天下万郭臣民，早日回心，共同赞美天父上帝独一权能，祝福小子众小子等百战百胜，无灾无害，有衣有食，托救世真圣主天兄基督赎罪功曹，转求天父上主皇上帝在天神灵，在地如在天焉。俯准所求，心诚亚孟。"

《燐血丛钞》：

> 敬天父者，袭天主教七日礼拜之名。遇房虚星昴日及志得意满事，则敬之。烧巨烛于堂中，盛列酒筵，贼酋率众长跪，若婚嫁之祭祖，惟妇女各随其主之后，为小异耳。掌文书之贼朗诵祝文："小子某，率领众小子、外小等跪在地下，祷告天父上主皇上帝老亲爷爷、救世真圣主天兄亲大哥，今于某月某日，虔备茶果灯亮，酬谢天恩。恳求天父天兄，时锡圣神，化醒天下万郭臣民，早日回心，共同赞美天父上主皇上帝独一权能。祝福小子、众小子等，百战百胜，无灾无害，有衣有食。托救世真圣主天兄基督赎罪功曹，转求天父上主皇上帝在天神灵，在地如在天焉。俯准所求，心诚

亚孟。"

请注意,两书所录"祈祷文"是雷同的。对照太平天国《天条书》,《江南春梦庵笔记》错了几处:"时锡圣神风",掉了一个"风"字。"托救世真圣主天兄基督赎罪功劳","功劳"歪曲为"功曹"。"转求天父上主皇上帝在天圣旨成行",最后六字被篡改为"在天神灵"。《燐血丛钞》同样是错了。这难道不是照本抄袭的铁证吗?

有的虽经加工,但依然保留抄袭的痕迹。例如,《江南春梦庵笔记》胡诌了一篇天王《颁历诏》:

> 朕诏某某等知之:天父天兄太平天,太平天国万万年,兹据玕胞恳裁定,节气平匀义更全。朕今诏明甥等:朕乃太平天子,自戊申年三月天兄基督下凡,带朕作主,创开天国天京天朝天堂,永无穷尽。朕今再诏,天历首重孝顺爷,七日礼拜福禄加。二月初二谢爷节,谢爷差朕斩妖蛇。三月初三爷降节,从此万郭归爷妈。正月十三哥舍命,普天铭感福江河。二月廿一哥登极,亦朕登极人间和。九月初九哥降节,亦朕降世记当初。七月廿七哥捐命,天朝代代莫忘过。每年六节,注明顶头,永远如是。自辛开年一直传去,千年万年万万年,永无穷尽。甥们遵诏:爷哥带朕坐江山,天历流传如循环。辛开起头传永远,永不改元诏再颁。

《燐血丛钞》也有一篇《颁历诏》:

> 朕诏和甥、福甥、临甥、玕胞、达胞、玉胞、秀胞、恩胞、贤

胞、辅胞、璋胞、军师、掌率、统管、天将、神策朝将、护京国
将、六部、义、王〔主〕、佐将、内外众人知之:天父天兄太平
天,太平天国万万年。兹据玗胞恳裁定,节气平匀义更全。
朕今诏明甥等,朕乃太平天子。自戊申年三月天兄基督下
凡,带朕作主,开创天国天京天朝天堂,永无穷尽。年年是
吉是良,月月是吉是良,日日亦是吉是良,何用选择。朕今
再诏:天历首重孝顺爷,七日礼拜福禄加。二月初二谢爷
节,谢爷差朕斩妖蛇。三月初三爷降节,从此万郭归爷妈。
正月十三哥舍命,普天铭感福江河。二月廿一哥登极,亦朕
登极人间和。九月初九哥降节,亦朕降世记当初。七月廿
七哥捐命,天朝代代莫忘过。每年六节,注明顶头,永远如
是。自辛开年一直传去,千年万年万万年,永无穷尽。甥们
遵诏:爷哥带朕坐江山,天历流传如循环。辛开起头传永
远,永不改元诏再颁。普天率土,咸使闻知。钦哉此诏。

核之太平天国辛酉十一年《颁行历书》,可见《江南春梦庵笔记》
在把天王于己未九年接连颁发的两篇《改历诏》,胡乱并作一篇
的同时,篡改了几处重要语句,歪曲了太平天国的历史。例如:

　　(一)天王诏旨原文:"自戊申年三月天父上帝下凡,降托东
王,乃龚世人;九月太兄基督下凡,降托西王,诛灭妖魔;今蒙爷
哥下凡,带朕作主,创开天国天京天朝天堂,天历永远流传。"《江
南春梦庵笔记》篡改为"自戊申年三月天兄基督下凡,带朕作主,
创开天国天京天朝天堂,永无穷尽"。

　　(二)天王诏旨原文:"九月初九哥降节,靠哥脱罪记当初。"
《江南春梦庵笔记》篡改为"九月初九哥降节,亦朕降世记当初"。

（三）天王诏旨原文："七月廿七东升节，天国代代莫些忘。"东，指东王杨秀清。《江南春梦庵笔记》篡改为"七月廿七哥捐命，天朝代代莫忘过。"哥，是耶稣。

《燐血丛钞》抛出的《颁历诏》一字不易地作这样的篡改，这难道不是剽窃的痕迹吗？至于其中多了"年年是吉是良，月月是吉是良，日日时时亦总是吉是良，何用选择"等句，乃是《江南春梦庵笔记》在另一处把杨秀清等献历奏章里的"年年是吉是良，月月是吉是良，日日时时亦总是吉是良，何有好歹？何用拣择"等句改窜而成的。《丛钞》也是照抄，只有一字之差，把"拣"字改成"选"字。《丛钞》还模仿天王《改历诏》，加了一头一尾。天王诏旨开头原文是："朕诏和甥、福甥、玕胞、达胞、玉胞、秀胞、恩胞、贤胞、辅胞、璋胞、天将、掌率、统管、尽管、神策朝将、内外众臣知之！"《丛钞》违背太平天国庚申十年的官制，对此作了多处改窜，并在和甥、福甥下加了一个"临甥"。按"和甥"是幼西王萧有和，"福甥"是懿王蒋有福[1]《江南春梦庵笔记》作了曲解，胡说："（洪）宣娇初适伪西王萧朝贵，生一子名全福，即幼西逆；朝贵死，伪东王杨秀清托言奉天父旨为之赎病，据而有之，逾年生一子，名有和，即幼东逆。上皆蒙得恩所言。"《燐血丛钞》伪上加伪，胡说："所谓和甥者，即幼东逆杨有和。福甥，即幼西逆萧全福，实天逆所生子。临甥，即幼南逆冯临川。"其实，幼东王叫洪天佑。杨有和和冯临川都是虚构的人物。

现经核对，确知《太平天国史料专辑》节选的《燐血丛钞》，抄袭《江南春梦庵笔记》，共十二段。尽管《丛钞》多方改头换

---

[1]　参阅《李秀成自述别录》。

面,但是欲盖弥彰,总暴露出它抄袭《江南春梦庵笔记》的痕迹。例如:

《江南春梦庵笔记》:

> 贼入江浙后,妄诏天下一统,遂更定伪制,半出蒙得恩、侯裕宽、李春发、黄期升、乔彦才、刘盛培之手,荒谬诞妄,为千古所未有。伪王六等:一曰圣神天师王,如圣神风雷师东王是也。二曰天师王,如云师南王是也。三曰军师王,如精忠军师干王是也。四曰义王,如忠勇英王是也。五曰勋王,如经文纬武赞王是也。六曰列王,如安王、福王是也。上三等为之三师,下三等位视一二三品。近又有第七等王,王字上加三点作坒字。
>
> 伪勋衔六等:曰某天义,曰某天安,阶四品;曰某天福,曰某天燕,阶五品;曰某天豫,曰某天侯,阶六品。
>
> 伪朝官文职九品:一掌率,二统管,三尚书,四令史,五仆射,六指挥,七丞相,八检点,九承宣。凡伪尚书、仆射、丞相,皆分天地春夏秋冬,伪令史、承宣皆分九衙,伪指挥、检点皆分左右,每一职各有正、副、又正、又副等名。武职九品:一天将,二神将,三朝将,四都尉,五都护,六都挥,七常侍,八侍卫,九护卫,皆分左右。外官曰文将帅、主将、佐将、将军、总制、监军,视伪朝官四品至九品。乡官曰军帅、师帅、旅帅、卒长、司马。
>
> ……(原文此间还有四节)
>
> 贼衔有多至百字者,曾见伪奏所书云:"传天父上主皇上帝真神真圣主劝慰师禾乃师赎病主赎罪功曹九门御林宿

卫左辅军正军师天京神策左辅军正掌率朝纲正掌率开朝第
一等圣神风雷雄忠军师翊天赞主顶天扶朝纲忠文东王。传
救世圣主先师天兄基督太子圣旨九门御林宿卫右弼军正军
师兼后护军正军师天京神策左辅军正掌率朝纲又正掌率天
父天外孙天兄天王天甥开朝第一等圣神雨雹英忠军师奉天
佐主顶天扶朝纲忠武西王。九门御林宿卫前导军正军师天
京神策前导军正掌率朝纲副掌率开朝第二等云师恪忠军师
尽忠辅主顶天扶朝纲忠正南王。"

《燐血丛钞》：

　　俞贼以破苏功，进伪职为神将。诸贼往贺者，双膝跪地，
不揖不拜，口称升官发财而已。伪制，文职凡九品：一掌率，
二统管，三尽管，四令史，五仆射，六指挥，七丞相，八检点，
九承宣。尽管、仆射、丞相，分为天、地、春、夏、秋、冬。令
史、承宣，分九衙。指挥、检点，分左右。武职亦九品：一天
将，二神将，三朝将，四都尉，五都护，六都挥，七常侍，八侍
尉，九护卫，皆分左右。外官亦九品：一文将帅，二主将，三
佐将，四将军，五总制，六监军，七军帅，八师帅，九旅帅，以
下曰卒长，曰两司马。王封六等：一曰圣神天师王，如圣神
风雷师东王者是；二曰天师王，如云师南王者是；三曰军师
王，如精忠军师干王者是；四曰义王，如忠勇英王者是；五
曰勋王，如经文纬武赞王者是；六曰列王，如安王、福王者
是。上三等为三师，下三等秩如一品。勋衔六等：义、安、福
秩如二品；燕、豫、侯秩如三品。尝见伪疏列衔云："传天父

上主皇上帝真神真圣主劝慰师禾乃师赎病主赎罪功曹九门
御林宿卫左辅军正军师天京神策左辅军正掌率朝纲正掌率
开朝圣神风雷雄忠军师翊天赞主顶天扶朝纲忠文幼东王；
传救世圣主先师天兄基督太子圣旨九门御林宿卫右弼军正
军师天京神策右弼军正掌率朝纲又正掌率天父天外孙天兄
天王天甥开朝圣神雨雹英忠军师奉天佐主顶天扶朝纲忠武
幼西王；九门御林宿卫前导军正军师天京神策前导军正掌
率朝纲副掌率开朝云师恪忠军师尽忠辅主顶天扶朝纲忠正
幼南王；文衡正总裁传天王真圣旨天朝王宗九门御林宿卫
后护军正军师天京神策后护军正掌率朝纲又副掌率教习幼
主官正掌率天历府正统管钦定书本正统管天一尚书开朝精
忠军师揆文奋武顶天扶朝纲忠章干王。"每衔皆至百余字，
牛鬼蛇神，令人发噱。昔金田倡乱时，惟杨秀清、萧朝贵、冯
芸〔云〕山、韦昌辉、石达开、蒙得恩得与逆谋，伪封东、西、
南、北、翼、赞等王。其后王封日滥，无以励功，于是加锡名
号。如忠逆之封尽忠报国忠义忠王荣千岁以别之。司封之
贼，又往往以名为戏。航逆素撑航船，因封涉川利济航王撑
千岁；慕逆故业木工，因封斩曲留直慕王锯千岁；挺逆尝设
春药铺，因封燮理阴阳挺王强千岁；劝王因进女得幸，因封
承恩受宠劝王娱千岁；真堪绝倒。

从以上引文，读者可以看清：《江南春梦庵笔记》捏造了一套怪诞
离奇的太平天国官制。《燐血丛钞》改头换面地剽窃过来与苏州
的人和事所谓"俞贼"升官拉凑在一起，使人相信这是对苏州的
记载。众所周知，慕王谭绍光的全衔为"殿前斩曲留直顶天扶朝

纲慕王丰千岁"[1]。《丛钞》篡改"丰千岁"为"锯千岁",并曲解"斩曲留直"四字的意义,胡说司封者影射谭绍光出身木工。人们不禁要问,学王胡海隆的头衔上有"斩邪留正"字样,来王陆顺德的头衔上有"斩恶留善"字样,司封者又是影射什么呢?[2]请读者再看一例:

《江南春梦庵笔记》:

> 伪制婚配之律曰:一等王王娘一,贞人二十人;降一等则减去贞人三,至六等王则王娘一,贞人六而已。一二三品伪官视四五六等伪王,四品伪官贞人一,使女五人,降一等则减使女一人,至九品伪官仅一贞人已。
>
> ……
>
> 伪官以伪后一人辖嫔娘一、爱娘二、嬉娘二、宠娘二、娱娘二,位如上三等伪王。好女四、妙女八、姣女十六、姱女二十、妍女二十四、婥女二十八、媌女三十二、娟女三十六、媚女四十,位一品至九品。以伪妃二十四人各辖妭女四、姹女四、妠女四、娃女四、姶女四,位一品至五品。元女十人列六七品。妖女十人列八九品。伪幼主官以伪主妃一人,辖美人四、丽人八、佳人十二、艳人十六,位一品至四品。伪女司以二品掌率六十人,各辖女司二十人。

《燐血丛钞》:

---

[1] 参见谭绍光于太平天国癸开十三年九月初五日复戈登书上盖的朱印和抄本《敬避字样》的附录。
[2] 王定安:《贼酋名号谱》。

四月十八日，忠逆复下禁止掠妇之令，贼酋未得龙凤批及散贼所掠诸妇女，皆令十九日缴送女馆，违者论斩。十九夜起，遍遣伪文职巡查各馆，贼中素簿文职庸儒，至是存今我为政之心，故为作弄。每当静夜深更，诸贼同梦之际，直入卧房，辟门查验。贼与妇莫不仓皇而起，持批对验，甚有颠倒衣裳，不及结束者。且忽早忽迟，无可预备。如是者旬日，诸贼苦之，敛金为贿，禁稍弛。二十日，巡查者执两贼、两妇，相对裸缚，遍游六门，枭首示众。贼应伏辜，妇则冤甚。所谓龙凤批者，黄色纸，长一尺，宽五寸，中一行书某姓名配某大妹七字。贼酋既得妻，则请于所统之王，给批为据。贼妇时而更易，故必迁就批中之姓。禁掠之际，贼虑诸妇不允，软劝威逼，备极其状。及至查验时，竟无一女肯吐真姓者，可慨也夫。贼中给批之例，见之于伪制。一等王，娶王娘一人，贞人二十人，随使女四十四人。降一等，减贞人二人，使女四人。一品官娶贞人一人，女使十人，随使女十二人。降一等，减女使一人，使女一人。不入品有职者，娶贞人一人，女使一人，随使女一人。若洪逆伪官之中，则以伪后一人，辖嫔娘二，爱娘、嬉娘、宠娘、娱娘各四人，位如上三等王。好女八，妙女十二，姣女十六，姱女二十，妍女廿四，㛤女廿八，媌女三十二，娟女三十六，媚女四十，位如一品至九品。以伪妃二十四人，各辖娥女、姹女、妩女、娃女、姶女各四人，位如一品至五品。元女十人，位六、七品。妖女十人，位八、九品。伪幼主官，以伪妃一，辖美人四、丽人八、佳人十二、艳人十六，位二品至五品。伪女司，以二品掌率六十人，各辖女司二十人，都计二千五百二十人。

从上述引文,读者又清楚地看到《江南春梦庵笔记》伪造了荒诞离奇的太平天国婚配制度,《燐血丛钞》也把它改头换面剽窃过来与苏州的人和事相附会。请读者再看一例:《江南春梦庵笔记》捏造了太平天国分全国为二十四省的谬说:

> 伪分天下为二十四省,曰江南、江北、江东、湖南、湖北、广东、广西、云南、云北、陕东、陕西、河南、河北、山东、山西、燕南、燕北、川东、川西、边南、边北、洋东、洋西,皆上年更定。
>
> 伪宫中自伪后一宫外,皆以省名之……

《燐血丛钞》也改头换面地抄袭下来,和苏州串连在一起:

> 伪分天下为二十四省,曰江南、江北、浙东、浙西、湖南、湖北、广东、广西、云南、云北、陕东、陕西、河南、河北、山东、山西、燕南、燕北、川东、川西、边南、边北、洋东、洋西。伪宫之名亦如之。旋又开苏州为苏福省,视天京例,谓将来作陪京云。

上述引文说明,《丛钞》在抄袭《江南春梦庵笔记》的同时,力图弥补《江南春梦庵笔记》的破绽。如总数二十四省,但罗列省名只有二十三省。其中又没有众所周知的苏福省。《丛钞》便抽去了江东省,补上了浙东、浙西,以足二十四省之数。又捏造苏福省作陪京的谬说。真是伪上加伪。

罗尔纲同志曾指出,太平天国开女科一事,是汪堃《盾鼻随闻录》所虚构的。该书说："以江宁人傅善祥为女状元，又女榜眼钟姓，女探花林姓。"《江南春梦庵笔记》"虚上加虚，假中更假"[1]，编造了以下一节：

> 癸丑尝设女试，以傅善祥、钟秀英、林丽花为鼎甲。傅善祥，上元书吏之女，自愿应试者。钟即钟方礼所掠之女，林即林凤祥所掠之女，皆非本姓也。发女榜后，俱入伪官，隔数日发还，并传其父谢恩，人咸悔之，故甲寅岁无一应者矣。

《燐血丛钞》如获至宝地把它接了过来：

> 癸丑岁尝开女科，状元为傅善祥，上元书吏女。榜眼为钟秀英，伪官钟方礼所掠女。探花为林丽花，伪官林凤祥所掠女。发榜后，俱入伪官，赐宴侍寝，插花归第，因勒令其父谢恩，咸深悔之。甲寅再试，无一应者，遂罢试。

请注意，《江南春梦庵笔记》捏造洪秀全逼婚女科鼎甲的荒唐情节，还比较含蓄，仅说"隔数日发还"。《燐血丛钞》则赤裸裸地改成"赐宴侍寝，插花归第"云云，对农民革命竭尽诬蔑之能事。

为了进一步弄清《燐血丛钞》抄袭《江南春梦庵笔记》的真相，我反复阅读了《燐血丛钞》的全书（抄本）。在第四卷里，找到它声明摘录的《江南春梦庵笔记》，从头到尾一千三百二十二字。

---

[1] 罗尔纲：《太平天国史料辨伪集》。

请读者耐心一阅。

同治甲子秋，江宁城复，武功告成，武昌沈懋良著有《江南春梦庵笔记》，专记恢复时贼中情形，与苏城大同小异，因附录之。记云：

江宁自忠逆浦口败回，贼势惶惶。洪逆告于众曰："我奉上主皇上帝命我下凡，创开天国天京天朝，作天下万郭独一真主，任妖一齐飞一齐变，总不脱我天父掌上过。我铁瓮江山，天兵百万千万，妖兵岂能飞入耶！"

五月初十日又传伪诏云："现蒙天父降下甜露，继自今大小文武天将天兵，大共变吃甜露，不得吃饭。"合城茫然，不知所解。嗣又发伪诏，令各馆解送百草各十担，候天父造成甜露，始知令人吃草耳。

二十五日又传伪诏云："真神能造山和海，任那妖魔八面来，天罗地网九重回，你们弟妹把心开，岳飞五百破十万，何况妖魔灭绝该。天父好手段，妖魔万算不当天父一算。天兄好担当，天兵一到，妖魔尽灭亡。你们军士暂行安息，朕今上天堂向天父天兄领到天兵百万千万，层层战下，大显权能，保固天京，你们军士大共享太平之福。"

二十六日三鼓，人声鼎沸，传言大兵已入城，奔走者络绎不绝。诘旦，始知洪逆于戌刻腹裂死。传言忠逆于日间进毒，夜令其党哄闹，欲乘机自立，幸安逆先经探悉，匿丧至黎明始发，并将忠逆家属胁入伪宫为质。

二十七日，幼逆继立，始发伪诏云："杨家养得女贵纪，大共富贵无穷期。你们兄弟牢牢记，要富要贵多容易，生那女儿好,献进天宫官不小;生那姊妹娇,献进天宫官爵高。"洪逆死时,伪宫有元女三人,皆以年幼幸免,未及殓,幼逆已遍污之,死者二人。复就伪妃女官中选留十六岁以内者百余人,余皆屏去。

二十九日午刻,合城扰攘,传言官兵已进朝阳门,有亲见红顶花翎黄马褂骑白马驰过夫子庙前者。继知伪四王相因奉伪旨搜逢天安女,见其幼妾强污之,因相争斗。忠逆怒,欲杀之,已逸去,遂四出追骑。幼逆又发护卫擒逢天安云。

夜间又闻枪炮不绝,惟街衢安静,伪巡查络绎,禁止往来,并云城外已攻破官军营垒数十座。三更后家家闻敲门声,应之寂然。自是鬼怪之扰不绝,或穿号褂,或戴顶帽,一见之即口不能言,妇女被祟尤甚,往往有移其身至别处者。

六月初一夜,有伪巡查陈金发道经西逆府前,忽见一物高二丈,遍身白毛,骇极而奔,途遇伪都尉李可久,彼此见头已离顶,互以为鬼,号呼求救,适遇忠逆,始解散。

初二日抵暮,有猕猴无数,自城东鱼贯而行,有长至五六尺者,观者众始四窜而去。

洪逆死后,伪妃宫均为幼逆所据,惟伪后一宫如故。初五夜,伪后赖氏以下七十余人皆见黑衣黑面丈夫十余人持刀入,淫掠殆遍,伪后遂自缢,宫人星散。

初八夜,又忽有红顶花翎面涂五色者七八人,闯入伪宫,幼逆匿龙台下,遂污伪幼后等十余人。明日召洪仁发、洪仁达、萧全福、李季祥、蒙得恩、侯裕宽等人入宫值宿。

初十夜三更,火光忽作碧色,旋闻大震一声,火顿息,呼众破扉入,则馆主蒙得恩长女裸横于地,女已适幼西逆,因巢中鬼怪丛扰,归避母家,不虞怪亦能来,传言所祟者,系十余岁美男子,蓝顶白衣,遍身有毛,无夕不来云。门以内见妖见鬼,门以外则拒奸缚盗,救火驱鬼,时时鼎沸,武昌城陷时未有此乱也。

……(以下仍记鬼怪作祟,一直到六月十四夜蒙得恩三女被祟事为止。)

我把以上引文同《江南春梦庵笔记》作了核对,发现:

(一)《燐血丛钞》对《江南春梦庵笔记》不是照抄,而是按时间顺序作了改编。对个别字句也作了修改。(二)《丛钞》摘录《江南春梦庵笔记》仅及原书约六分之一,对其他部分则改变成别的笔记资料或抄者自己的见闻,窜散在《丛钞》全书中。《太平天国史料专辑》节选本里的十二段,就是用后一种形式抛出来的。此外,《丛钞》还剽窃《江南春梦庵笔记》的内容,伪造了几种"罕见"的笔记。最突出的一种,叫作湘潭钓叟《伪宫逆迹记》。

按,这书曾见于《江南春梦庵笔记》里的一条"按语",原文如下:

按,伪司衣房条例:缝裳即阔管裤,钮裳裤裆不缝而钮者,开裳即开裆裤,散裳即裙,散袍即斗篷,皆伪宫女子所服;另有搭背遮腿诸名色,见湘潭钓叟《伪宫逆迹记》。缕仙附志。

在所谓春草吟庐主人跋语中,也提到一部什么《伪宫记》。这些作者与书,都是渺无旁证,如同《江南春梦庵笔记》本身一样,都是出于伪托。然而在《燐血丛钞》中，却居然紧接在摘录《江南春梦庵笔记》之后，冒出了一部湘潭钓叟《伪宫逆迹记》。

> 湘潭钓叟著《伪宫逆迹记》一卷，据云杂采伪侍口供、伪府记载及传闻之词，汇录成帙，凡三百余则。

《燐血丛钞》"删其芜秽叠见者，录存六十二则"。其实，这些内容的大部分是对《江南春梦庵笔记》的剽窃和发挥。例如《江南春梦庵笔记》伪造了蒙得恩和侯裕宽两人的历史：

> 蒙得恩，广西人，从逆时仅十九岁，便佞善媚，粗通笔墨，自伪检点擢春官丞相、赞天侯、豫、燕、福、安、义等伪职，加忠贞赞王正率天官伪衔，与裕宽相朋比，待人各甚厚，人故不甚恶之。伪正王娘袁姓，上元人。凡伪宫屏弃之女归其择配，妇女出入其门以数百计，故不能详其贞人若干人。无子，生三女，长适西逆萧全福，次配仁玕子，三未字。
>
> 侯裕宽者，湖北人，年十八，为洪逆掠，甚嬖之。妻曹氏为杨逆掠，洪逆出之，一见大悦，纳入伪宫，给四女为裕宽配，杨逆怒入伪宫夺曹氏等十余人去。裕宽善迎杨逆意掌伪宫事，出入不禁，秽声四布，洪逆甘之。

《燐血丛钞》改头换面地剽窃过来，加上了从另一大伪书《盾鼻随闻录》抄来的关于尹福寿的一段，变成为《伪宫逆迹记》的一则：

> 掌伪宫之贼有二：一为蒙得恩，广西人，素有阴疾，不能

御女,洪逆信之,凡入宫妇女,悉归选择。性善媚,通笔墨,
自检点擢春官丞相,爵赞天豫、燕、福、安、义,加封忠贞赞王
天官正掌率。掠上元人袁氏女为妻,领女三:长适西逆萧
全福,次配干逆洪仁玕子,三未字。恢复时,蒙逆不知所终。
一为侯裕宽,湖北人,向为鄂省名优,面目姣好,出入巨室,
多见识广,伪官规制悉出其手,自恩赏丞相擢至天官副掌
率。妻曹氏,为杨秀清所掠,洪逆给以四女为妻,从前伪官
中出入无禁,裕宽又昼夜不出,伪妃多为淫诱,秽声达外,洪
逆不以为嫌也。又有尹福寿者,扬州人,为洪逆构造官室园
圃,亦封丞相,早卒。[1]

《江南春梦庵笔记》又编造了杨秀清向洪秀全献龙台的荒唐
故事:

> 杨逆性尤奸恶,困洪逆于酒色以揽其权。尝制龙台一
> 具以献,阔三丈,多作窟陷,可容人卧,上排木架,盖卧具也。
> 自是贼中事洪逆几不复与,置一木偶舁以临朝,手持一扇以
> 掩其面,杨逆立其旁代为批答,左之右之,惟所欲为矣。

《燐血丛钞》也把它剽窃过来,塞进了《伪宫逆迹记》:

> 伪称大欢喜殿者……为洪逆夜宿之所……中置龙台

---

[1] 尹福寿,当作宾福寿,广西人,1854年任冬官又正丞相,1860年任工部
正冬官。汪堃歪曲了他的姓名和历史。

一具,广三丈,多作坎窖,适容人卧,上置机轴木架,起落自如。为杨秀清所献。

《江南春梦庵笔记》伪造了沈懋良的经历:

> 予自入金陵,蒙逆即以卜姓女妻我,时女年仅十四,句容人,是夜仅与同宿,未交一语,晨起失所在,已缢于床外矣。复以苏州枫桥人叶锦山之妻俞氏妻我,三年中并未与一夕宿,后病死。叶锦山业绸缎,金陵城破时被戕,俞氏,本城人。辛酉九月,又以海盐龚姓女给我,浮荡万分,严拒绝之,不安于室,遂给所欢。今在室者为武林平氏,家世不肯实言,予亦不忍究也;庚申同母被虏,今十五岁矣,贞静柔淑,无与伦比,自言大兵进城时,设遇不测,拼将一死,未识能遂所愿否?噫!予被虏时,妻仅十九,不识作何究竟?尚敢作孽耶?

《燐血丛钞》对此也改削作为《伪宫逆迹记》的一则。

> 蒙逆记室沈懋良,湖北武昌人,年三十四岁,咸丰二年被掠,赞逆给以伪宫屏弃之女三人:卜姓女年十四,句容人,未污即自尽。俞氏女系在苏州殉难叶锦山之妻,未污即病故。平氏女,杭州人,年十五,均求资遣,平氏犹处女。沈固明理君子也。

《江南春梦庵笔记》捏造了以二十四省省名作为天王二十四

妃宫名的谬说,《燐血丛钞》据此大加发挥,编造了二十四妃的姓氏、来历和籍贯,变作《伪宫逆迹记》的主要篇幅。其中荒谬百出,如说广西宫妃石氏是石达开的女儿,真是无稽之谈。考石达开在天京时,还很年轻,"年约廿余"[1],他女怎能配与天主?《石达开自述》:"娶妻王氏,生有子女,均在南京被害。"他也未谈有女入宫为天王妃。又考《太平礼制》:"朕岳丈,天下人大同称国丈。"但"天王诏旨"一直称石达开为"达胞",未称为"国丈"。这一切都说明,关于石达开之女为天王广西宫妃的谬说,是虚构的。

在所谓二十四宫妃的内容里,也塞进了大量《江南春梦庵笔记》的赝品。例如,《江南春梦庵笔记》说:

> 伪宫中自伪后一宫外,皆以省名之,人亦按省分隶;最可哂者,以洋东西、边南北四宫乏夷女分隶,倩侯裕宽等制成异服邀人装束后,奏称西洋国陪臣克鲁多、东洋国陪臣黑墨赖塔、南洋国陪臣几几又几、北狄国陪臣哈哈一木哈,各贡夷女十一人,伪为朝觐,赏赍无数。

《燐血丛钞》对此无比荒唐的记载,居然也接过来加油添酱地编进了所谓《伪宫逆迹记》:

> 慕逆尝有伪疏,引导西洋国贡使克鲁多、东洋国贡使黑黑腊塔、南洋国贡使几几又几、北狄国贡使哈哈一木哈,各贡夷女十一人,遂分隶于洋东、洋西、边南、边北四伪宫。据

---

[1] 张德坚:《贼情汇纂》。

> 称东西南洋女,皆向上海所购;北狄女,掠诸杭城中,皆伪
> 为者。

从上述,可见《江南春梦庵笔记》是伪书,《燐血丛钞》里的《伪宫逆迹记》也是伪书。《燐血丛钞》这样剽窃《江南春梦庵笔记》,虚构《伪宫逆迹记》,还不算存心作伪是什么?

尽管《燐血丛钞》也抄录了一批真史料,如《东南纪略》《苏台麋鹿记》等,但从作伪的联系上,我们可以这样说:《燐血丛钞》几乎是大伪书《江南春梦庵笔记》的翻版和续篇。就从这一点,我们要清醒地看到《燐血丛钞》的制造者不是在抄书,而是在作伪。至于作伪者是怎样伪造一批太平军将士及其著作的,我将在另文[1]揭露。

(原载《扬州师院学报》1980 年第 3 期)

---

[1]《太平天国经籍志》。

"东阳文书"考辨

——读太平天国史札记

《太平天国文书汇编》据浙江省博物馆藏原抄件著录东阳县汪文明所藏的"禀"和"呈"以及"批示"共三十件(以下简称"东阳文书")。编者说:"原抄件是一个簿子","封面右边靠装订线写太平天国壬戌拾二年,中写'汪文明'"[1]。从同书著录的《东阳县南门卒长汪文明名册》得知,这批文件是曾任太平天国东阳县南门卒长的汪文明所遗留下来的。但据内容判断,这批文书的后十四件乃是清朝的地方公牍,不是太平天国文书。

三十件的编目抄下:

(1)《东阳南门师帅许公衡统下旅帅汪熙坎请释放佚役上佐将跪禀》

(2)《东阳南门师帅许公衡旅帅陆君威等请肃军纪以安子民跪禀》

(3)《馆长蒋樟伦汪开殳复查队内兄弟赵樟美闹事经过跪禀》

(4)《子民吴樟善为新兵蒋永祝到家闹事日后恐生意外上许师帅禀》

---

[1]《太平天国文书汇编》,第274页。

（5）《东阳南门师帅许公衡及统下旅帅陆君威等请研究新兵蒋永祝等闹事跪禀》

（6）《东阳南门师帅许公衡旅帅蒋锦光等锄匪安良禀》

（7）《为奉谕查明命案禀复堪天福梁》

（8）《卒长吴明谨为新兵到家勒索请另举富户充任卒长跪禀》

（9）《东阳县安儒庄子民张采上堪天福梁跪禀》

（10）《东阳六十二都蒋汪氏上堪天福梁跪禀》

（11）《东阳六十二都蒋汪氏再跪禀》

（12）《东阳县茶院庄子民陈钦夏上堪天福梁跪禀》

（13）《东阳县六十都旅帅汪熙坎请释放挑夫上堪天福梁跪禀》

（14）《东阳南门师帅许公衡旅帅胡永昌请设法处置义乌卡内兄弟越界滋扰跪禀》

（15）《东阳南门师帅许公衡旅帅汪熙坎等请宽派夫运粮限期并出令查放前派挑夫回家上契天福梁跪禀》

（16）《东阳南门师帅许公衡旅帅汪熙坎等请谕禁越境滋扰上韵天福跪禀》

以上十六件确实是太平天国的文书。

（17）《子民王瑞兰等上呈》

（18）《子民高□□为堂侄勒借不遂纠同地匪行凶事请求法办上呈》

（19）《请查办盗窃案上呈》

（20）《请示期审讯赌棍蒋深新等勒写田契混价买田案上呈》

（21）《再请示期提讯蒋深新等勒写田契混价买田案上呈》

（22）《请示期讯鞠女遭背卖案上呈》

（23）《为乘火抢劫请追偿究办上呈》

（24）《艺人□□□请追付被揩蚀工金上呈》

（25）《东阳六十二都贾宅庄子民贾荣诛贼安良上呈》

（26）《蒋深新等受控怀恨恃势毁苗请追讯究办上呈》

（27）《控告蒋深新案请吊契核验示期讯究下呈》

（28）《子民王□□请严提蒋深新等追究诱赌设骗谋占田地上呈》

（29）《控地保王熙缉纵妻滋事之批示》

（30）《恶保王熙缉再次借端滋事请提讯追究上呈》

种种迹象表明，以上十四件是清朝的地方公牍，不是太平天国的文书。

第一，前十六件遵守太平天国避讳制度，凡王姓一律改汪姓。后十四件不是这样，不避改王姓。

按，在革命前期，太平天国即规定避讳"王"字。因"王"字尊贵，除称太平军领袖诸王外，"王"字被禁用。张德坚《贼情汇纂》："爰搜伪书文告，摘其创易诸字，标释于左。"其中有"王改狂，凡姓改汪或改黄。"[1]到了后期，太平军在江浙仍然遵行这一规定。柯悟迟《漏网喁鱼集》记咸丰十年（1860）十一月间常熟东乡事："有归家庄无恶不作积年土棍向充地方之王万，居然军帅。""贼中避讳王字，故改为汪。出示：天朝九门御林丞相统下军帅汪。""汪万即设局于何市。"[2]查"东阳文书"的前十六件中没有王姓，只有汪姓：汪熙坎、汪开殳、汪朝云、汪昌余、汪朝满、蒋汪氏等人。而在后十四件中，却没有汪姓，只有王姓。其中的王

---

[1]《太平天国》三，第242页。

[2]《漏网喁鱼集》，第50页。

樟寿、王熙传、王有寿、王熙局,在《太平天国辛酉年九月东阳县南门卒长汪所管门牌草底》和《太平天国壬戌十二年东阳县南门卒长汪文明所管门牌册底》中,可查到,都曾改姓汪。

> 汪春男,年六十一,妻钟氏,年五十二,子樟寿,媳贾氏。[1]
> 司马汪熙传,年五十,妻郭氏,年四十六,子朝贤。[2]
> 浙江省金花郡东阳县南门军帅周炜堂、师帅许公衡、旅帅汪熙坎、卒长汪文明所管司马四名,一号有寿……[3]
> 汪昌字,年六十四,妻杜氏,年六十,子熙局。[4]

但在"东阳文书"的后十四件中,这几人却都保留本姓王,可见这些文书并非太平天国的文书。

第二,"东阳文书"的前十六件称地方官为大人。而后十四件却称"太爷""青天大老爷",等等,违反太平天国体制。

按,太平天国以"爷"为对上帝的专称,一般禁用。《天命诏旨书》:"天父上主皇上帝是神爷,是魂爷。前此左辅、右弼、前导、后护各军师,朕命称为王爷,姑从凡间歪例,据真道论,有些冒犯天父,天父才是爷也。"[5]《贼情汇纂》录太平天国避改诸字,首列"爷改牙"[6]。《敬避字样》也以"爷"字居首,规定"此字唯可崇称

---

[1]《太平天国文书汇编》,第418页。
[2]《太平天国文书汇编》,第414、第418页。
[3]《太平天国文书汇编》,第407页。
[4]《太平天国文书汇编》,第421页。
[5]《太平天国文书汇编》,第36页。
[6]《太平天国》三,第242页。

天父,不得别用"[1]。但在"东阳文书"的后十四件中,却有十件呈文都称地方官为"太爷"或"老爷"。如此触犯上帝,这在太平天国文书中是绝对不允许出现的。

另外,三件呈文称地方官为"宪天",这按太平天国体制也是不允许的。《蒙时雍家书》:"先父本名上升,因敬拜上帝,上字犯讳,改名得天,复因天字崇隆无比,故又改名得恩。"[2]赞王尚不能名"天",何况一般官员!

显而易见,这些文件都不是太平天国的文书。

第三,在"东阳文书"的后十四件中,有两处称"监生"某:

> 身投鸣族长监生王辉山
> 族监生王有寿

按,《东王杨秀清答复英人三十一条并质问英人五十条诰谕》:"凡清之生监,职非天爵,均行革除。"[3]由此可见,在太平天国公文中,不应出现"监生"头衔。

在"东阳文书"的后十四件中,有两处称地方官的批示为"金批"。

> 现蒙批饬吊契提讯,伊应呈契验明,奈金批不奉,拒差不纳……
> 金批虽严而赌棍诡险异常。

---

[1]《太平天国》二,第 698 页。
[2]《太平天国》二,第 756 页。
[3]《太平天国文书汇编》,第 301 页。

按,太平天国制,"金批",极为尊贵。早期东王批示称为"金批"[1]。后期也只有对特爵如干王、翼王、英王、忠王等的称谓才用"金"字:金安、金谕、金恩,等等。一般文武官员,绝不敢僭称"金批"。

天将掌率统管尽管神策朝将神将神使护京殿中军京都	
水司三主将六部……	批称锦批。
义主佐将……	批称雅批。
安福……	批称钧批。
燕豫……	批称台批。
侯……	批称玉批。
相检指将总监军帅……	批称藻批。
司帅至两司马……	批称批示。[2]

总之,称一般官员的批示为"金批",这在太平天国文书中也是不允许的。

上述种种迹象表明、汪文明所遗簿子抄存的三十件文牍,实际包括两种性质的文书,前十六件是太平天国的文书,后十四件是清朝的文书。鱼龙混杂,它们一起被编进了《太平天国文书汇编》。我们引用时要注意辨别。

(原载《太平天国学刊》第二辑,中华书局 1985 年版)

---

[1]《太平天国》三,第 200 页。
[2]《太平天国》二,第 701—702 页。

关于 1860 年 7 月华尔攻陷
松江的经过

1860 年 6 月,太平军进逼上海的时候,刚组成的国际劫掠队——华尔"洋枪队",即出动对太平军进行攻击,攻击的目标是松江城。7 月,攻陷松江。清朝官方曾大肆吹嘘这支"洋枪队"和太平军初次交锋的"战绩",说什么"此次松江两战皆胜,皆因吴煦所带吕宋夷勇一百名(即华尔"洋枪队"),以之作头队,兵勇随后接应,是以连战皆捷"[1]。西人记载更描写得历历如绘:"自七月十六日开始进攻,用大炮炸药轰城,与太平军发生肉搏战,……死者六十二人,伤者一百零一人,包括华尔本人在内。"[2]令人怀疑的是这支七拼八凑起来的人数不多的国际劫掠队,初次和强大的忠王李秀成部下的太平军作战,怎样会这样勇敢有力,取得攻占松江城的胜利?

最近我翻开过一本几乎为太平天国史家们所遗忘的吴云所著《两罍轩尺牍》发现了这事的真相。吴云是清朝的苏州知府,太平军攻克苏州时,他逃到上海,依附上海道吴煦,勾结侵略者,反对太平天国革命。湘淮势力到达上海以后,吴云在政治上失意

---

[1]《筹办夷务始末》(咸丰朝)卷五十四,第 7 页。

[2] 卿汝楫:《美国侵华史》第一卷,第 242 页引卡希尔:《一个新英格兰浪人》。

了,从此他满腹牢骚,常暴露出一些黑幕。当冯桂芬写的《松江府志》出版时,吴云便以"亲历者"的资格来揭穿关于华尔攻陷松江的神话。他写信给冯桂芬说:"第一次收复松江,弟与应敏斋、俞乃舟在豆腐浜炮船上者匝月,克复之时,仅有洋人四十余名,余皆炮船上水手与新募勇丁数百名耳。时贼倾巢而出,暗袭上海,城中止留老弱数百名,城门不闭。附近居民到弟舟次通信,于是弟与乃舟诸君商定,派令洋人居前,水陆勇丁居后,潜入其城……大著谓华尔率中西勇各数百名攻松江克之。其时华尔为英法所制,不欲出面,所带西人仅十八名耳。(原注:常往来松、沪之间,克复时正在上海,得信赶回。帮华尔约束西人者,人皆呼为"黄胡子",事犹历历在目。)……弟身在行间,知之最悉,华尔亦同一幸获,并未有西兵数百之多也。"[1]按,松江人姚济《小沧桑记》说:"(同治四年五月)二十七日,闻贼清早整队出北门,过生生桥而东……据云……今日黎明,贼声言出城取上海。……二十八日黎明,城中被房之人纷纷东下,传言:郡贼于昨夜四鼓经夷兵水勇攻进南门,贼势甚孤,连夜出北门逃去,城门现为夷兵把守,城上已插官兵俞字旗帜(当即吴云所说的俞乃舟的旗帜)。"[2]二书相校,大抵吻合。吴云当时"身在行间",从姚书亦可找到旁证"(六月)十二日……申刻接城中信,知夷兵已调齐,由前苏州府吴带往青浦合剿"[3]。

由此可见,中外反革命所吹嘘的华尔第一次攻陷松江的经过,是全部捏造的。

(原载《历史研究》1958 年第 2 期)

---

[1] 《两罍轩尺牍》卷二《致冯林一宫允》。
[2] 《太平天国》六,第 448—449 页。
[3] 《太平天国》六,第 451 页。

洪仁玕事迹证补

关于洪仁玕，论之者甚多，记述其事迹间有疏误，兹证补数事。

一、《洪仁玕自述》："己未九年，洋人助路费百金，由广东省到南雄，过梅岭，到饶州蔡康业营。八月内与天朝辅王在景德镇打仗败。"郭廷以《太平天国史事日志》据此判断："洪仁玕此时应在辅清军中。"但他又不解，经此战役后，为何洪仁玕"弃行李一空，由饶州到湖北黄梅县？"遂推测："大约洪仁玕此时或在前离辅清军入湖北。"郦纯《洪仁玕》（1978 年再版本）辨明洪仁玕是在清军副将蔡康业营中，不是在杨辅清部太平军里，蔡军被杨辅清打败，洪仁玕流亡到了湖北。这是对的。但郦也不解洪仁玕"何以投入蔡康业营中？"认为"史料缺乏，已难详考"。其实，史料是有的，但郭、郦两位作者都尚未发现。按，洪仁玕被俘后，清江西巡抚沈葆桢曾于同治三年十月初六日对洪仁玕进行了一次"提讯"，"记录"里有这么一段：

> 我由南雄过梅岭，来江西至饶州。有水师哨官郑姓，是我同乡，请我办文案，连教读，住了几个月，郑哨官回广东去了。

这就是洪仁玕一度在蔡康业部清军落脚的由来。

二、郦著《洪仁玕》又说:"安庆失守后,曾一度被黜,何时复职,未见记载。"按,洪仁玕于安庆失守后,一度革职[1]。但不久又复职。这也是有记载的。王韬《瓮牖余谈》说:"是年(咸丰十一年)冬,安庆卒为官军所复,洪逆追咎干贼援兵不力,师老无功,贬其伪王位。""同治元年,官军围金陵急,干贼预守城后,仍还其旧封。"[2]查其他有关资料,证明王韬所说是确凿的。

刀口余生《被掳纪略》记咸丰十一年安庆失守后,英王陈玉成部撤至庐州时事:

> 冬月十一日,工部尚书汪文炳,奉英王札饬到天京(即南京),与干王算交代,汪令我同行。

沈梓《避寇日记》:

> 同治元年二月十八日,在新塍局中,见伪干王与乌镇伪文将帅莱天燕何姓(文书),言镇江妖兵颇多,而炮妖更属强猛,且往往有伪投入天兵中者,各处窥探,故特着弟兄们严防密察,无使奸宄混迹等云。

赵烈文《能静居日记》:

> 同治二年三月二十五日,录内中所闻近事:我军在庐江,得伪忠王与伪干王文书,言审北岸欲以扯动南岸官兵,

[1] 南昌刻本《洪仁玕自述》。
[2] 卷七《纪干贼事》。

使南岸之贼进攻得以顺手,谓之进北攻南。又言天京粮食
甚少,欲直从英、霍至武汉犯荆襄,在彼处招募人马,水陆齐
下。又言伊上行后,官兵必攻和、含、九洑一带。但曾某之
兵,守则有余,战则不足,如来攻城,可即与之交锋云云。

据以上三条,可证从安庆失守后,洪仁玕被革职,是极短暂的,不
久,他即复职,仍掌管全国军事。王韬所记是合乎事实的。

三、郦著《洪仁玕》说:"一八六四年一月八日(太平天国癸开
十三年十一月二十七日,同治二年十一月二十九日)仁玕赴常州
调兵时,其官衔据《来文底簿》登载为'顶天扶朝纲开朝王宗殿
前吏部正天僚部僚领袖开朝精忠师御林兵干王'。"我在 1978 年
出版的《洪仁玕选集》注释中,也是这样说的。现在看来,都是有
错误的。当从吴良祚《史料校点琐议》一文所说,改"御林兵"为
"御林兵马"。考《敬避字样》抄本附录的"天朝爵职称谓"所录
李秀成和陈坤书的头衔中,都有"御林兵马"一词,可证吴说是有
根据的。但李秀成是"御林兵马亲提调",陈坤书是"御林兵马提
征",洪仁玕的头衔不应光提"御林兵马"。从国外抄来的护王部
下《来文底簿》究竟是否有脱字? 需要做进一步的考查核实。

四、郦著《洪仁玕》说:"一八六四年(太平天国甲子十四年、
同治三年)五月,仁玕和守王方海宗、显王袁得厚等集合丹阳、句
容、金坛等处驻军,走安徽广德州。七月十九日(天历六月初六日、
阴历六月十六日)天京陷落,李秀成保护幼天王从城缺冲出,清军
追击,秀成被执,幼天王南走,仁玕迎入广德。"牟安世著《太平天
国》(1979 年再版本)也说:"洪仁玕本在一八六三年底就奉旨出
京,天京沦陷时他正在安徽广德。"两家的说法都有错误。天京失

陷时,洪仁玕正在湖州,幼天王突围广德后,他才从湖州到广德。按,洪仁玕被俘后,清南昌知府许本墉于同治三年九月二十七日对他进行了一次"审讯","记录"说:

> 去年十一月,小的(反动派对洪仁玕的污蔑)往丹阳、常州催兵,救援南京,把家小留在南京。嗣因丹阳、常州难守,改到湖州。

又按,幼天王被俘后,亲笔"供词"谈到天京突围以后的经过说:

> 忠王到芳山被擒了。尊王(刘庆汉)带我从淳化镇到广德,总是养王吉庆元带路,他欲带我去建平,我知是错路,又到广德,昭王(黄文英)在四安,是日即上来见我。后几天,干王、恤王(洪仁政)从湖州来见我。

由此可见,天京失陷时,洪仁玕不在广德,是在湖州。

(原载《东岳论丛》1980 年第 1 期)

五、注释举例

锡金团练始末记

华翼纶

【说明】《锡金团练始末记》一册,抄本,常熟图书馆藏。卷首有作者华翼纶自序。卷末朱笔题记:"据湘芙夫人所藏原稿校一过。"

华翼纶,金匮县荡口镇人,做过江西永新知县。1860年,太平军进军苏南时,金匮的豪绅地主"结团"顽抗,"以白布裹首为号……号为白头"(侯鸿鉴:《锡金乡土历史》)。"东南荡口镇局华翼纶主之,东北河塘桥局杨宗濂主之……二局称最强"(窦镇:《锡金续识小录》)。他们反对太平军,曾得到清朝的奖励,咸丰十一年四月,因荡口民团的"杀贼出力",赏知县华承皋等蓝翎(咸丰《东华续录》)。

太平军在苏南建立政权时,曾混入大批的敌人,有清朝的残兵败将(像李文炳、何信义),有地主团练(像徐佩瑗、华翼纶),有游民土匪(像费玉成、郑国魁),有地主知识分子(像曹敬[1])等等。他们

---

[1] 关于徐佩瑗、曹敬、钱桂仁、熊万荃等四人的来历和活动,都见本文及其附注。李文炳一名绍熙,字少卿,是小刀会的叛徒。他出卖了刘丽川起义,换取清朝的富贵尊荣,官至候补道。等到太平军进攻苏州时,又开门迎降,为江南文将帅,窃取了昆新两县的政权。逃亡在沪的苏州知府吴云,秘密和他联系,令与徐佩瑗等勾结,并接济饷银,候机叛变,被忠王发觉处死(王韬:

伪降太平军,以保全地盘和实力,暗地仍受清朝的接济和指挥,勾结原来隐藏在太平军内部的反革命分子(钱桂仁、熊万荃),从内部进攻革命。终于配合外国侵略者和"湘淮军",夹攻太平军。

华翼纶曾撰《锡金乱定始末》《锡金团练始末记》《锡金文报始末》《频虋录》《频虋续录》等文,记录他和太平军为敌的种种罪行和当时见闻,本文即其中之一。从本文中,我们可以看到叛徒钱桂仁、熊万荃等,怎样和恶霸地主徐佩瑗、华翼纶相勾结,清朝又怎样利用徐佩瑗、华翼纶做内应的勾当。表明太平天国革命未能够纯洁自己的内部,遭受了混入内部的敌人的侵袭,而促成

《瓮牖余谈》、毛祥麟:《对山书屋墨余录》、吴云:《两罍轩尺牍》、《昆山新阳续修合志》)。何信义一名培英,又名培章,和李文炳同在苏州投降太平军,驻守浙江的乌青镇,也经过吴云的撮合,他暗向上海道吴煦投诚。后降于左宗棠(《瓮牖余谈》、《近代史资料》1955 年第 3 期《何培英禀帖》、《两罍轩尺牍》、《左文襄公奏疏·苏报收复桐乡县城折》,严辰:《光绪桐乡县志》,卢学溥:《乌青镇志》)。费玉成本周庄无赖。周庄系苏州、昆山、吴江边区的一个巨镇,农商殷富。当太平军进取苏州时,他鸠合一批游民土匪,盘踞在周庄和附近各村镇,被逃亡官绅们吹嘘做"一方保障"。不久病死,子金缓接统其众。后并隶淮军(陶煦:《贞丰里庚甲见闻录》、姚济:《小沧桑记》)。郑国魁本巢湖的盐枭头目,一直在东坝盘踞,清两江总督何桂清派候补道史保悠收编为清军。何桂清军瓦解时,这支土匪部队被太平军追赶到无锡,在溃败中发生内讧,郑国魁杀掉了史保悠,混进太平军,不久又投奔上海清军。以后太平军苏州守将纳王郜永宽等投降李鸿章,即经郑国魁的拉拢(《清史列传》、金天翮:《皖志列传稿》、赵烈文:《庚申避乱日记》、施建烈:《纪(无锡)县城失守克复本末》、《吴清卿太史日记》、《贞丰里庚甲见闻录》)。

革命的失败。为了揭露这些事实,因征引《镜穉轩自怡日记》[1]等有关旁证,作为附注,供读者参考。至于本文从反面和侧面提供的其他新史料不少,自会引起读者注意,不须在此一一提出了。

锡金团练始末叙

自发逆踞金陵,各大宪出示劝民间团练,为坚壁清野计。舌敝唇焦而州县视为具文。民间以承平日久,不复言兵,虽三令五申卒泄泄如故。咸丰十年三月,金陵大营兵溃,贼遂长驱直达,自丹阳而下,常州郡城犹守六昼夜;至无锡苏州,城门不闭,官兵本无斗志,而自巡抚徐以下无一人知兵,故数百里无限其马足者。吾邑人本懦弱,岂能抗此悍贼,迫于势之无可如何,竟激而为团练,在四围皆贼之中,昼夜血战者十四日,城失而乡得全者方四十里,荡口一隅竟以倡团事上闻,蒙奖饬过当,因述其大略为团练始末,非敢自炫,实赖群策群力之赞助耳。

同治三年八月既望金匮[2]华翼纶篆秋自叙。

锡金团练始末记

咸丰庚申,金陵大营兵溃。吾邑城中团勇数百人不过招集无赖子虚应故事,贼未至早已星散。四月初十,县城不守。先是金

---

[1] 龚又村:《镜穉轩自怡日记》二十四册,抄本,现藏北京图书馆(本文集编者按,今国家图书馆)。作者常熟南乡人,地主知识分子,与曹敬友好,对钱桂仁、熊万荃、徐佩瑗等的记载颇多,多半闻自曹敬。

[2] 无锡旧分无锡、金匮两县。

陵败兵逃下,掳掠财物,无所不为,乡间土匪又四出抢劫,居民之载辎重遁者,无一幸免,以致乡民进退维谷。而城内贼酋伪忠王李秀成出示安民,反而严禁长发肆扰,杀土匪数人,悬首城门,居民逃出者皆欲回家,而四乡黠者遂创为进贡之说,以牛羊食米献贼。冀得免杀掠。伪忠王驻锡五日,军政悉派乾天安李贼;民事派监军黄顺元、厉双福,俱本邑人。南门外天授乡伪军帅黄德元即顺元之兄,以近城故被害较轻。长安桥、市头等处有富户过姓、胡姓充当旅帅,供应周到,民居未毁。扬名、开化二乡,金玉山为军帅,颇护乡民,本有团练势甚旺,后为贼注意,赖金左右之。西门外富安乡、万安乡为宜兴冲途,钱南香为军帅,因贼踪充斥,逃避远方。北门外景云乡亦近城厢,有杨念溪为军帅,未甚损坏;但杨之旧宅在江溪桥房屋百余间,土匪毁其半,官兵坏其半,存无几矣。其大镇为东亭,贼与民贸易之所,商贾往来如织,小市遂为雄镇也。怀仁乡地半金匮,通江阴之要道,人民被掳者众,军帅张承寿、旅帅浦紫卿均是役吏出身,为虎作伥而已。先是荡口土匪知长发陷宜兴,必取锡金,于初四日即思焚掠,吾乡人以为不失于贼先失于盗,心实不甘,遂群议立局为团练,先杀土匪头目阿黑,众心遂定。有广东人小孔,曾开广烟铺于安镇,来乡游览,乡人捉而杀之,奸细由是绝迹。迨城陷后,共举义旗抗贼,而四乡应之者方六十里。十一日,贼欲来荡口,四更,后桥得信,即飞集民团,鸣锣为号,锄耰棍棒皆作军器,遇贼于堠山。有嵩山寺僧念亮者,持铁鞭当先,适一悍贼驰马冲锋,念亮纵步向前,抢入马腹,以鞭倒卷贼坠马,即枭其首,团众噪前,杀贼无算。众心大悦,众志益坚,所获军械粮食金银以充裕团中基础。然贼自破金陵大营,直冲数百里,无有抗之者,忽遭此辱,乃益愤。十二日五鼓,率大队来攻,各处民团互相递信,早已猬集,数万人乘之,复大胜。自十一日至二十八日,共十四战,民团皆胜。是时北面常昭未失,南面望亭民团至陆贤桥同墅圩杀老长毛十余人,东南民团长洲县徐氏、马氏、张氏[1]防御周密,贼始有畏心,而团练因此得坚。四乡立局互相保卫者,西至后桥、安镇,南至望亭,东至永昌,北至祝塘,皆一呼可集。其法以有急必救,并力于近贼之处,昼夜递信,呼吸皆通,故一有警报,贼未至而团先集,且随地留饭,随时可食,凡耕田之人,暇则耕,急则战,无有异说,亦无有暇时。有钱之人,出资相助,盖已深知贼之榨取民财,无微不至,今不济公,后必供贼,故其事易集也。五、六、七月,各县皆陷,而常昭无恙,实赖长洲、金匮、江阴各乡团之力。常熟知县周文之,颇能笼络人心,以永昌徐少蘧[2]主长洲之团,以余主金匮之团。嗣有旨,以庞钟璐[3]督办团练,而常熟实无可恃之民团。贼知永昌、荡口为东南屏障,不可破,遂由江阴先攻祝塘、华墅,彼处求援于东南之团,然相距八九十里,一再前往,奔命已疲,赴救不及,祝塘遂为所据。北面之团失利,节节相阻,文报不通,贼注意常昭久矣。八月初二日巳刻,贼进城,民间及各官署皆未闻知,仓皇失措。时庞督办在王庄,常昭既失,民团皆寒心,虽竭力整顿,而外援无望,不能鼓励。贼众奉伪忠王命,变为假仁假义,笼络人心。时届年终,忠逆赴安徽,守苏福省

---

[1] 苏州旧分长洲、吴县、元和三县。徐氏指永昌徐佩瑗,马氏指黄土桥马善,张氏指吴塔张汉槎,都是长洲县地区的团练首领。

[2] 徐佩瑗,字少蘧。永昌在今苏州齐门外,介苏州、常熟之间。

[3] 庞钟璐系常熟的在籍京卿,清廷即其家起为督办江南团练大臣,见其自著年谱《知非录》。常熟旧分常熟、昭文两县。

者为熊万荃(即喜天福为爵)[1],专以要结为事,不复杀掠,忠逆倚为腹心。于是各团有阴相约降。九月中,长洲张汉槎先纳款受伪爵,而徐氏遂孤。十月中,常昭守将钱得胜(即慷天燕)[2]由伪举人曹和卿(名敬)[3]作介,授少蘧以同检官衔,两相和约,赏犒甚丰。伪帅熊逼令同至黄棣[4]安民,给示收漕。乡民完粮后,每家

---

[1] 熊万荃是个别有来历的人物,传说他的父亲"向官苏省"(潘钟瑞:《苏台麋鹿记》),他本人也做过清朝的寿州知州(《镜穉轩自怡日记》)。他管理地方,"颇革长毛之苛政。各路乡镇白头团勇四起,……熊皆致书与之约,各不打仗,仍各自团练,并亲至面订要约,实欲预留地步。"(《苏台麋鹿记》)他与钱桂仁、李文炳、徐佩瑗等结成暗藏的反革命集团,与上海的清朝官绅声气相通,准备内应(吴云:《两罍轩尺牍》、陶煦:《贞丰里庚申见闻》),后引起忠王怀疑,调"令拒守平湖、乍浦之间"(《苏台麋鹿记》),最后降于李鸿章,赏知府,改名建勋(钱勖:《吴中平寇记》)。

[2] 钱桂仁一名得胜,又名安邦,又名百顺,桐城人。他在接防常昭之后,即与敌人勾结。吴云于1861年致李文炳的密信里说:"金二戈处既已扣定,有无生法之处?"同年江苏巡抚薛焕奏报清朝:"常熟贼目钱安邦……欲乘间投诚,束身归罪。"(同治《东华续录》卷一)李鸿章:《朋僚函稿》说:"常昭踞逆钱百顺,桐城人,密托程学启乞降。"(同治元年闰八月十七日《上曾相》)都指此人。1862年底,他往苏州降骗忠王到常昭阅兵,准备把忠王杀害后,发动叛变。不料他的部将骆国忠抢先发动,钱贼一时进退失据,蒙忠王宽大,令其戴罪图功(庞鸿文:《常昭合志》、顾汝钰:《海虞贼乱志》)。后在杭州降于左宗棠,在进攻嘉应州战斗中,被太平军击毙(《左文襄公奏疏》)。

[3] 曹敬,字和卿,常熟南乡大地主。钱桂仁到常昭后不久,即招曹入城,关于收漕、试士等一切大政,都由曹出主意。乃准许地主收租,考试改出"四书"题等种种破坏革命政策的行为。常熟的地主们歌颂他能够"片言使狂寇回心"(《镜穉轩自怡日记》)。曹虽出入太平天国政府,但未受太平天国爵职。至今常熟的父老还说他是"长毛绅士",促成钱桂仁和徐佩瑗勾结,也是曹的阴谋之一。

[4] 本文集编者按,"黄棣""黄埭","谢棣桥""谢埭桥",底本混用。涉及地名,悉遵原本。

墙门贴一纸印凭,长发便不到抄扰[1]。常熟之辛庄、吴塔,苏州之相城、陆巷,一例效尤,而吾邑各团遂无斗志矣。至十月廿日,熊万荃与徐少蘧来议和,言各不相犯,附近各乡造册征粮,均归本地人办理,不派长发一个,乡民不愿留发者听其自便。民团以历次抵抗,死伤极多,见有可生之路,遂无必死之心,相与洽约。惟荡口弹丸之地,结仇已深,仍阴自备,数年未尝有一日之懈,且刚柔互用,和战兼施,其得免也,天也,亦人也。

咸丰十一年正月,杨咏春同年自通州来信,已奉翁帮办札委,带兵五百到江北一带,连络团勇,整理军需,以便南剿江南各州县。嘱余连络各主管民团者,以便届时内应。暗念张军门已阵亡,上路无良将,曾督又未到江南,统兵大僚各抱观望,阳奉阴违,不觉忧心如焚,进退无据矣。二月初,易服雇小舟由水道至永昌,访徐少蘧,细述近况,相对蹙额。知少蘧与伪帅熊万荃、钱贵仁甚融洽[2],出示两伪札,均称奉忠王谆谕,安民地区,如有新兄弟不守

[1]《镜穭轩自怡日记》于咸丰十年十月十七日记:"闻徐少蘧素为贼惮,惜以郡县均失,孤军无援,不能大肆剿洗,为城帅笼络,强授以同检官衔,白玉微瑕,众所鉴谅。伪帅熊逼令同至黄埭安民,给以收漕,每亩定六升,连条银共一斗,业主租收五成,先自办米缴赋。"可相参看。所云"城帅",指钱桂仁。
[2] 关于徐佩瑗与熊万荃、钱桂仁、李文炳勾结谋叛的情形,见前注。1861年他曾到上海与清朝官方密谋,准备于1862年初乘忠王在浙江,苏州空虚的机会,与熊、李、钱发动叛变,旋因忠王提早回苏,徐等的阴谋流产(《两罍轩尺牍》《贞丰里庚甲见闻录》)。李鸿章到上海后,徐佩瑗仍经常派人密报军情,要求接济(《朋僚函稿》《镜穭轩自怡日记》)。骆国忠据常昭谋叛前,徐佩瑗到苏州进行阴谋活动,被忠王扣留。常昭叛变后,徐佩瑗部团练于中途拦截从苏州往常昭的太平军,被慕王谭绍光击溃,残众投奔李鸿章,改编为淮军的一部。徐佩瑗被处死刑(陶惟砥:《相城小志》、曹允源:《吴县

纪律擅自抄扰良民,准乡官捆解来辕按天法究办等语。徐局于正月五日在黄埭拿获长发十余人捆送到苏交于伪帅逢天福[1],其中正法一人,闻之甚慰。想乡镇暂可偷安。次日返棹,见荡口杨树港稍,贼匪又设一卡,收捐每由民众自报,每值千钱收捐四文,较湖口卡短收一文。询余侄味初,据云:江阴、常昭两县为英逆(陈玉成)麾下攻取,苏省为忠逆独占,陈逆不慊,每择繁华市镇,多设一卡,归英逆管辖,以资军需。八月间,伪天王弟洪军师到苏,即调停忠、英二酋之误会也。贼中互相猜忌如此,然忠酋外柔内刚,深得民心;英酋恃勇而骄,人皆惮之,江南无立足之地,熊伪帅为余言之。见文星阁前枪船虽竖伪旗,局勇游骢,甚为寒心,摒挡一切,外事托徐新甫办理,内账归味初照料。三月中,余赴沪渎,免却招忌,且得探听各处消息也。居住四月,来往虽多熟识,皆虚仪威夷,不见官军踪迹。八月初六,闻曾帅克复安庆,次日乘夷轮至安庆乞师。曾帅以久未得下游信息,且薛中丞在上海不通音问,见余至乃大喜,许以明年二月出师东下。明日即属其弟九帅前往湖南招勇万人。惟时庞督办、薛中丞闻余至曾帅处乞师,议不可不遣人往,遂令厉慕韩大令乞师,后余十日至,曾帅亦许之。至同

志》)。徐佩瑗盘踞苏州郊区多年,横征暴敛,不仅农民受苦,也侵犯了其他地主的利益(《镜穰轩自怡日记》、汪堃《寄蜗残赘》),所以江苏官绅对他的"毁誉参半"(《李文忠公奏稿·复奏降将江胜海等情形片》)。曾国藩奏报清廷说:"……徐佩瑗前以团练得名,后以骚扰失望,久处贼中,形迹可疑,为良为匪,亦复众论纷歧。"(《曾文正公奏犊·查复薛焕吴煦参款片》)徐因此死后没有受到清朝的抚恤。贵仁即桂仁,太平天国避西王讳,改贵为桂。

[1] 原抄本在此间有眉注云:"即刘肇均。"按,《苏台麋鹿记》:破城"……二十余日,忠逆饬令伪逢天安刘姓、伪左同检熊姓,办理地方事"。肇均或作肇钧。

治元年二月，余复往安庆，即随师东下，督师者李都转鸿章也。由轮船带六千人至上海，累战皆捷，克浦东等城。十二月而常熟骆国忠以城降[1]，其时熟城三面皆贼，贼数十万包围之，路出江阴及吾邑各乡，东由昆太，南由苏省，五日余日[2]。先后领兵有伪禄王、伪宁王、伪庚王、伪驱王、伪普王、伪周王、伪炎王，其最悍者为慕王谭绍光，伪莱王赖桂芳、伪听王陈炳文、伪广王李恺顺。邻县乡镇波及肆扰，荡口以有备幸免焉。二年四月，李巡抚率兵克复昆山，直逼苏城。李三帅以进攻江阴，撤杨艺芳与余总办常、昭、江阴、锡、金五县团练，设团练总局于常熟城中。余又奉札为大营向导，于五月初四日抵熟城。时方称兵攻江阴城，余于初七日即往南乡庙桥邹义庄内设团练分局。五、六月，大兵环攻江阴，故锡地未有兵至。督师李三帅鹤章为中丞胞弟，忽有书与艺芳，言荡口有贼卡，如欲不打卡，须犒师银万两，余以贼方踞卡，岂有本地而求免打卡者，即作书复艺芳，言助饷则可，犒师不能，语极抗直，艺芳以原书呈三帅。六月廿七日早，突有兵船张、邓两营至荡口打卡，将贼卡打毁，大肆掳掠，将难局存钱衣服尽行取去，扬帆就走，并不留守。而荡口之人既惧贼来报仇，又虑兵来抢夺，计无所出，遂经宪委之团练华朗、华芸、庄沅州集团自卫，招至千人，而伪监

---

[1] 骆国忠，字良卿，安徽凤阳县人。咸丰初，全家参加太平军（谢永泰：《凤阳县续志》、冯煦：《光绪凤阳府志》。《清史稿》本传误作桐城人）。随钱桂仁驻兵常熟，爵居跳天福（《镜檷轩自怡日记》）。钱桂仁谋叛，骆国忠参与其事。1862年底，忠王回苏召见钱桂仁，骆国忠为争夺"首功"和钱桂仁的财产，便抢先发动。从此导引中外反革命军深入，攻陷了苏福省（《海虞贼乱志》、谭嘘云：《守虞日记》）。骆国忠后隶淮军，李鸿章改编所部为"忠字营"（《吴中平寇记》），官至提镇（《清史稿》）。

[2] 疑系"五十余日"之误。

军黄顺元率五百人来投,声势遂张。七月初七,与贼战于毛塘桥,克之,获其旗帜无算,生擒长发贼十三名。七月二十四日,闻苏伪纳王并三伪王将来报仇,攻荡口,团兵战不利,余于廿五日下午驻扎荡口,助之。廿六日早,自出督战,逼贼于坊桥之北,不料陆勇见贼而溃,余督舟师救出陆队,与贼战;自卯至未,五进五退,贼方退去,我军亦整队回。官兵虽闻信,无赴救者,团勇皆无赖子,一见势孤,各自引去,全队三千名至晚剩千五百人,次日仅存二十余人。廿七日黎明,贼已到六步桥,蜂拥而来,黄顺元手下止有从者一人,顺元自执一旗立延祥湖桥上御贼,贼径冲,顺元退至马泾桥,犹执旗而舞,余亦止从者双喜一人执余旗立桥上,局中之勇先奔,止有教练三保一人执洋枪立新桥上开放二次,贼迎面而来,顺元等方始退走,贼追之不及。余乘舟退甘露,华瑞芳率舟师攻贼于湖口不胜,亦退至甘露,追余至,众皆毕集,同至庙桥局,适午正,遣人至荡口附近嘱乡人远避,两日夜荡口甘露居民十去八九。廿七日,贼又至,所伤男妇十余人,贼大掠一日夜,各乡村衣服粮食皆空。廿八日,官兵突至,贼远飑,所掠财物悉为官兵所得,官兵住民房计两日,烘火延烧房屋,荡口一镇约四五百间,余家烧去六十余间。第二次援大桥角,官兵复驻荡口,又延烧民房五百余间,余本家亲仁堂藏书为一邑之冠,付之一炬。前数年贼来未毁一椽,至是而不能保,岂非劫数耶!八月初六日,华朗亭承皋先走谒中丞于王庄。中丞知荡口为常昭门户,遂遣五成队来援,自率舟师由冶长泾来。其陆师松树督标正副等营至谢棣桥,已遇贼踪,连战皆胜。廿八日巳刻,抵荡口,中丞亦由水路抵新桥,余自王庄驰回见中丞于舟次。廿九日,遂调得胜之师冲方桥,贼已遁至黄埭,遂径冲黄埭,毁其营,贼遁蠡口,遂回师。中丞自度地势,以大桥角当驻防,与余约,俟破江阴即来扎营,是为克复荡口。

八月初二日,克复江阴,乘胜进攻无锡,以督标营黄中元、抚标亲兵正营周寿昌[1]来扎大桥角,以防苏贼之冲。十二日,扎张泾桥大营,其余分防堠山、芙蓉山、万安桥等处。三帅撤团练局,檄余为文报局,并向导大营所办传递文报。张泾扎营最多,事亦最繁,文报往来不绝。余得张殿华之助,以张泾、安镇、羊尖、荡口分设四局,余往来于各局督之。兵贼交流,中丞又在上海,文报由羊尖局送至常熟王庄局,转递。若苏州则归荡口局送至驻苏各营,组织甚密,奸宄不能混入。忠逆闻信,自安徽驰来,并召周逆汪起贤、侍逆李世贤及三伪王五天将率众十余万由望亭扎住进攻大桥角之营,复连营自梅村毛塘桥以至江溪桥数十里,旗帜林立。又夷酋白齐文不用于中国,遂投忠逆,且夺一火轮船助之。忠逆自率精锐数万来攻大桥角之营。其时周寿昌营正扎大桥口,且有浮桥可通南岸。廿八日,贼之火轮由漕湖入,我军水师张学仕营见之即遁,兵皆凫水逃之荡口及甘露,四十余船悉弃之。提督黄翼升在荡口闻信即飞棹炮船往援。白齐文于廿九日黎明,驾火轮船径扑周营,忠逆督环攻黄中元营,营墙被轮船上开花炮打坍十余丈,轮船行驶如飞。往来如织,炮无不中,已伤勇七八十人,势几不支,忽周营中放一火箭中其药舱,顷刻炸裂,声动林木。河波沸天,烟焰冲起数十丈,逾时不散,轮船搁住浅滩上,船中鬼子击死,尸身迸裂;飞至天表,血雨肉泥遍洒田间。我军黄、周两营乘势杀出,提督黄率水师将张学仕所失炮船尽数夺回,而张泾桥督标

---

[1] 周寿昌本名钱寿仁,太平军太仓守将,与钱桂仁、骆国忠同谋叛,事泄,率部二千余人奔上海,降于李鸿章。见《吴中平寇记》。

正副营亦继至,贼遂溃,大桥角之营得全。贼以水攻不成,遂分两股,忠逆扎望亭,侍逆扎梅村,次第推进,蔓延至大墙门口及洪升里,北至西仓、鸿山、谢埭桥等处。侍逆一股由梅村窜至江溪、新塘桥,迫近安镇,窥我堠山之营。我军以大桥角势孤,又添林字营扎六步桥,屡次进攻洪升里、双板桥,俱遭反射,盖兵心有怯,不能取胜耳。九月上旬,雨甚,不能战,而贼至各村搜掠,且乡民有以食物馈忠逆,冀其免抄也。八日,树字营进攻洪升里,为贼所败,逃回者不满半数。三帅愤甚,自来督师,整顿后连夜回驻张泾桥,开濠筑墙,以固防守,每日出仗,互有胜负。贼无退志,且援贼连营数十里,逃兵败勇尽为贼掳,彼众我孤,相持数月,竟不能逼城,而城中之贼亦时出冲突,至万安桥、芙蓉山等处。梅村侍逆时亦率众冲至安镇、堠山,忠逆冲过鸿山到大成桥。各乡早稻至是时适熟,贼遂掳民夫排日割取。忠逆运至苏州,侍逆运至溧阳,而锡守潮逆自运入城,金邑止有南延上半乡皆种晚稻,且近大桥角、六步桥,有官兵驻防,故未被割。十月十一日,程军门学启率开字营从浒墅关冲破望亭贼营,斩浒墅关贼目伪天将高逆,一日夜转战三十里,踏平贼垒二十四座,直逼闾门。忠逆知黄埭、蠡口已失,望亭又断,恐苏城有变[1],遂宵遁。李三帅乘之专攻侍逆六昼夜,乘雾环攻,大破之,侍逆亦遁。至是各乡安定。援贼既退,李三帅调刘铭传由皋桥进扎,扼常郡来援之路;调张树声扎尤大里,郭松

---

[1] 指纳王郜永宽等叛变事。按,施建烈:《纪(无锡)县城失守克复本末》:"(同治二年十月)二十一日,苏贼首伪忠王李秀成见事棘,夜出胥门,仍由灵岩、木渎水道以去。二十四日,伪纳王郜云官、伪天将汪有为杀伪慕王谭绍光,夜开齐门迎降。"这是苏福省太平军的最大规模的一次叛变,也决定了苏福省保卫战的失败。

林扎江溪桥,督标黄中元、抚标周寿昌驻南门跨塘桥,周盛波扎寺头,四面环攻锡城。三帅自驻东亭督之。是时城贼外援虽绝,城外尚有贼卡,贼首伪潮王,时出冲击,狡悍异常。城内各伪官见势不支,有发天豫黎瞎子通情黄顺元,联合十余人乞降,约期内应,事泄知不免,即共攻潮逆府,潮逆登屋飞瓦,率亲随百人对垒,列一昼夜,乞降者卒为所杀,官军不得耗,未能外应。十一月初二日,贼目忠怀朝将汪裕溯率众出城冲突,各军并力以战,自卯至午,贼不支,退回江溪桥卡中。官兵乘胜破卡,贼复遁入城,郭松林率亲兵跟追之,城门不及闭,官兵一拥而入,城遂破,各军纷纷沓进。潮逆在伪府闻变,方督众上城守,适遇周寿昌兵,即生擒之。其伪王娘三人方载金宝欲出西水关,亦获也。各营官兵皆空壁入城争利,贼降者半,死者半,无一得脱,此二年十一月初二日午刻也。至晚,各兵始将所掳马匹骑坐妇女至东亭,络绎不绝,城中烟火烛天,人声鼎沸,终夜有声。初,李三帅下令营中不准带妇女。初四日督标黄中元查出营中被掳妇女三十六人,周盛波亦查出盛字营中被掳妇女二十八人,均匿东亭局中。其余各营不肯送出,亦听之。遂分出锡金本地妇女为一处,其余杭州、湖州及南京、江西妇女为一处,藉草而处之,终夜哭不休。各营中兵勇闻局中有妇女,争相来取,不与即拔刀相斗,其势不能禁止。有愿从者,听其配去,不愿者,听其掳去。有一年轻妇,金陵人,抱一幼孩,云是王娘,不肯跟人,志甚坚,后见一少年将官貌美,欣然从之。而吾邑被掳妇女十八人均不愿他往,局中人竭力保护,送至各乡,访其亲族遣散之。

初三日,余遂募民夫三百人,半为旧时团勇之忠诚者,入城救火,进南门,见路旁死尸堆积,街中溃血成渠,履为之湿。乃先令抬尸开路，其中死马四匹，松字营勇六人，余皆贼尸，半日完毕，稍通城门之路。然大街上尸首纵横倒偃，触目皆是，东西北城门中亦有积尸，视南门较少耳。各营官兵见城中贼馆粮食充足，争先封大宅子，每为势力大者所夺，遂负气放火焚之。各处火起，赴救不及，坍屋之声如除夕爆竹，相续不绝，大帅下令亦不能禁，五昼夜火始熄，而城中之屋去其大半。三帅于初三日入城，驻小娄巷余家屋中，此屋甚窄，而合意驻此者，以城内巨室多起火故也。是时文报络绎，东亭局随营搬入城内，借凤光桥陶氏宅，取其屋小，无利可争也。三帅檄各军乘胜攻常州，而刘铭传已进扎七墅堰，后军陆续进展。李中丞（少荃）自苏来视师，至城中，见所烧房屋，恻然伤之。檄杨艺芳与余办善后局，帮办者秦莒风（臻）、侯榕初（缉熙）、王伯陶（言铸）数人而已。且无米为炊，有风作浪，人皆视为畏途，故虽发聘札，多托故不来。中丞来锡，遇解潮逆于中途，遂带至城中正法焉。潮逆广西藤县人，躯干矮小，犵勇非常，目光炯炯若电，诈称不识字，不多言，亦无供状，临刑时颜色自若。同日处死者伪军帅侯谦保、伪同检秦鸿源。

各兵所住屋中，曾为贼打馆，尚有剩谷，官兵据为己有，每遣降贼盘存，且取他屋中贮粮运入己屋，并掳民夫为之磨砻，文报局中所招民夫三百名顷刻而尽，终日来索夫役，势甚汹汹。不得已又募民夫五百，亦顷刻而尽。初入城时，局中亦盘谷为食，然夫役多，谷少米，且釜筐瓦缶恒为官兵夺去，仅存破釜三四，不够敷用，局中人往往日晡不食，至半月后，稍能就绪。贼中被掳之人有仍为兵掳者，皆得饱餐，其无力之男女老少幼兵所不欲掳者，不得食，或就道路或寻仓库拾取遗粮，经一月以后，粮尽食绝，奄奄待毙已。锡城初复，营务处符道传谕速将贼尸掩埋，街道扫清，城门修好,遂募水木匠五十名,又募民夫五百名,余督役兴工。民夫时时为兵掳去,有司事五人督之,亦每为兵所虐,不能禁止,姑因循而敷衍之。十余日始将街上及各城门经行之处尸首埋清,街道亦扫洁净,城门亦做好。烬余之屋,所有装修家伙皆被官兵取去,扎排出城,售至他处。城中凡家用什物及农田器具皆有之。盖贼在城时,抄掠各乡,携至城中,堆积馆内,迨贼去后,官兵择其贵重之物,细民取什用之物,以致填街塞巷,百物皆备,百文钱可买一箱古物旧货,真目不忍睹也。十日后,符道下令,不许将木料器具出城,四城门派员看守,米谷亦禁止运出,而兵于夜间缒城搬运,然较前之公然载去者有间矣。全城民居,室如悬磬,有心者能不为之扼惋乎!自复锡城后,三帅遂调各营攻常州、宜兴,以林字营、松字、督标等营攻宜兴,其余各营攻常州,密受中丞之议,按时而进,如探囊取物,于正月廿三日克复宜兴。而常郡之贼有伪护王陈坤书为首,又伪趋王胡银龙、伪守王方宗海为辅。同治三年正月望后,勾结丹阳贼目陈逆,乘间沿江口一带,以数万贼冒雨冲入腹地,先扑江阴之扬库,据之。又分股扑常熟之福山,鞠镇台逃避,贼遂踞福山城,分两股陆队,一股扑江阴城,一股采袭无锡,护逆督率之。民情惴惴不安,中丞檄符道往守常熟,命三帅守锡城,自统水军兜剿。吾邑守城兵不过千余人,带兵官为余思枢,其兵抢掠有余而战守不足,并托言东门驻卡隳敝不能防守。至是三帅深知思枢之不足恃,遂檄黄中元援无锡,郭松林援常熟。天适阴雨,日久兵不至,三帅使弁持令促之行,黄中元兵先至,即出迎敌。二月十三日早,贼已冲至鸭城桥,余思枢率队出城,见贼旗即退。贼已冲至东亭,黄中元兵适至,横击之,贼稍却。且知城中有备,退往各乡掳掠,八字桥、张泾桥等处受害最重。其扑江阴之贼,伪驱王率之,官军与战不利,贼遂分股取王庄,折而南直扑羊尖镇。黄中元御之,与战亦不利,反被僧定邦马队冲突,中元愤甚,自率亲兵退羊尖桥上。一日夜羊尖居民皆逃,惟陈仲华在文报局,警报不通,与中元死守。贼遂窜入练塘,径扑常熟。而黄翼升军门带水师自长江东下,击退福山踞贼,乘胜进扎华荡,追剿王庄贼巢,自冶长泾抵荡口,而锡境遂安。三帅复调刘铭传击回陆路授贼,贼之水路冲入腹地者实有四万人,八九歼焉。六月六日,设驿递归锡邑管理,乃将各局一律停撤,计办团练局三年,文报局一年,无一迟误者,盖办事皆得其人也。

（原载《近代史资料增刊——太平天国资料》,科学出版社1959年3月版）

释“王相”

罗尔纲先生见鲁叔容《虎口日记》有"忆昨见外舅家门首贴黄纸朱书'忠殿王相步天燕队内丞相喻统下左一经理刘衙'和'王各有四相'"等语，断言太平天国"后期属官中有王相"[1]。这是误会。"王相"，是对诸王侄辈的称谓，不是王的属官。"忠殿王相"，当是忠王侄李容椿。《太平天国书翰》所辑《李秀成谕子侄》，就是李秀成发给李容椿、李容发的"谆谕"。信中说："十月初一日，接该主将（陆顺德）于二十九日自绍兴发来捷报，云称绍兴已克，投降者数千，尔等在后亦到绍乡，已扎城内。"信封写明"递至绍兴郡交与王相容椿侄、二殿下容发男等开拆"。可证"王相"李容椿，其时正驻兵绍兴。也可证鲁叔容所见"黄纸朱书"云云，乃是李容椿部下的头衔。辛酉十一年十二月，这支太平军往攻上海，进驻浦东。"吴煦档案"所存《吉庆元黄祥胜上忠王禀》："并蒙二殿下劳心极甚，带领三队参护，扎在川沙一带，随诛四乡土匪。至于王相官兵屯住周浦。"

按，太平天国前期，称诸王之侄为"国相"。张德坚《贼情汇纂》："东王以下，亲属前辈为国伯，同辈为国宗，后辈为国相，在外亦称国宗。"同书所引杨秀清给韦俊、石凤魁、石佐邦等谕谕称

---

[1]《太平天国史稿》，中华书局 1957 年增订本，第 199 页。

石佐邦为国相。他是翼王石达开的侄辈。胡林翼《陈奏水陆官军连日获胜疏》（咸丰六年三月初一日）中，提到当时守武昌的太平军将领，也有"乡国相韦姓、杨姓"，当指北王韦昌辉和东王杨秀清的侄辈。丁巳七年石达开出走以后，国宗改称王宗，于是国相也改称王相。某王的侄辈称某殿王相，例如李容椿称忠殿王相。

又按，太平天国后期的朝官和属官之分，从署衔的隶属关系上，也是可以看清楚的。关于朝官、属官之职别，胡长龄《俭德斋随笔》略说梗概；关于署衔，则余一鳌《见闻录》说得很明白。鲁叔容所见黄纸朱书"忠殿王相步天燕队内丞相喻统下左一经理刘"，当是朝官步天燕队内朝官丞相喻统下属官左一经理刘的头衔。

（原载《中华文史论丛》1979 年第 2 辑）

释"恩和"

近见有的文章释"太平玉玺"上的"恩和"一词,为"恩赐""和傩"[1],似嫌无据。

"恩和"一词,屡见于太平天国文献。戊午八年《天王诏西洋番弟》:"西洋番弟朝上帝,人间恩和在斯乎。"辛酉十一年《天王改国号诏》:"普天一家尽归爷哥,世世靡既永远,人间恩和于无尽也。"《太平天日》:"今日有生救世主矣!天上荣归上帝,地下太平,人间恩和矣!"据以上文献,可以明白,"恩和"即恩爱和好之意,似不能作"恩赐""和傩"解。

按,人间恩和,永享太平,乃是太平天国革命设想的目标,其实是农民群众的乌托邦。洪秀全《剑诗》:"手持三尺定山河,四海为家共饮和。"洪秀全《原道醒世训》:"天生天养和为贵,各自相安享太平。"在阶级社会里,农民小生产者要求实现这样的理想国,当然是不可能的。作为太平天国的"国玺",刻上了农民阶级的理想——"恩和辑睦",这也是可以理解的。

(原载《光明日报》1979 年 6 月 5 日)

---

[1]《中华文史论丛》1979 年第 2 辑,第 453 页。

释"部僚领袖"

——读太平天国史札记之一

迄今我们看到的有关文献,对洪仁玕晚期官衔的记载有分歧:

一说是"吏部正天僚部僚领袖",见护王部下的《来文底簿》。

一说是"吏部正天僚僚部领袖",见王定安《求阙斋弟子记·贼酋名号谱》。

一说是"吏部正天僚领袖",见《敬避字样·喧谕》(抄本)。

在1979年5月南京举行的太平天国史讨论会上,有的同志认为,"部僚领袖"当是"僚部领袖"的倒误。其实,恰恰相反,"僚部"乃是"部僚"的倒误。

为辨清这一问题,先说明太平天国六官制度的演变。

起义初期,太平天国先后任命天、地、春、夏、秋、冬六官丞相,每官各设正丞相、又正丞相、副丞相、又副丞相四员,大多数是军事指挥官,并不预政事。张德坚《贼情汇纂》说:"贼政令皆归伪东王,次则伪北王、翼王与议,六官丞相仅有其名,承意旨具文书而已。惟奉伪命出任兵事,权亦次于伪王。"

二十四丞相中,天官正丞相的地位最尊,银印,余皆铜印。张汝南《金陵省难纪略》:"贼在修仁、荔浦时,止天贼及东、西、南、北四贼旗号而已。翼贼伪天官正丞相，秦日纲伪天官副丞相，及围桂林，天贼下诏封翼贼为伪左军主将翼王，羽翼天朝，日纲始转正。"这说明，天官正丞相的地位仅次于早期五王。但天官正丞相也无行政权。《贼情汇纂》说："伪官铨选，不由吏部，所谓天官丞相，仅有名而已。丞相、检点、指挥皆各举其属，列名具禀，呈于伪北王、翼王，转申于伪东王可其议，始会名同奏于洪逆，以取伪旨，榜示伪朝堂，俾使周知，乃颁给印凭，而授职焉。"

天朝的六官丞相是挂名，而东殿的六部尚书却拥有实际行政权。《贼情汇纂》又说：东殿"六部尚书，每部十二人，共七十二人，主分受伪官禀奏"，"如六房所掌"。特别是东殿吏部一尚书李寿春、吏部二尚书侯谦芳，参与机密，"权势在韦、石二贼之上，伪侯相为之侧目"。

综上所述，太平天国前期的六官制度反映了两点：（一）太平天国的政府机构是很不健全的；（二）东王府是实际的中央政府。这种情形，一直到杨秀清死前没有改变。丙辰六年（1856）李秀成、陈玉成等任丞相，带兵，但都不预政事，见《李秀成自述》。

这年，"杨韦内讧"。次年，石达开出走。戊午八年（1858）起，太平天国中央机构发生变化，增设掌率（正副四员）协助天王管理庶政，并改六官丞相为六部官，在掌率下。甲寅四年（1854）刻的《天朝田亩制度》说：

> 凡天下诸官三岁一升贬，以示天朝之公。……钦命总制并细核其所统监军……并自己保升奏贬姓名，一同举于将军、侍卫、指挥、检点及丞相，丞相禀军师，军师将各钦命总制及各监军及各军帅以下官所保升奏贬各姓名直启天王

主断。

庚申十年（1860）以后刻的《天朝田亩制度》作了修改：

> 钦命总制并细核其所统监军……并自己保升奏贬姓
> 名，一同达于将帅、主将，将帅、主将达六部、掌及军师，军师
> 直启天王主断。

这反映了太平天国官制的变化。从此，各省的文将帅，各军的主将按规定都有黜陟大权了，中央的六部官也在某种程度上有了实权。

据庚申十年（1860）下半年和辛酉十一年（1861）年初历次《幼主诏旨》公布的内容，证明当时吏部确实拥有铨选百官的职权。如，"令吏部排衔""令吏部颁发印凭""吏部官颁印俾伊收执治事""吏部本奏保举练顺森等升授各职""吏部本奏保举赖冠英等升授各职"。这时担任吏部正天官的是朱兆英，担任吏部又正天官的是胡海隆。

天官是六官的领袖。如"享殿天官领袖""天官领袖挥子"等，屡见于太平天国文献[1]。因此，庚申十年（1860）十二月二十九日《幼主诏旨》公布朱兆英的全衔是"天朝九门御林殿前吏部正天官部官领袖"，"职同副掌率"。

壬戌十二年（1862）太平天国设六部僚。据《贼酋名号谱》，

---

[1] 尹贤瑞称"享殿天官领袖"，见《尹贤瑞木印》。享殿，享王，刘裕鸠。尹是刘的属官。"天官领袖挥子"，见护殿《发物单》。

二十四部僚的人选是：洪仁玕、石达开、陈玉成、李秀成、蒙得恩、李世贤、杨辅清、林绍章、胡万胜、李春发、陈坤书、吴汝孝、陈得才、洪春元、林启容、黄得用、莫仕葵、林大居、秦日南、黄崇发、洪仁政、黄盛爵、秦白源、萧朝富。其中有的是追封，有的是挂名，有的是实职。甲子十四年（1864）天京失陷前夜，莫士暌（即莫仕葵）曾说"我为天王刑部云云"，可证他任刑部正秋僚是实职。见《李秀成自述》。

吏部正天僚洪仁玕是二十四部僚的领袖，所以称"部僚领袖"（简称"领袖"），一如朱兆英称"部官领袖"。这是毋庸置疑的。

（原载《文史》1981 年 3 月）

六、调查采访举例

东捻军失败与赖文光被俘事迹调查简记

1868 年 1 月,东捻军于扬州近郊失败,太平天国大将赖文光被俘,英勇就义。至今在扬州,他的英名轶事仍口耳相传。这里综合一部分老人关于东捻军的最后一战和赖文光被俘经过的谈话,以纪念他就义的九十周年。

一、"红头才去了三年,又来了赖文光"

1867 年冬,东捻军被敌人"圈制"在运河以东的苏鲁地区。扬州的老人们说:"他们因为饥饿,所以被打败了。"[1] 遵王赖文光坚决拒绝了敌人的诱降,率领残军千余人逾河南下突围。1868 年 1 月 3 日,到达扬州城东十里许的大镇仙女庙。

太平军三下扬州的余威,使惊魂未定的地主、盐商们经常谈虎色变。现在"忽闻捻警"[2],一时风声鹤唳,纷纷逃避。还在前一天,仙女庙的某绅士正在做生日,意外地来了几个从邵伯奔来狼狈不堪的"贺客",连声叫道:"不得了啦! 赖文光杀来啦!"[3]

---

[1] 据穆汉成老人(扬州市民,将近 70 岁)说。

[2] 臧穀:《劫余小记》。此书尚无刊本,原稿藏作者后人处。臧穀,扬州人,清咸同间进士。此书记太平军三下扬州事颇详,皆作者亲所见闻。

[3] 据沙立平先生(原苏北师专职员,现已退休,70 岁)说。

欢笑顿时变成恐怖,喜事顷刻化为祸事。万寿司(仙女庙的巡检司)闻风便溜之大吉。扬州的绅商们也惊慌到了极点。至今,老人们还在传述先辈的口碑:"红头(太平军)才去了三年,又来了赖文光,街上行人断绝,扬州的人(绅商)跑光了。"[1]可见东捻军虽已战败,但在太平天国杰出大将赖文光的领导之下,仍有浩大的声势。

二、赖文光过仙女庙的一瞥

由于清朝的反动宣传,说什么"赖文光杀人放火","他要吃人心肝"[2],使仙女庙人民对赖文光和东捻军也有恐惧之心。1868年1月5日上午,突然有人惊呼:"不好啦!捻子来啦!"不明真相的居民都关起门躲在家里。只有一家店主姓喜的花粉店,一时慌忙失措得来不及上排门,年老的喜老板和一个邻舍的孩子正坐在店里,只见头裹红巾、黄巾,手提长矛大刀的五六百东捻军在门前经过,其中有个青年索取那幼童穿的一件新马褂。猛然一个老战士冲进店内,"啪"的一掌,击在那青年的脑后,喝声"走",就留下马褂而去。正在转惊为喜的刹那间,赖文光来了。"他穿白袍,骑白马,佩长剑,面白晳、有须,像书生一样,旗上写着'太平天国遵王',在队伍最后走"[3]。这一幕,永远记在那老幼两人的心里。以后喜老板死去,那孩子也垂老,还经常娓娓动人地告诉他的后人,证明赖文光的军纪严明,有力地驳斥了地主阶级对这位农民英雄的污蔑。

---

[1] 据梁阶平老人(扬州市民,79岁)说。

[2] 据许金华老人(仙女庙居民,原来是农民,84岁)等说。

[3] 据束效愚先生(仙女庙人,塾师,60余岁,文中所言坐在喜姓花粉店内亲见东捻军的某童子即其父亲)说。

仙女庙的老人们还说:"赖文光不杀老百姓"[1],"他的部下向老百姓要饭吃,是用金钱和衣服换取的"[2]。

他们的刀矛血迹斑斑,"都是百战之余的精锐"[3],"虽然战败饥疲,但仍是英雄骁健","站在马背上一跃,便升到屋顶上去了"[4]。像生龙活虎一样。

东捻军在仙女庙没有遭遇任何抵抗,清朝官书曾经吹嘘过:"钞关汛外委孔昭熊,力战阵亡。"[5]实际上孔昭熊是逃避不及被东捻军杀掉了,至今居民还能指出他的被杀地点[6],根本没有螳臂当车的事。

三、东捻军的最后一战

当日下午,东捻军从仙女庙西赴万福桥,目的是抢渡运河,返归皖北,再与西捻军会合。

万福桥是在仙女庙与扬州城之间,运河分支上的一道桥梁。1853年,太平军初克扬州时,清军逃往河东,毁桥以拒太平军。此次"捻警",卑怯的清军又毁万福桥以拒东捻军西渡。有位老人描写过当时的军事形势:"追兵在下午赶到了仙女庙,扬州的清军在前面拦截,泰州的清军也出动夹击,赖文光都已探悉。"[7]东捻军在这万分危急之际,又被一奸民所欺骗,引导他们沿河北走,到

---

[1] 据许金华老人等说。
[2] 据关笠庭先生(仙女庙人,清末秀才,现江苏省文史馆员,84岁)说。
[3] 据束效愚先生说。
[4] 据关笠庭先生说。
[5] 光绪重修《江都县续志》卷七"咸丰三年以来兵事月日表"。
[6] 据许金华老人等说。
[7] 据束效愚先生说。

了湾头[1]。

湾头在万福桥以北三里许,再北二里为瓦窑铺,都是运河的渡口。传说太平军初克扬州后,东王杨秀清视察城防,曾令屯兵湾头,拱卫扬州,可见它是扬州近郊的重要军事据点。从湾头循运河抵扬州,四五里间土堆起伏,地名五台山,以后长期为清军驻地,至今犹有炮垒遗迹。当时东捻军为向导所误,走进了这个逼近敌人防区、又是汉港交横的"绝地"。有一册时人的笔记写道:"日将晡,适万福桥图遁,(淮军)华字营吴君(毓兰)率勇截其后。捻之前队已及湾头,曳布为桥,蚁而渡,适(淮扬)水师廖君(福宾)以炮击,乃溃散。……是晚微雨,余在东关城上,扬营朱海秋、吕玉堂诸子集精锐二百人思一战,见廖君拏舟回,得捷耗……后闻捻众千余人,雄健如李允辈,有马尚能走,西投李昭寿,昭寿留之,计缚以献,而捻之根株始绝。"[2]运河以西瓦窑村的老农民常听前辈说:"河东来了红头兵,官兵隔河开炮,火箭嗤嗤满天飞。"[3]令人想见东捻军最后一战的壮烈情景。

四、赖文光的被俘真相

就在这个晚上,赖文光不幸被俘。有的老人说:"赖文光隐蔽在一个古墓里,被土人发现了告知清军,他自称是赖文光。"[4]有的说:"是被扬州军营某参将的部卒所发现。"[5]还有人说:"俘

---

[1] 据关笠庭先生说。

[2] 臧毂:《劫余小记》。

[3] 据姚宝珠老人(瓦窑村农民,1955 年,我访问他时,年 80 岁)说。

[4] 据梁阶平老人说。

[5] 据袁子久先生(扬州市民,78 岁)说。

获赖文光的是一个姓戴的哨官。"[1]值得注意的是,尽管他们的说法有分歧,但是众口一说肯定赖文光是清军于无意中所俘获,并非如李鸿章奏报所云,"遇贼于瓦窑铺……吴毓兰于火光中望见一骑马老贼,手执黄旗指挥,知是逆首,连放数枪,贼马创毙,当将该逆生擒,……实系逆首伪遵王赖文光"[2]云云。老人们都否认有些地主阶级私家记载[3]"关于赖文光匿民居吸鸦片,为被俘妇女报告清军"的胡说。有位老人说得好:"这是对赖文光故意的糟踏。"[4]他们揭露在清朝统治者的淫威下,事后人们不敢公开谈论赖文光和东捻军的真相。这愈益反映出赖文光和东捻军的坚决革命立场和优良品质,无怪乎敌人要对他们刻骨仇恨和千方百计地进行污蔑了。

赖文光因被俘,引起统治阶级内部的激烈争功。这场争闹发生在淮军追兵王永胜军与吴毓兰华字营之间,华字营与扬州地方防军之间[5]。最后吴毓兰因"未允藩衔之请",怨恨李鸿章[6],由此产生了不利于李鸿章的流言。"文光知死,下檄扬州防将吴毓兰,历诋官军将而以毓兰为愈,使得己以为功,乘夜投毓兰营,军中传诵其伪檄,言至深痛。群帅严禁秘其事,使毓兰谬上捷,言雨

---

[1] 据关笠庭先生说。

[2] 《李文忠公奏稿》卷十二。

[3] 倪在田《扬州御寇录》和臧穀《劫余小记》都有此说。

[4] 据姚宝珠老人说。

[5] 《扬州御寇录》说:"是夕,王永胜军亦追至,与毓兰甚争功。"《劫余小记》说:"(吴毓兰)因闭营门,恐地方与分功焉。"

[6] 《曾文正公书札》卷二十六《致李宫保》说:"吴未允藩衔之请,众意亦觉未满。"吴、李争功纠纷,见1951年元月号《新史学通讯·赖文光之死》一文。

中阵俘之云。"[1]到以后快二十年，吴毓兰已死，李鸿章作扬州《吴君崇祀事祠碑文》，还欲盖弥彰地斤斤争辩："呜呼！赖逆于君何爱？愿以凶悍百战之余命，旦暮知必死，曾不先自戕死，不推锋斗而死，独甘心屈膝降君就死，若项王之以头为故人德也者；且官军昼夜追击，彼方疲奔，铤走之不暇，犹暇为文檄以舒愤恨，其孰谁信之？"[2]当"奉旨"建造的"吴公祠"落成时，引起了扬州人民哗然不恭的一阵讪笑，街谈巷语都是关于李鸿章和吴毓兰的"层层冒功"[3]。

在扬州人民的心目中，赖文光是个英雄儒雅、忠贞不屈的人物。有位老人说："赖文光是个文人。"他又说："吴毓兰劝他投降，被他坚决拒绝了，要吴毓兰快快把他杀掉。"[4]如果我们参看黄翼升、李昭庆向李鸿章所报告的，"该逆词气崛强，与李秀成情状相似"[5]。可以想见赖文光的忠贞不屈之态，正如他自己所说："古之君子，国败家亡，君辱臣死，大义昭然……惟一死以报国家，以全臣节。"[6]

1868 年 1 月 10 日，赖文光就义于扬州东门外五台山[7]。

扬州人民还传说东捻军有个女将白寡妇，"是赖文光的夫

---

[1]《湘军志·平捻篇》。

[2] 原碑现存扬州市工人文化宫。

[3] 参据袁子久、张羽屏(扬州市民，江苏省文史馆员，80 岁)两先生说。

[4] 据梁阶平老人说。

[5]《李文忠公奏稿》卷十二，同治六年十二月二十七日《搜捕余匪赖逆正法折》。

[6]《赖文光自述》。

[7] 参据梁阶平、袁子久两老人说。

人"。赖文光被俘就义后,白寡妇尚在人间,不知下落[1]。但是也有老人说,白寡妇到仙女庙是以后的事[2]。可能由于人民热爱这些英雄人物而附会在一起了。

后记:此文脱稿后,又晤项月峰老人,他是扬州西郊居民,曾做道士,现为小商人,80岁。他说:"我常听祖父讲赖文光的故事。赖文光是从邵伯下来被清兵包围在瓦窑铺,他躲在窑洞里被捉住了。清朝没有马上杀他,要他投降,他不肯降,被杀在便益门外五台山的老虎山。"他的这段话极有史料价值。第一,可以判定赖文光确是在兵败后于隐蔽时被敌人所俘。这和其他老人所谈大体吻合。至于地点上的分歧,如与地主记载参证,瓦窑铺之说应该是对的;有人误会作万福桥,当因二地相去近的缘故。第二,赖文光拒绝诱降之说,再一次得到证实,可以深信无疑了。第三,赖文光的就义地点,本来只知道在扬州,有些老人指出在城外五台山,现在更可以具体确定在五台山的老虎山。关于地主阶级对赖文光的种种污蔑,我曾经一一问过项老,他不假思索地说:"没有听到过这些话。"

(原载《光明日报》1958 年 2 月 3 日)

---

[1] 参据关笠庭、梁阶平老人说。周邨在《太平军在扬州》一书中也载此说,却有异同。

[2] 据许金华老人等说。

太平天国革命时期的
一首扬州民谣

江寿民,办酒请红头;一共办了二百桌,办在南门大观楼。

这一首有关太平军故事的民谣,是吴佩江老人(今年75岁,住扬州市东关街396号)于今年2月在扬州市政协召开的一次座谈会上所唱的。

江寿民,系扬州盐商的头面人物。1853年太平军攻克扬州前夕,以江寿民为首的扬州盐商妄想用"犒师"的办法去软化农民革命军,指点他们穿城而过,不要改变扬州的反动秩序。扬州城里的大小反动分子在惊慌失措中听到这个消息,都互相安慰,以为可以实现这个诡计。正如臧毂《续竹枝词》所说:"癸丑年间最苦辛,扬州初次过红巾。家家都说穿城过,听信善人江寿民。"结果太平军并没有上当,猛然攻入了扬州。这一首短短的民谣,正是反映上述故事。因太平军用红布包头,故被称为"红头"或"红巾",在扬州,至今还有人把太平军叫作"红头兵"的。

(原载《扬州师院学报》1959年总第1期)

七、文物考释举例

太平玉玺"八位万岁"解

近来,有些同志引证罗尔纲先生对太平玉玺"八位万岁"的解释。认为杨秀清也是"万岁"[1]。此说不对,我们应该尊重前辈学者的研究成果,但对前人所弄错了的东西,不该盲从,以讹传讹。一定要实事求是。

罗先生假设天父、天兄、天王、幼主、光王、明王、东王、西王为"八位万岁",引《朝天朝主图》"爷哥朕幼光明东西","光明东西八数羕"[2]等句为证,这是不能成立的。

《朝天朝主图》是洪秀全于革命后期颁定的文武大员在荣光殿朝会时的位次图。它的"说明"应用了一连串数字,如"上帝基督共朕三,爷哥朕幼三一添","爷哥朕幼光明东,七数安息太平兼。爷哥朕幼真天主,光明东西八数羕。长次加尚(上)十全吉,三人同日苦成甜","东西至豫是二七,巨崇西父数同然。共成四七二十八,光明加尚三十增"。罗先生引的"爷哥朕幼光明东西",

---

[1] 例如《开封师院学报》(1978 年第 1 期)发表的《对杨秀清不能全盘否定》一文说:"现存的太平天国的玉玺的图印上,就有八个'万岁'的字样。据罗尔纲先生的考证,这八个万岁是指'爷、哥、朕、幼、光、明、东、西',其中'东'即指东王杨秀清,西指西王萧朝贵。"

[2] 罗尔纲:《太平天国文物图释》。

实际比《朝天朝主图》原文多了一个"西"字,何来这样一条"八位一体"的根据!如果"爷哥朕幼光明东西"可以凑成"八位万岁",那么,加上"长次"(王长兄、王次兄),又可以凑成"十位万岁"了。因为《朝天朝主图》还有"长次加尚十全吉"之句哩!

罗先生说:"光、明为洪秀全儿子,父称万岁,子也称万岁。""但考太平天国辛开元年所刊《太平礼制》定天王第三子臣下呼称为'王三殿下千岁',第四子臣下呼称为'王四殿下千岁',当时并没有称万岁,难道是后来对初制有了改变,天王诸子也得与幼天王同称万岁吗?"其实,这本来是毋庸置疑的,查戊午八年(1858)以后刊行的《太平礼制》明明规定:"幼主万岁""光王王三殿下永岁""明王王四殿下永岁"。可见后期对光、明的称谓虽有变化,改"千岁"为"永岁",但绝不是"万岁"。壬戌十二年(1862)以后颁行的《敬避字样》说:"其一切至尊至荣之字,必在天父、天兄、天王、幼主份尚,方可称用。"这里并没有包括光、明二王在内,便是他们不得称"万岁"的确证。如果依照罗先生的推论,只要是天王的儿子便得称"万岁",那么,就不止"八位万岁"了,因为我们已知洪秀全还有次子天曾、五子天佑哩![1]

罗先生又说:"东王为上帝降托,西王为耶稣降托,上帝、耶稣既称万岁,他们的降托者也称万岁,理都说得通。"但是,事实却证明了罗先生的这个推论说不通。《天父下凡诏书》(一),就是对上帝降托在东王身上发号施令,清洗内奸周锡能等的一份记录。其事发生在辛开元年(1851)太平军在永安时。它的记录人

---

[1] 洪秀全诸子:天贵福、天曾、天光、天明、天佑。天曾早死,天佑过继杨秀清,即王五殿下幼东王。

曾天芳、蒙得天明明写着："众朝臣护卫天王回殿,山呼万岁后,各职回衙。"又说："天父回天后,小臣曾天芳、蒙得天与七千岁(冯云山)、六千岁(韦昌辉)、五千岁(石达开),将天父圣旨回禀东王九千岁。"可见,太平天国明确规定称天王万岁,称天父的降托者杨秀清九千岁。《太平救世歌》算是杨秀清的作品,刊行于癸好三年(1853)。其中一说:"赐爵东王,九千岁锡。"再说:"寿算九千蒙天赐。"这又是东王只能称九千岁的确证。到了革命后期,在太平天国的文件上,洪秀全与杨秀清的"君臣"之分并没有变化。如辛酉十一年(1861)的《颁行历书》,仍用杨秀清名义领衔具奏。尽管在他的头衔上写上了"传天父上主皇上帝真神真圣旨"等尊贵字样,但他对洪秀全仍称"我主我兄天王万岁万岁万万岁",自己称"臣"。幼东王、幼西王袭爵后,仍称九千岁、八千岁[1]。由此可见,罗先生关于东王、西王也可称万岁的说法,是找不到文献根据的。

"太平玉玺"上的"八位万岁"究竟是哪八位?我的答案是天父、天兄、天王、幼主四代夫妇。按,《太平天日》,洪秀全宣传天父与天母并尊,天兄与天嫂并尊。他写的《改定天历诏》说:"本年三更诛凶首,从此万国归爷妈。"《辛酉十一年贺年诏》说:"爷妈哥嫂同下凡,天堂新。"这些都是爷妈哥嫂夫妇同为天国之主的证据。爷妈哥嫂加上天王、幼主两代夫妇,正好是"八位万岁"。我认为,这样的解释是合乎实际的。

太平天国严格规定"一姓一系"和"嫡子世袭"的政治体制,又强烈宣传"父子公孙永作主",即"天子万年"的思想,这都反

---

[1] 抄本《钦定敬避字样》附录。

映了农民小私有者的意识。这也就是这方"玉玺"仅仅提供的研究洪秀全后期思想的一点史料价值。

　　罗先生对这方"太平玉玺"全部文字的读法如下："太平玉玺,天父上帝,恩和辑睦,天王洪日,天兄基督,救世幼主,主王舆笃,八位万岁,真王贵福,永定乾坤,永锡天禄。"按太平天国制度,天王不能列名在天兄之前,幼主应与"真王贵福"连读。因此,我的读法如下："太平玉玺。天父上帝,天兄基督;天王洪日,主王舆笃;救世幼主,真王贵福;八位万岁,恩和辑睦;永定乾坤,永锡天禄。"

（原载《扬州师院学报》1978 年第 2 期）

辑录太平天国文物的新成果

——评《浙江太平天国革命文物图录选编》

　　早在 20 世纪的三四十年代,简又文、罗尔纲等前辈,即开始辑录太平天国文物,为太平天国史学提供实物资料。中华人民共和国成立后,在党和政府的重视下,大批太平天国文物被发现,使学术界有条件辑成了《太平天国革命文物图录》及其《续编》和《补编》。这三部汇编辑录了大量有史料价值的太平天国文物,创造了分类的方法。编者郭若愚等的劳绩是不可低估的。党的十一届三中全会以后,辑录太平天国文物的工作向广深程度开展。去年,产生了两种分类的专著:马氏父子辑录的《太平天国钱币》、南京博物院辑录的《太平天国壁画》。今年,又出版了浙江省社会科学院历史研究所王兴福等同志所编的一个省区的专辑——《浙江太平天国革命文物图录选编》。

　　在浙江,太平军活动的时间较久,范围较广,有些地方政权也比较稳定。因此,有大量遗物保存下来。中华人民共和国成立以来,已发现了有一千五百余件。本书精选了其中的约十分之一。凡已经《太平天国革命文物图录》以及它的《续编》《补编》著录的,一律不录。本书分五类:甲、印信类;乙、遗物类;丙、遗迹类;丁、文书告谕类;戊、公据类。兹择要举例,以说明本书的史料价值。

本书对太平天国浙江天省的建置，提供了确据。按，太平天国制度，国称天国，省称天省，郡称天郡，县称天县。但从以往发表的史料中，仅见南京国学图书馆藏《周礼疑义》上所盖"浙江天省水司主将林芸桂"的印文，而未见原印。自从本书辑录的塘栖镇匠人沈湔兰铸造的太平天国铜炮被发现，我们才看到了刻上"浙江天省"的实物。

本书辑录的文物，提供了太平天国乡官制度的重要史料。关于太平天国乡官的保举和委派方面的文书，以往公布过一些，书中有一件太平天国癸开十三年九月十六日归殿恩将军统下后营师帅褚给石门县十七都六图地保徐宏转致司马倪鹤堂谕，内称"照得该统下前经司马倪锦堂，业已期满，理应调换。现选能员新充司马倪鹤堂"云云，可见乡官有一定任期，到期就要调换。这样的文书，则是第一次发现。当时石门县仍有地保存在，而司马属其统下，上级文书要由地保下达司马，这也是少见的情况。这些，对于研究太平天国的乡官制度，是很有参考价值的。

本书辑录有关邓光明的文物较多，反映了他在太平天国最后几年不断加官晋爵的实况。按，庚申十年太平军攻克苏、常、嘉、湖时，邓光明的官衔是"钦差大臣天朝九门御林真忠报国僚天燕"[1]。本书所辑辛酉十一年他发给石门县子民范士达的完银串票上盖的骑缝章是"……忠报国僚天福"，但在票面上的署衔是"钦差大臣佐镇石门县僚天安"。可证，就在一年左右的时间内，邓光明从天燕升天福又升天安。壬戌十二年九月，蓟天福李有庆

---

[1]《太平天国文书汇编》，第129页。

等发给富户沈庆余会谕的封套上有"殿前又副掌率宇内"字样。同年不少串据都写明系"殿前又副掌率任浙省天军主将邓"所颁发。这年,又发现他发给花户沈锦堂、陈兆英等五纸"尚忙条银执照",其上均刻"殿前忠孝朝将邓"。到了癸开十三年,邓光明即升封归王。从他发给花户朱奇章的"尚忙条银执照"看,邓光明封王后的全衔是"殿前恒顶天日顶天扶朝纲归王"[1]。三年之内,邓光明由燕连升封王,这不是个别情况,而是一时风气。洪仁玕在《立法制喧谕》中曾喟叹说:"且如弟等意见,动以升迁为荣,几若一岁九迁而犹缓,一月三迁而犹未足。"[2]邓光明由燕连升封王的事实,正从一个侧面反映了太平天国农民战争的衰状。

本书辑录的文物提供了研究谭绍光的资料。以往,我们曾从抄本《钦定敬避字样》的附录中看到一件埌天豫跪禀"九门御林宿卫军主将健天义谭大人"[3]的文书。曾有同志提出,"健天义"的"健"字当作"健"。现在本书公布了"九门御林宿卫天军谭"发给乌程县子民胡信诚的船凭,上盖"太平天国天朝九门御林健天义右贰武经政司"朱印,从而证实了谭绍光在这时的爵称应是"健天义"而不是"健天义"。

本书辑录的太平天国文物中,有听王陈炳文和殿前又副掌率邓光明分别发给石门县花户汤奇高、范士达、李长春田凭各两张,妥天福滕记发和谨天义熊万荃分别发给石门县胡圣揆门牌两张,有邓光明先后以殿前又副掌率任浙省天军主将和归王名义印发的两联预知由单、三联预知由单和四联预知由单,还有嘉善县田

［1］ 王定安:《贼酋名号谱》。

［2］《太平天国文书汇编》,第94页。

［3］《太平天国文书汇编》,第267页。

凭总局收租执照、尚虞县右二军前营前旅帅杜发的亩捐墨书收照和尚虞县右贰军帅季发给金翰飞门牌费执照。这些文物，对研究太平天国社会经济，特别是土地问题和田赋征收，有重要史料价值。提理象珊军民事务参天豫顾廷菁所印进口捐照、衡天安潘起亮发给船商李贤三天宁关完纳钞税执照、忠应朝将队内隆天安张发给商船费客零税票，以及上述宿卫天军主将谭绍光发给胡信诚船凭等，为研究太平天国税收制度提供了新资料。

在选择取舍上，王兴福等同志的态度是严谨的。例如，东阳县卒长汪文明所遗文书，其中若干件不是太平天国文书。以往发表时鱼龙混杂，我曾著文考辨。本书去芜存精，丝毫不苟。

本书的说明也很精审。如对铤天安掌理会和军务吴得昌所发门牌的说明，曾引同治《丽水县志》，证实"会和军"曾驻丽水。但《丽水县志》倒置"会和"为"和会"，又可从文物得到纠正。

《太平天国革命文物图录》及其《续编》和《补编》的出版，已经三十年了。现在又有第四部综合性的太平天国革命文物图录问世，这是一项可喜的成果，我得先"读"为快，特为介绍一二，供国内外读者参考。

（原载《浙江学刊》1985 年第 1 期）

关于太平天国的"田凭"

太平天国颁发的"田凭",有的是给佃农的;有的是给自耕农的;也有的是给地主的。

《庚癸纪略》说:同治元年(1862)正月,太平天国吴江监军"提各乡卒长给田凭,每亩钱三百六十。领凭后,租田概作自产,农民窃喜,陆续完纳"。这是发给佃农"田凭"的证据。

《庚申避难记》说:咸丰十一年(1861)十二月,常熟太平天国地方政府"又要耕种自田领凭,每亩米五升,折钱一百二十五元,着旅帅必要催领"。这是发给自耕农"田凭"的证据。

《庚申避难记》又说:咸丰十一年九月,常熟武军政司告示:"业户领凭收租,欠缴钱粮解营押追。"《镜稽轩自怡日记》记常熟南乡的情形:"(咸丰十一年)八月八日,闻伪示:业户呈田数给凭,方准收租,每亩出田凭费六十。"这些都是发给地主"田凭"的证据。

由此可见,我们如果为了说明太平天国土地制度而引用"田凭"当做实物资料的时候,必须仔细分析,不能任意当作太平天国实行"耕者有其田",保护佃农土地所有权的根据。罗尔纲先生在《天朝田亩制度的实施问题》一文里说:"至于太平天国发给田凭,在制度上确定耕者有其田的政策,进一步保护佃农所有权,是否各地区同样的情况,今天还缺乏材料来说明,但就文献记载与现存的田凭看来（自注："现存田凭有忠王秀成发给金匮县黄祠墓祭田凭、听王陈炳文发给石门县陈寿天田凭、殿前又付掌率邓光明发给石门县年文德田凭、冀天义程某发给吴江潘叙奎田凭等件"），至少可以说这是江苏、浙江两省的情况。"[1] 其实，罗先生在这里所举的四件"田凭"，有的明显是给地主的。在冀天义程其发给吴江潘叙奎的"荡凭"上面，明白地写着："仰该业户永远收执，取租办赋"字样；而且就在《天朝田亩制度的实施问题》一文里，罗先生曾征引《庚癸纪略》说："（同治元年十一月二十七日）北观设租息局，贼酋程令每亩收租息米三斗。"[2] 可见就是在太平天国壬戌十二年（潘叙奎凭系在太平天国壬戌十二年所发），就在吴江县，就是这个冀天义程某确是在准许地主收租。可见他发给地主潘叙奎"田凭"，保护地主的土地私有权，是不容怀疑的事实。罗先生面对着这样的物证，却执拗地把它证成相反的结论，于是使没有亲见这些"田凭"和《庚癸纪略》等资料的读者，不能不误会这些"田凭"都是太平天国发给佃农的"土地证"。甚至有些中学历史教科书的编者还把李秀成发给金匮县黄祠墓祭的"田凭"制成插图，当作讲解太平天国土地制度的物证，如苏寿桐同志编的初级中学课本《中国历史》第三册（人民教育出版社 1957 年 4 月再版本）、江苏省初级中学课本《中国历史》第二册（江苏人民出版社 1959 年 1 月出版），都是这样做的。其实，黄祠墓祭"田凭"也是发给地主的。第一，从常情也可判断，拥有家祠祖墓祭田的，只可能是地主而不可能是农民；第二，这件"田凭"发的时间，

---

[1]《太平天国史事考》，第 210 页。
[2]《太平天国史事考》，第 217 页。

系在太平天国壬戌十二年。据罗先生在《天朝田亩制度的实施问题》一文里所引《平贼纪略》有记太平天国辛酉十一年十二月无锡金匮(无锡旧分无锡、金匮两县)太平天国政府镇压金匮县安镇农民抗租暴动一事,再据《镜稉轩自怡日记》于同治元年冬季,有"闻金匮界照旧收租"的记载,都可证明当时当地并未实行"耕者有其田"。由此可见,把黄祠墓祭"田凭"当作太平天国实行"耕者有其田"的物证,是错误的。使广大中学师生这样以讹传讹地进行教学,是不好的,希望及时订正。

(原载《扬州师院学报》1959 年总第 2 期)

八、年表举例

洪仁玕年表[1]

　　洪仁玕,字益谦,广东省花县人,洪秀全的同高祖兄弟,出身农民家庭。

　　韩山文《太平天国起义记》记载,洪秀全、洪仁玕的高祖洪汜三,广东省嘉应州人。"此人生有四子,名英经、英纶、英缄、英纬。四子中,英纶与英纬最初迁居于广州北部之花县,以耕种为活","由英纶四传而生洪秀全,由英纬亦四传而生洪仁玕"。按,洪汜三第三子名英缵,早夭[2]。

一八二二年
（清道光二年壬午）

　　洪仁玕生。

一八二九年
（清道光九年己丑）

　　洪仁玕八岁。

---

[1]　本文集编者按,此文原载《洪仁玕选集》,中华书局 1978 年 6 月版。

[2]　本文集编者按,洪汜三,一作"洪淞三",生子五人,依次为英经、英纶、英缵、英缄、英纬。

入私塾读书。仁玕幼年上学时,曾师事洪秀全。

《洪仁玕自述别录之一》(《同治三年十月初六日江西巡抚提讯记录》,简称《自述别录之一》,下同。):"八岁读书。""老天王是我堂兄, ……我少时从他受学一年。"

一八四三年

(清道光二十三年癸卯)

洪仁玕二十二岁。

担任农村私塾教师。这年,是鸦片战争结束的后一年。中国开始沦为半殖民地。中国农民群众为反侵略反封建而展开了不屈不挠的斗争。就在这年,洪秀全为了发动群众,利用宗教形式,和冯云山等组织"拜上帝"。洪仁玕是"拜上帝"的最早也是最坚定的成员之一。

《自述别录之一》:"二十二岁以后训蒙。""我从此亦学拜上帝。"

洪仁玕《洪秀全来历》:"余自道光二十二年壬寅岁,蒙兄洪秀全在丙申年所得《劝世良言》,将书内所言道理一一指示,上帝之权能,耶稣之神迹,妖魔之迷惑,从始至终,对余讲了一遍;以及自己病时魂游天堂所见之事,又对余讲了一遍,余乃如梦初觉,如醉初醒,一觉泫然出涕,遂将馆中所立孔子、文昌,家中所立灶君、牛猪、门户来龙之妖魔一概除去。"

《太平天国起义记》:"仁玕因信此道而被其兄棍殴,撕破衣服,复被逐出家门,盖以其将书塾中之孔子牌位除去,致令学童均离塾也。仁玕只答云:我是不是老师呢?孔夫子死了许久又怎能再教人呢?你为什么迫我拜他呢?"

大约也就在这年前后起,洪仁玕五次考秀才,均被挤落榜。

《洪仁玕自述》:"自幼读书,至二十八九岁,经考五科不售。"

一八四四年

（清道光二十四年甲辰）

洪仁玕二十三岁。

在广东清远县进行革命活动。是年,洪秀全偕冯云山等由广州出发,辗转到达广西贵县,宣传革命。洪仁玕留在花县,后应聘到清远县当私塾教师,并在那里宣传群众和组织群众。

《太平天国起义记》:"彼等决心远适异省,到各村镇宣传真道,乃沿途贩卖笔砚,借获微利以充旅费。""秀全等一行四众,未几即到邻邑清远县,于是彼等感化李姓数人皈依新道而施以洗礼。仁玕留在本村,后应聘到清远教书数年,并在此宣教,数年内受其洗礼者约五六十人。"

一八四五年

（清道光二十五年乙巳）

洪仁玕二十四岁。

仍在清远。是年,洪秀全回花县,仍以教书为掩护,进行革命活动。一八四五年至一八四六年,他写成了《原道救世歌》《原道醒世训》《原道觉世训》等三篇光辉文献,为起义作好了理论上的准备。洪仁玕在清远,也以教书为掩护,进行革命活动。他有机会听洪秀全宣讲关于民族平等、反对外国侵略等道理。因此,他的革命意志更加坚定。

《太平天国起义记》:"一八四五、一八四六两年,秀全留在家中,仍执教鞭为业,在此期间,彼曾做数篇文章、问答及诗歌,均发挥宗教〔指"拜上帝"〕[1]真理者。如:《百正歌》《原道救世歌》《原道醒世训》《原道觉世训》《改邪归正》等篇,其后均加增内容,大都编入后来在南京印行之《太平诏书》。……其时洪仁玕仍在清远授徒,常与秀全相见。究竟仁玕小心软弱,竟听友人之劝,许其学徒拜事孔子,惟其自己则不拜而已,此时秀全乃告以中心之秘密思想,及其对于满洲人〔指清王朝〕之仇恨云。""其后复言:如果上帝助吾恢复祖国,我当教各国各自保管其自有之产业,而不侵害别人所有;我们将要彼此有交谊,互通真理及知识,而各以礼相接。"

一八四七年

（清道光二十七年丁未）

洪仁玕二十六岁。

随洪秀全至广州,向美国传教士罗孝全索阅《旧约》《新约》等书。洪仁玕先回花县。随后洪秀全也离广州去广西。

《太平天日》:"岁在丁未二月初,主与干王洪仁玕到广东省城礼拜堂,后干王仁玕回归。"

罗孝全于一八五二年看到洪仁玕所写关于洪秀全的早期革命活动资料后,曾写信给英国教会说:"约在一八四六年或翌年,有两位中国士人到我广州寓所,宣称意欲学习基督教道。其中之一人未久即回家,但其他一人则继续留在我处约有两月余。在此

---

[1] 本文集编者按,本篇中〔〕内文字是祁先生当年编《洪仁玕年表》时,为了比较完整地表达原意而添加的。

期间,彼研究圣经,听受功课,而其品行甚端,此人似是洪秀全,即今之革命领袖也。而叙述其事迹于上文之人或即是与其同来而先回家者。"〔罗孝全的这封信,中译本作《洪秀全革命之真相》。〕

一八五〇年

(清道光三十年庚戌)

洪仁玕二十九岁。

仍在清远。是年,洪秀全在紫荆山金田村举行"团营",把"拜上帝"的群众按军队编制集中起来,武装起来。他派遣专人回花县招呼亲属及同志前往广西,洪仁玕因被阻挠,仍留清远教书。

《太平天国起义记》:"前此一年〔指1850年〕,当秀全搬取自己亲族之时,洪仁玕仍在清远授徒为业,因为友人所强留,迄未成行。"

一八五一年

(太平天国辛开元年,清咸丰元年辛亥)

洪仁玕三十岁。

一月,太平军在金田村举行起义,随后洪秀全再遣人回花县召集洪、冯两族人及留粤革命志士前往广西参加起义。洪仁玕两度冒险西行,都因清朝反动派的重重封锁,而未能与太平军会合,不得不折回广东。

《洪仁玕自述》:"辛亥年游广西,到浔州圩,寓于古城侯姓之家四十余日,不能追随我主天王,不遇而回。"

《自述别录之一》:"老天王金田起事时,有知县下乡查访,因无实在形迹,就瞒过了。我怕家里住不稳,到广西寻他,他往湖南去了。"

《太平天国起义记》："洪秀全于一八五一年在江口圩驻扎时，曾派人回粤召集洪、冯两族人及在粤之信徒往桂加入太平军。……彼〔指洪仁玕〕乃偕五十人，或为洪、冯族人，或为友人，一同西上。迨抵浔州时，乃闻悉太平军已弃营他去，而官军此时正搜捕及屠杀凡与拜上帝会教徒有关系者。仁玕即令同伴中四十余人回粤，而彼自己则与三人继续前进，欲赶上太平军。清吏此时搜捕极严，凡一般游民及有嫌疑者均被捉去，仁玕恐遭毒手，乃易姓名为侯某。前进之路竟难通行，不得已乃中途折回。在归途中，遇有数人确为侯姓者。有侯姓富人竟招待仁玕于其家中至一月之久。仁玕别时，侯某又赠以铜钱八串，米四十磅，及猪肉五磅。盖仍以为赒恤同族之贫寒士子也。仁玕回抵花县时，秀全与云山在桂起义之消息已传至粤省清吏。有军队被派至本乡捕捉村人，掘毁祖坟，及勒索民财。仁玕见在家不稳，遂移居于清远友人处。冯云山之叔伯某、其母、其弟及一幼子均被捕入狱。而其妻及两子幸能逃出，匿于他县友人家，彼等旋亦逃至清远，与众友商议，结果，众友乐为筹集旅费，使仁玕挈云山长子及一侄再赴广西。此次清吏之防守及盘查比上次尤为严密，彼等不得已又折回粤东。"

一八五二年

（太平天国壬子二年，清咸丰二年壬子）

洪仁玕三十一岁。

在花县搞武装起义响应太平军，等他赶到约定地点谷岭时，暴动已失败，辗转至香港，依瑞典传教士韩山文，数星期后，至广东东莞县，教书为生，兼做医卜。

《太平天国起义记》：“至一八五二年,秀全之使者江隆昌再次回粤,携有函件,召集各族信徒入桂,约会于永安。……乃决议召集各人起事而以谷岭为集中地。……即有大队清兵派来攻捕。彼等勇敢应战,但人数既少,又无经验,交绥未久,即被击散,江隆昌与六人登时阵亡,被擒者甚众,其余星散。……谷岭事败后,洪仁玕与十余人始赶到,……顿怀绝望,乃私解腰带,意图自缢。同逃中之一人,上前劝阻,……经过了四日四夜在山中挨饥抵饿,然后到一亲戚家,身体已困甚。在此处山洞中,仁玕潜匿六日,其亲戚予以路费,使得搭船到别县洪氏远亲之家。……幸得一父老接纳仁玕而庇护之,……遣一孙导引仁玕出亡,此青年人是一基督徒,于一八五二年四月,直带仁玕至香港,而介绍至我处〔韩山文〕。……关于洪秀全、冯云山及其信徒等,但其时我对于全局亦未有清楚的概念,盖此事人多所未悉,亦多所不信也。仁玕写出数张纸,内载洪秀全及其自身之历史,我将此纪述放在书桌,留备后日之考证。”

韩山文一八五四年五月四日写信告友人：“少年洪仁者,以去年十一月中受洗礼于内地,乃现今南京革命首领之堂弟而亲密之知好也。此君为逃避官府之迫害,曾于一八五二年四月间,由一入教少年为介,引至仆处。彼所留与仆之文件〔即《洪秀全来历》〕,即过半年后,仆所以示罗孝全先生者也。”

《太平天国起义记》：“我以为彼将留在香港居住,但我离香港入内地数星期,回时彼已离去,以其在此处无以营生也。”“洪仁玕离开我处之后,隐居于内地为塾师。”

《洪仁玕自述别录之二》（《同治三年十月二十八日南昌知府提讯记录》）：“在香港共有七年,中间到过广东之东莞县医卜一年。"

张祝龄《太平天国杂记序》："干王未赴金陵前,尝在予乡避难。"〔按,张祝龄为广东东莞县的牛眠埔村人。〕

一八五三年

（太平天国癸好三年,清咸丰三年癸丑）

洪仁玕三十二岁。

再去香港,为外国传教士教汉文。

《太平天国起义记》："〔洪仁玕〕直迄一八五三年十一月复来看我。"

《洪仁玕自述》："癸丑游香港,授书夷牧。"

一八五四年

（太平天国甲寅四年,清咸丰四年甲寅）

洪仁玕三十三岁。

春间自香港抵上海,拟去天京参加革命未遂,留沪学天文历数,是冬仍返香港。是年,瑞典人韩山文据洪仁玕回忆录,编写成英文本《太平天国起义记》〔原名《洪秀全之异梦及广西乱事之始原》〕。

《洪仁玕自述》："甲寅由上海,洋人不肯送予进南京,其上海城内红兵〔小刀会起义军〕不信予为天王之弟。乃在夷馆学习天文历数。是冬,返回香港,仍习天文,授教夷牧。"

韩山文一八五四年五月四日与友人书："近洪仁与其友二人已乘舟离此而往上海,仆深望其得机安抵南京。……为彼等,仆已费二百余元。然仆雅不欲使敝会担任此款,故就洪仁所传授与

仆者,译成《太平天国起义记》一书,且望其书之销售可以收回二百元之款也。"〔韩山文不久即病故。〕

艾约瑟《访问苏州的太平军》:"大约在五年前,干王曾在上海住过五个月,受传教士麦都思的指示,写过一本注解《新约》的书。那时麦氏觉得由上海去南京还不安全,没有允许他去参加南京政府。"〔按,艾约瑟此文写于一八六〇年。〕

一八五五年——一八五八年
(太平天国乙荣五年—戊午八年,
清咸丰五年乙卯—八年戊午)

洪仁玕三十四岁——三十七岁。

在香港,任基督教会牧师,教外籍牧师学汉文,一直到一八五八年秋,他深痛外国侵略中国之害,留心考察西方资本主义国家的政治、经济和科学技术,期望日后辅佐天王,使中国富强。

《洪仁玕自述别录之一》:"我想学了本事,将来辅佐他〔指洪秀全〕,就回广东,到香港洋人馆内教书,学天文、地理、历数、医道,尽皆通晓。洋人知道是老天王之弟,另眼相待。住香港四年,故与各头目多半相识。其国中体制情伪,我亦尽知。"

洪仁玕《致英教士艾约瑟书》:"缘余前在上海,得与众先生交游酬应,……嗣后别我同人转至香港,与理、湛二教师,讲学四年。"〔理雅各、湛孖士,英国人,伦敦布道会派在香港的传教士。〕

容闳《西学东渐记》:"一八六〇年十一月十八日,抵南京。……翌日,予等谒干王,……一八五六年,予在香港曾识其人,当时彼方为伦敦传道会职员,任中国牧师,其主教为莱克〔即理雅各〕博士,莱克博士即著名善译中国古文者。予曩在香港晤干王

时,将来愿于金陵再相见,今果然矣。干王本名洪仁。"〔洪仁玕为避免敌人注意,曾改名洪仁。〕

《筹办夷务始末》(《同治元年十二月戊寅奕䜣等奏附英驻华参赞威妥玛来函》):"洪仁玕前于咸丰六年未从贼之时到香港,本参赞闻知伊为逆首家亲,邀来两次细问,颇为明晰。"

吟唎《太平天国革命亲历记》:"此时,韩山文先生已故,洪仁玕为伦敦布道会所接受,自一八五五年至一八五八年任伦敦布道会布道师。《布道杂志》记述他的情况如下:'不久,他就获得了会中人员及中国教徒的信任和尊重。他的文学造诣也为人所敬佩。他的性情和蔼亲切,思想豁达,为中国人所少有。'"

一八五八年秋,洪仁玕离香港前往天京,临行作《香港饯别》诗。他先经广东达江西饶州,又到湖北黄梅县。

《致英教士艾约瑟书》:"前于戊午,由香港至京朝主。"

《自述别录之二》:"嗣闻伪天王洪仁坤即洪秀全已在南京建都,他既创业于前,我何妨续之于后,就要前往南京,找寻伪天王。其时那夷长理雅各已回本国,那詹马士〔即湛孖士〕劝小的不必前往,小的不听,把家小仍留香港,那詹马士想到南京开礼拜堂,就交给小的,送给盘川,小的就从香港动身。"

《太平天国革命亲历记》:"一八五八年六、七月间,洪仁玕再度寻访天王。"

《自述别录之一》:"我由南雄过梅岭,来江西至饶州。有水师哨官郑姓,是我同乡,请我办文案,连教读,住了几个月,郑哨官回广东去了。"

《洪仁玕自述》:"由广东省到南雄,过梅岭,到饶州蔡康业营。八月内与天朝辅王在景德镇打仗败。弃行李一空。由饶州到湖北黄梅县。"

《太平天国革命亲历记》:"同年十二月间,额尔金勋爵〔英军侵华统帅〕率舰队抵汉口时,传说洪仁玕藏匿邻近镇上;他曾设法送信到船上,转递他在香港的老师却尔摩司先生〔即湛孖士〕。"

一八五九年
（太平天国己未九年,清咸丰九年己未）

洪仁玕三十八岁。

春间,闻天京被清将张国樑等所围攻,急自湖北经安徽到天京。

《洪仁玕自述》:"〔黄梅〕知县覃瀚元请予医其侄头风之症,得有谢金,在龙坪办货物下江南,于三月十三日到天京。"

《自述别录之一》:"我到湖北黄梅县为覃知县的侄儿医好了病,得了许多谢金。那知县看我做的诗,说我才学好,荐我到罗田县办书启。罗田县也是广东人,因他尚未到任。我听见张家祥〔即张国樑〕围天京甚紧,放心不下,遂将所得谢金,假办货物,搭货船到天京。"

《自述别录之二》:"行至安徽长塘河地方,有堂兄伪天王派了伪赐福侯黄玉成在那里驻守。小的向他通了姓名,及投奔伪天王来意,并在衣襟夹中取出自己履历,交给那赐福侯,带小的于己未年三月入南京,见了伪天王,彼此悲喜交集。"

天王洪秀全看到洪仁玕忠于太平天国革命,又学识渊博,正好适应当时农民革命的需要,深为高兴,乃封为干天福,旋升干天义,加九门主将衔,不到一个月,即册封干王,任命为开朝精忠军师,总理朝纲。

《自述别录之一》："老天王见我才学，大加赞赏，封为干王，总理朝政。外洋人就把我家眷由轮船送来。"

《自述别录之二》："伪天王询知小的在外洋多年，见识甚广……正无人办事，就大喜，封小的为干天福。是月二十九加封干天义，兼九门主将衔。至四月初一日，就封小的为开朝精忠军师顶天扶朝纲干王。那时南京自伪东王死后，翼王出京，一切军务，系五个主将做主。那五主将看见伪天王未及一月，封了小的王爵，均有不服之色。伪天王就传令到教堂齐集众官，令小的登台受印。伪天王对众饬谕，京内不决之事，问于干王；京外不决之事，问于英王。小的见众人不服，原不肯受。伪天王说风浪暂腾久自息。于是，小的登台受印，对众说了些道理。并把东王制度从新议论了一回，又把从前的案件批详榜示。众人见小的万人之前，谈论无错，就称小的为文曲星。"

陈庆甲《金陵纪事诗》："何物狂且负盛名，登台还使一军惊。"即指洪仁玕登台受封事。

《李秀成自述》："杀东、北王之后，永不封王，今封王者，因其弟洪仁玕九年之间而来。……到京未满半月，封为军师，号为干王，降照天下，要人悉归其制。"

洪仁玕向天王条陈《资政新篇》。

为颁行陈玉成所拟订的新法制，作《立法制喧谕》。

兼任文衡正总裁，主持会试，作《己未九年会试题》。会试题是《十全大吉诗》的第一首："三星共照日出天，禾王作主救人善；尔们认得禾救饥，乃念日头好上天。"其中暗示洪秀全是救民的革命领袖。《十全大吉诗》产生在金田起义前夜，以"上帝"预言的形式，为以后洪秀全称"天王"造舆论，"十全大吉"是洪秀全的代号。《天王诏西洋番弟》:"十全大吉就是朕。"

是年,洪仁玕运用西方科学知识改革太平天国历法——天历,使之接近于自然规律,以利农民进行生产,并总结了中国制订历法的经验,对封建统治阶级的旧历书进行了批判,作《天历序》。

撰《兵要四则》教育将领。又撰《克敌诱惑论》,用喧谕形式颁行。又撰《颁新政喧谕》三文合刊为《干王洪宝制》。

一八六〇年

(太平天国庚申十年,清咸丰十年庚申)

洪仁玕三十九岁。

春夏间,拟订战略,用"围魏救赵"之计,集中优势兵力,击破清王朝的"江南大营",并乘胜攻下了苏、常等富庶之区。他和陈玉成等各路将领联名颁发《劝谕》,号召清军将士"弃暗投明"。

《洪仁玕自述》:"己未冬,与忠王议解围攻取之策,悉载前帙。""忠王三次面□画策,予曰:'此次京围难以力攻,必向湖、杭虚处力围其背,彼必返救湖、杭,俟其撤兵远去,即行返斾自救,必获捷报也。'乃约英王虚援安省,而忠、侍王即伪装缨帽号衣,一路潜入杭、湖二处,因忠王队内贪获马匹,未得入城,即被紧闭城门。复经开挖地垄,攻入杭城,惟□□城未破。料围京之清兵撤动,此刻重在解京,不重在得地;忠王即约侍王由小路回师,后果大解京围。英王破头关而入,侍王破燕子山而入,忠王兜杀句容一带,三月二十六日解围。四月初一日,登朝庆贺,且议进取良策。英王意在救安省,侍王意取闽、浙,独忠王从吾所议云:'为今之计,自天京而论,北距川、陕,西距长城,南距云、贵、两粤,俱有五六千里之远,惟东距苏、杭、上海,不及千里之远,厚薄之势既殊,而乘胜下取,其功易成。一俟下路既得,却取百万买置火轮二十个,沿长江上取,另发兵一枝,由南进江西;发兵一枝,由北进蕲黄,合取湖北,则长江两岸俱为我有,则根本可久大矣。'乃蒙旨准,即依议发兵,觉为得手。"

《自述别录之二》:"那年南京被张家祥围困,仅有一线浦口之路可通无为州粮道。伪忠王问计于小的,小的叫伪忠王往攻湖州、苏州之虚,则张家祥必撤大兵往救,京围自解矣。伪忠王就弃了浦口,假扮官兵,带了五六千到杭州,用地雷轰塌省城,满洲城不能破,败出,伪忠王由小路回京,走句容,原意不在得疆土,而在解京围。张家祥闻杭州失守,撤兵解围,那李世贤由燕子矶及伪忠王之兵都到南京,放火为号,南京出兵夹攻,以致张家祥于三月二十五、六大败,退扎丹阳。"

李光霁《劫余杂识》:"伪忠王李秀成狡而善谋,与伪干王筹议围魏救赵之计……"

六月,洪仁玕致书英法美上海领事。被拒绝收受。七月,洪仁玕又令李秀成致书英美法公使,要求到苏州谈判。

《李秀成致英美法公使书》〔庚申十年五月三十一日即一八六〇年七月十日〕:"前以贵国派员来投芳版,曾肃函陈情联好,并请复书订盟,昨又以我国干王来书,据云与贵国诸大臣素有交情,奏请来历,候驾面叙一切,已蒙真圣主恩准,着本藩速即修函敦请,当已一一投阅矣。"

八月,洪仁玕与英教士艾约瑟、杨笃信等在苏州会晤,严词斥责英美法等干涉太平天国革命的罪行。

杨笃信一八六〇年八月十六日《致伦敦布道会秘书戴德曼书》:"我们在八月二日早晨到苏州,当天和干王会面。""第二天,我们又去拜访干王,到王府后,看见一位外国商人在候见他,而干王则显得很激愤的样子。后来我们才知道,那时干王已经知道他送往上海各国领事馆的信件,领事们并没有启封拆开,而英法的军队正防守着上海。干王说:'这种行为,首先,是对我个人的一种侮辱。其次,在太平天国与满清交战之际,外国人直接违反了中立的态度。'虽然我们告诉他,关于这些事,作为传教士的我们是无能为力的,但我们暗中却很同情他。"

洪仁玕在苏州,努力调处陈玉成和李秀成之间的矛盾,要求他们团结对敌,不久回天京。

华翼纶《锡金团练始末记》:"八月间,伪天王弟洪军师到苏,即调停忠、英二酋之误会也。贼中互相猜忌如此,然忠酋外柔内刚,深得民心;英酋恃勇而骄,人皆惮之,江南无立足之地,熊伪帅为余言之。"

《自述别录之二》:"至那年八月,小的转回南京。"〔八月,天历庚申十年八月。〕

十月,洪仁玕邀美国传教士罗孝全至天京,顾问宗教等事务。

《太平天国革命亲历记》:"本书已经提到过罗孝全先生,他是美国浸礼会的一个传教士,于一八六〇十月底曾往南京太平天国。""罗孝全先生在太平天国接受了尘世的品级……自从他到南京以后,干王一直款待他。"

十一月,洪仁玕于天京会见中国最早的留美学生容闳,商谈用西方资本主义国家的军事、文教等制度,改革太平天国内政,但没能实现。

《西学东渐记》:"十一月十八日抵南京,……翌日,予等谒干王,……干王接见予等,极表欢迎,尤乐于见予,寒暄后,即询问予对于太平军之观念若何,亦赞成此举而愿与之共事否？予告以此来初无成见,亦无意投身太平军中,妄思附骥,第来探视故人,以慰数年来晦明风雨之思耳。干王复固问,予曰：'实无他目的,但得略悉金陵实在情形,一释传闻之疑,于愿已足,惟此次自苏至宁,途次颇有所感触,愿贡其千虑一得之愚。'因言七事：一、依正当之军事制度,组织一良好军队；二、设立武备学校,以养成多数有学识军官；三、建设海军学校；四、建设善良政府,聘用富有经验之人才,为各部行政顾问；五、创立银行制度及厘订度量衡标准；六、颁定各级学校教育制度,以耶稣圣经列为主课；七、设立各种实业学校。""越二日,干王复邀予等为第二次谈判。既入见,干王乃以予所言七事,逐条讨论,谓何者最佳,何者重要,侃侃而谈,殊中肯綮,盖干王居外久,见闻稍广,故较各王略悉外情,即较洪秀全之识见,亦略高一筹。凡欧洲各大强国所以富强之故,亦能知其秘钥所在,故对于予所提议之七事,极知其关系重要,第善善不能用,盖一薛居州,无能为役,且时诸要人,皆统兵于外,故必俟协议,经多数赞成,仍可实行也。"

一八六一年

（太平天国辛酉十一年,清咸丰十一年辛酉）

洪仁玕四十岁。

二月,洪秀全命令,各官本章一律交正掌率章王林绍璋盖幼东王印后,才能上达。以前规定盖干王印,至此免盖。但命令洪仁玕仍总理朝纲。

一八六一年二月五日,幼主诏旨："爷爹爹朕坐天堂,单准东印盖本章,自今免盖玕叔印,恐人起议踵东王,爷排东王乃薨世,免盖各印理事张。""朕今诏明：自今内外本章免盖玕叔金印及一概金印，单准盖幼东印，恪遵上帝乃龛世人圣旨。""内外本章自长次伯以下，俱交正掌。""又前诏正掌居天将之下，今璋叔兼正掌，其正掌职同章也。""至玕叔总理，仍如前也。"

三月至九月间，洪仁玕奉命出师，先到安徽、浙江催兵，旋与陈玉成，杨辅清等协力救援安庆，在安庆失陷前夜，洪仁玕奉命返回天京，处理外交事务。

《洪仁玕自述》："辛酉年，出师徽、浙，催兵解安省之困。四月交兵数万与英王，统往黄州、德安一路；因与忠王会剿失约，章王在桐城败绩，遂致安省不能保，而北岸陆续失陷。"当时，"英王如议进取蕲黄，忠王由吉安府绕取兴郭〔国〕州等县，殊忠王惮于水势稍涨，即撤兵下取浙江。英王因忠王既撤，亦急于解救安省，遂失前议大局之计"。

曾国藩《复李希庵中丞》："顷闻英、辅、璋〔章〕、玕〔干〕四伪王援贼大动，分犯太湖、霍山两路。"又《复胡宫保》："狗逆〔指英王〕纠合璋、玕、辅、黄及捻党十余万众，分为两路，围攻太湖，冀抄桐城多军之后，再扑安庆围师之背。"

富礼赐《天京游记》："〔干王〕乃因得报告有些番鬼佬向天朝提出无礼的要求，所以从前线赶回来。"〔是时，英国海军司令何伯将到天京与太平天国谈判。〕

是年，洪仁玕在行军途中，授意部下编次了《英杰归真》《军次实录》等书，用以教育军民。

是年，洪仁玕从英国副领事富礼赐来信中，得知清咸丰皇帝病死的消息，作《诛妖檄文》，再次号召在清朝反动统治下的军民"弃暗投明"。

与幼赞王蒙时雍,忠诚二天将李春发颁《戒浮文巧言谕》。

与陈玉成、蒙得恩等奏准颁行革新太平天国考试制度的重要文献——《士阶条例》。

冬,因安庆失陷,天王一度革洪仁玕职。

《洪仁玕自述》:"因与忠王会剿失约,章王在桐城败绩,遂致安省不能保,而北岸陆续失陷。予因众军将机错用,日夜忧愤,致被革。"

王韬《瓮牖余谈》:"是年〔咸丰十一年〕冬,安庆卒为官军所复,洪逆〔天王〕追咎干贼援兵不力,劳师无功,贬其伪王位。""后仍还其旧封。"

一八六二年

（太平天国壬戌十二年,清同治元年壬戌）

洪仁玕四十一岁。

一月,罗孝全逃出天京,搭英国兵舰去香港,并发表声明恶毒攻击洪仁玕。

《洪仁玕自述》:"一八六一至六二之上半年,我掌处理外交之事……当我在位时,我得一洋人为助,遇有交涉事即请其任我之翻译,此人居于吾府,受我款待多时,但一日因些少误会即便不告而别,逃出城外,无论如何不能挽留之。"

是年下半年起,洪仁玕奉命将外交事务移交章王林绍璋办理。

《洪仁玕自述》:"在一八六一至六二之上半年,我掌理外交之事,直至有某事发生令天王不悦,乃令我移交章王掌管之。"

是年,洪仁玕颁行《敬避字样》,通令京都内外大小官员及各书士等遵守。

一八六三年

（太平天国癸开十三年，清同治二年癸亥）

洪仁玕四十二岁。

天王预留遗嘱，令洪仁玕辅佐幼天王。旋又令其往丹阳、常州一带催兵，救援天京。

十二月，苏州陷落。

《洪仁玕自述》："殊我主于癸亥年恩锡顾命，嘱扶我幼天王，予于此时三呼万岁后，不胜惶恐流涕，恐负圣命遗托。于去岁〔指癸开十三年〕十一月奉旨催兵解围，身历丹阳、常州、湖州，殊各路天兵惮于无粮，多不应命。"

一八六四年

（太平天国甲子十四年，清同治三年甲子）

洪仁玕四十三岁。

三月，中外反革命攻陷杭州。四月又攻陷常州。洪仁玕退往湖州。

《洪仁玕自述》："敌人买通洋鬼，攻破苏、杭、丹、常等郡县，京粮益缺，而京困益无所恃。"

《自述别录之三》（《同治三年九月二十七日南昌知府提讯记录》）："去年十一月，小的往丹阳、常州催兵，救援南京，把家小留在南京。嗣因丹阳、常州难守，改到湖州府。"

六月一日，洪秀全故去。七月十九日，天京被攻陷。幼天王洪天贵福突围走广德，洪仁玕从湖州往广德，与堵王黄文金等，迎幼天王到湖州,会商"复国"大事,决定向江西进军。

《洪仁玕自述》:"至今年四月十九〔天历〕,我主老天王卧病二旬升天,京内人心望援不至,本欲弃城,而李鸿章〔应作曾国荃〕揣知其意,于六月轰开京垣而入。我幼天王与大臣忠王等万有余人出京,一路平安到广德州,君臣大会,喜悲交集。"

《幼天王亲笔自述》:"忠王到芳山被擒了。尊王〔刘庆汉〕带我从淳化镇到广德,总是养王吉庆元带路,他欲带我去建平,我知是错路,又到广德,昭王〔黄文英〕在四安,是日即上来见我。后几天,干王、恤王〔洪仁政〕从湖州来见我。"

沈葆桢于同治三年十月初三日,奏报清政府:"臣诘洪仁玕以由浙入江,意将何往?据供定议从抚、建合康(汪海洋)、侍等逆出湖北,会石达开、陈玉成余党,踞荆襄,以窥长安,不料汪海洋、李世贤业经官军剿遁,是以寻踪西行等语。"〔《沈文肃公政书》卷三《席军生擒首逆折》〕

太平军在湖州,以幼天王名义,重新部署了军队组织,休整了近一个月。洪仁玕任军师,尊王刘庆汉副之,主持军事。

沈葆桢于同治三年十月初三日奏:"续据席宝田禀称,九月十三日在高田获伪尊王刘庆汉,盖与林凤翔(一作"祥")、李开防(方)扰乱直隶、河南、山东等处漏网巨凶也。幼逆遁湖州,以洪仁玕为正军师,该逆副之。"〔同上〕

八月,洪仁玕等护卫幼天王出湖州,进军江西,堵王黄文金死于途中。十月九日深夜,洪仁玕保护幼主驻军江西省石城县的高田深山中,被席宝田部清军袭击,兵败。洪仁玕与昭王黄文英同被俘。十月二十五日,幼天王在瑞金也被团勇查获,解到石城敌人军营。

《洪仁玕自述》："又予因前承诏旨顾命，自宜力扶幼天王。叹予在石城，隶也实不力，黑夜惊营，君臣失散，此诚予之大罪也。"

沈葆桢于同治三年九月二十五日〔一八六四年十月二十五日〕奏："兹据席宝田禀称，湖逆〔湖州进入江西的太平军〕由陈坊分股，黄文英率六七千人由光泽，洪仁玕挟幼逆率五四千人向泸溪，九月初四日会于新城，向横村而遁。初五日，席宝田驰抵新城……贼昼夜不停趾，所至一餐即行。我军亦舍辎重轻装而进，昼夜紧追。初九日辰刻，及之于广昌之唐坊，贼列队死拒……席宝田至，传餐毕，令众将曰：不擒幼逆，毋得收队，疾驰三十余里，入夜及之于杨家牌。村落绵亘，贼倦甚，蚁聚为炊，烟火相望。……纵兵鏖击，贼惊惶失措，悍党数千，拥幼逆遁踞古岭，危崖壁立，界广昌、石城之交，上下二十余里，贼凭险坚拒，漏四下……我军乘之急，贼呼曰：'必死矣，盍决战？'我军少阻，席宝田斩退者以徇，弁勇争奋，贼尸填山腰：自相践踏而遁，至岭下，喘不能行。席宝田挥大队逼之。伪酋自知其万无生理也，挥死党四散，逾山越涧而逸，不令成队，使我军莫知所追。席宝田令各营分队搜剿，自率轻骑疾进，生擒洪秀全之弟伪干王洪仁玕、黄文金之弟伪昭王黄文英……十二日……石城县曾继勋亦督乡团搜获洪秀全之兄伪恤王洪仁政，即前与韦志俊据湖北省城之洪国宗也。"〔《沈文肃公政书》卷三《席军剪除湖逆搜获伪酋折》〕

《自述别录之一》："出湖州时有十二三万人，到石城时不过万人，广老二三千人，三江两湖的七八千，都打零星四散了。我服侍小天王寸步不离，我被擒后，不知何处去了。"〔关于幼天王的被俘经过，见其本人《自述》。他被瑞金团勇查获，见张宿煌：《备志纪年》。沈葆桢奏称，洪天贵福被席宝田部"湘军"追获。此乃

反动派内部"抢功"的惯伎,不确。〕

洪仁玕被俘后,自述追随洪秀全革命的经过,忠贞不屈。

《洪仁玕自述》:"故赵宋文天祥败放五坡岭,为张宏范所擒,传车送穷(北)者,亦只知人臣之分当如此,非不知人之难与天抗也。予每读其史传及《正气歌》,未尝不三叹流涕也!今予亦只法文丞相〔而〕已。"

《自述别录之一》:"我鞠躬尽瘁,只求速死。"

沈葆桢于同治三年十月十三日奏:"兹据席宝田将伪干王洪仁玕、伪恤王洪仁政、伪昭王黄文英派员解省,并在营讯取各供录送前来。臣发交南昌府许本塘复讯后,当即亲提隔别研鞫,均各供认不讳,中间情节,复与席宝田、许本塘所呈供单大概相同,亦时有互异。""洪仁玕则老奸巨猾,真群凶渠魁也。洪秀全谋叛之萌,该逆实怂恿之。己未而后,伪政归其掌握,流毒江浙,几无孑遗。虽核其所言,一味夸张悖诞,而贼中事迹,则颠末甚详。""洪仁玕亲笔供单同所作诗句并签驳李秀成口供原本咨送军机处备核。"〔《沈文肃公政书》卷三《讯明逆酋供情折》〕

十一月二十三日〔同治三年十月二十五日〕,洪仁玕就义于南昌。

沈葆桢于同治三年十月二十七日奏:"遵即委令按察使文辉会同署抚标中军参将荣翰于十月二十五日将洪仁玕、洪仁政、黄文英绑赴市曹,凌迟处死。"〔《沈文肃公政书》卷三《洪仁玕等三犯就地凌迟处死片》〕

洪仁玕和张姓女子结婚,生了三子:葵元、兰元、芝元。

《自述别录之三》:"娶妻张氏,生有三子:长子桂〔葵〕元,年十四;次子兰元,年九岁;三子芝元,去年生的。"

附：洪仁玕事迹新证

最近上海人民出版社出版的《清代日记汇抄》发表了王韬《衡华馆日记》的片断。江苏人民出版社出版的《吴煦档案》第一辑发表了王瀚给吴煦的信多通。王瀚即王韬。这两批新出的王韬著作，都提供了有关洪仁玕在苏州与西方侵略者谈判的新史料。

《衡华馆日记》：

> 咸丰十年六月"十有三日，乙亥，艾君以伪干王洪仁玕有书来招，拟复至吴门，坚邀予去。予固辞不往，托词以辞之"。

《王瀚上吴煦禀》：

> 昨晤西士罄谈，深悉颠末。初美利坚教士华君携归伪忠王李贼致三国公使书，置之不论。继西商又携归致三国领事书，恳请撤兵，仍不报。今西士继去，伪干王洪仁玕与之言。仁玕，广东人，素在香港与各西人皆款洽，熟稔西国情形。据云，贼陷苏州之后，即欲长驱至此。伪干王力阻李贼，以为沪地系西人通商大局所关，必得彼此筹商，待其允而后去，洋泾浜一带，决不稍碍，则西人必喜，讵料两致贼书，皆置不理。

　　按，日记中的艾君，英人艾约瑟，即禀牍中的西士。他是英国伦敦布道会派驻上海的牧师。1850 年，洪仁玕从香港到上海，拟转往天京未遂，四个月后又返回香港。洪仁玕在上海期间，认识了艾约瑟。1860 年 7 月 21 日洪仁玕写给艾约瑟的信有"缘予前在尚海，得与众先生交游酬应，朝夕聚晤，辩论真理，渥承教益，茅塞顿开"云云。洪仁玕向洪秀全上《资政新篇》，在介绍英国时也说："现有理雅各、湛孖士、米士威大人、俾士、合信、觉士、滨先生、慕维廉、艾约瑟、韦律众先生与小弟相善也。""美利坚教士华君"，当是《资政新篇》中提到的花兰芷，太平天国讳"华"以"花"代。他从苏州带至上海的《忠王李致英美法公使书》，见《吴煦档案中的太平天国史料选辑》。信中警告西方侵略者"勿徇一时乞救之妖情，而误终身通商之大事"。最后指出："务祈即撤炮船，收回兵勇，作速发驾来苏，以与我干王聊叙阔悰也。"信尾署"太平天国庚申十年五月三十一日"，即 1860 年 7 月 10 日。据《京畿统管李春发为报干王洪仁玕来苏省事上忠王李秀成禀》，洪仁玕是与天历五月二十七日由京起程的。"刻下干王业已奏蒙真圣主旨准，下游前来苏省，与殿下面晤，和教洋人。"可证当李秀成发三国公使书时，洪仁玕已往苏州，等待西方外交官前来谈判。此信不得答复。《王瀚上吴煦禀》又说："继西商又携归致三国领事书，恳请撤兵，仍不报。"这事也已弄清。据郭廷以《太平天国史事日志》提供的资料，当时在上海的美国领事馆有个翻译名叫 Jenkins 的，为交涉商务事，曾以商人身份前往苏州，洪仁玕托他带信邀艾约瑟到苏，另有信致英法美领事。洪仁玕给艾约瑟的信尾署"太平天国庚申十年六月十一日"，即 1860 年 7 月 21 日。郭廷以把时间弄错了，以为洪仁玕函邀艾约瑟是 1860 年 6 月间事，当是因艾约瑟曾于其时为刺探太平军动静到过苏州而发生的误会。《衡华馆日记》说得很明白，艾约瑟接洪仁玕信，"拟复至吴门"，可见已经是第二次到苏州了。据吟唎《太平天国革命亲历记》，艾约瑟于 1860 年 8 月 2 日带着一批西方传教士到苏州，当日就会见了干王洪仁玕。第二天又会晤了一次。这次艾约瑟等看见一位外国商人在候见干王，"而干王则显得很激愤的样子。后来我们才知道，那时干王已经知道他送往上海各国领事馆的信件，领事们并没有启封拆看，而英法的军队正防守着上海。干王说：'这种行为，首先，是对我个人的一种侮辱。其次，在太平天国与满清交战之际，外国人直接违反了中立的态度。'"至于艾约瑟等与洪仁玕的问答语三十条，具载于 1860 年 8 月 21 日《北华捷报》第五二四号，其中提供了不少太平天国后期的重要情况，可惜未涉及对外政策。但新出的王韬书信却对这方面做了珍贵的补充。

　　1860 年苏州谈判未遂，这是太平天国外交史上一大事件，洪仁玕代表太平天国谋求与西方侵略者避免发生大规模军事冲突的愿望终成泡影。几年以后，太平天国失败，洪仁玕牺牲，在成仁前夕，他总结历史的经验："我朝祸害之源，即洋人助妖之事。"中国人民应当永远记取这一惨痛的教训。

　　　　　　　　　　　　（原载《历史知识》1983 年第 5 期）

祁龙威文集·专著(附：史料搜集整理)

太平天国史学导论

《太平天国史学导论》序

　　祁龙威教授是我国研究太平天国史的著名学者之一。近四十年来,祁先生致力于太平天国文献学和太平天国史学史的研究,先后撰成论文百余篇,蜚声海内外。本书即其选集。祁先生的治学特点有三:其一,努力运用马克思主义理论指导太平天国史研究。作为中华人民共和国成立后成长的太平天国史专家,祁先生经历了从学习马列主义理论到比较娴熟地运用马列主义过程,其近年发表的《马克思主义与太平天国史学》等文,反映了祁氏坚持在马列主义、毛泽东思想指引下研究太平天国史。其二,博览史料,精心考证。祁先生早年就学于国学巨子金松岑,受乾嘉学派影响,对经学、小学的训练有一定功底,为他考证太平天国史料,提供了条件。曾写了一系列考据文章,为太平天国史研究作了重要的贡献。其三,善于培养青年学者队伍。近40年来,祁龙威先生在专攻太平天国的同时,还辛勤地培养了一批批青年学者,他们之中,有原是研究生,也有在职高校教师,还有普通的工人和农民。经过祁氏的辛勤培养,现在有的已成为国内研究太平天国史的一代新人。

　　收集于本书的《太平天国史学简史》,是祁龙威先生四十年来研究太平天国史的结晶。该文用马克思主义观点,系统地分析了近百年来太平天国史研究的过程,科学地总结了太平天国史研究中的经验教训,实为后人学习和研究太平天国史的向导,也是本书的开卷之作。收集在本书里的,还有从祁先生自 1982 年以来所指导的 7 位硕士研究生学位论文里节选的一部分,他们分别从太平天国的政区地理、天历、官制、服饰和刑法等方面开展了对太平天国文化史的研究,发表了一些新的见解。笔者即其中作者之一。因此,完全可以说,这部书是祁先生培养研究生的结晶,也是祁氏和他的学生们共同劳动的成果。

笔者自 70 年代初即就业于祁先生门下,作为学生,谨志其学术渊源及治学风格大略,供海内外同好参考,并请指正。

周新国

一九八九年十月

太平天国史学简史（一）[1]

一

太平天国曾自编起义初期史。李秀成被俘后向曾国藩"供"："自我主应立开塞（基）之情节，衣（依）天王《诏书》明教传下，将其出身起义之由（《诏书》因京城失破，未及带随），可记在心之大略，写呈老中堂玉鉴。"罗尔纲注："《诏书》是太平天国政府修撰的起义建国史，见汪士铎《乙丙日记》、谢炳《金陵癸甲纪事略》、张汝南《金陵省难纪略》记载。"此书现尚未发现。但是太平天国留下了其他大量文献资料，包括印书、文书和文物。这些都是我们研究太平天国史的重要根据。

清政府曾多方刺探太平天国情状。其中最有史料价值的是张德坚《贼情汇纂》。此书罗列太平天国前期的人物和制度比较详细，可惜迄咸丰五年止。从此，没有人完成它的续编。

外国人也写太平天国史。其中影响最大的是瑞典人韩山文据洪仁玕所提供的材料，而用英文写成的《洪秀全之异梦及广西乱事之始原》，1854 年出版于香港。上海有家英文周报《北华捷报》创刊于 1950 年 8 月，披露太平天国史事甚多。

---

[1] 本文集编者按，《浙江学刊》1986 年第 3 期发表此文，题为《太平天国史学史简论》，此文被《新华文摘》1986 年第 9 期全文收录。

　　这次农民运动最终失败了,它后期的军队统帅李秀成于被俘后,在囚笼中写下了对太平天国的长篇回忆,旋经曾国藩于安庆梓板刊行,即世所传"九如堂本"《李秀成供》。王韬《瓮牖余谈》高度评价它的史料价值:"近得忠酋亲供,再证之以西人日报,参之以洪逆刊行之伪书,庶几贼无遁情矣。"

　　但是,厄于清政府的淫威,太平天国大批文献被毁灭。对西人书报,尚无人翻译。至于曾刻《李秀成供》,则是经过曾国藩删改的,并非原稿。即使是出之于地主文人之手的《贼情汇纂》,当时也无刊本流传。至于由清政府组织人员编撰刊行的,则是炫耀它镇压农民起义"武功"的"方略"。《翁同龢日记》:光绪二年二月二十七日,"颁赐《平定粤捻方略》七十四函,王大臣至各部侍郎止,由军机给执照赴总理衙门领书,用洋人活字印行也。"其中《钦定剿平粤匪方略》四百二十册,即四十二函,刊行于1872年,由恭亲王奕䜣的亲信朱学勤主持编纂,将诏谕章奏汇辑成书。始于1850年6月"金田团营",迄1866年4月太平军覆灭于嘉应州。曾充曾国藩幕僚的杜文澜,承湖广总督官文之命,于1865年撰成《平定粤匪纪略》18卷,始1850年"金田团营",迄于1864年幼主在江西被擒,附《贼名记》等4卷。后经修订,更名《平定粤寇纪略》。此书虽属私著,但作者自言全据官方文报、"不敢有所增益"。其实,仍是对诏谕章奏的剪辑而已。另外有些私著行世,如王闿运《湘军志》、王定安《湘军记》,虽因个人恩怨而对曾国藩、曾国荃等人物评价有分歧,但作为诔颂"皇清武功"的宣传品则并无异致。

　　辛亥革命前后是研究太平天国史的解禁时期。

　　辛亥革命前夕,革命党人给太平天国重新评价,借助编写太平天国的斗争史,为推翻清政府制造舆论。刘成禺《太平天国战史》、黄世仲《洪秀全演义》等书,先后在日本、中国香港等处秘密出版。作者鼓动反清的观点是鲜明的。正如章炳麟《洪秀全演义序》所说:"洪王朽矣,亦思复有洪王作也。"但是诸书都限于资料,所记史事讹漏实多。

辛亥革命之后,太平天国史已不再成为禁区,于是学者竞相撰述。罗惇曧撰《太平天国战纪》实取材于坊本《李秀成供》及《平定粤寇纪略》等书,而伪托其史料得自韦昌辉嫡子韦以成所撰《天国志》。其人其书,都属子虚。罗氏将所著辑入《满清野史》第一种,于1913年出版。其后十年,1923年,上海文明书局出版凌善清《太平天国野史》。其书有本纪、志、传及载余,铺叙天朝史事,初具规模。凌氏自言其主要史料,来自抄本《洪杨纪事》,乃"彼中人纪彼中事",又伪托"彼中人"即王韬,以夸炫其资料价值之高。其实,所谓《洪杨纪事》,乃系《贼情汇纂》之易名。正因为这样,所以罗、凌二氏之书虽同伪托史料来源,而《野史》翔实,远胜《战纪》。

20世纪的20年代后叶到40年代初叶,是研究太平天国史的资料积累时期。

从20世纪20年代起,国人始注意搜集翻印太平天国文献。但经清政府的禁锢与销毁,在国内不易得,学术界只能求之海外。凌善清从日本稻叶岩吉所著《清朝全史》抄得太平天国"旨准颁行诏书"之一《三字经》,刊入《太平天国野史》,由是国内始传"《野史》本《三字经》"。其底本实藏于伦敦不列颠博物馆(简称"英馆")。其时国人尚不知英馆有大量太平天国文献。1925年日本汉学家内藤湖南撰《大英博物馆所藏太平天国史料》一文,发表于日本《史林杂志》。这才引起我国少数学者的注意。翌年，刘复印行《太平天国有趣文件十六种》，即系录自英馆者。其中有"旨准颁行诏书总目"，从此国人始知太平天国"旨准颁行诏书"29部。但刘书所录仅《太平条规》1部。至于从国外大量移录太平天国印书的，则自程演生始。程氏于1926年编辑出版《太平天国史料》第一集，共辑录太平天国印书8部，其底本都藏于法国巴黎东方语言学校图书馆。同时，俞大维从德国柏林普鲁士国立图书馆摄得太平天国印书9部。稍后，萧一山往英伦不列颠博物馆摄抄的太平天国印书22部，连同国内发现的《英杰归真》，合编为《太平天国丛书第一集》，于1936年刊行。再后，王重民从英国剑桥大学图书馆辑录的太平天国印书10部，皆程、俞、萧三氏所未见者。与搜集印书的同时，诸氏从国外获得大量太平天国文书。其中编辑成书出版的有萧一山的《太平天国书翰》和《太平天国诏谕》。萧氏又编成《太平天国丛书第二集》，其中也辑录一批太平天国文书。由于中日战争爆发，此集未能付印。但其序目都见于萧氏所著《非宇馆文存》。

从20世纪30年代起，学术界有人努力从英文书刊中翻译太平天国史料。1935年，燕京大学图书馆出版简又文所译的瑞典人韩山文著《洪秀全之异梦及广西乱事之始原》，改名《太平天国起义记》。次年，简氏又在上海商务印书馆出版《太平天国杂记》第一辑，其中除辑入《太平天国起义记》外，还有简氏的其他译作数篇，如美国晏玛太（M.T.Yates）的《太平军纪事》、英国富礼赐（R.J.Forrest）的《天京游记》等。1935年，简又文在上海从《北华捷报》抄录太平天国史料。1936年简氏创办《逸经》半月刊，特辟"太平文献"一门，其中即有选译的《北华捷报》多篇。

在 30 年代,翻刻清方内部记载的工作也开始了。1932 年,南京国学图书馆石印《贼情汇纂》,即有名的"盋山精舍本"。学术界也注意到故宫档案的史料价值。北平大学谢兴尧,专攻太平天国史,他在故宫搜集资料,从事考证注释,所著《太平天国史事论丛》,于 1935 年由商务印书馆出版。

有的学者还进行实地调查。1942、1943 年间简又文在广西采访太平军首义史料,后将其成果交商务印书馆出版,取名《金田之游及其他》。其中包括文献、文物及传说。这书又称作《太平天国杂记》第二辑。以后学术界虽然曾多次在紫荆山区调查,但不过是对该书做某些补充而已。

40 年代后半叶起,到中华人民共和国成立止,研究太平天国史的专著陆续产生。两种观点,即马克思主义与反马克思主义,两种方法论之争,也激烈地出现了。这一时期可以说是太平天国史学的幼年时期。

这一时期,值得大书特书的是,马列主义、毛泽东思想逐步成为研究太平天国史的指导思想,由是产生了真正的太平天国史学。这事还必须从 30 年代说起。

1935 年 12 月,毛泽东同志发表《论反对日本帝国主义的策略》,指出太平天国战争是义战。1939 年 5 月,毛泽东同志发表《五四运动》《青年运动的方向》,把太平天国列入中国资产阶级民主革命的过程。1939 年 12 月,毛泽东同志发表《中国革命和中国共产党》,明确太平天国战争是农民战争。1944 年 11 月 21 日,毛泽东同志《致郭沫若》的信中,希望郭能写一篇太平军的经验,供中国革命借鉴。毛泽东同志的这些重要言论,奠定了研究太平天国史的理论基础。其一,明确了太平天国的历史地位,它既是旧式的农民战争，又揭开了旧民主主义革命的序幕。其二，指明了研究太平天国史必须为现实服务的正确方向。在马列主义、毛泽东思想的指引下，党内外的一些先进的历史学家，开始用崭新的观点，研究太平天国史。

1944年，江西赣县中华正气出版社出版朱谦之教授的《太平天国革命文化史》。该书首先评述当时对太平天国史研究的状况。朱氏认为当时存在两大派：一派注重史料之考订整理；另一派则注重对史料的解释，注重理论。朱氏说得对，他强调在史料之搜集和整理以外，更应注重对史料的解释。朱氏就对太平天国革命性质这个重大问题上，批判了当时受苏联托派观点影响的几种小册子所宣传的错误论点。他们都误认为这时中国的资本主义已经发展起来，太平天国是一次资产阶级性的农民运动。其实这是不合事实的。朱谦之正确地指出，太平天国还是一次旧式的反封建的农民革命。同时，他分析太平天国的历史背景，在大量引述马克思之言以后说，"由上所述，太平天国革命之经济的、政治的、文化的诸原因，实际仍是归结于帝国主义经济侵略所发生之国民生计问题之总原因。"由此可见，朱氏又认为太平天国革命乃是对西方列强侵略的反抗。毫无疑问，朱谦之的这些难能可贵的学术论断，都是符合马克思主义的。但是，朱氏把太平天国所幻想的"平均共产主义"说成是中国"共产革命"的萌芽，却是完全错误的。小农的绝对平均主义，不是共产主义，这是已经被历史证明了的真理。朱谦之的失误，正反映出当时学术界对马克思主义理论的接受与运用，还在起步阶段，太平天国史学还处于幼年时期。

与朱氏著书立说的同时，简又文的《太平军广西首义史》也在"大后方"由商务印书馆出版了。此书系简氏计划中《太平天国全史》的前七章,其第一章即《太平天国全史》导言。在这篇文章里,简氏公开申明马克思主义阶级斗争的学说不适用于中国。他主张用"客观主义"研究太平天国史,由是得出"革命战争破坏论",甚至谓其"破坏性"与"毁灭力"之大,仅亚于当时的日寇侵华。按简又文在主编《逸经》半月刊时,曾肯定太平天国运动是反封建反侵略的农民战争。但到了写《太平天国全史》导言时,却故态复还,只承认太平天国运动是汉族"反满"斗争,极力否认它是农民反封建战争。所有这些,都只能从当时简氏所处的政治背景和所受的思想影响得到解释。

在三四十年代,郭廷以教授撰成了研究太平天国史的工具书——《太平天国史事日志》。此书始嘉庆元年(1796),迄同治七年(1868),按日编次全国发生的重大事件。太平天国起义之后,郭氏以阴阳历与天历相对照,便于读者查阅太平天国战争的起伏。间有考证,分辨异同。所附图表及引用书目,也有参考价值。郭氏用力十余年,征引中西书籍600余种,始能撰成此书,1946年由商务印书馆出版。他为以后简又文撰成《太平天国全史》,向达等编纂《太平天国》(《中国近代史资料丛刊》)等等,提供了重要条件与线索。

二

1949年中华人民共和国成立后,一直至1966年开始的"十年动乱"之前,是太平天国史学的蓬勃发展时期。

1951年1月11日,是太平天国起义的100周年。为隆重纪念这个日子,史学界在事前就做好了准备。北京大学文科研究所、北京图书馆合编主要由向达和王重民所提供的从英国抄录的《太平天国史料》,1950年由开明书店出版。内容共四个部分:一、太平天国官书;二、太平天国文书;三、清方文书;四、中外记载(包括伦敦布道会在香港所办杂志《遐迩贯珍》等)。同年,王重民所编《太平天国官书十种》,影印入《广东丛书》第三集。1950年11月,三联书店出版华北大学编写的《太平天国革命运动论文集》,其中包括范文澜同志写的《金田起义一百周年纪念》等文章。

1951年1月,上海、南京、扬州等地举行纪念展览会,展出文物和史料,其中一大批都是新发现的。

特别重要的是,《人民日报》在1月11日发表社论,纪念太平天国起义100周年。社论充分肯定这次农民运动反封建反侵略的伟大历史意义,歌颂太平天国爱国主义的英雄业绩,并分析其失败的原因,乃是由于"内讧"和外国干涉。社论根据唯物史观的基本原理,指出小农的绝对平均主义方案,虽然反映了他们反封建的土地要求,但由于违反了生产力发展的历史规律,所以实质上带有反动性。这些论断,不仅阐明了研究太平天国史的马克思主义的理论体系,而且为我们建设社会主义和保卫社会主义提供了历史经验。在社论的推动下,大批歌颂太平天国反封建反侵略以及揭露外国干涉的论文,相继发表了。

当时,中国史学会倡议编辑《中国近代史资料丛刊》。其第二种《太平天国》由向达教授等主编,以郭廷以所提供的书目为主要范围,择要辑录,分太平天国史料、清方记载、外人记载、专载(《向荣奏稿》《乌兰泰函牍》等)四部分。对不同的版本,作了细密的校勘。这书为太平天国史研究提供了最基本的资料,1952年7月由神州国光社出版。

与此同时，学术界开始系统辑录太平天国文物。1952年，上海出版公司影印上海市纪念太平天国起义百周年展览会编成的《太平天国革命文物图录》。1953年，又影印郭若愚编的《太平天国文物图录续编》。1955年，上海群联出版社影印郭若愚编的《太平天国文物图录补编》。这三巨册为我们研究太平天国提供了大量文物资料。

学术界继续翻译英文书报中的有关太平天国史料。1954年，神州国光社出版王崇武、黎世清编译的《太平天国史料译丛》第一辑。这书提供了《戈登在中国》等有关外国干涉的重要资料。

1951年1月，开明书店出版罗尔纲的名著《忠王李秀成自传原稿笺证》，一时在国内外产生巨大影响。所谓《李秀成亲供》原稿，一直被曾国藩及其后人收藏，久成学术界之谜。1944年暮春，广西通志馆的秘书吕集义在湘乡的"曾富厚堂"，喜出望外地看到了这个举世瞩目的重要秘本。他穷两日之力，用随身带去的北京大学影印九如堂本，据以对勘，补抄了五千六百十多字，并拍摄照片15帧，带回广西。罗氏当时也在广西通志馆工作，见到了吕氏的抄本及照片4帧，即据以作注，并取名《原稿》出版。于是人们断言，《李秀成供原稿》既经罗氏公布，以前流传的多种版本便可作废。于是开明书店于同年5月再版此书。《太平天国》据以辑入"诸王自述"。1954年，又由中华书局发行第3版。其实，罗笺本距真正原稿还很远。1954年，由曾在广西通志馆工作的梁岵庐公布了吕集义所摄回的15帧照片，取名《忠王李秀成自传真迹》，由上海出版公司出版。于是罗氏又调整了底本，并补充了注释，1957年，由中华书局出版《忠王李秀成自传原稿笺证》（增订本）。

中华人民共和国成立以后，各地不断发现有关太平天国的新史料。最重要的一次，是1953年在杭州发现吴煦档案。档案数万件，富有史料价值。《近代史资料》1955年第3期发表《新发现的太平天国史料选辑》，即是从中拣出来的十几件。

这时期，张秀民、王会庵合编的《太平天国资料目录》，可以说是中华人民共和国成立前后太平天国史学发展的缩影。它成书于1955年，1957年5月由上海人民出版社出版。对太平天国资料目录的编纂，在分类和范围等方面，比郭廷以《太平天国史事日志·引用书目》迈进了一大步。

50年代后叶，学术界对太平天国性质问题展开了讨论。一种意见认为，太平天国是一次旧式的单纯农民运动。另一种意见强调"市民阶级"在运动中所起的作用，认为它是"资产阶级性的农民革命"。后一种意见针对《人民日报》1951年1月11日社论的观点，提出不同的见解，其实质是把中国资本主义的发展提前了。这一讨论涉及《天朝田亩制度》的性质与实施问题以及《资政新篇》是否是太平天国后期纲领问题，等等。1961年，由三联书店出版《太平天国革命性质问题讨论集》。

与此同时，学术界又讨论了吕集义从曾国藩后人那里见到的《李秀成供》是否真迹的问题。还在抗战之前，人们已从曾国藩的幕僚庞际云所遗《李秀成答词手卷》六纸，即现称《李秀成自述别录》上，看到李秀成的亲笔手书共28字："胡以晄即是豫王，前是护国侯，后是豫王。秦日昌即是秦日纲，是为燕王。"罗尔纲氏即据此与吕集义摄回的照片核对，断定吕氏在湘乡所见者确是李秀成手笔。1956年，《华东师大学报》第4期发表年子敏《评罗著〈忠王李秀成自传原稿笺证〉》一文，从内容考察与笔迹鉴定两方面，认为李秀成不应向曾国藩乞降；而《自传原稿》和《别录》经法医检验,都与故宫所藏《忠王致李昭寿谆谕》不类。在年子敏看来,后一件是真迹,而前两件都是伪造的。于是罗尔纲氏发表《忠王李秀成自传的真伪问题和史料问题》等文章进行答辩。罗氏认为,三件都是李秀成的手稿,但不是在同一环境下书写的,所以笔迹似乎不一样。鉴定湘乡《李秀成供》的前提是确认庞际云所遗《李秀成答词手卷》中李秀成所写的 28 字是真迹。罗氏反问道:如果此件是假,那么鉴定《李秀成致李昭寿谆谕》是真迹的依据又是什么呢? 可见年子敏的逻辑是不能成立的。关于《李秀成供》真伪问题的争论,主要是由它的内容所引起的。人们看到其中有向敌人乞降语,总认为这不该是李秀成的手笔。对此,罗尔纲氏也未能作出实事求是的答复。他设想的"伪降"说也是不能成立的。

中华人民共和国成立初期,学术界研究太平天国史存在"以今例古"的偏向。有些作者把在共产党领导下农民翻身的现实生活,去套百年前的太平天国。有人甚至造作当时农民颂赞李秀成的歌谣,说什么:"青竹竿,白竹台,欢迎忠王到苏州来,杀脱张、和两强盗,我伲农民好把头抬。"这首歌词显然不是当时的。试问在一百多年前,农民怎能唱出阶级阵线这样分明的歌词呢? 但是,有的作者却把它引进著作和教科书。为了"美化"太平天国,一些论著都征引常熟的《报恩牌坊碑序》,如"禾苗布帛,均出以时;士农工商,各安其业。平租佣之额赋,准课税之重轻。春树万家,喧起鱼盐之市;夜灯几点,摇来虾菜之船。信民物之殷阜,皆恩德之栽培云云"。不少作者都用以比拟中华人民共和国成立后广大农民安居乐业的美好情景。但随着大量新史料特别是龚又村《自怡日记》等的出现,使人们发觉,当时的常熟,是控制在以钱桂仁为首的一群隐蔽的叛徒之手,他们同农村中盘踞的地主团练相勾结，私通清政府，对农民横征暴敛，策划叛变。他们为李秀成竖立"报恩牌坊碑"，不过是为了掩盖其密谋。序文典丽的内容，不过是一幅虚构的假象，绝不是历史的真相。1957 年 5 月 23 日《光明日报》"史学"版发表了祁龙威的文章《从〈报恩牌坊碑序〉问题略论当前研究太平天国史工作中的偏向》，批评了某些主观主义论点。祁文在实质上提出了一个理论问题，即必须承认后期太平军内部及其治下地区，存在着严重的阶级斗争。学术界一接受这个观点，太平天国后期的真相就不再被这种假象所蒙蔽了。

在这时期，罗尔纲氏和南京太平天国历史博物馆的同志一起，极其辛勤地对太平天国史料进行搜集、辨伪和编纂。功绩之巨，是前所未有的。

罗尔纲找到了搜集太平天国史料的方法：其一，对某一地区进行实地采访；其二，对大图书馆摸底；其三，广泛征集。通过这三条途径，南京太平天国历史博物馆积累了一千二百万字资料。由此产生了一千万字的《太平天国史料丛编》。

太平天国史料极为丰富，但伪造的也不少。1950 年，上海商务印书馆出版了罗尔纲的《太平天国史辨伪集》，全书二辑，其中第 2 辑即"史料辨伪"。1955 年，又由三联书店改版它的增订本，包括《〈江南春梦庵笔记〉考伪》等八篇。罗氏的这些论文，不仅揭露了一批伪书，而且提供了对史料"辨伪"的经验。

在大量搜集和认真辨伪的基础上，罗尔纲编辑出版了《太平天国印书》《太平天国史料丛编简辑》两种大部头资料。《太平天国印书》于 1961 年由江苏人民出版社影印出版。共辑"印书" 42 种（其中两种是重刻本，实辑 40 种）。这 42 种不仅综合了从伦敦、巴黎、柏林、剑桥等地移录回来的版本、而且收录了中华人民共和国成立后国内新发现的《敬避字样》《士阶条例》《军次实录》等几种。这是迄今最大的一部太平天国书籍的汇编。《太平天国史料丛编简辑》，是罗尔纲从一千万字的《丛编》中精选出来的一百八十万字。从1961年起由中华书局上海编辑所分6册陆续出版。这书提供了大批封建文人写得未刊和稀见的重要资料。

在50年代末、60年代初，除罗尔纲氏外，荣孟源、邵循正等史学前辈在搜集出版太平天国史料方面也留下了丰功伟绩。例如1959年3月，科学出版社出版荣氏主编的《近代史资料增刊——太平天国资料》，共收录太平天国文献10件，清朝档案和一般记载19篇，大部分都是新发表的。以往，学术界从西欧移录太平天国文献，此书有的底本则是藏在美国。1959年12月，中华书局出版邵氏主编的《近代史料笔记丛刊》中的一种——《漏网喁鱼集》附《海角续编》，也是富有价值的关于太平天国的新史料。

王维周、元化父子翻译的英人吟唎（A.F.Lindley）所著《太平天国——太平天国革命的历史》，取名《太平天国革命亲历记》1961年由中华书局上海编辑所出版。吟唎曾投效李秀成部太平军，归国后撰此书，1866年在伦敦出版。其中自叙在天京等地的见闻大多出于虚构，但辑录英文书刊数十种，却提供了大量有价值的史料。全书约五十万言，民国初年，孟宪承曾节译为《太平天国外纪》，共十二万言，早已绝版。王氏父子照原文重译，使读者能看到这书的全貌。

三

从40年代末起，港台学者对太平天国史的研究，也作出了贡献。兹举数事为例。

1949 年秋，简又文从内地移居香港，从此，他脱离政界，专心著述。先编《太平天国大事年月日表》，继将历年文稿、译作（未刊单行本者）及所抄得之珍贵史料重新汇编为《太平天国中西新史料》（作为《太平天国杂记》第三辑）。同时撰著《太平天国全史》，修改旧稿十一章，续写十八章，共二十九章，历时三年，以编年史的形式，成书一百八十万言。1953 年春，简又文受聘为香港大学东方文化研究院研究员，订定研究计划，以四年半时间撰成《太平天国典制通考》，仿《文献通考》体例，凡二十篇，另绪言一篇，共一百五十万言。1958 年 7 月由简氏猛进书屋出版。嗣是，简氏对《太平天国全史》继续修订，于 1962 年 9 月，由亲友捐资出版。简氏自言："我半生专治太平天国史的纵横研究计划，终于实现了。"这在我国史学史上，算得上是件大事。对于简氏撰写这两部书的"客观主义"的立场、观点和方法以及作出"革命战争破坏社会经济"的论断，我们是不能同意的。但是，对于他以半个世纪的时间在太平天国史编写工作上得出如此巨大的成绩，我们也是从来没有低估过的。

还是中华人民共和国成立之前，萧一山已撰成出版了《清代通史》上、中两巨册。1949 年去台湾后，又续成了下册，由台北商务印书馆出版。其中发表《洪仁玕录供》三件：（一）清同治三年九月二十七日南昌知府许本塘对洪仁玕提讯时的记录；（二）同治三年十月初六日江西巡抚沈葆桢的提讯记录；（三）同治三年十月二十八日许本塘的复讯记录。同书又发表同治三年十月初六日沈葆桢提讯幼主洪天贵福的录供和笔供。所有这些的原件，都藏台北"故宫博物院"，以往从未发表过。1975 年，祁龙威始从萧氏著作转引编次《洪仁玕年表》,辑入《洪仁玕选集》,1978 年由中华书局出版。从此,大陆学者相继征引,对太平天国后期重要史事,有所补充。

1962 年 11 月,台北世界书局出版《李秀成亲供手迹》影印本,共七十四叶,每叶三十三行,约三万六千一百字。书末有曾国藩曾孙曾约农跋文,说明原件一直为曾氏收藏,至是始影印出版。这事轰动中外。一直到十几年后,更显示出它的影响。1977 年,英国剑桥大学出版社出版该书英译本,取名《太平天国起义记——李秀成供词》(*Taiping Rebel*: *The Deposition of Li Hsiu-Ch'eng*)译者柯文南博士。1978 年,日本东京研文出版社出版小岛晋治《太平天国革命的历史和思想》,其中有《〈李秀成亲供手迹〉考》一文。1982 年,中华书局出版罗尔纲氏《李秀成自述原稿注》,其底本已改据台北影印本。

在这里,值得一提的是,当大陆学人编辑《太平天国》(《中国近代史资料丛刊》)时,曾得到简又文氏的精心帮助。在该书第六册里辑录了简氏译著五种,简氏特为"订正初译本错误字句"。例如,其中的《英国政府蓝皮书中之太平天国史料》,原载于简氏主编的《逸经》半月刊,由曹墅居移译,简又文校订。其中有个别地名被误译,如安徽之"宿松"被误译为"宿山",江苏之"瓜洲"被误译为"贵州"。到辑入《太平天国》时,经简氏一一订正。

由上述可见,中华人民共和国成立后,太平天国史学得到蓬勃发展,其中应包括港台学者的功绩。简又文前辈在香港发表的《五十年来太平天国史之研究》一文里,赞扬内地出版大量新史料时,说得好,"凡此皆属于全国性的学术工作者也"。由此可见,内地和港台学人之间应通力合作,求同存异,取长补短,以利我国太平天国史学的发展。遥望海天,不胜期盼。

太平天国史学简史(二)^[1]

中华人民共和国成立以来,历史科学蓬勃发展。其中,以中国近代史,尤其是对太平天国史的研究成绩为最著。但同其他史学领域一样,也走过了这样和那样的弯路。分歧集中到一点,就是能否实事求是地评价这次农民革命的问题。关键在于要搞唯物论,不搞唯心论;要古为今用,不要以今例古;要百家争鸣,不要一言堂。回顾一下这三十多年的经验,发扬成绩,克服缺点,记取教训,对推进太平天国史学的发展是有意义的。

一

我国编写太平天国的工作,从辛亥革命前夜已经开始。刘成禺撰写《太平天国战史》,孙中山作序,称之为“洪朝十三年一代信史”。其实,这书不过是资产阶级革命党人反清斗争的宣传品,作者辑录的史料是简陋的,他把太平天国农民革命局限为“汉族流血”的观点也是片面的。

从 20 世纪 20 年代起,我国一些旅欧的知识分子,从巴黎、伦

---

[1] 本文集编者按,此文初次发表在《扬州师院学报》1980 年第 1 期,题为《太平天国史研究概论》。

敦、柏林等处,搜集出版太平天国所印书籍,故宫博物院工作人员等也编印有关文献。其中以《太平天国史料第一集》《太平天国丛书第一集》《太平天国文书》《太平天国书翰》等最为有价值。到了40年代和50年代,在雄厚的资料基础上,产生了《太平天国史事日志》《太平天国全史》《太平天国典制通考》等巨著。尽管作者们还不是历史唯物主义者,他们的书还存在观点和方法上的严重缺陷,把这次农民战争曲解为宗教斗争、种族斗争,等等;但是,他们都花了巨大的考证工夫。这些书至今还有参考价值。

至于使太平天国史的研究成为科学,则是从马克思主义进入这个阵地后才能逐步实现的。早在抗日战争时期,以毛泽东同志为代表的马克思列宁主义者,就开始创造中国的历史科学。毛主席在《中国革命和中国共产党》等著作中,如实地揭示了近百年来中国社会的半封建半殖民地性质和中国革命的规律。他指出,太平天国是一次反封建反侵略的农民革命,是中国旧民主主义革命的一个组成部分。由于当时还没有无产阶级的领导,所以它就悲惨地失败了。毛主席发表这一系列论断之后,先进的历史家们,努力抛弃资产阶级的偏见,从头探讨这次农民运动的发生、发展及其影响,用阶级和阶级斗争的观点分析问题和解释问题,给太平天国史研究,奠定了基础。

中华人民共和国成立不久,1951年1月,在共产党的领导下,在毛泽东思想的指引下,史学界隆重纪念太平天国起义100周年,《人民日报》发表社论,对这次革命作了科学的总结。此后,中国史学会等组织多人努力从事对太平天国史料的搜集和考释工作。《太平天国资料丛刊》《太平天国资料丛编简辑》《太平天国文物图录》《太平天国印书》等大部头资料汇编的出版,《吴煦档案》等珍贵资料的发现,都为广大历史工作者提供了前所未有的方便。

在50年代末、60年代初,对理论上的探讨,也相应开展。太平天国革命是"市民运动"还是农民战争?这一持续几年的讨论,涉及多方面的问题,主要有:太平天国革命时期的中国社会经济状况和阶级关系;太平天国革命的任务及革命的动力和对象;太平天国的文化、思想、工商业和宗教问题;《天朝田亩制度》的实质;对《资政新篇》评价;太平天国革命与外国资本主义关系等。这一讨论极大地推进了太平天国史学的发展。

在50年代,罗尔纲同志凭着长期积累的研究成果,用纪传体形式撰成了《太平天国史稿》。1951年1月初版,5月再版。1955年修改重印。1957年12月又出版增订本。这书比《太平天国史事日志》和《太平天国全史》等走前了一大步。最突出的一点,就是它从大量事实出发,论述了太平天国革命是反封建反侵略的农民革命。对于这一带有根本性的问题,前两种著作都是背离事实,加以否认的。肯定还是否定这次农民阶级斗争的性质,实质上是肯定还是否定近代中国社会半封建半殖民地性质的问题,也是肯定还是否定近百年中国民族民主革命的问题。罗尔纲同志对太平天国史研究所做的贡献,不仅是学术上的,而且也是政治上的。这是不容抹杀的。

但是,罗尔纲同志仍然受唯心主义的束缚,他不适当地"美化"太平天国革命,把这次农民运动几乎"拔高"到了无产阶级革命的水平。

例如,罗尔纲同志强调太平天国实现男女平等。其实,这是到了无产阶级革命才能做到的事情。农民阶级是个小私有阶级。

在没有无产阶级领导的历史条件下，他们不可能自发地消灭私有制，也就不可能解放妇女。毛主席说："夫权这种东西，自来在贫农中就比较地弱一点，因为经济上贫农妇女不能不较富有阶级的女子多参加劳动，所以她们取得对于家事的发言权以至决定权的是比较多些。"[1] 由此可见，标志男尊女卑的夫权，即使是在贫农的家庭，也是存在，不过比较弱一点而已。洪秀全崛起草莽，一开始他强调，"天下多男人，尽是兄弟之辈；天下多女子，尽是姊妹之群"，用原始平等的口号，把广大农民群众发动起来，"别男行女行"，对封建统治阶级开展武装斗争。但是，曾几何时，当他上了台，掌了权，便高喊："妻道在三从、无违尔夫主。"重新把妇女捆缚起来。洪杨等人要群众过平均主义的生活，自己却搞奢侈的特权主义。他们规定群众"一夫一妻"，自己却搞多妻制，洪秀全本人就占有八十八个娘娘。事实证明，太平天国农民并没有解放妇女。但从 50 年代起，史学界却极力渲染太平天国实现了男女平等。实际上这是人为地把农民"拔高"到了无产阶级革命的水平。

罗尔纲同志又强调太平天国在某种程度上实施了"耕者有其田"，向农民颁发过"土地证"等等。这也是把当代中国无产阶级领导下的新民主主义革命向一百年前农民运动的头上套。太平天国虽然颁布了《天朝田亩制度》，虚构了一幅"田产均耕"的蓝图，但并没有付诸实现，洪杨等农民领袖绝不可能提出"耕者有其田"的政策，他们也从来没有作出这样的实践。罗尔纲同志把太平天国在常熟、昭文"以实种为作准，业户不得挂名收租"规定，作为实施"耕者有其田"的确证。这完全是对史料的误解。所谓

---

[1]《湖南农民运动考察报告》。

"以实种作准,业户不得挂名收租",指的是田亩数字问题,就是说要以佃农实际耕种的田亩数字为准,地主不得根据虚额浮收地租,丝毫没有实施"耕者有其田"、涉及所有制的含义。但一经罗尔纲同志误解,便以讹传讹,人云亦云,成了史学界的大错。至于太平军所发"田凭",有发给地主的,也有发给农民的,在发给地主的"田凭"上有写明"取租办赋"字样等。显而易见,这与共产党领导土改后发给农民的"土地证"是不能类比的。

罗尔纲同志非常重视对史料的辨伪工作,他在这方面的贡献是很大的,但是他也有错误。只要有迎合他观点的,即使是假的资料,也被当作真的。在50年代,有人造作歌颂李秀成的"民歌",其中一首说:

> 毛竹笋,两头黄,
>
> 农民领袖李忠王。
>
> 地主见了他像见阎王,
>
> 农民见了他赛过亲娘。

很显然这是当代人的作品。试问,怎能指望百年以前的农民群众,能够唱出这样阶级阵线分明的歌谣?能够使用"农民领袖""地主"等这类新的名词?然而罗尔纲同志却深信不疑,把他引进了《太平天国史稿》等著作。有的同志还编入了教科书,竞相传播,贻误后学。

在这里,必须指出,把太平天国革命"美化"过头,不是罗尔纲同志一人的过错。在50年代,很多研究太平天国史的人们,几乎在不同程度上都走过这段弯路。我虽然写过《从〈报恩牌坊碑序〉

问题略论当前研究太平天国史工作中的偏向》一文,提出了这一问题;但也曾经硬搬列宁评论俄国 1905 年革命的语录往太平天国头上套,也强调过《天朝田亩制度》的民主主义性质,同样把这次旧式的农民战争"拔高"到了新民主主义革命的高度。总之,由于当时我国的历史科学还在幼年,所以在太平天国史研究中夹带这种不切实际的唯心主义倾向,这是完全可以理解的。

总结中华人民共和国成立后十七年对太平天国史研究的经验,主要就是一条,必须实事求是地论述这次农民革命。如果不从实际出发,随心所欲地贬低它或拔高它,其结论必然都是错误的。当时,学术民主是有保证的。经过争鸣,缺点和错误不断被克服,对太平天国史的研究不断有所进展。上述对革命性质问题的讨论,就是突出的一例。不幸的是,到了 60 年代后半期和 70 年代上半期,林彪、"四人帮"制造了一场惨绝人寰的浩劫,使我国的历史科学和太平天国史研究几乎遭到了毁灭。

二

人们记忆犹新,林彪、"四人帮"发难,也是从太平天国史领域寻找缺口的。1965 年,他们利用对李秀成评价问题的讨论,大搞政治阴谋,为陷害一大批革命老干部制造舆论。

李秀成出身贫农,1851 年参加太平军,以战功从士兵逐级升任主将,晋爵封王,位居统帅,撑持后期革命,艰苦卓绝,功大于过。但随着地位的变化,他的思想日益蜕化,以致在天京沦陷,突围失败被俘之后,经不住囚笼的考验,向敌人乞降,写下了数万字的"自白书"。晚节不终,不足为训。李秀成的一生虽然复杂,但只要从事实出发,是不难作出正确结论的。在这场大辩论中,罗尔纲同志重申他历来坚持的"李秀成伪降说",把李秀成向曾国藩乞降解释为"苦肉缓兵计"。当然是找不到事实根据。这本来是一个学术问题,可以通过民主讨论来解决。但是林彪、"四人帮"却把它"升级"为政治问题来解决,发动对罗尔纲同志的"围剿"。有人发表了合乎事实的论点,肯定李秀成的前功,批判他的晚节不终。这无疑是正确的。然而这些同志也遭到林彪、"四人帮"的恶毒攻击。他们像疯狗一样嚎叫,说什么"谁为李秀成评功,谁就是站错了立场"。一时乱棍飞舞,绝大多数太平天国史研究者都挨了打,被扣上了"叛徒李秀成辩护士"的大帽子,遭到残酷的迫害。继这场反革命文化"围剿"而来的,林彪、"四人帮"在老干部队伍里,大抓"叛徒",对为中国革命作过重大贡献的老一辈无产阶级革命家,强加以"莫须有"的罪名,而置之于死地。事情发展至这时,人们才愤慨地看清了林彪、"四人帮"发动批判李秀成的罪恶目的。

1974年,"四人帮"又阴险地发动"批孔",把矛头对准周总理和其他幸存的老一辈无产阶级革命家,太平天国史再一次遭到了践踏。

由于封建地主阶级利用孔子作为统治人民的工具,所以太平天国农民革命在某种程度上自发地反孔。但是,他们并不完全否定孔子和儒家学说。在这一点上,早期的主要领袖洪秀全和杨秀清的意见并无分歧,他们从团结走向冲突,乃是因为争夺权力,并非由于"反孔"和"尊孔"的路线斗争。1856年杨秀清"逼封万岁",是农民领袖之间争权的严重事件,并没有"尊孔派"向"反孔派""篡权"的性质。"四人帮"捏造了洪杨之间存在着"反孔"

和"尊孔"的路线之争,又曲解1856年"天京内讧"为"尊孔派"篡权,把杨秀清打成了反革命,影射攻击我们敬爱的周总理,其用心是极其险恶的。

林彪、"四人帮"践踏太平天国史,主要行使了以下手法:

第一,搞唯心论,突出领袖个人的作用,以洪秀全划线区分太平天国革命队伍的功过,把一次轰轰烈烈的群众运动说成是个别英雄"孤家寡人"的活动。

第二,搞形而上学,时而肯定一切,时而否定一切。杨秀清因为"逼封万岁",李秀成因为写了"自白书",都被宣判,"前功尽弃"。

第三,搞文化专制主义,只准他们"一花独放",不准"百家争鸣",把学术问题上升为政治问题,对罗尔纲等研究太平天国史的同志实行法西斯专政。

在这里,必须指出,关于太平天国与反孔问题,关于杨秀清和李秀成等的评价问题,在学术上是允许自由讨论,各人发表自己的观点的。史学界有些同志也主张全盘否定李秀成,另一些同志也主张否定杨秀清,这是学术观点问题,和"四人帮"搞影射史学完全是两回事,我们一定要遵照毛主席的指示,在人民内部,"只有采取讨论的方法,批评的方法,说理的方法,才能真正发展正确的意见,克服错误的意见,才能真正解决问题"[1]。如果对自己的同志,打棍子,扣帽子,那就混淆了两类矛盾,违背了"双百方针",必然对历史科学,对太平天国史研究,造成损失。这是不允许的。

在林彪、"四人帮"的法西斯淫威下,很多研究太平天国史的

---

[1] 《关于正确处理人民内部矛盾的问题》。

同志,仍然坚持工作,发掘新资料,探讨新问题。例如,以往关于沙皇俄国对太平天国革命的武装干涉,没有专门论述,在70年代中期,我们根据一批未公开的档案,把这个空白填补起来了。特别值得人们钦佩的是深受林彪、"四人帮"迫害的老专家罗尔纲同志,尽管年高多病,处境艰难,但他仍以极其顽强的毅力,再次增订《太平天国史稿》,完成二百余万字的巨著。

三

1976年10月,粉碎"四人帮"后,在党的领导下,史学界奋起清算"四人帮"搞影射史学的滔天罪行。太平天国史这个重灾区,也得到了解放。一些被颠倒的是非重新颠倒过来。马克思主义进一步统治了这个领域。三年多来,北京、广西、江苏、浙江、四川等地先后成立了太平天国史研究会或筹备组织。全国对太平天国史的研究,取得了前所未有的进展。

第一,解放思想,打破禁区,人们敢于实事求是地重新评价太平天国史上的重大问题,还这次农民战争以本来面貌。

第二,中外交流,大开眼界,人们努力吸取外国的研究成果,促进太平天国史学的发展。

1979年五、六月间,在南京举行的太平天国史讨论会,是中外学者欢聚一堂的空前盛会,是我国太平天国史学新发展的重要标志。

到会同志敢于打破林彪、"四人帮"所设置的禁区,敢于全面评论洪秀全,还这个农民领袖以本来面貌。这是我们研究太平天国史的一大进步。

　　洪秀全，是太平天国革命最主要的创始人。他坚持斗争到底，立下了不朽的功绩，这是事物的一方面。但还有另一方面，例如，他到天京之后，生活腐化，任人唯亲，重用贪庸擅权的胞兄洪仁达，搞家天下，排除异己，等等。林彪、"四人帮"别有用心地只强调洪秀全的丰功伟绩，不触及他的阴暗面，把他"拔高"到了"千古完人"的高度。粉碎了"四人帮"，我们才能够实事求是地评价洪秀全和解释太平天国史上的一系列重大问题，作出科学的结论。

　　到会同志也努力克服教条主义的学风，不再是满足于用"没有无产阶级领导"这一原则来解释这次农民运动的失败，而是力求用大量事实来说明农民小生产者不能够解放自己的原因。

　　马克思、恩格斯说过："过去的一切运动都是少数人的或者为少数人谋利益的运动。"[1]他们所指的"过去的一切运动"，是概括无产阶级以前的运动，是包括农民反封建运动在内的。农民是封建社会里的大多数，他们要翻身就得解放大多数，就得实行公有制。但在生产力水平低下的自然经济的基础上，不可能实现公有制，而只可能保持封建制。农民小私有者也绝不可能自发地抛弃少数人统治多数人的私有制。农民运动的领袖们，在台下时高喊"共有共享"，等到上台后，有了权，便逐步变公有为私有，自己蜕化成为新的封建统治者。因此，农民群众总是不能够从封建主义压迫下解放自己。为什么农民运动的队伍要发生两极分化，它的成果总是被少数新的封建特权人物所篡夺？为什么从陈胜、吴广起义以来的农民运动，都成了地主阶级改朝换代的工具？其原因就在于此。太平天国革命以极其充分的事实说明了这一点。从群

────────────

[1]《共产党宣言》。

众中来的农民领袖,最终脱离群众成为新的特权人物。原来亲如兄弟的农民领导集团,因为权力斗争而发生火并,最终确立新的封建独裁。这是一般农民运动失败的规律,太平天国革命不能超越这个规律,其特点是由于遇到的敌人比较强大。因此,走在改朝换代的半路上,就悲惨地被中外反革命的联合势力所镇压了。

我国的封建社会特别长,小农经济如同汪洋大海,即使到了无产阶级专政的时代,仍有封建主义复辟的危险。因此,我们科学地总结太平天国革命的历史经验,无疑是有深刻现实意义的。

这次会议,不仅促进了国内的学术交流,而且听取了外国的专家、教授们介绍各国研究太平天国史的情况。中外学者自由讨论,交换意见,交流情报,这是前所未有的。过去,林彪、"四人帮"实行锁国政策,不许我国人民研究外国,也不许人民了解外国研究中国的情况。粉碎了"四人帮",扫除了中外文化交流的障碍,才出现这样空前的盛况。经过英国伦敦大学柯文南教授、日本东京大学小岛晋治教授等的介绍,到会同志清楚地知道,还有许多珍贵的太平天国史料保存在国外。例如,在英法联军侵华战争中,被盗往英国的"两广总督衙门档案",等等。

经过这次会议,使人们认识到,对太平天国史的研究,不是已经到了尾声,而是尚有大量工作要做。在理论方面,要深入探讨,在资料方面,要继续发掘。这次会议,作出了可喜的开端。

回顾中华人民共和国成立以来,对太平天国史的研究,几经弯路,但是,越来越发扬民主,越来越接近科学,这个总趋势是谁都改变不了的。我们要加倍努力,抢回被林彪、"四人帮"夺去的时间,在不久的将来,写出一部具有高水平的为建设"四化"服务的太平天国史来。

萧一山与太平天国文献学

萧一山,江苏省铜山县人,1902年生,毕业于北京大学。以研究清史,弱冠即知名,得梁启超介绍,教授清华大学。年三十,游历欧美,于英国剑桥大学进修。嗣任中央大学等校教授。组织经世学社,任理事长,主办《经世》半月刊。抗日战争胜利后,任部聘教授。其时,历史学科之部聘教授仅二人,一为陈寅恪,一即萧氏,稍后始增柳诒徵。1949年,萧氏移居台湾。1978年病故。著有《清代通史》《清史大纲》《太平天国丛书》《太平天国诏谕》《太平天国书翰》《近代秘密社会史料》《清代学者著述表》《非宇馆文存》等。

萧氏的主要贡献是对清史的研究,但他对太平天国文献的搜集、编纂、考释和辨伪等方面的功绩,也是不可低估的。

一

太平天国遗下了大量文献,包括"印书"和"文书",但经清政府的禁锢与销毁,在国内不易得,学术界只能求之海外。萧一山是其中收获较大的一个。萧氏略知太平天国文献流散在欧美的概况,"若英之伦敦,法之巴黎,德之柏林,荷兰之莱顿,美国之华盛顿,俄国之莫斯科",所藏"虽多寡不等,而英伦所藏,已具大略"。他所说的"英伦",指英国伦敦不列颠博物馆。先我国学者去英伦访寻太平天国文献的,有日本田中萃一郎、久保要藏及内藤虎次郎。1925年,内藤虎次郎撰《大英博物馆所藏太平天国史料》一文,发表于《史林》杂志,其中列举太平天国"旨准颁行诏书总目"二十九部。1926年,国人刘复据英馆所藏印行《太平天国有趣文件十六种》,其中亦有"二十九部"之目。同年,程演生从法国巴黎东方语言学校图书馆,发现太平天国颁行之书八种,摄取了三种照片,复抄了五种,合编为《太平天国史料》第一集。程氏闻伦敦也藏有"洪杨发刊之书甚多,而隔于一衣带水,未能往抄"。1932年,萧一山"奉考察文化之命,来欧洲居英经岁,费时七月,始尽读博物馆东方部之藏,择要摄录"[1]共得太平天国颁行之书22种(其中历书两年各一本)。其后,又辑入国内扬州发现的《英杰归真》,编成《太平天国丛书第一集》。萧氏在英馆,也发现了一批太平天国的诏旨、布告、书信等,另有天地会文书及清方文书,编成了《太平天国诏谕》《太平天国书翰》二书。在英馆,萧氏还抄录了一些杂件,如护王坤书部下的兵册等。萧氏拟将这些合编为《太平天国丛书第二集》出版。因日本发动侵华战争而未能实现。

萧一山在英馆,不仅按"书目"翻阅太平天国文献,而且从书库检得未列入"书目"之件。如《太平天国诏谕》所辑太平天国癸好三年五月初一日杨秀清、萧朝贵会衔诰谕,即不见于英馆"书目"[2]。

萧一山也往牛津大学图书馆访寻太平天国文献。他从戈公振

---

[1] 以上引文均见《太平天国丛书第一集序》。
[2] 《太平天国诏谕·杨秀清萧朝贵会衔诰谕跋》。

《中国报学史》得知许地山曾往牛津抄得洪仁玕《资政新篇》,遂于
1930年至牛津将此书摄影以归,编入《太平天国丛书第二集》中[1]。

二

萧一山对访寻所得太平天国文献,皆一一为写序跋。《非宇
馆文存》辑录了这些序跋。其卷四所辑有《石达开致唐友耕真笺
伪书考》,卷五所辑有《太平天国丛书第一集序》《太平天国诏谕
序》《太平天国书翰序》《太平天国诏旨抄本序》《资政新篇序》
《太平天国兵册序》《粤匪起手根由跋》《戈登文书序》《〈遐迩贵
珍〉中之太平天国史料序》,卷六所辑有《太平天国丛书第一集》
中各书的题跋,卷七所辑有《太平天国诏谕》中各篇的题跋,卷八
所辑有《太平天国书翰》中各篇的题跋,卷十所辑有《洪秀全来
历》《太平天国干王洪仁玕自述并考》。

这些序跋丰富了太平天国文献学的宝库。

其一,介绍了欧美各国收藏太平天国印书的概况。如在《天
父上帝言题皇诏跋》中,介绍了巴黎国家图书馆所藏《天父上帝
言题皇诏》等太平天国印书十四种的目录。又如在《天条书跋》
中,介绍了巴黎国家图书馆与德国普鲁士国立图书馆所藏《天条
书》不同的版本。并云:"荷兰莱顿大学中国学院亦有此书,编号
为224。华盛顿国会图书馆似亦有此书。"在《太平诏书跋》中说:
"法国国家图书馆、荷兰莱顿大学中国学院、德国普鲁士国立图书
馆均有此书,而法藏本为初刻,德藏本为后刻本,莱顿且有前后不

---

[1] 萧氏:《资政新篇序》。

同之两本焉。"巴黎东方语言学校图书馆所藏太平天国印书,虽经程演生移录,但尚未见底。萧氏指出,程辑《太平诏书》,系据东校所藏抄本,其实东校所藏《太平诏书》,另有原刻本,而程氏未见。由于萧氏的介绍,其后王重民对巴黎、柏林两处所藏太平天国印书,神田喜一郎对来顿所藏太平天国印书[1],山本达郎对华盛顿国会图书馆所藏印书[2],分别作了进一步的探访,弄清了种类与版本。这一切首先应当归功于萧一山的开路。

其二,在研究太平天国印书的目录方面,萧一山订正了前人的错误。按程演生见"旨准颁行诏书总目"有《太平救世歌》和《醒世文》,以为即《太平诏书》中之《原道救世歌》和《原道醒世训》。[3]萧氏订正了这一错误。他指出:"程氏不知《太平救世歌》与《醒世文》实另为二书也。"[4]

其三,严肃辨别真伪。流行的太平天国文献之中,有的出于伪造。萧氏注意辨别。他撰《石达开致唐友耕真笺伪书考》,开辟了对太平天国文献辨伪之先河。萧氏以历史事实与太平天国制度和《石达开致唐友耕书》相对勘,认为信笺是真的太平天国遗物,但书文却是假的。理由是:(一)时间矛盾。书文署壬戌十二年,但按石达开与唐友耕军遭遇,应是癸亥十三年。(二)印章为"翼王之宝",亦乖定制。据石达开于壬戌十二年二月告涪州

---

[1] 神田喜一郎:《欧洲访书记的发现(2)——荷兰莱顿大学收藏的汉籍》,1937年发表于《书志学》,第8—4页。

[2] 山本达郎:《美国国会图书馆收藏的关于太平天国史料备忘录》,1951年发表于《史学杂志》,第60—10页。

[3] 程演生:《太平天国史料》第一集后记。

[4] 《太平天国丛书第一集·太平诏书跋》。

城内四民训谕,印文应是"太平天国圣神电通军主将翼王石达开"[1]。萧氏由是判断,这是后人将石达开所遗信笺伪造的。查唐友耕之子唐鸿学为其父撰《唐公年谱》也引这封信,并篡改了个别字句,以表示石达开向唐友耕乞降。以后,人们看到信的另一抄件,分明有"阁下为清大臣,肩蜀重任"等语,应是写给清四川总督骆秉章的。唐友耕不过是一总兵,怎能当此称呼?唐鸿学盗用此信,张冠李戴,企图为其父增彩,又有人伪造原件以牟利。这事现已真相大白。首先发现破绽的,就是萧一山。

其四,驳斥谬妄。萧氏一再驳斥《江南春梦庵笔记》内容的荒谬。按《江南春梦庵笔记》系一伪书,假托太平天国赞王蒙得恩的亲信沈懋良所撰。这书于光绪元年在上海出笼,内容离奇,一度眩迷人目。使有的史家误以为信史。如谢兴尧氏曾说:"作者沈懋良君,是被掳于太平天国的人……所以这本书记载的事实,总是比较直接可信的。"[2]但萧一山氏提出疑问。《江南春梦庵笔记》谬言幼主为赖汉英子,萧氏谓:"斯言甚异,然绝不可信。……然《笔记》所记太平事实,史家谓颇多重要之点,而为他书所无,若此,则未免为信史之累矣。"[3]萧氏又说:"按洪仁玕为天王同族弟,韩山文《太平天国起义记》述其世系颇详。《春梦庵笔记》谓为洪德元之子侄,实误。"[4]其后,罗尔纲氏进一步发现

---

[1]《太平天国文书汇编》。

[2] 谢兴尧:《读〈江南春梦庵笔记〉跋尾》。此文辑入《太平天国史事论丛》。

[3]《太平天国诏谕·救世真圣幼主诏旨跋》。

[4]《太平天国诏谕·洪仁玕喧谕克敌诱惑论及与蒙雍李春发会衔喧谕合朝内外官员书士人等跋》。

破绽。原来这个自称长期在蒙得恩身边的沈懋良，竟不知蒙德恩死于辛酉十一年，胡说蒙德恩于甲子十四年还在王宫值宿，真是见鬼。《江南春梦庵笔记》终于被揭穿为一部大伪书，它所记离奇，实际上纯属虚构。

其五，辑佚补缺。英馆所藏《钦定士阶条例》，残存三十页，缺第五、第十七、第十八，共三页。内藤虎次郎写《大英博物馆所藏太平天国史料》一文时，未发现这是残本，谓"条例"三十四条。其实共三十六条。萧氏发现该书有缺页，指出内藤的疏误，并据《钦定英杰归真》所引乔彦材撰《士阶条例序》补了一页即第五页[1]。直到中华人民共和国成立后，我们才在常熟找到了《钦定士阶条例》的完整本。

其六，考释。萧氏对所发现的文献均考明其来源。例如，英馆藏有抄本《洪秀全来历》三页，后附二页，系一人的自述，不著姓名。萧氏据以发表于《逸经》25期。又为作考释，发表于《经世》第1卷第1期及《经世》特刊学术专号。萧氏据内容考定五页内容均系洪仁玕手笔，后二页即洪仁玕的自述，其文历述从追随洪秀全拜上帝直至谷岭暴动失败后逃至香港的经过。之后，向达等编辑《太平天国》（《中国近代史资料丛刊》），对这五页文献作解题，即利用了萧氏考释的成果。

当然，萧一山在搜集和考证太平天国文献方面，也不免有失误。如萧氏发现英馆所藏《天条书》和《太平诏书》与柏林普鲁士国立图书馆所藏本有区别，他判定"英馆本"为初刻本，"柏林本"为后刻本，实际是弄颠倒了。后经王重民、郭廷以订正。又如

---

[1]《太平天国丛书第一集·钦定士阶条例跋》。

萧氏认为英馆所藏太平天国文献经其搜寻,已"了无遗珍"。其实不然。近年王庆成同志还在那里访得了《天父圣旨》第三卷和《天兄圣旨》全部。萧氏曾往牛津大学摄取《资政新篇》,但未发现牛津藏有其他太平天国印书十四部,每部各有几本。其中有一本癸好三年新历的版本较早,癸好仍作癸丑[1]。这是其他收藏处所未发现过的。其后,向达、王庆成先后继往,才弄清了牛津所藏太平天国印书的概况。

三

萧氏晚岁,仍发掘太平天国文献。中华人民共和国成立前,萧一山已撰成出版了《清代通史》上、中两巨册。中华人民共和国成立后,他在台湾,又续成了下册,由台北商务印书馆出版。其中发表《洪仁玕录供》三件:(一)清同治三年九月二十七日南昌知府许本塘对洪仁玕提讯记录;(二)同治三年十月初六日江西巡抚沈葆桢的提讯记录;(三)同治三年十月二十八日许本塘的复讯记录。同书又发表同治三年十月初六日沈葆桢提讯幼主洪天贵福的录供与笔供。所有这些原件都藏台北故宫博物院,以往从未发表过。1977 年,祁龙威始从萧氏著作转引编次《洪仁玕年表》,辑入《洪仁玕选集》,1978 年由中华书局出版。《东岳论丛》1980 年第 1 期发表祁龙威写的《洪仁玕事迹证补》,又征引了这些新资料。从此大陆学人相继引用,对太平天国后期重要史事,有所补充。溯源追本,其功也是属于萧一山的。

---

[1] 向达:《牛津所藏汉文书》及王庆成:《记牛津大学所藏太平天国文献并论太平天国印书的几个问题》。

简又文评传

简又文,字驭繁,广东新会人。1918 年毕业于美国奥勃林大学得授文学士。继入芝加哥大学研究院专攻宗教学。1921 年以父病归国。1924 年,任教北平燕京大学。1926 年,因参加国民革命遭北洋军阀通缉,奔广州。后任岭南大学教授、国民革命军第二集团总司令部外交处长、前敌政治部主任、山东盐运使、北平今是学校校长、铁道部参事、立法委员等职。中华人民共和国成立后,任香港大学东方文化研究院研究员、名誉研究员。1979 年,病逝。

简氏以半个世纪的时间,从事搜集和排比太平天国史料,完成了他一纵一横的计划,撰成了两部巨著:《太平天国典制通考》和《太平天国全史》。在近代中国史学史上,其成绩不容低估。

一

简又文对太平天国史发生兴趣,始于在芝加哥研究院时。他读史丕亚博士所著《世界传教史》,其上册第一篇即"太平天国"。作者从"宗教革命"的观点出发,肯定太平天国革命为 19 世纪之最伟大的运动及人类历史上最大的运动之一。此书也肯定太平天国的"反满"。这些都对简氏一生研讨太平天国史,产生深刻的影响。他开始搜集史料，一年之后，拟以"太平天国的基督教"为题，撰写争取博士学位的论文。不意因父病停学归国。

1921年，简又文在沪及邻近的宁、苏、杭等地，逢人便问，见物便购，到处寻书，到处采访，努力于太平天国史料之搜集。旋随父返粤，途经香港时，访其旧友张祝龄牧师。张祖居广东东莞县。1851年金田起义后，洪仁玕曾匿居其家。由是简氏始访得洪仁玕的遗事遗迹。又得见玕王洪绍元之后人进行采访。其后撰成《太平天国文学之鳞爪》及《太平天国洪氏遗裔访问记》。返广州后，简氏寻踪访得琅王洪魁元之后人洪显初医师。洪显初从花县所得故老传闻关于洪秀全的少年生活，帮助简氏以后撰成《洪秀全之出身》。此文列为《太平天国史》的第一章。

1924年，简氏任教燕京大学。课余撰太平天国史，得稿七八万字，限于资料不足而止。是为简又文撰写《太平天国全史》的嚆矢。

1929年，简氏南奔广州，投效国民政府，从军从政，奔走南北，不能专心治学，但仍随时随地搜集太平天国史料。

1933年，简又文任立法委员，家居上海，每星期去南京开会一两次，公务清闲，乃得专心致志于太平天国史。他以较多精力，从英文书报中翻译史料。1934年，他与林语堂等创办《人间世》半月刊。其中即连载简氏所译吴士礼之《太平天国天京观察记》。会燕京大学教授洪煨莲，获得韩山文据洪仁玕提供的资料而写成的《洪秀全之异梦及广西乱事之始原》，寄交简氏翻译，改名《太平天国起义记》，由燕京大学图书馆出版中英对照本。该书对研究太平天国创业史提供了大量可靠的资料。

1935年，上海商务印书馆出版简氏的译作与论文汇编《太平

天国杂记》第一辑,其中包括《太平天国起义记》、晏玛太《太平
军纪事》、吴士礼《太平天国天京观察记》、富礼赐《天京游记》以
及《太平天国福字碑记》等,都有史料价值。

是年夏,简又文在沪阅读《华北先驱周刊》,这是太平天国时
英人在沪发行的英文周报,简氏聘人摘抄,以半年之久,共得 660
页。对其以后撰述,提供史料甚多。

是年冬,简又文返广东,至花县采访,得详悉洪秀全家世、本
名、生辰及其他多种史料。

1936 年至 1937 年,在上海创办《逸经》半月刊,因中日战争
爆发而止。共发行 36 期。该刊特辟"太平文献"一门,大量发表
太平天国新史料。其最著者,有萧一山、王重民分别从伦敦不列
颠博物馆和剑桥大学图书馆摄回的太平天国文献多种;有简氏及
其友人翻译的英政府蓝皮书及选译的《华北先驱报》多篇;有对
浙江文献展览会和吴中文献展览会所展出的太平天国文献文物
的介绍;有干王、幼主、昭王、恤王等的自述;有简氏在花县的采
访记录,等等。是时,简氏始与萧一山教授论交,萧氏在南京主编
的《经世》半月刊,与《逸经》成为当时研究太平天国史的两中心。

1937 年中日战起,简又文至香港从事抗日文化运动,《逸经》
停刊。翌年,他创办《大风》半月刊,发表译撰的有关太平天国史
的著作。其中有选译的《华北先驱报》所载的太平天国史料五篇,
包括《法公使天京聘访记》《美公使长江游记》等。简氏即于此
时开始撰写《太平天国全史》,共得稿九章,连续登载于《大风》。
《大风》也发表了其他学者提供的史料,如罗尔纲录寄的仓景恬
《守长沙记》。

在香港时,简又文又主编《广东文物》。该刊发表简氏所撰

《太平天国之文物》，附《太平天国文献赝品考》。他将截至其时
所发现之太平天国文献与遗物，分类考释，并进行辨伪。

1941 年香港被日本侵略军占领后，简又文至重庆，旋受聘为
省政府顾问，并从 1942 年秋至翌年秋应约赴广西采访太平天国
史料。简氏先事搜访省城所有方志、舆图、报刊、地方人士著作、
私人及各机关所藏太平天国文献。继作四次实地考察：（一）到贵
县、桂平、江口、新墟、金田、郁林、兴业、贵阳等地；（二）到蒙山（永
安）、荔浦、平乐等地；（三）到柳江（柳州）、宜山（庆远）等地；（四）
到兴安、全县（全州）、蓑衣渡等地。在此期间，简氏会见了罗尔纲
氏，交流史料。此行所获极为丰富，以后俱编入商务印书馆出版
的《金田之游及其他》中。是书又名《太平天国杂记二辑》。

简又文回重庆后，即将调查所得资料，补充修改前在《大风》
刊出的《太平天国全史》稿前六章，另写导言一卷，合成七卷，约
四十万字，取名《太平军广西首义史》，从洪秀全出生起，至太平
军出湖南止。1944 年，由商务印书馆于重庆初版。萧一山作序，
寄望简氏撰成《太平天国全史》。

1945 年，抗战胜利，简又文返广州，创办广东文献馆，编辑
《广东丛书》。该书第三集影印的《太平天国官书十种》，即据王
重民从英国剑桥大学所摄照片，极有史料价值。1950 年，由商务
印书馆出版。

是时，中山大学特聘简又文为研究院指导教授，指导研究生
苏宪章撰成硕士论文《太平天国外交史》。其后也由商务印书馆
刊行。

1948 年 5 月，简氏在广东文献馆，将其个人历年积累，举行太
平天国文物展览会。内容分三大类：（一）遗物——泉币、印玺、

兵器;(二)著述——官私著述、中西史料;(三)图表——石刻拓本、图像、影片。共数百件,一一皆有说明。

1949年,简又文移居香港,闭户埋头撰写《太平天国全史》,历时三年,成稿二十九章。是时,大陆学术界编辑《太平天国》,作为《中国近代史资料丛刊》第二辑。内收简氏译作多篇,简氏曾亲为订正初译本的个别错误。

1953年,香港大学创设东方文化研究院,聘简又文任研究员。简氏订定其"一纵一横"的研究计划。"纵"者,以事系年,编写《太平天国全史》。"横"者,分门别类,研究太平天国典章制度。其纵的计划业已初步完成。于是简氏以四年半的时间,撰成《太平天国典制通考》。此书于1958年先行出版。《典制通考》脱稿排印期间,简氏又着手修订《太平天国全史》,至1959年竣事。该书于1960年由亲友集资印刷出版。于是简氏的纵横计划,全部实现。

1961年台湾成立清史编纂委员会,简氏任委员,负责撰写《洪秀全载记》八卷,共九万余。《载记》实为《通考》和《全史》二书的摘要,当年即在台湾仓促付印,讹误颇多。其后简氏加以增订,1967年在香港单行出版。

在香港,简又文写了不少有关太平天国史的重要论文。最著者有1961年在香港发表的《五十年来太平天国史之研究》、1963年在台湾发表的《〈忠王李秀成亲笔供词〉之初步研究》等。

二

《太平天国典制通考》凡二十篇:

第一篇　《天号考》

第二篇　《官职考》

第三篇　《礼仪考》

第四篇　《玺印考》

第五篇　《宫室考》

第六篇　《科举考》

第七篇　《天历考》

第八篇　《乡治考》

第九篇　《田政考》

第十篇　《泉币考》

第十一篇　《食货考》

第十二篇　《外事考》（上）

第十三篇　《外事考》（中）

第十四篇　《外事考》（下）

第十五篇　《女位考》

第十六篇　《军纪考》（上）

第十七篇　《军纪考》（下）

第十八篇　《宗教考》（上）

第十九篇　《宗教考》（中）

第二十篇　《宗教考》（下）

正如作者自序所说，他将太平天国运动作了横面解剖，包括政治、经济、文化、社会、军事、道德、宗教等方面。

简氏歌颂太平天国，批判中外敌人。如《军纪考》（上）评述"太平军军纪"称初期太平军为"仁之义师"，而《军纪考》（下）则是清军暴行实录，其中包括"洋军之贪残"。

简又文的主要功绩是在对史料的搜集和排比上，兹举例说明之。

在掌握新史料上，简氏尽了最大的努力。按，《典制通考》成书于 20 世纪 50 年代的上半叶，其时大陆学人编辑出版了《太平天国史料》(开明书局版)、《太平天国资料丛刊》(神州国光社版，简称《太平天国》)和《太平天国文物图录》(正、续、补共三编)等书，提供了大量新史料。对于这些，简氏都已充分引用到《典制通考》中。例如，他在《玺印考》中说："王印钤印本之留存在中外各书册者有多种。其最著者为英人林利英文原著《太平天国》一书所附刊之癸开十三年忠王凭照，上有忠王大印原样，长中尺六寸六分，阔半之。揆诸定制，其阶级等于前之东西王矣。印文为忠王全衔，予苦心研究欲读其文，垂三十年而未全得；至最近在《太平天国资料丛刊》(2 册，第 700 页，神州社印)干王所颁《钦定敬避字样》内得见'特爵'衔数条，始获解决。"查《太平天国》所辑《钦定敬避字样》，系据上海合众图书馆所藏抄本。原抄者附录"天朝爵职称谓"极有史料价值。其中首"特爵"，次"列爵"。"特爵"之中有忠王全衔"天父天兄天王太平天国殿前吏部又副天僚开朝真忠军师御林兵马亲提调奉旨命专征剿忠义宿卫军顶天扶朝纲忠王"。简又文参考此件之后才全部辨认出了林利路凭上的忠王印文。(按，印文无"专"字，当是抄误衍一字。)由此可见，简氏在撰写《典制通考》时，已充分引用了当时大陆所出版的新史料。

在考辨史料的真伪上，简又文显示了深厚的功力。例如，他在《官职考》中说："私人著述中有两书记载天朝官制者。(一)沈懋良《江南春梦庵笔记》云：'伪朝官文职九品：一掌率，二统管，三尚书,四令史,五仆射,六指挥,七丞相,八检点,九承宣。……
武职九品:一天将,二神将,三朝将,四都尉,五都护,六都挥,七常
侍,八侍卫,九护卫,皆分左右。'(二)李圭《金陵兵事汇略》卷三
载:'伪朝官文职九品:一掌率,二统管,三尚书,四令史,五仆射,
六丞相,七检点,八指挥,九承宣。……武职九品……(与沈氏
《笔记》全同)。'按,以上两种记载大略雷同。李圭之书成于光绪
十二年,其所记当系根据沈氏《笔记》(同治初年成书)而略为修
改其文职次序,如以指挥置检点下是。稽之太平文献,此文武分
列之表不实不尽。(一)如'尚书''仪射''承宣'皆王府属官。
天朝朝上官有'左右史'而无'令史'。(二)武职之'都尉''都
护''都挥''常侍''护卫'五种,皆无其官。(三)且天官朝爵,
自上至下,自始至终,皆文武并途,如此强为划分是大错误也。
(四)尚有其他官爵多种未列。故以上所记全不可靠。"查《江南
春梦庵笔记》系一伪书,已经罗尔纲考定。它出笼于光绪元年,由
上海申报馆印行。李圭抄袭其书,遂致以误传误。在这里,简又
文不仅考明了李圭所记官制的不实,而且弄清了这些史料是来源
于这部伪书。

《典制通考》在史料工作上也有少数失误。其一,解释不当。
其二,考证不密。

例如,简氏在《天号考》中说:"总监,又有'京内'或'京外'
正、又正、副、又副。'总监'之崇号,共八人,以翼王为'殿前京内
正总监',其余则天王两兄信王、勇王及胞侄巨王、崇王、元王、长
王,七人分居之(见《弟子记》,误翼王为懿王),不知所司何事,想
亦虚衔也。"按,《弟子记》,指王定安《求阙斋弟子记》。其中有
《贼酋名号谱》,先列天王及东、西、南、北四王,继列"总监"八人,

以"京西正总监懿王禧千岁"为首，但其人失名，简氏遂判定为翼王石达开，而"懿"系误字。其实《贼酋名号谱》列石达开于洪仁玕下，其全衔为"吏部又正天僚开朝公忠又副军师翼王喜千岁"。至于"懿王"则另有其人，乃是萧朝贵的次子蒋有福，见简氏在《逸经》所发表的《忠王供词别录》，也就是"天王诏旨"所开列的"福甥"。简氏的解释实际是弄错了的。

又如，简氏在《官职考》中，对李秀成于何时膺封"真忠军师"？答案："未明。"他说："按忠王何时加封未明，但在十二年春文告印信仍未有此衔，且英王死于是年夏仍未膺封军师，则忠王之军师当在十二年夏间以后，其十三年文书则已有此衔矣。"查李秀成膺封军师的确切时间，见李鸿章《朋僚函稿》。李鸿章于同治二年（太平天国癸开十三年）六月十六日《致曾沅帅》："昨于浒关贼馆夺获伪文书数百件，大都金陵贼馆乞苏浙济银米，其声甚哀，内称洪逆禅位幼主，尽黜洪氏之党，封忠王为军师，留守城内，各伪王均归调遣。"李鸿章于同年六月二十四日《复吴仲仙漕帅》一函中，也有"洪逆留李秀成为军师"之语。迄今我们看到的李秀成用"军师"名义发出的文书有以下几件：（1）癸开十三年九月廿九日《致护王陈坤书》；（2）同一天《致潮王黄子隆》；（3）癸开十三年十月廿六日《给吟唎的凭照》。可以证明，李鸿章所得到的情报是可靠的。李秀成膺封军师在癸开十三年夏。简氏考证在壬戌十二年夏以后，不够确切。

《太平天国全史》共二十九章，每章又分若干小节，评述了太平天国的起讫：

第一章　天王洪秀全之出身

第二章　革命运动之酝酿

第三章　积极准备举事

第四章　金田起义记

第五章　虎兕出于柙

第六章　驰驱入桂

第七章　由湘入鄂记

第八章　顺流东下取江南

第九章　北伐军战史

第十章　上海小刀会之役

第十一章　两粤之红军

第十二章　西征军战事纪略

第十三章　西征军战事纪略

第十四章　西征军战事纪略

第十五章　中央区江北军事

第十六章　中央区江南军事

第十七章　内讧痛史

第十八章　翼王远征军事本末

第十九章　南北混战汇略

第二十章　江北江南几战场

第二十一章　东征纪事

第二十二章　安庆争夺战

第二十三章　经略江浙

第二十四章　第二次之北伐军

第二十五章　浙江全省沦丧

第二十六章　吴中失陷详记

第二十七章　皖赣战争汇纪

第二十八章　太平天国之灭亡

第二十九章　太平军之消灭

作者使用了编年、纪传与纪事本末三体相结合的方式，正文之后，附以注释，广征史料，并展开了讨论。例如，他在《天王洪秀全之出身》一章里，确定洪秀全出生于1814年1月1日。附注"关于天王洪秀全生辰之考证"，罗列中外各家记载，共有九说，简氏一一分辨，哪条可信，哪条不可信。他提出了主证之后，附列旁证，确定结论。在《全史》里，他广泛应用了这种方法。自序说："本书不特把全部已经断定的史实组织为历史正文，而且将著者考证及研究工作之所得，一并编入，统称注释，亦为全书之重要部分。其内容则有：（一）史料之根据；（二）事实之考证；（三）史乘之注解；（四）问题之研究；（五）史料之补充；（六）谬误之辨正；（七）参考文字诸项，附列于各节有关的正文之后，不惮琐细，务求详明精确，庶有裨于读者或研究者之参考，并以期个人见解之得明了，或新说之得成立。"又说："编此体裁，既综合三体，复有此'注释'，自备一格。我写历史，我有我法，不依人法，无所谓合法不合法，求其为适于我用的工具而已。换言之，本书亦是'记注'之学与'撰述'之学之协同体，此所以称为《全史》之又一义欤！"也就是说，《全史》之全，不仅指内容，而且指体例。

《全史》所采史料，来自四个方面：（一）太平遗物、文件及书籍；（二）中国文件及书籍，包括中国大陆最近所发见者；（三）外国著者之专著及论文，内有百年前出版者；（四）由著者亲到洪氏故乡及广西十三邑——凡太平军崛起及走过之地——采访观察之所得。如上述，《全史》内容丰富，它为学术界提供了一部囊括全役的史料长编，附录的地图与照片，也有史料价值。

　　但是,《全史》在史料方面也有差错。在很多部分它采用了郭廷以《太平天国史事日志》。《日志》内容翔实,但不免有疏误。简氏未能探索其史料来源并辨明其正确与否,往往照本引用,因而有时以误传误。例如,简氏在《内讧痛史》中评述杨秀清擅权经过说:"更有一乱伦至谬之事于四年九月初八日发生。其日,天父'恩命王四殿下(即秀清,称天父四子)下凡,继治天下,佐理万国之事'。此后杨秀清大权总揽于一身[1]。古语云:'天无二日,民无二王。'今王外有王,体制混乱,一至于此,欲不召祸乱,其可得乎?"按,《太平礼制》:"王世子臣下呼称幼主万岁,第三子臣下呼称王三殿下千岁,第四子臣下呼称王四殿下千岁……"可证"王四殿下"系天王第四子,不是东王。又按,《郭志》所引太平天国文书,系《贼情汇纂》所录杨秀清给韦俊等的诰谕。原文说:"兹于九月二十四日又蒙天父劳心,恩命王四殿下下凡继治天下,佐理万国之事……仰尔国宗暨各佐将转谕各统下官员人等,俱要多多备办奇珍异宝,派差妥员押解回京,以备十月二十四日王四殿下满月之期,天王登朝谢天之用。"显而易见,这里的"王四殿下"还是一个刚生下的婴儿,当然不是指东王自己。郭廷以弄错了,简又文照抄《郭志》,也弄错了。

　　《全史》对某些重要问题的解释不当。从马克思主义的观点看,英国发动的鸦片战争导致了太平天国的反抗,简又文不同意这样说。他强调:"与其谓太平天国革命运动是英国的大炮所引起的,毋宁是英国的圣经——由马礼逊博士所传来的——所引起的。"其实,在基督教传入中国之前,中国早有披上宗教外衣的

[1]《郭志》,第 349 页。

农民运动。基督教的宣传品《劝世良言》劝人要对清政府效忠，与太平天国"拜上帝"的革命思想并无一致之处。洪秀全不过借助基督教的某些形式以发动起义。事实证明，基督教的传入中国，不是太平天国起义的引火线。简氏的答案是不能成立的。简氏的最大失误也就是他不接受马克思主义的唯物史观，而是坚持"客观主义"的立场，对战争不区别正义与非正义的性质，不是拥护正义战争和反对非正义战争，而是对战争双方各打五十棍，由此错误地得出了"太平天国革命破坏论"。这只能从简氏当时所处的政治背景和所受的思想影响得到解释。

简又文所写的《五十年来太平天国史之研究》，也是一篇拓荒性的著作。内容除引言外，共有：《清季之革命党与太平天国》、《民国初期之作品》、《海内学人之工作》（上）、《海内学人之工作》（中）、《海内学人之工作》（下）、《海外学人之工作》等六章。他是从世界范围内考察太平天国史学发展的第一人。在这篇文章里，简氏预期太平天国史学将在中外学术界共同努力下，不断发展，"向前迈进"，精益求精。对自己的著作也认为仍不能自许为完备之作，愿做修改补充，热情盼望"中外学术界同仁，加以指正"。

简氏晚岁，向往大陆。1979年，北京太平天国史研究会决定在南京召开太平天国史学术讨论会，邀请中外学者参加。会议筹备处拟向简氏发出请柬，而噩耗传来，他已经在香港不幸病逝。

郭廷以对太平天国史研究所作的贡献

在中华人民共和国成立之前,专心致志于编纂太平天国史研究工具书的,首推原中央大学教授郭廷以。他于20世纪的三四十年代,征引中西书籍数百种,撰成巨著《太平天国史事日志》。1934年,由中央大学排印。经过修订,1946年,由上海商务印书馆出版。此书始嘉庆元年(1796),迄同治七年(1868),按日编次全国发生的重大事件。郭氏以阴阳历与天历相对照,便于读者查阅太平天国战争的起伏。间有考异,分辨不同记载的是非。所附各种图表及引用书目也有参考价值。1947年,邓嗣禹在天津《民国日报·图书》41期发表专文介绍。这书为以后简又文撰成《太平天国全史》和《太平天国典制通考》,向达等编纂《太平天国》(《中国近代史资料丛刊》第二种),等等,提供了重要条件与线索。其中也有舛误,需要订补。本文述其梗概,以资研究。

一、《太平天国历法考订》

《太平天国史事日志》,初名《太平天国大事日志》。为了以事系日,郭氏首先从事于太平天国天历与阴阳历的对照检查工作。在郭廷以之前从事这项工作的,有日本学者田中萃一郎博

士。田中撰《太平天国之革命的意义》一文,附"天历与阴阳历对
照表"。1912 年,刊于日本《史学杂志》。其后又辑入 1932 年出
版的《田中萃一郎史学论文集》。田中博士认为天历的干支与阴
历的干支一致,天历的星期与阳历的星期一致,由是排成了他的
"对照表"。我国学术界一时推演其说。谢兴尧撰《太平天国历
法考》,附"天历与阴阳历对照表",刊于《燕京大学史学年报》第
2 卷第 1 期。稍后又辑入商务印书馆出版的谢著《太年天国史事
论丛》。其结论与田中的说法一致,谢表不过是对田中表的扩大。
郭廷以按田中表排比史事,发现清方、西人与太平天国文献所记
同一事的日次往往不符。于是他摘录当时亲历者有关天历与阴
阳历对照的记载,得二十余条,经过仔细考核,发现天历的干支比
阴历的干支、天历的星期比阳历的星期,均提前了一天。于是郭
氏撰成了《太平天国历法考订》一书,纠正了田中萃一郎的错误。
1937 年 1 月,由商务印书馆出版。其书共五个部分:(一)田中氏
对照表及其错误;(二)天历干支与阴历干支;(三)太平日曜与西
洋日曜;(四)中西例证及其解释;(五)天历与阴阳历对照及日曜
表:简表与详表。郭氏另撰文对谢兴尧《太平天国历法考》沿袭
田中表的错误进行了评议,作为该书的附录。在天历与阴阳历对
照问题上,纠正田中萃一郎的错误,这是郭廷以对太平天国史研
究作出的一大贡献。也为《太平天国史事日志》的撰成提供最为
重要的条件。

二、《太平天国史事日志》编撰的经过

本书草始于 1926 年秋,原为《近代中国大事志》的一部分,

后因材料增多,遂单独成书。自 1930 年至 1933 年,五次易稿。1934 年春,由中央大学将正文排印。又经四次修改,1937 年交商务印书馆排版。由于中日战争使出版时间延迟,直至 1946 年全书才得公之于世。始终支持郭廷以撰成此书的,是当时的中央大学校长罗家伦。《太平天国史事日志》一名,亦为罗家伦所拟定。

郭氏确定,《太平天国史事日志》的主要内容是太平军与捻军的活动。但同时于此大风暴之背景,亦尽量记述,如 19 世纪前半期,嘉道两朝之白莲教、天理教起义,而与之直接间接有关之事,一并及之,即各地民变及天地会(三合会、三点会)之活动。本书不限于记军事,但囿于材料,实际以战争为主。本书依公历逐日编排,阴历及天历一并注明。是日无事可记者,则阙。

郭氏引书浩繁,大都借自当时的清华大学图书馆、中央大学图书馆、燕京大学图书馆、金陵大学图书馆、中央政治学校图书馆、北平图书馆、南京国学图书馆、杭州省立图书馆及罗家伦、朱希祖两位收藏家。原拟每事标明根据,后嫌冗赘,乃仅择要注释。在有些段落,郭氏只是概括性地交代了史料出处。如:"关于秀全之早年历史,以 Hamberg (韩山明,简又文译作韩山文) *The vision of Hung Siu-tshuen* (即《太平天国起义记》)所述为最详,以下所记 1848 年前秀全活动,大都以此书及《太平天日》为据,并参以 Mackie《太平王传》。简先生之调查,亦有其价值。"当对某事的各种记载不一时,乃于正文之后,郭氏注明自己的抉择。如:"Mackie *Life of Tai-Ping Wang* (P22—23)谓洪秀全于十五岁学成出师。韩山明书谓秀全约于十六岁时以贫辍学,又云其于十八岁赴广州应试,似系于落第后即辍学。《洪秀全来历》则云秀全于'十四五岁考试'。按 Mackie 所谓学成出师,似即指其参加考试而言。大约秀全于十四五岁时开始应考,十六岁辍学。"有些正文比较简略,附注中作资料性的补充。如1832年9月4日(道光十二年八月十日)"英教士马礼逊报告,梁学善(阿发)之《劝世良言》出版"。其后附注,对梁学善的来历及《劝世良言》的内容作了简要的说明。对某事发生于某日,一般不加考证。只对个别疑难问题作交代。如:1851年7月23日(咸丰元年六月二十五日),"广州发现'奉天吊民伐罪明室世袭亲王朱'之揭帖,悬赏一万两,购拿两广总督徐广缙。下署'天德二年六月二十五日'(徐广缙认为伪造)"。郭氏附注云:"译文见 Callery and Yvan *History of the Insurrecation in China* PP.76—78……据原书云,此揭帖发现徐广缙将离广州赴高廉剿匪之时,按广缙离广州在七月二十四日,今假设天德历同于阴历,六月二十五日亦无错误,暂定此揭帖出现于本日。"至于有些记载歧异,一时无法考定的,则在注释中两存其说。在编撰过程中,诚如郭氏自述:"编者常为一事件,一月日,各方参证,随时留意,以求其正确,或经年而始获解决,或竟终不克做最后论定者。"总之,郭廷以花了大量工夫从事考证,才能编成此书。

三、《太平天国史事日志》的"要目"和附录

《太平天国史事日志》的"目录"只标明年代和书的页码,如"一八五一——文宗咸丰元年辛亥,太平天国辛开元年……九七页",为使读者对书中的重要事件,便于检查,所以郭氏另以编年与记事本末体相结合的方式编了一个"要目"。共分七章:一、"大乱之前夕与金田举事";二、"太平天国之建立及其军事进展";三、"湘军之起与天京政变";四、"苏杭占领与安庆失守";

五、"英法与清军之合作"；六、"太平天国之倾覆"；七、"捻乱之
扩大与平定"。每章分若干节，每节注明年月，其下又分若干子目。
如第七章"捻乱之扩大与平定"包括四节：

一、"捻之初起及其与太平军之联合"（一八五一——一八六
三，十二）

（1）"以皖北为中心之捻乱"，（2）"捻与太平军之合作——
李秀成之招抚捻众"，（3）"苗沛霖之坐大"，（4）"纵横五省之捻
众"，（5）"张洛行之被擒与苗练之消灭"。

二、"捻乱之扩大"（一八六四，一——一八六六，十）

（1）"陈玉成部之合捻"，（2）"僧格林沁之败没"，（3）"曾国
藩之四镇堵剿布置"，（4）"防河战略"。

三、"东捻"（一八六六，十一——一八六八，一）

（1）"捻以大分"，（2）"李鸿章代曾"，（3）"东捻之屡破湘淮
军：湖北诸役"，（4）"东走胶东"，（5）"东捻之消灭"。

四、"西捻"（一八六六，十一——一八六八，八）

（1）"张宗禹之入陕"，（2）"左宗棠剿捻"，（3）"西捻之东入
山西"，（4）"逼近京津"，（5）"西捻之消灭"。

这个"要目"勾画出太平军与捻军战争的始末。

"附录"八项：

一、天历与阴阳历对照及日曜简表

二、太平天国人物表

三、主要战役及将帅表

四、洪清两军战争地图

五、清督师大臣表

六、剿捻统帅表

七、洪清两方洋将简表

八、引用书目

其中以"太平天国人物表"与"引用书目"的学术价值为最高。

"太平天国人物表"首附"爵职解说",考证天朝爵职的设置与变化。次列八表：(一)王表,附天地会诸王；(二)国宗王宗表；(三)侯表；(四)丞相表,附尚书；(五)将表；(六)检点指挥表；(七)六等爵表；(八)翼王部属。每表又分若干子表。如"将表"之中分：(甲)主将；(乙)佐将；(丙)天将；(丁)朝将；(戊)神将。八表共得太平天国重要人物约一千有奇。

"引用书目"分"中文之部"与"西文之部",合计六百余种,内西文四十三种。"中文之部"共八类：甲类(原料一,太平官书与总集)。乙类(原料二,专集)。丙类(原料三,当事人记述及其他)。丁类(次料,系统记述)。戊类(杂刊)。己类(传记与年谱)。庚类(地方志)。辛类(期刊)。郭氏所说"总集",指"方略"及"东华录"。"系统记述",指经过改编之作,如李滨《中兴别记》、王闿运《湘军志》等。"杂刊",系资料汇编,如简又文《太平天国杂记》等。为辨明太平天国官书的版本歧异,郭氏对萧一山《太平天国丛书第一集》的考释失误之处分别予以补正。

"天历与阴阳历对照及日曜简表"与"洪清两军战争地图",为研究太平天国运动的时间和空间提供了方便,也有很高的学术价值。

四、《太平天国史事日志》的参考价值

《太平天国史事日志》出版后,一时成为学术界撰写太平天

国史的主要依据。例如华岗撰写《太平天国农民革命战争史》，几乎全部利用了《太平天国史事日志》所提供的资料。

简又文对太平天国史研究虽称博洽，但当他撰写《太平天国全史》时，不得不借助于《太平天国史事日志》。简氏自序："本书有几章几节，以个人所得资料不足，迟迟不敢动笔，然欲再在国内各处亲自采访及发掘新史料已无可能，又屡图到外国搜罗外籍纪载而机会亦不就。……幸有郭廷以教授所著《太平天国史事日志》一书，将全役大事钩玄提要，逐条考证，定为正确，及按年月日编次而成，为极便利极有用之研究工具书。本书各章于自得的史料不足之时，辄引此《日志》为权威之作，录用原文各条，编入各役统系中，亦如其书内容，只提纲要而不及详叙。"《太平天国全史》引证《太平天国史事日志》之处甚多。有的是转引史料，如述咸丰三年二月初一日太平军攻金陵之战云："又据同治《上江两县志》，自是日起，太平军开始攻聚宝门，载《郭志》页二〇六"，对江浙等省的地方志，简氏未及搜考，大都从《郭志》转引。此类之例甚多。有的地方《郭志》未注史料出处，《全史》便直以为据。如在"定都天京"一节中说："黑旗右军主将北王韦昌辉于十七日由仪凤门入，先驻西辕门李氏宅，后移中正街李宅（或云住中正街前湖北巡抚伍长华宅，见《郭志》）。"

简又文撰写《太平天国典制通考》，也大量引证了《郭志》。如《官制考》说，"莫仕暌曾任'忠诚五天将'"，自注："见《郭志》"。

罗尔纲撰《太平天国史稿》，也参考了《太平天国史事日志》。如其中的"洋将表"，实际脱胎于《郭志》的"洪方洋将表"。

向达等编《太平天国》，以《太平天国史事日志·引用书目》为线索。在《郭志·引用书目》的基础上，张秀眉、王会庵增补而成《太平天国资料目录》。

至今,《太平天国史事日志》仍不失为研究太平天国史的一部重要工具书。

五、《太平天国史事日志》的失误与局限性

《太平天国史事日志》不可避免地有种种失误。

其一,抄袭他书,以误传误。

罗尔纲在《李秀成自述原稿考证》一文内,揭露《近世中国秘史》的编者扪虱谈虎客对《李秀成自述》任意妄改情况说:"李秀成记浙江太平天国镇守的将领说,'龙游有王宗李尚扬把守'。按幼主诏旨:'特诏封李尚扬为天朝九门御林开朝王宗裨天义。'开朝王宗乃是太平天国后期的一种封号,《近世中国秘史》本却妄改为'宗王李尚扬'。"罗尔纲又指出,这一错改起了恶劣的影响,"如郭廷以《太平天国史事日志》就把尚扬作为宗王,列在王爵表内"。

其二,粗心大意,造成疏误。

祁龙威在《太平天国资料目录学概论》一文里,评论郭廷以《太平天国史事日志》的"引用书目"时说:"郭氏也有疏误,例如,他见过洪仁玕《资政新篇》,而说未见洪仁玕《兵要四则》,其实后者附在前书之后,郭氏疏忽未之见也。"

当《太平天国史事日志》撰成时,有些史料尚未发现,因此对有些事件说不明白或弄错了。例如,1854 年 5 月 30 日(咸丰四年五月四日):"秦某及罗某(燕王秦日纲冬官正丞相罗大纲?)自天京致书美国'Susquehanna'舰长 Buchanan,嘱令依礼觐见东王。并谓天王为万国真主,如真心敬重,可每年来贡(太平天历为四月

二十四日）。"郭廷以虽然未注史料出处，但从文字看，当是根据英文资料回译，所以对发信人的汉文姓名弄不明白。简又文《太平天国典制通考·外事考》说："燕王秦日纲与罗某（冬官正丞相罗大纲？）回文，令麦莲依礼觐见东王，并谓天王为万国真主，如其真心敬重，可以每年来朝贡云云。（日期天历四月廿四，即阴历五月初四日，阳历五月三十。）"简氏虽也未注出处，但一望而知为改头换面抄袭《郭志》，所以也对发信人姓名无法确定，直到1959年科学出版社出版的《近代史资料增刊——太平天国资料》才据美国国立档案馆所藏原件公布了太平天国给美舰长布嘉南的那道"札谕"。文中有"万国真主"和"年年进贡、岁岁来朝"等语。时间为甲寅四年四月二十四日。发文者自称"本大臣"，印文为"太平天国地官又正丞相""太平天国地官又副丞相"。核之张德坚《贼情汇纂》，前者为罗苾芬掌管北殿文书，后者为刘承芳理翼殿事。又据同书记载，其时罗大纲西征在外，不在天京。《郭志》所云"罗某"，当是罗苾芬而非罗大纲。至于何以冒出个"秦某"，郭廷以推测为秦日纲，则尚不清楚。

诚如郭氏所说："编者限于见闻，关于此一代事迹，十年以来，虽多方搜集，绝不敢谓已尽于此，近年公私文书，时有发现，未获尽睹，待补正之处尚多。"

总之，对《太平天国史事日志》不断订补或改编，使之更臻完善，郭氏早有此愿望。郭氏已在台湾逝世，这件事有待于全国学术界的共同努力，以期实现。

罗尔纲与太平天国史料学

罗尔纲同志，研究太平天国史，已经超过了半世纪。几十年如一日，他对太平天国史料进行搜集整理，功绩之巨，是前所未有的。

在我国，与罗尔纲同志同时以研究太平天国史而蜚声海内外的，有萧一山、郭廷以、简又文等。他们在搜集和排比史料等方面，各自作出了独特的贡献。萧一山从海外辑录太平天国文献，郭廷以综合中英文资料编《太平天国史事日志》，简又文撰《太平天国典制通考》和《太平天国全史》，这些都在太平天国史学史上，写下了重要的一页。比起他们来，罗尔纲同志的遭遇特别幸运，他的后半辈生活在社会主义的新中国，共产党给他提供了前所未有的工作条件，所以他的成就，能够超越了他的同侪。

罗尔纲同志极其辛勤地奠定了太平天国史料学的基础：一、搜集；二、辨伪；三、编辑。兹述其要，以供研究。

一、罗尔纲同志找到了搜集太平天国史料的途径

在旧中国，涉猎太平天国史料最丰富的要推郭廷以。他著《太平天国史事日志》，引用书目六百余种，其中多数系北京图书馆藏书。而太平天国革命相对稳定的地区在江浙，以故当时江浙文人对太平天国的记载最多。中华人民共和国成立前后，江浙地区发

现的太平天国史料极为丰富,这是郭廷以等所难以见到的。而在50年代罗尔纲同志的主要活动地点是在南京一带,江苏省人民政府又给他提供了助手等条件。因此,他搜集史料所得之富,是前所未有的。

罗尔纲同志主要采取三种方法:其一,对某一地区的太平天国史料搜访;其二,对图书馆摸底;其三,广泛征集。

1953年罗尔纲同志在扬州进行搜访。扬州位于长江与大运河之交,为清两淮盐运使驻地,是南京外围的战略据点。1853年、1856年、1858年,太平军三次攻克扬州。1868年,最后一位太平天国的杰出将领遵王赖文光牺牲在扬州。正因为扬州与太平天国农民战争的关系较为密切,所以这里关于太平军的遗闻轶事较多。但在扬州解放之前,公布过的地区性的太平天国史料,却只有一部——倪在田的《扬州御寇录》。这部书还是在事后编辑的。直到1953年,罗尔纲同志在这里进行了一次搜访,才发现了几种当时人的原始记录,其中最重要的有《广陵史稿》和《劫余小记》。

《广陵史稿》,一名《咸同广陵史稿》,作者扬州人,姓名不详。从内容判断,当1853年太平军初克扬州时,作者正在城内,四个月后才乘间离去。太平军撤走后,他又回到城中。所记都是亲见亲闻,比较翔实。例如,关于太平军第一次撤出扬州的真相,被《扬州御寇录》一笔抹杀,说什么"籍居民,胁以遁"。对此,《广陵史稿》提供了珍贵的资料。作者首先说明太平军的撤走,是由于粮尽。

猫尽食鼠,鸦雀亦枪毙无孑遗。甚且煮钉鞋底,煨牛皮箱。人情汹汹,殆无生理。

尽管如此，但是太平军撤走时还是很有秩序的。《广陵史稿》
又说：

> 贼鸣锣谕众云，大队即刻往南京，凡兄弟姊妹愿去者自
> 随行，不愿去者听。
>
> 贼复鸣锣谕众云，愿去者自随行，不愿去者如湖南、
> （湖）北、江西、芜湖之口音，固遭大兵之杀戮，即扬郡新兄弟
> 姊妹亦难免大兵之荼毒而奸淫，自示之后，兄弟姊妹愿投金
> 陵速出徐宁门登巨舟，终不愿去之人，勿以未尝相强而贻后
> 来之怨悔也。至是，从贼者如归市矣。

由上述可见，《广陵史稿》的史料价值不是《扬州御寇录》所
能比拟的。

《劫余小记》，作者臧縠，扬州人，进士。1853 年太平军初克
扬州时，縠"年始冠"，于事变前夕仓皇出城，避兵至邵伯。1856
年太平军再克扬州时，臧縠又于当日黎明狼狈出城。嗣后常住西
北乡，对 1858 年太平军三克扬州战事，也多见闻。1868 年，臧縠
复得目击赖文光率领的东捻军覆没的经过。他在《劫余小记》中，
除记录太平天国初期在扬州实施的典章制度极为翔实外，还提供
了当时两淮盐法变化等珍贵资料。

关于这次搜访的收获，详见罗尔纲同志所写《扬州搜访记》中。

1954 年，罗尔纲同志及其助手们在南京图书馆进行了一次
摸底。

南京图书馆，一直是东南的大图书馆，库藏本极丰富。中华
人民共和国成立初期，又增加了一批珍贵书籍。1954 年时，它的

颐和路书库藏书共有 70 多万册。罗尔纲同志等按库、按架、按排，一册一册地、一页一页地寻找太平天国史料，历时四个多月，计搜得有关资料合共 1661 种。除方志 730 种外，其他 931 种（包括稿本和抄本 60 种）。其中野史笔记 18 种，诗文集 22 种，内有《平贼纪略》等珍贵资料，详见罗尔纲同志所写《南京图书馆太平天国史料摸底记》中。

除了对有关地区搜访和在图书馆摸底外，罗尔纲同志还随时随地向社会广泛征集太平天国史料。经过这样孜孜不倦的工作，到 1960 年为止，罗尔纲同志共发掘太平天国资料一千二百万字。他在《太平天国资料汇编·序言》里写道："这一千二百万字是怎样得来的呢？计有三条途径：一、向全国各地广泛征集；二、到江苏、浙江、安徽三省搜访；三、在南京图书馆颐和路、龙蟠里两个书库和前苏南区文物保管委员会书库发掘，而以第三条途径为主要来源。"他不仅为我们找到了这么多的太平天国史料，而且给学术界创造了在图书馆摸底等好方法。罗尔纲同志以自己的实践告诉我们，如果不是这样一册一册地、一页一页地进行摸底，那么，对有些珍贵资料，如同掉在大海里的绣花针那样，是难以被发现的。但是，单靠对大图书馆摸底，仍然是摸不到底的。罗尔纲同志搜集太平天国史料一千二百万字的三条途径，是缺一不可的。实际上这也是我们搜集其他近现代史资料的普遍途径，值得努力推广。

二、罗尔纲同志提供了鉴定太平天国史料真伪的经验

对于搜集到的史料，必须鉴定其真伪。太平天国的史料极为

丰富，但伪造的也不少。为了辨别真伪，罗尔纲同志付出了巨大精力。从1934年起，罗尔纲同志开始写论文揭露伪造的太平天国史料。1950年，上海商务印书馆出版了他的《太平天国史辨伪集》，全书二辑。其中第二辑即"史料辨伪"，包括《〈太平天国战纪〉考伪》《坊传本"李秀成供"十要十误辨伪》《石达开假诗考》《伪太平天国敕谕考》《太平天国泉币辨伪》等五篇。以后罗尔纲同志继续写这方面的文章。1955年，又由生活·读书·新知三联书店出版了他的《太平天国史料辨伪集》，包括《太平天国史料里的第一部大伪书——〈江南春梦庵笔记〉考伪》《一部太平天国的禁书》《〈太平天国战纪〉考伪》《一篇伪造的〈太平天国起义檄文〉》《一篇天地会伪托的〈太平天国敕谕〉》《太平天国货币辨伪》《〈太平天国诗文钞〉订伪》《石达开假诗考》等八篇。

从以上看，伪造的太平天国史料之中，有当时人或后人为了反清而伪托的，如天地会伪托的《太平天国敕谕》、资产阶级革命党人伪托的《石达开诗》，等等。从研究太平天国史来说，这些都是不足为凭的。但是，从研究太平天国革命对同时其他农民起义和以后辛亥革命的影响来说，仍有参考价值。有一些是由当时人或后人为私人目的而伪托的，如汪堃为攻击怨家何绍基而写的《盾鼻随闻录》，罗惇曧虚构的韦以成《天国志》，等等。其中有虚构的内容。还有一些则是后人为牟利而造作的伪书，如《江南春梦庵笔记》。这里即举《太平天国史料里的第一部大伪书——〈江南春梦庵笔记〉考伪》为例，简述罗尔纲同志辨伪的经验。

《江南春梦庵笔记》初见于上海申报馆铅印的《四溟琐记》。《四溟琐记》创刊于1875年2月（光绪元年正月），停刊于1876年1月（光绪元年十二月）。每月一卷，每卷若干册。《江南春梦庵笔记》分两次发表。上册见《四溟琐记》第 4 卷第 4 册，下册见该刊第 7 卷第 7 册。

《江南春梦庵笔记》署名"武昌沈懋良撰"。书后有春草吟庐主人跋，他极力虚构此书的史料价值："懋良陷贼十三年，相处者又倡乱之巨逆，宜乎其所言源源本本，如数家珍也。"又说："所载群逆之出处，伪制之详明，又足补诸书所未备。"书中曾明白交代，与作者相处十三年的"倡乱之巨逆"，是太平天国赞王蒙得恩。如说洪杨来历时，作者自述"上皆蒙得恩所言"。又云："予自入金陵，蒙逆即以卜姓女妻我……"这在有关太平天国的笔记资料中，是罕有的。因此，它眩迷了不少人的耳目。旧中国的著名历史学家朱希祖，看过《江南春梦庵笔记》之后，曾在为萧一山编《太平天国丛书第一集》的序文中称誉："所载事迹，则多正确。"其实这不过是表明朱氏震惊于这部大伪书的来历，而上了当。研究太平天国史的老专家简又文在《太平军广西首义史》中考证洪秀全生辰时说："关于天王洪秀全诞生之年月日，见诸中外各家记载者，截到现在，得有九说……"其中之（四）："嘉庆十七年壬申九月初九日未时，见沈懋良《江南春梦庵笔记》。"简氏断言："此说亦不可信。"但仍未怀疑这是出于伪作。

1952 年，《江南春梦庵笔记》又被辑入神州国光本《太平天国资料丛刊》第 4 册。由是谬种流传更广。罗尔纲同志说："这一部大伪书，最为许多研究太平天国史的人所重视。有人根据它来考证太平天国的法律与印行的书籍，有人根据它来考证天朝田亩制度、省制等。他们在考证太平天国史的工作上，都把它的记载作为断定太平天国史事的最重要的根据。即使遇到文献具在、记载分明、千真万确的史事，而因为它独有不同的异说，也居然根据它来怀疑真实的历史。"就在 50 年代,还有人居然抄袭《江南春梦庵笔记》的内容,并改头换面,伪造其他伪书,如湘潭钓叟《伪宫逆迹记》等,以欺骗读者。正如罗尔纲同志所说:"这部大伪书,对太平天国史以伪乱真,到了怎样的地步,发生了怎样严重的恶影响,于此可以想见。"揭穿这部大伪书,澄清它的恶劣影响,留给后学以深刻的教训,这是罗尔纲同志对太平天国史料学所作出的一大贡献。

有人认为,世间只有记载失实的史料,没有什么伪书。其实不然。《江南春梦庵笔记》之所以被罗尔纲同志揭露为伪书,绝不是由于它的部分内容不真确,而是由于全书虚构伪托。这就是罗尔纲同志留给我们鉴定史料真伪的一条最重要的经验。从史料的来源和内容之间的矛盾上,罗尔纲同志发现那个自称长期在蒙得恩身边的沈懋良,对蒙得恩的情况却几乎是无知。

蒙得恩有五个儿子:时雍、时安、时发、时和、时泰,见《蒙时雍家书》。而《江南春梦庵笔记》却胡诌蒙得恩"无子,生三女,长适西逆萧全福,次配仁玕子,三未字",显然这是虚构了蒙得恩的家庭。

蒙得恩早于辛酉十一年病逝,有《天王诏旨》为证。而《江南春梦庵笔记》却说,甲子十四年天京失陷前几天蒙得恩还在天王宫值宿。显然这是虚构了蒙得恩的生平。

从以上判断,书的作者并不是长期在蒙得恩身边的人。那么他的史料究竟来自何处呢?罗尔纲同志花了巨大考证工夫,进一步揭露了《江南春梦庵笔记》作伪的真相。原来它是这样产生的:

其一,凭空捏造。如说幼天王是国舅赖汉英前妻所生子,天王后赖氏原是赖汉英继室,等等。

其二，篡改文献。如把天王两篇《改历诏》并成一篇，并把"九月初九哥降节，靠哥脱罪记当初"的后一句篡改为"亦朕降世记当初"，以此证成天王诞生于九月初九的谬说，等等。

由于反映蒙得恩真相的《蒙时雍家书》等文献，在作伪者炮制《江南春梦庵笔记》时尚未被发现，他无从剽窃，以致就在蒙得恩的身上，显出了作伪的马脚，而被罗尔纲同志所揭露。

罗尔纲同志辨伪实践充分证明，伪造的太平天国史料是有的，对伪书必须揭露也是能够揭露的。

三、罗尔纲同志是编辑太平天国史料的集大成者

在大量搜集和认真辨伪的基础上，罗尔纲同志编辑出版了《太平天国印书》《太平天国文书汇编》《太平天国史料丛编简辑》，现在正陆续出版《太平天国资料汇编》。

（1）关于《太平天国印书》

从 20 世纪的 20 年代起，就有人搜集和出版太平天国的书籍。

1924 年，程演生于巴黎法国国立东方语言学校图书馆，找到了八种太平天国出版物，编成《太平天国史料》第一集。1926 年出版。

约和程演生同时，俞大维从柏林德国普鲁士国家图书馆，摄回九种太平天国书籍的照片。

1932 年，萧一山在伦敦不列颠博物馆，拍摄了《天父上帝言题皇诏》等二十二种太平天国书籍的照片，又影印国内扬州发现的《英杰归真》，于 1936 年，出版《太平天国丛书第一集》。

1935 年，王重民于英国剑桥大学图书馆，发现所藏太平天国

书籍,比上述巴黎、柏林、伦敦所藏多十一部。除其中的《英杰归真》一部在国内也已发现外,他将其他如《资政新篇》等编为《太平天国官书十种》。1948 年出版。

　　1952 年神州国光社出版的《太平天国资料丛刊》,综合以上成果,收录了"太平天国官书"三十八种。由于版本差别,所以每篇之末都注明出处并加以校注,如"兹据萧辑本排印。据程辑本校注",等等。此外在所录八十四种"诏旨文书"中,还夹入一种"太平天国官书"《钦定敬避字样》。考王彝寿《越难志》,辛酉(1861)十二月,"伪坐镇以各伪局文牒不合式,乃颁发《字样》。上行下者:为劝谕、为咏谕、为勖醒、为诲醒、为珍批。下达上者:为达、为报、为申。多忌讳,以'丑'为'好',以'亥'为'开',以'卯'为'荣'。如是日本己亥,则必曰己开,乙卯,则曰乙荣,丁丑则曰丁好。凡王姓者,皆改为'汪'或'黄'。又改'山'为'珊',改'师'为'司'。字之犯其各伪王讳者,必于本字上加草头,以'秀'为'莠',以'全'为'荃'之类是也。天字则必长其上划,国则去'或'从'王'。此类尽多,不可殚述"。以后发展成为一书。天京破城后,曾国藩的幕僚赵烈文在《能静居日记》里写道:同治三年七月初五日,"见伪书《敬避字样》"。现在上海图书馆藏一抄本,《太平天国资料丛刊》即据以排印。1953 年,郭若愚同志又据以影印入《太平天国文物图录续编》中。由此可见,《太平天国资料丛刊》收录的"太平天国官书"实际共是三十九种。

　　在前人辛勤搜集的基础上,罗尔纲同志集其大成,编辑了《太平天国印书》。1961 年,由江苏人民出版社影印出版。1979 年,又排印出版。《太平天国印书》依著作年代先后编次:《太平诏书》《天条书》《太平天日》《太平礼制》《幼学诗》《太平条规》、《太平军目》、《天父下凡诏书》(一)、《颁行诏书》、《天命诏旨书》、《太平天国癸好三年新历》、《三字经》、《太平救世歌》、《天条书》(重刻本)、《旧遗诏圣书》、《太平诏书》(重刻本)、《天父上帝言题皇诏》、《天朝田亩制度》、《建天京于金陵论》、《贬妖穴为罪隶论》、《诏书盖玺颁行论》、《天父下凡诏书》(二)、《太平天国甲寅四年新历》、《天理要论》、《天情道理书》、《御制千字诏》、《行军总要》、《天父诗》、《太平天国戊午八年新历》、《醒世文》、《太平礼制》(太平天国戊午八年新刻)、《资政新篇》、《天父天兄天王太平天国己未九年会试题》、《开朝精忠军师干王洪宝制》、《王长次兄亲目亲耳共证福音书》、《太平天国辛酉十一年新历》、《诛妖檄文》《钦定士阶条例》、《钦定英杰归真》、《钦定军次实录》、《幼主诏书》、《钦定敬避字样》。其中除去两部重刻本外,共四十种。比《太平天国资料丛刊》所收录的多《旧遗诏圣书》一种。这四十种的版本不仅综合了伦敦、巴黎、柏林、剑桥等国外收藏,而且收录了国内上海收藏的《敬避字样》、常熟发现的《士阶条例》和《军次实录》。特别是《士阶条例》,以前只有英国伦敦本,其中缺第五、第十七、第十八,共三页。萧辑《太平天国丛书第一集》据《英杰归真》引文补了第五页,仍缺十七、十八两叶。《太平天国资料丛刊》即据萧辑残本排印。直到 1957 年常熟发现一部《士阶条例》,世间始有这书的足本,罗尔纲同志据以辑入《太平天国印书》中。截至今日,《太平天国印书》是最完整的一部太平天国书籍的汇编。

(2)关于《太平天国文书汇编》

我国学术界编辑出版太平天国文书的工作,也是从 20 世纪的 20 年代开始的。

刘复于 1926 年出版《太平天国有趣文件十六种》,其中包括太平天国和清朝的文书。

1933 年,北平故宫博物院影印出版《太平天国文书》。

1935 年,北平研究院影印出版萧一山所辑《太平天国诏谕》,其中夹杂了一批天地会告示。

1937 年,北平研究院又影印出版萧一山所辑《太平天国书翰》。

1950 年,开明书店出版《太平天国史料》,其中辑录了向达从伦敦不列颠博物馆抄回的大量太平天国文书。

1953 年 4 月间,在杭州发现了吴煦档案。1958 年,生活·读书·新知三联书店出版《吴煦档案中的太平天国史料选辑》,其中首先选录太平天国文书。

1959 年,科学出版社出版《近代史资料增刊——太平天国资料》。其中也初次发表一批太平天国文书。

也是在前人长期积累的基础上,罗尔纲同志集其大成,编辑了《太平天国文书汇编》。1979 年,由中华书局出版。以体例为目次,分诏旨,布告,公文,外事及与外人文书,论序,兵册、馆衙名册和家册,门牌名册(附议单),簿记,油盐口粮挥条(附转发油盐通知),其他。并附录了《李秀成自述》《洪仁玕自述》《赖文光自述》以及李昭寿等对清政府的投降禀帖。全书共四百余件,成为迄今最大的一部太平天国文书汇编。

(3)关于《太平天国史料丛编简辑》和《太平天国资料汇编》。

大规模汇编地主阶级所写的有关太平天国农民战争的资料,也是从中华人民共和国成立后开始的。神州国光本《太平天国资料丛刊》,内容包括四部分:太平天国史料、清方记载、外人记载、专载。其中第二、第四部分都是地主阶级写的，共五十多种，以笔记资料为最多。这五十多种的大部分都是郭廷以《太平天国史日志·引用书目》所著录的。至于在中华人民共和国成立后发现的大量地主文人写的有关太平天国资料，则尚未编入。《太平天国资料丛刊·序言》声明："有关太平天国革命的重要资料尚多，而且在陆续发现，本书不能尽数收录，只得另为续编。续编已在南京编辑，不久即可与读者相见。"这个"续编"虽由罗尔纲同志编成，但未能出版，仅在《历史教学》1953 年第 3 期刊布了目录。

1960 年，罗尔纲同志已搜集到一千二百万字资料，从中选出八百万字，编成《太平天国资料丛编》。《丛编》按地区编纂，以太平天国革命发展先后为序，计分广西、湖南、湖北、江西、安徽、江苏、河南、直隶、山西、山东、浙江、福建、广东、贵州、云南、四川、陕西、甘肃等十八个地区，每个地区各以文体编次。至于不能入各地区的则编为"总类"，列于各地区之前，也以文体编次。由于这类书分量过多，一时不易出版，所以罗尔纲同志又从中精选出一百八十万字，于 1961 年先由中华书局上海编辑所出版，取名《太平天国史料丛编简辑》。

《丛编简辑》按文体编次为六部分：专著、记事（上）、记事（下）、时闻、文书、诗歌。这书为读者提供了大批未刊和稀见的重要资料。例如，曾国藩有个亲密幕僚叫作赵烈文，字惠甫。他受曾国藩委托，随军辅佐曾国荃攻陷天京。他的《能静居日记》，留下极珍贵的资料，这书没有刊本。神州国光本《太平天国资料丛刊》辑录的《赵惠甫年谱》，仅摘引了一鳞半爪。直到《丛编简辑》的出版，我们始看到了原书。正如罗尔纲同志所说，《丛编简辑》出版后，得到国内外研究太平天国史工作者的好评，都切盼早日把全部《丛编》出版。由于"十年内乱",学术界的这个共同愿望,直到 1976 年党和人民粉碎了"四人帮"之后,才能够实现。

"十年动乱"过去了,幸而罗尔纲同志无恙。1977 年,他指导南京太平天国历史博物馆的同志,对已集中的太平天国资料重新整理,增编了一些综合性的记载,并补充近年搜集到的资料,共约一千万字,定名《太平天国资料汇编》,从 1980 年开始,由中华书局陆续出版。

《汇编》包括中华人民共和国成立后已刊和未刊的资料。以"总类"为例,共收资料五十九种。其中大多数如王闿运《湘军志》等,在中华人民共和国成立后尚属初次翻印。其内容之宏富,是空前的。在该书《序言》里,罗尔纲同志庆幸地说:"二十八年来,在党的领导下,集多人的力量,经过长期共同的努力,群策群力,这部太平天国反面资料集大成的宏编巨册,终底于成。"它同《太平天国印书》《太平天国文书汇编》等,给国内外学者对太平天国史的研究打下了坚实的基础。这个不可磨灭的功劳,罗尔纲同志正确地归之于党和群众。但众所周知,这也是属于他本人的。

罗先生赞

1956 年春,在近代史研究所举行的中国近代史分期和太平天国革命性质问题的座谈会上,我第一次见到罗尔纲先生,从此得听教诲。流光如驶,距今已三十年了。到会的邵循正、荣孟源等史学前辈已先后物故,而罗先生岿然无恙,虽经丧乱,年逾八十,但仍治太平天国史不辍。绩学六十载,著述等身,士林称颂,除精力过人外,实得力于下述八字:"锲而不舍""虚怀若谷"。兹以整理太平天国文献为例,敬述见闻,公之于世。

锲而不舍

罗先生整理太平天国文献,功绩之巨,前所未有。其主要成果已出版者有《太平天国印书》《太平天国文书汇编》《李秀成自述原稿注》等书。其中《李秀成自述原稿注》,乃罗先生经过半个世纪的努力而完成。他克服了两个方面的巨大困难,终于成此不朽之作。

一、三次调整版本

按,《李秀成自述》经曾国藩删改后于安庆刊刻,即世所传"九如堂本"。光绪末,有一个署名扪虱谈虎客的再加删改,交由日本广智书局刊入《近世中国秘史》中。1931 年,罗先生开始对

《李秀成自述》作注，他当时所能看到的就是《近世中国秘史》本。曾刻本共有27818字，而此本只26625字，文字较为通顺，但因妄加篡改，所以更加失真。如太平军攻克永安时，《李秀成自述》有"困打后移过仙回"一语，"仙回"系岭名，而扪虱谈虎客却妄改为"困打后欲移兵回"。再如戊午八年天王任命陈玉成、李秀成等人为五军主将，《李秀成自述》有"又得一将朝用"之语。"一将"指李世贤，而扪虱谈虎客却妄改为"又得一蒋朝用"。又如《李秀成自述》说："龙游有王宗李尚扬把守。""王宗"系太平天国所封衔名，为对天王堂兄弟和东、西、南、北、翼五王兄弟辈的称谓。后期，对起义较早的老兄弟广封"开朝王宗"。幼主诏旨："特诏封李尚扬为天朝九门御林开朝王宗裨天义。"[1]而扪虱谈虎客却妄改为"宗王李尚扬"。由此以误传误，郭廷以《太平天国史事日志》在《王爵表》中也刊入"宗王李尚扬"。面对这样谬妄丛生的《近世中国秘史》本《李秀成自述》，罗先生辛苦摸索了十几年。直到1944年暮春，在广西通志馆工作的吕集义先生才在湘乡曾氏家里看到了秘藏多年的《李秀成自述》原稿。他穷两日之力，用随身带去的北京大学影印九如堂刻本，据以对勘，抄补了五千六百多字，并拍摄了十五帧照片，带回广西。彼时，罗先生也在广西通志馆工作，看到了吕氏所摄照片四帧及其抄补本，便摒弃了《近世中国秘史》本，改据吕氏抄补本作注，取名《忠王李秀成自传原稿笺证》发表，一时轰动学术界。1951年，开明书店一版再版。1952年，神州国光社版《太平天国》（《中国近代史资料丛刊》）据以辑入"诸王自述"中。1954年，中华书局印行《忠王李秀成自传原

[1]《太平天国史料》，开明书店1950年版，第111页。

稿笺证》第 3 版。1955 年，张秀民等编成的《太平天国资料目录》断言："《忠王自述原稿》，久成学术界之谜，今既公布于世，其余二十种版本，几均可废。"这是罗先生在注释《李秀成自述》过程中，第一次调整版本。

其实，这时罗先生并没有机会亲见湘乡曾氏所藏《李秀成自述》原件。对吕集义氏所拍得的十五帧照片，他也仅看到了其中的四帧而已。1954 年，原来也在广西通志馆工作的梁岵庐公布了这十五帧照片，取名《忠王李秀成自传真迹》。并指摘罗先生《笺证》本的讹误。1957 年，中华书局出版《忠王李秀成自传原稿笺证》（增订本），作为该书的第四版。罗先生公开声明，这书的一、二、三版在版本上有两点错误：一、由于未看到十五帧照片的全份，使自己无法发现吕集义氏校补本中的错误；二、罗先生凭自己的判断改动了若干字，以订正李秀成的讹漏，但未加注明。罗先生说："现在为了要改正我以前的错误，特地根据我在桂林从吕集义先生补抄本和梁岵庐先生的《忠王李秀成自传真迹》的十五张照片校对，把《忠王自传原稿》重新著录。"这是第二次调整版本。

其实，"笺证增订本"与吕氏"补抄本"仍有出入。于是根据郭沫若同志的提议，1961 年，中华书局影印吕集义《忠王李秀成自述校补本》。这个本子虽直接从湘乡曾氏所藏原件补抄而来，但也未能全部恢复原貌。吕氏自称："在两天内匆促校补完毕，这就很难保证没有挂漏错误的地方，原稿中别体、讹字被曾国藩改过的，只因时间仓促，不及一一改回。"所以吕氏深切盼望原件尚在人间。曾国藩后人所藏《李秀成自述》原件，自吕集义看过后，下落不明。1950 年，湖南省文物工作委员会调查了湘乡"曾富厚堂”的藏书,从书目中发现此件,已被“四少爷取去”[1]。按“四少爷”指曾昭桦,已在香港飞往曼谷的途中因飞机失事而坠死。郭沫若同志曾慨叹:“《自述》,原稿如为此人随身携带,则已可能不复存在于人间了。”[2]但到1962年,台湾世界书局影印出版《李秀成亲供手迹》,这件稀世之珍即公开于世。于是罗先生第三次调整版本。由于台湾世界书局在影印该书时,技术上有缺点,使它的原貌受损害。所以书的首页原有“若世人肯拜上帝者,无灾无难”云云,“难”字出格,竟被冲洗掉了。幸而有吕集义所拍照片在,罗先生据以补上。

在我国学术史上,注释史籍的名家不少,如裴松之注《三国志》,胡三省注《资治通鉴》等等。但在版本方面遭到如此曲折,还是没有过的。

二、不断增订注释

罗先生注《李秀成自述》,“是训诂与事实的考证并重”。训诂方面,他列举了十二项:太平天国制度、太平天国的避讳字、太平天国的特殊称谓、人物、地名、事物、专门名词、特殊的简写字、典故、辞句、方言、乡土称谓。事实的考证方面,罗先生列举了十项:事实错误,时间错误等等。总起来说,他疏通了史料的脉络。只有经过长期积累资料,才能得来这样的结果。例如,对“冲天炮”的一条注释,就是不断增订的产物。按李秀成说:“十一年正初,由常山动身,上玉山广信河口而行,到建昌屯扎,攻打二十余日未下,外有清军来救,是冲天炮李金旸带兵。”其后又说:“先有

---

[1] 《湖南历史资料》1958年第1期。
[2] 郭沫若:《忠王李秀成自述校补本序》。

冲天炮李金旸带有清兵十余营屯扎阴冈岭,与我部将谭绍光、蔡元隆、郜永宽等迎战。两军对阵,李金旸兵败,其将概已被擒,全军失散,拿其到步。……过了数日,发盘川银六十余两,其不受而去江西,后闻被杀。"对"冲天炮李金旸",罗先生在《笺证》的一、二、三版,都未注释。四版("增订本")始据欧阳兆熊《水窗春呓》注:"冲天炮是李金旸的绰号。"[1]还不能说明问题。以后,罗先生陆续掌握了有关资料,在1982年出版的《李秀成自述原稿注》里便完整地交代了其人其事。他据《王鑫遗集》里的一篇禀牍弄清冲天炮的来历:"本是天地会员,在湖南起义,称统领元帅,后来叛变投降清朝。"又据《曾国藩奏稿·李金旸张光照正法片》及南京图书馆所藏左宗棠给曾国藩的一封信,补充说明冲天炮与太平军战败被俘,李秀成释放了他,走归南昌自首,左宗棠认为其人凶悍难制,力劝曾国藩"不用则杀"。后来江西巡抚毓科把李金旸解送曾国藩,曾借失律罪将李处斩[2]。这一事实表明,由于充分掌握了冲天炮李金旸的有关资料,罗先生才能给《李秀成自述》这一节内容疏通证明,使读者了解透彻。而这一点一滴的资料,不是靠一时突击所能获得的。正如罗先生自序所说:"四十九年来,好似乌龟爬行一样,一点一滴地去作注。有些注真正是踏破铁鞋无觅处,到费尽九牛二虎之力找到了,却又自笑无知。"[3]从无知到有知,这是长期努力的结果。有的太平天国史老专家如简又文也对《李秀成自述》做过解释,但不能做到充分掌握有关资料而造成失误。例如《李秀成自述》记永安突围之役说:"姑苏冲是清朝

---

[1] 详见《水窗春呓》,中华书局1984年版,第5—6页。
[2] 《李秀成自述原稿注》,第245页。
[3] 《李秀成自述原稿注》,第17页。

寿春兵在此把守。"简又文在《太平军广西首义史》里却曲解"寿春"为人名,说什么"守姑苏冲者为满将寿春"[1]云云。后著《太平天国全史》始加以订正[2]。罗先生注这条不仅不误,而且据《剿平粤匪方略》卷十六所载咸丰二年八月初六日两江总督陆建瀛奏"前已调派安徽寿春官兵一千名前赴广西"[3]之语,严肃地提供了确凿的佐证。从这里,也显示出罗先生对太平天国史料所下的功夫,超越了他的同辈。

众所周知,为了研究《李秀成自述》,罗先生还遭受到特大的压力,深受林彪、"四人帮"的政治迫害。然而罗先生以惊人的毅力,度过了"十年浩劫",继续积累资料,终于在 1982 年出版了《李秀成自述原稿注》。

事实证明,罗先生之所以能够成为当代太平天国史学的泰山北斗,就是因为他具有锲而不舍的精神,这是值得我们后学称颂和学习的。

虚怀若谷

罗先生之所以成为太平天国史的泰斗,更重要的是因为他具有"虚怀若谷"的美德。兹举数事为例:

一、不护短

从太平天国己未九年起,天王诏旨之前都开列着一个接旨者的名单:"朕诏和甥、福甥、玕胞、达胞、玉胞、秀胞、恩胞、贤胞、辅

---

[1]《太平军广西首义史》,第 276 页。
[2]《太平天国全史》上册,第 327 页。
[3]《李秀成自述原稿注》,第 96—97 页。

胞、璋胞、万佺……"上述高级官员除"福甥"外，前辈学者已考明了他们的姓名。但"福甥"究是何人，一直没有明确的答案。1974年，我注释《洪秀全选集》，判断其人为萧朝贵的次子懿王蒋有福。曾向罗先生请教，举庞际云所藏《李秀成答词手卷》为证。该卷有曾国藩亲书提问太平天国亲贵下落的名单，其中列名在幼西王之下的，即"懿王蒋有福"。罗先生当即取出《手卷》核对后发问："萧朝贵之子为何姓蒋？"我答："萧朝贵之父王亲蒋万兴，见《太平天国史料》所录幼主诏旨[1]。由于父子异姓，所以长子从父姓萧，次子从祖姓蒋。"罗先生认为这条诏旨系据向达抄本排印，"萧""蒋"形近，难免差错。最后，罗先生婉转地说："你可以这样注，但证据还嫌不足。"实际他不同意我的解释。其后，广西紫荆山区发现了一座道光二十四年石刻的《建造佛子路碑》，上有太平军老兄弟傅学贤、蒋万兴等捐钱的记录。罗先生收到拓本，便放在手边。1975年底，我又去北京请教，罗先生立即取给我看，并非常高兴地说："你们说法有了确证，可以成立了。"于是在罗先生的支持下，我继续找到其他旁证，终于写成《懿王蒋有福考》[2]，作出了结论。

二、从善如流

《李秀成自述原稿注》出版后，我撰文评介，高度赞扬其巨大功绩，并指出小有疵病，建议在再版时修订。其中说道："对个别新资料，尚未引用。"[3]如罗先生说："李秀成所说的天王两个小子，是第三子光王、第四子明王（据戊午八年颁行的《太平礼制》），

---

[1]《太平天国史料》，开明书店1950年版，第104页。
[2]《太平天国学刊》第四辑。
[3]《中学历史》1983年第4期。

其名不详。"我的文章说:"其实,洪秀全的两个小儿子,一名天光,一名天明,见台北故宫博物院所藏《幼天王自述》,已经萧一山《清代通史》公布。"隔了一年多,1985 年 1 月,我偕同张一文同志谒见罗先生。他新病初愈,当着初见面的一文同志向我道谢,兴高采烈地说:"你帮助我知道了原来不知道的事情。"其实,以掌握太平天国史料而论,我比起罗先生来,不过如沧海之一粟而已。罗先生的谦抑,令我深愧!

三、不诿过

1979 年中华书局出版的《太平天国文书汇编》。据浙江博物馆藏原抄件著录太平天国东阳县卒长汪文明所遗下的"禀"和"呈"以及"批示"共三十件。我据内容判断,这批文书的后十四件乃是清朝的地方公牍,不是太平天国的文书。最显著的证据是:前十六件凡王姓一律改汪姓,而后十四件却不避讳"王"字。前十六件称地方官为大人,而后十四件却称"太爷"或"青天大老爷",不避讳"爷"字。1980 年,我撰《"东阳文书"考辨》[1]寄给罗先生。罗先生立即复信承认疏误,并准备公开做自我批评。稍后我到北京,面恳不要这样,他才没有写文章。其实,该书虽由罗先生主编,但以后补进了不少新资料,是由别的同志经手的。由于罗先生不愿诿过于人,所以他一肩承担了责任。

四、有功不居

1976 年中华书局出版的《洪秀全选集》,辑录了一篇《整顿房员诏》。我注释:"房员,即属员。'房'是太平天国用的一个简

---

[1] 此文已辑入《太平天国学刊》第二辑。

化字。太平天国制度,属员由各将领保举。"[1]这全是罗先生教给我的。但他从不让人知道此事。

所有这些,只有用"虚怀若谷"四字才能加以概括。如果罗先生单具有"锲而不舍"的精神,而没有"虚怀若谷"的美德,那还不可能受到学术界如此景仰。正因为这样,所以罗先生的史德更值得后学称颂和学习。

罗先生以六十年的工夫,经历重重困难,为太平天国史研究作出了巨大的贡献。今逢盛世之际,我深信广大年轻的后一代必将继承和发扬罗先生的业绩,作出更大的贡献!

---

[1]《洪秀全选集》,中华书局 1976 年版,第 73 页。

太平天国资料目录学的发展

从太平天国发表"旨准颁行诏书总目"开始，即产生了太平天国资料目录。20世纪30年代起，有些前辈做这项工作。1934年，邓衍林编成了《关于太平天国史料史籍集目》。1946年，郭廷以发表《太平天国史事日志·引用书目》。1957年，张秀民等编辑出版《太平天国资料目录》，作为《中国近代资料丛刊——太平天国》的附录。还有一些外国学者，也在这方面作出贡献。兹择要评述，以反映太平天国资料目录学的发展。

一、太平天国"旨准颁行诏书总目"

太平天国出版的书籍，统称"诏书"。"诏书"必盖天王金印，上刊"旨准"二字，才准"颁行"，故又称"旨准颁行诏书"。太平天国所印书籍，好多种都在封里插页附刊"旨准颁行诏书总目"。随着革命的发展，"旨准颁行诏书总目"也逐渐增加。

太平天国辛开元年（1851）的印书，现存《太平礼制》一种，封面题"太平天国辛开元年新刻"，封里无"旨准颁行诏书总目"。

太平天国壬子二年（1852）印书，现存《太平诏书》、《天条书》、《太平条规》、《天父下凡诏书》（一）等，封里都无"旨准颁行诏书总目"。

另有几种过去也被当作壬子二年印书：

《幼学诗》，旨准颁行诏书总目共有十三部。

《太平军目》，旨准颁行诏书总目共有十三部。

《颁行诏书》，旨准颁行诏书总目共有十四部。

《天命诏旨书》，旨准颁行诏书总目共有十四部。

《太平天国癸好三年新历》，旨准颁行诏书总目共有十四部。其实，这些书都不是壬子二年初刊本而是癸好三年（1853）刊本或重刊本。主要根据是：

第一，《幼学诗》《太平军目》所刊"旨准颁行诏书总目"十三部，其中已有《旧遗诏圣书》和《三字经》等书，其封面明白写着"太平天国癸好三年新刻"。可见这本《幼学诗》和这本《太平军目》，已经都是癸好三年的刻本。

第二，《幼学诗》《太平军目》所刊"旨准颁行诏书总目"与初刻本《太平救世歌》附录"旨准颁行诏书总目"是同样的十三部。《太平救世歌》封面题"太平天国癸好三年新刻"，显见这本《幼学诗》和这本《太平军目》也刊于癸好三年。

第三，《颁行诏书》《天命诏旨书》《太平天国癸好三年新历》所刊"旨准颁行诏书总目"共是十四部。十三部之外增加的《新遗诏圣书》一种，封面也题"太平天国癸好三年新刻"。可见《颁行诏书》等三书的刊刻时间比上述《幼学诗》《太平军目》《太平救世歌》的刻本较后，但也在癸好三年。

太平天国癸好三年印书刻本现存还有：

《太平天国甲寅四年新历》，附刊"总目"共有十五部，比十四部多《太平救世歌》。

《天父下凡诏书》（二），封面题"太平天国癸好三年新刻"，附录"旨准颁行诏书总目"共有二十部,比十五部增多《建天京于金陵论》《贬妖穴为罪隶论》《诏书盖玺颁行论》《天朝田亩制度》等四部。按这四部书的封面也都题"太平天国癸好三年新刻"。这一切证明,截至癸好三年年底,"旨准颁行诏书总目"共有二十部。

太平天国甲寅四年(1854)初刻的第一部旨准颁行诏书是《天理要论》,该书附录的"旨准颁行诏书总目"共有二十一部,即比二十部增加《天理要论》一部。甲寅四年初刻的旨准颁行诏书,还有《天情道理书》和《御制千字诏》。但迄今我们尚未见该两书的初刻本。

太平天国乙荣五年(1855)初刻《行军总要》,该书附录的"旨准颁行诏书总目"共有二十四部,即比二十一部增多《天情道理书》《御制千字诏》和《行军总要》三部。

太平天国丙辰六年(1856)发生"杨韦事变",这一年未刻旨准颁行诏书。

太平天国丁巳七年(1857)初刻《天父诗》,但同年颁刻的《太平天国戊午八年新历》附录"旨准颁行诏书总目"共有二十四部,尚无《天父诗》,可见《天父诗》的刊行已在这年年底。

太平天国戊午八年(1858)初刻的"旨准颁行诏书"三种,但现存国内流传的仅《醒世文》一种。该书附录的"旨准颁行诏书总目"共有二十八部,比二十四部增多《天父诗》《钦定制度则例集编》《武略书》和《醒世文》四部。国内另传封面也题"太平天国戊午八年新刻"的《太平礼制》一种,该书附录的"旨准颁行诏书总目"也共有二十八部,但书中已有干王、英王、忠王、侍王、赞王、辅王、章王等称谓,可见这部《太平礼制》已非戊午八年的初刻本,而是己未九年以后的后刻本。

太平天国己未九年(1859)虽然颁行了洪仁玕《资政新篇》等书,但未编入"旨准颁行诏书总目"。

太平天国庚申十年初刻的《王长次兄亲目亲耳共证福音书》,附录"旨准颁行诏书总目"共有二十九部。这年颁刻的《太平天国辛酉十一年新历》附录"旨准颁行诏书总目"也共有二十九部。即比二十八部增多《王长次兄亲目亲耳共证福音书》一部。

太平天国辛酉十一年起颁行的书籍,如《钦定士阶条例》等,都未刊入"旨准颁行诏书总目",也不再附录"旨准颁行诏书总目"。

总上述,太平天国印书附录"旨准颁行诏书总目",始于癸好三年,迄庚申十年为止,从十三部增加至二十九部。一般来说,某书初刻本所附"旨准颁行诏书总目"都包括本书,但也有例外,如《太平救世歌》初刻本所附"旨准颁行诏书总目"不包括《太平救世歌》。"旨准颁行诏书总目"帮助我们了解太平天国印书的目录,辨别它们是初版还是再版。研究"旨准颁行诏书总目",是研究太平天国文献的入门。

二、邓衍林《关于太平天国史料史籍集目》

1935 年 3 月,《图书馆学季刊》9 卷 1 期发表了邓衍林《关于太平天国史料史籍集目》。稿末注明"民国二十三年冬月(留)"。可见他写成于 1934 年冬。全文五部分:(一)太平天国旨准颁行诏书总目所载二十九种;(二)其他史料;(三)太平天国史籍;(四)太平天国战役史料;(五)杂录。

（一）太平天国旨准颁行诏书总目所载二十九种

邓氏按太平天国"旨准颁行诏书总目"编次,始《天父上帝言题皇诏》迄《王长次兄亲目亲耳共证福音书》。二十九部中,当时邓氏未见者,有《天理要论》和《钦定制度则例集编》二部。《天理要论》为以后王重民在英国剑桥大学发现,编入《太平天国官书十种》中。王重民据剑桥藏本编入《太平天国官书十种》的,还有《颁行历书》(甲寅四年),即《太平天国甲寅四年新历》;《颁行历书》(戊午八年),即《太平天国戊午八年新历》;《太平礼制》(戊午八年)三种,也属邓氏所未见。盖邓氏尚未发现英国剑桥大学所藏太平天国文献。

对每一部旨准颁行诏书,邓氏都详列其版本和收藏处,举例如下:

《天父下凡诏书》(其一)

太平天国壬子二年(1852)新刻(半叶十行,行二十四字,共十三叶又三行)

1.法国国立东方语言学校东方图书馆藏(下简称"法东方藏")

2.法巴黎藏

3.英伦博物馆藏

4.《太平天国史料》第一集影印法东方藏本(半叶九行,行二十二字)

5.德国柏林国家图书馆藏

上述可知,邓氏所见海外所藏太平天国文献,包括程演生所见法东方本、萧一山所见英国伦敦大英博物馆(简称"英伦博物馆")本和俞大维所见德国柏林国立图书馆本之外,还有法国巴黎国家图书馆本。法东方本"旨准颁行诏书",见程辑《太平天国史料》

第一集,英伦博物馆本见萧辑《太平天国丛书第一集》,德国柏林本大概见《太平天国诗文钞》。至于法巴黎本,国内迄今尚无专书翻印。邓氏著录的巴黎本"旨准颁行诏书"有:

《天父上帝言题皇诏》

《天父下凡诏书》(其一)

《天命诏旨书》

《旧遗诏圣书》,题"出麦西国传",即《旧约》圣经"出埃及记",不知刊于何年。

《太平诏书》

《太平礼制》,太平天国壬子二年(1852)新刊。

《太平军目》

《太平条规》

《颁行诏书》

《太平天国癸好三年新历》

《三字经》

《幼学诗》

《太平救世歌》

在邓氏发表此文后不久,1935年6月,王重民也发表《记巴黎国家图书馆所藏太平天国文献》。从此,我们可以窥见巴黎图书馆所藏太平天国"旨准颁行诏书"的梗概。

(二)其他史料

邓氏将"旨准颁行诏书总目"以外的太平天国印书和文书、天地会文件、中外反动派文件、太平天国印书、文书的汇编本等,统称"其他史料"。

"旨准颁行诏书总目"外的印书有:

．　《钦定士阶条例》

　　《钦定英杰归真》

　　《资政新篇》

　　《幼主诏书》

　　其中《资政新篇》注明："英国牛津大学图书馆藏原刻本。"据此可知,《资政新篇》原件现除上海图书馆本、英国剑桥本、英国伦敦博物馆本为人所周知者外,还有英国牛津本。

　　邓氏著录的太平天国文书,包括天王诏旨、幼主诏旨、东王西王诰谕,干王喧谕等,都是太平天国中央文献,大部分都据英伦博物馆藏本,其后刊入萧一山辑《太平天国诏谕》中。天王《命薛之元镇守浦口诏》,则据故宫博物院藏手稿本。(浦口,当作江浦。)

　　邓氏著录的天地会文件和《戈登将军文书》,其后刊入金毓黻等所编的《太平天国史料》。

　　邓氏著录的太平天国印书、文书汇编,有程辑《太平天国史料》第一集,刘复编《太平天国有趣文件十六种》、罗邕等编《太平天国诗文钞》(1931 年初版)等已刊之书,另有严圃青抄《太平天国史料》五种,从德国柏林图书馆摄影的印书八种都未刊。《太平天国诗文钞》1934 年再版本曾据柏林本校订了所刊太平天国印书,但邓氏尚未及见。

　　"其他史料"最后著录的许指严编《石达开日记》,实系伪书。

　　(三)太平天国史籍

　　其中张德坚《贼情汇纂》,系清朝官员搜集的情报汇编。《蛮氛汇编》和《粤匪杂录》则系时人杂钞。邓氏著录的真正太平天国专史有:汉公《太平天国战史》、凌善清《太平天国野史》、张霄鸣《太平天国革命史》、李一尘《太平天国革命运动史》、王钟麒

《太平天国革命史》。还有孟宪承译的英人林德力（吟唎）《太平天国外记》，这书于1915年由商务印书馆出版，是我国最早从外文翻译的一部太平天国史料。

（四）太平天国战役史料

其中有全面性的如《剿平粤匪方略》，有专题性的如《洋兵纪略》，有地方性的如《山东军兴纪略》，有以军为专书的如《湘军志》，有以人为单位的如朱洪章《从戎纪略》，等等。其中大部分是档案的汇编。

（五）杂录

这里著录大批私人笔记，如李圭《思痛记》，张汝南《金陵省难纪略》、顾汝珏《海虞贼乱志》等等。还有记事诗，如《独秀峰题壁》。其中大部分现已刊入神州国光社本《太平天国》中。最后，邓氏著录《太平天国轶闻》和《中国秘密社会史》二书，因无法归类，故也入"杂录"。

综观邓氏所编"集目"，主要是根据当时北平图书馆的藏书。数量虽不甚多，分类也有不当，但已包括太平天国和地主阶级两方面的基本资料。为以后产生的太平天国史料目录留下了雏形。

三、郭廷以《太平天国史事日志》引用书目

1946年，商务印书馆出版郭廷以的《太平天国史事日志》，这是一部前所未有的太平天国史料长编，后附"引用书目"，也是一篇前所未有的太平天国资料目录。

第一，它的范围广，不仅网罗了中文资料而且包括英文资料。前言说明："书分两部，一为中文，计一百九十七种，另地方志三百

八十种,期刊八种。一为西文,计四十三种,以英文为主。"

第二,对重要的书籍或冷僻作者,都有解题。前言说:"每书之后略加解说讲述以明其性质。至著者事迹为人所周知及一览书名而即了解其内容者,则均省去。"

第三,郭氏在考释方面,在吸取前人成果的基础上,作了某些补正。前言说:"近年萧一山先生于太平文献刊布最多贡献特大,用力至勤,兹再于其考释分别予以补正。俾史料性质愈得以明。"

(一)中文之部

郭氏把中文资料分做八类:"一二三类为原料;四类为次料;五类为杂刊笔记,原次料兼具;六类为传记与年谱;七类为地方志,其中原料居多;八类为期刊,所用仍以原料为主。"

(甲类)太平天国官书与总集

郭氏所说"太平天国官书"包括太平天国印书与文书。

(1)程演生《太平天国史料第一集》

(2)萧一山《太平天国丛书第一集》

(3)《太平天日》

(4)洪仁玕《资政新篇》

(5)洪仁玕《英杰归真》

(6)洪仁玕《钦定军次实录》

(7)刘复《太平天国有趣文件十六种》

(8)《太平天国文书》(民国二十二年故宫博物院影印本)

(9)萧一山《太平天国诏谕》

(10)《掌故丛编》(故宫博物院出版)

(11)《文献丛编》(同上)

(12)罗邕、沈祖基《太平天国诗文钞》(民国二十三年商务印

书馆排印本）

（13）卢前《太平天国文艺三种》

郭氏所说"总类"包括清朝官修和私修的档案汇编。

（14）朱学勤等《钦定剿平粤匪方略》

（15）朱学勤等《钦定剿平捻匪方略》

（16）贾桢等《筹办夷务始末》(咸丰朝)

（17）宝鋆等《筹办夷务始末》(同治朝)

（18）《清仁宗、宣宗、文宗、穆宗圣训》

（19）王先谦《东华续录》(道咸同三朝)

（20）潘颐福《咸丰朝东华续录》

（乙类）专集

郭氏著录清朝将帅谋士的专集三十七种,其中除袁甲三《袁侍御奏稿》系抄本外,其他皆有刊本。

（丙类）当事人记述及其他

共五十六种,体例比较庞杂,有清朝官员搜集的情报汇编,如张德坚《贼情汇纂》;有太平军将士的自述,如《李秀成供状》;有笔记资料,如陈徽言《武昌纪事》;有杂钞,如《粤匪杂录》。其中以笔记资料为最多,后多数刊入神州国光本《太平天国》中。

（丁类）系统记述

共三十五种,大都剪裁原始资料,经过改编之作。如李滨《中兴别记》等长编,王闿运《湘军志》等纪事本末。也有近人著作,如罗尔纲《太平天国史纲》,郭廷以《太平天国历法考订》。

（戊类）杂刊

共十八种,多数系资料汇编或杂抄。其中以简又文《太平天国杂记》等为较有价值。也有论文集,如谢兴尧《太平天国史事论丛》；也有专题资料辑录，如萧一山《近代秘密社会史料》。

（己类）传记与年谱

共三十一种。官书如《清史列传》；私书如缪荃孙《续碑传集》，其中一部分是镇压太平军的反动派人物的传记；专书如朱孔彰《中兴将帅别传》；地区性的如沈葆桢《江西忠义录》；个别人物的如黎世昌《曾文正公年谱》。附录陈垣《廿史朔闰表》和《中西回史日历》两种工具书。

（庚类）地方志

共三百七十四种，包括太平军所到之处的省府县志。

（辛类）期刊

共九种：《人文月刊》、《逸经》、《国闻周报》、《经世》、《上海市通志馆期刊》、《社会科学》、《大公报·图书附刊》、天津《益世报·史学》、《中央日报·史学》。所载除史料外，也有论文。

（二）西文之部

不分类。其中包括韩山文《太平天国起义记》和吟唎《太平天国革命亲历记》二书的英文原本。

从上述可见，郭氏对太平天国史富有研究，他所涉猎的书目如此浩繁。正因为这样，所以他对太平天国资料目录学作出了前所未有的贡献。

第一，弄清史源

例如，郭氏指出，《洪杨类纂史略》即《贼情汇纂》。《太平天国野史》"大体依据《贼情汇纂》"。

第二，辨明版本

例如，郭氏辨明西欧所藏四部《太平诏书》共有三个版本。法国东方本与德国柏林本同为初版本。但有几字差异，区分出初印和重印之别。英伦博物馆本与法国巴黎本同为再版本，内容已经删改。他订正了萧一山把修订本当作初刻本之误。

第三，鉴定真伪

例如，郭氏据薛福成《庸庵笔记》，指出汪堃《盾鼻随闻录》系伪书。正如薛书所说："借记粤匪之事，……附益以子虚乌有凭空编造之词，其命意专为道州何氏而发。"堃因与何绍基同官四川时有私仇，故编造伪书以泄愤。

第四，提供线索

例如，郭氏指出，严辰《桐乡县志》卷十二"记事甚好，颇多有价值材料。于此可知太平军在所占地之设施"。

但郭氏也有疏误。例如，他见过洪仁玕《资政新篇》，而说未见洪仁玕《兵要四则》。其实后者附在前书之后，郭氏疏忽未见也。

四、《太平天国资料目录》及其补充

1957 年 5 月，上海人民出版社出版了张秀民、王会庵所编《太平天国资料目录》。它反映了中华人民共和国成立初期对太平天国史研究整理的成果。中华人民共和国成立初期，中国史学会决定分工编辑《中国近代史资料丛刊》。1952 年，《丛刊》第二种《太平天国》首先由神州国光社出版。张、王二氏之作，相当于该书的参考书目，故题为《太平天国资料目录》。其实它所列的论著、资料、文物，大大地超过了《太平天国》的内容。原因是：第一，《太平天国》不可能包括全部已发现的资料，也不可能包括所有中外论著；第二，在《太平天国》出版过程中以及出版后三年间，陆续有新的资料和文物发现，《太平天国》都未及辑入。

《太平天国资料目录》著录的篇目比郭廷以《太平天国史事日志·引用书目》多了一倍以上，分为四个部分：一、太平天国文献，共收四百余种。二、清方记载，共收约六百种。三、近人论著，共收三百七十余种。末附天地会资料四十余种。总计一千四百余种。

《太平天国资料目录》的分类比较细密，它按史源分为四大部分，每部分又区分若干类。兹列举如下：

（一）太平天国文献

共分六类：官书（一名旨准颁行诏书）、文书杂件、诸王自述、金石文物、汇编书刊。附录：佚书、伪书。

（二）清方记载

共分四类：一般记载、地方记载、部分有关编著、汇编书刊。其中的"一般记载"系综合记载，如《贼情汇纂》《剿平粤匪方略》《湘军志》等都入此类。"地方记载"包括地区性的笔记、诗词、函牍等资料，如《金陵被难记》《金陵纪事诗》《金陵举义文存》，等等。"部分有关编著"包括实录、奏稿、日记、年谱、随笔、诗文集等。"汇编书刊"如《蛮氛汇编》《庚辛泣杭录》等乃系对各种资料的汇编。

（三）近人编著

共三类：论著、部分有关编著、丛刊杂录。每类又各分为甲乙二部：在中华人民共和国成立后列为甲部，著录之书刊止于1955年底。在中华人民共和国成立前者列为乙部。

（四）外人论著

分译本与原著两类，包括日文资料九种。

《太平天国资料目录》详细介绍了各种书籍的版本，便于读者查考。例如杜文澜《平定粤匪纪略》共有五种版本：一、清同治九年刻本十册；二、清同治十年京都聚珍斋印本八册；三、清光绪七年刻本六册；四、清光绪年上海申报馆仿聚珍版印本六册；五、清光绪元年刻本十册，改名《平定粤寇纪略》。

《太平天国资料目录》揭露了各种伪书，如《石达开遗诗》《石达开日记》《洪仁玕使美日记》等等，以免读者上当。

《太平天国资料目录》既吸取了前人研究的成果，也有自己的见解。例如在附录"佚书"《诗韵》条下注明："近人或以为'诗韵即诗经，因天王不欲以经相许，故改经为韵'。此说未确。《天条书》叙论即引《易经》《书经》，又引《诗经》并未改为《诗韵》。"

正如简又文在《五十年来太平天国史之研究》一文中所说的，《太平天国资料目录》"贡献于史学界者不少，不过，内容仍未能尽包一切"。

1957年11月24日上海《新民报》晚刊发表谷弗《〈太平天国资料目录〉补遗》一文。作者补充了清方记载十几种。其中如翁同书《𦶜斋自订年谱》，记清"江北大营"战事，系同治年间刻本，但未入《太平天国资料目录》。

自从《太平天国资料目录》出版之后，新的资料、文物、论著继续发现和出版，单是史料，就多不胜举。

以新发现的太平天国文献为例：

洪仁玕等所上《钦定士阶条例》，是记载太平天国后期科举制度的重要文献。《太平天国资料目录》据英国伦敦博物馆所藏的残本著录。注明："原缺十七、十八两页。"其实英伦本缺第五、十七、十八共三页，萧一山据《钦定英杰归真》引文补了第五页，辑入《太平天国丛书第一集》。神州国光本《太平天国》即据萧辑本排印,缺十七、十八页。直到 1957 年常熟发现了《钦定士阶条例》的原刻本,全书才完整无缺。1962 年,罗尔纲同志据以影印入《太平天国印书》,这是《太平天国资料目录》需要补正的一点。

《李秀成供词》是研究太平天国史的重要资料。《太平天国资料目录》著录两种本子:曾国藩删改本和罗尔纲笺证本。按李秀成被曾国藩俘获,后写下"亲供"三万余言,比较有系统地反映太平天国革命的经过。原稿经曾国藩删改,于安庆刻板、流传,即所谓"安庆本",又称九如堂刻本,成为以后二十九余种版本的依据。1944 年广西通志馆吕集义赴湘乡曾家,取原稿抄校于九如堂本之上,并摄影十五张。当时在该馆工作的罗尔纲据以撰成《忠王李秀成自传原稿笺证》,于 1951 年由开明书店出版。1954 年同在该馆工作的梁岵庐又将照片十五张,加题记交上海出版公司出版,取名《忠王李秀成自传真迹》。但其内容大多都已包括在"罗笺本"中。这是截至《太平天国资料目录》出版以前的《李秀成供词》的版本。《太平天国》所辑录的,也就是据"罗笺本"排印的。张、王二氏认为:"忠王自述原稿,久成学术界之谜。今既公布于世,其余二十种版本,几均可废。"其实,"罗笺本"距原稿本仍远甚。1958 年,科学出版社出版梁岵庐《忠王李秀成自述手稿》,驳正"罗笺本"舛误达一百数十处之多,梁岵庐所据者系"吕集义抄校本",其实"梁手稿本"与"吕集义抄校本"尚有差距。1961 年中华书局影印出版吕集义《忠王李秀成自述校补本》,也非《李秀成供词》的原貌。至于曾国藩家藏《李秀成供词》原件,于 1949 年已转往台湾。1950 年,湖南省文物工作者到曾家看到一本"书目",在《李秀成供词》下注明"四少爷取去"。1962 年,台北世界书局影印出版了《忠王亲供手迹》。这部久成学术界之谜的秘本,才真正公布于世。这又是《太平天国资料目录》需要订补的一条。

1958年第1期《湖南历史资料》发表了曾国藩家藏的《伪官执照清册》和《伪印清册》。上载杨辅清等部下大批文武官员的职衔、姓名等,有重大史料价值。1963年,《文史》第1辑发表《东王答英人三十一条并质问五十条诰谕》,阐明了太平天国的重大政策。这些也是《太平天国资料目录》缺载的珍贵文献。

从《太平天资料目录》,我们只了解英、法、德三国都收藏大批太平天国文献。1959年科学出版社出版《太平天国资料》,其中发表了朱士嘉从美国国立档案馆选录的六通太平天国致美国官员的照会。又按于右任《太平天国诗文钞序》:"曩游俄国,闻诸治东方文史者云,大学院中所藏太平一朝文献,衮然动观。"可见美国、苏联都占有一批太平文献。《太平天国资料目录》对此皆无记录。最近英国伦敦大学柯文南教授寄赠我国太平文献八件,这是他从英国公共档案局抄得的。由此可见,即使是在英国,虽经萧一山、王重民、向达等努力收集,但正如沧海遗珠,仍有太平文献未被发现。

至于清方和外国记载,自从《太平天国资料目录》出版之后,也不断有新的收获。

1953年,在杭州发现了吴煦档案。其中大部分是吴煦在苏松太兵备道任内的往来公文和信札,也有吴煦所收集的太平天国的文献,还有一些公私账簿和名册等。1958年由三联书店出版《吴煦档案中的太平天国史料选辑》。内有:一、太平天国文书;二、有关小刀会的文件;三、清政府和国际侵略者的关系;四、有关洋枪队的文件;五、外人书信;六、会防局译报选辑。

1959 年科学出版社出版的《太平天国资料》，也是太平文献、清方记载与外人信件三方面资料的汇编，其中以清方记载为最多。

1961 年至 1963 年，中华书局出版罗尔纲氏主编的《太平天国史料丛编简辑》。事前，南京太平天国历史博物馆在南京图书馆进行摸底，编成《丛编》八百万字。又从中抽出最主要的一百八十万字编成《简辑》，内容都是清方记载。其中有赵烈文《能静居日记》，龚又村《自怡日记》等从未发表过的珍本。

1979 年，上海古籍出版社出版《太平天国史料专辑》。内有地主文人所写的《柳兆薰日记》等有价值的史料。

从 1980 年起，中华书局陆续出版罗尔纲氏主编的《太平天国资料汇编》，包括一千万字的清方记载，其中也有若干种没有公布过的新史料。

《太平天国资料目录》没有著录地方志，这是一大缺陷。事实证明，除省府县志提供太平天国史料外，还有一些镇志，如苏州的《相城小志》，吴江的《周庄镇志》，江阴的《杨舍堡城志》等，也都有史料价值。

关于国外论著，张、王二氏所著录的是以英文方面居多。至于日本的有关著作，则很不完备。1979 年，日本学者白川知多编《太平天国关系文献目录》，内分：专著、同时代日本人的太平天国见闻记、文献目录、研究动向、研究论文、关系著作、翻译书、太平天国前后的农民运动等七部分。可供我们参考。

对于外国论著的译本，也陆续有新的发表。

英人吟唎《太平天国——太平天国革命的历史》，包括作者亲身经历的叙述。1866 年在伦敦出版。约五十万字。1915 年商务印书馆出版了孟宪承的节译本，压缩至十二万字，改名《太平天国外纪》。时隔久远,孟译本已经绝版。1962 年,中华书局上海编辑所出版王维周重译本,书名改题《太平天国革命亲历记》,不做删节,以存原貌。

苏联学者波波夫据沙俄留下的档案,写成《太平天国时期的沙俄外交》,载 1927 年苏联《红档》杂志。其中记载沙俄支持清政府干涉太平天国革命的罪状。《近代史资料》1978 年第 1 期发表了他的汉文译本。

所有这些,都为我们续编《太平天国资料目录》准备好了重要内容。

五、结　语

太平天国史料极为丰富,论著亦盈架充案。编写目录,必不可少。从邓衍林发表《关于太平天国史料史籍集目》起,太平天国资料目录不断有所发展,这实际是史学界对太平天国史研究不断进展的缩影。我们对太平天国资料目录学的研究,也是探讨太平天国史学史的重要环节。本文述其梗概,以便初学。

太平天国印书史略

一、太平天国印书

太平天国出版了多种书籍，统称"诏书"，又称"圣书"，也称"天书"，后代学者称之为"太平天国官书"，或称"印书"。从辛开元年（1851）起，太平天国开始刻书。癸好三年（1853）以后，在每书卷首都附"旨准颁行诏书总目"。到庚申十年（1860）止，"旨准颁行诏书总目"共二十九部。除《钦定制度则例集编》外，现已发现二十八部。另未列入"旨准颁行诏书总目"的共十部。其中，少数是翻印的旧籍。《旧遗诏圣书》《新遗诏圣书》即基督教的《旧约》《新约》，《武略》是《孙子》《吴子》和《司马法》等古代兵书的汇编；《天理要论》是基督教传道书的节本，其他都是太平天国自身的文件。其中的《太平礼制》，现有辛开元年的初编和戊午八年以后的续编两种。《颁行历书》，现有癸好三年、甲寅四年、戊午八年、辛酉十一年的四种。

综上所述，现有太平天国印书共计四十二种。

太平天国印书有不同的版本。

第一，封面标明有初刻与重印之别。

例如，《幼学诗》现有三本：一本封面署"太平天国辛开元年新刻"，一本署"太平天国壬子二年新刻"，一本署"太平天国癸好三年新刻"；又如，《太平救世歌》，现有两本：一本封面署"太平天国癸好三年新刻"，又一本署"太平天国甲寅四年新刻"。

但是，这种情形并非一律，多数太平天国印书封面所刊年份，往往是初刻时间，其后虽经修订重印，但封面年份仍不改变。读者只能从其他特征来考定该书刊行的先后。

第二，附录"旨准颁行诏书总目"也反映出版本的先后。

例如，现存两本《天朝田亩制度》，封面都署"太平天国癸好三年新刻"，但所附录的"旨准颁行诏书总目"不同，一本已有甲寅四年颁行的《天理要论》，可证这本《天朝田亩制度》已是甲寅四年以后的重印本；另一本附录的"旨准颁行诏书总目"共二十九部，包括庚申十年的《王长次兄亲目亲耳共证福音书》，可证这本《天朝田亩制度》已是庚申十年以后的刻本。又如，现存两本《太平诏书》，内容颇有不同。一本缺封面，无"旨准颁行诏书总目"；另一本封面署"太平天国壬子二年新刻"，但附录"旨准颁行诏书总目"所列的最后一书是癸好三年颁行的《太平救世歌》，可证后一本《太平诏书》已非壬子二年的初刻本，而是癸好三年以后的重印本。

第三，增补与修改。

例如，《太平礼制》续编本，封面署"太平天国戊午八年新刻"，但内容已有己未九年册封的干王、英王、赞王、侍王、辅王、章王等的称谓，显然已是己未九年以后的增订本。又如，现存《天情道理书》，封面署"太平天国甲寅四年新刻"，但附录"旨准颁行诏书总目"最后一部已是戊午八年颁行的《醒世文》，本书卷尾有朱印"己未遵改"四字，显然这已是己未九年的修订本。现存《御制千字诏》中的一本，封面署"太平天国甲寅四年新刻"，附录"旨准颁行诏书总目"迄乙荣五年颁行的《行军总要》为止,末页有"戊午遵改"朱戳,显然本书初刻于甲寅四年,重印于乙荣五年,修改于戊午八年。

综上所述,现存四十二种太平天国印书有不同的版本,所以不止四十二本。这些印书的原件或抄件,现分藏在国内外博物馆、图书馆中。

二、国内外保存的太平天国印书

太平天国失败后,大量印书被毁灭,但在国外却保存了一批。兹就我们已知的,罗列于后。

迄今保存太平天国印书最多的是英国。

(一)伦敦不列颠博物馆东方部藏太平天国印书[1]

1. 见于该部"中国图书目录"的:

《旧遗诏圣书》;《新遗诏圣书》;《太平天国癸好三年新历》(两本);《颁行诏书》(两本);《三字经》(两本);《太平诏书》(三本,一本初刻,两本重印);《太平军目》;《太平救世歌》;《太平礼制》(两本,封面均署"太平天国壬子二年新刻");《太平条规》;《天父下凡诏书》(一);《天父上帝言题皇诏》;《天命诏旨书》(两本);《天条书》;《幼学诗》(两本,一本壬子二年新刻,一本癸好三年新刻)。

2. 见于"中国书籍及写本补充目录"的:

《钦定旧遗诏圣书》;《钦定前遗诏圣书》;《诏书盖玺颁行

---

[1] 萧一山:《太平天国丛书第一集》附录。

论》;《行军总要》;《建天京于金陵论》;《钦定士阶条例》(残本,缺三页);《贬妖穴为罪隶论》;《太平天国辛酉十一年新历》;《天朝田亩制度》;《天父诗》(五百首);《天情道理书》(卷尾朱戳"己未遵改");《王长次兄亲目亲耳共证福音书》;《武略》;《幼主诏书》;《御制千字文》(卷尾朱戳"戊午遵改")。

3. 见于"抄本中国书籍续增目录"的:

《醒世文》。

(二)剑桥大学图书馆藏太平天国印书[1]

《天父上帝言题皇诏》(两本,一本署"太平天国癸好三年新刻",一本署"太平天国甲寅四年新刻");《太平军目》(两本);《太平条规》;《天父下凡诏书》(一);《天命诏旨书》;《天条书》;《太平诏书》;《太平礼制》(太平天国壬子二年新刻);《颁行诏书》;《三字经》;《幼学诗》;《太平救世歌》(两本,一本改"歌"为"诰",后刻);《建天京于金陵论》;《贬妖穴为罪隶论》(卷尾朱戳"己未遵改");《诏书盖玺颁行论》,《天情道理书》;《御制千字诏》(两本,均署"太平天国甲寅四年新刻",但字体不同,非同一版本。一本朱戳:"戊午遵改");《天父诗》(一百首);《醒世文》,《幼主诏书》;《太平天国癸好三年新历》;《太平天国辛酉十一年新历》;《开朝精忠军师干王洪宝制》;《资政新篇》(初刻);《钦定英杰归真》;《钦定军次实录》(改正重印本);《诛妖檄文》;《太平天日》;《天父天兄天王太平天国己未九年会试题》;《天理要论》;《太平礼制》(太平天国戊午八年新刻);《太平天国甲寅四年新历》;《太平天国戊午八年新历》。

[1] 王重民:《记剑桥大学图书馆所藏太平天国文献》。

（三）牛津大学汉学图书馆藏太平天国印书[1]

《资政新篇》等十四种。

收藏太平天国印书数量次于英国的是法国。

（四）巴黎国家图书馆藏太平天国印书[2]

《天父上帝言题皇诏》;《天父下凡诏书》(一);《天命诏旨书》;《出麦西国传》(即《旧遗诏圣书》之第二章);《天条书》;《太平诏书》(内收《原道救世歌》《原道醒世训》《原道觉世训》之"歌""训",均改"诏",可证后刻);《太平礼制》(太平天国壬子二年新刻,辛开元年版的修订本);《太平军目》;《太平条规》;《颁行诏书》;《太平天国癸好三年新历》;《三字经》;《幼学诗》(太平天国辛开元年新刻);《太平救世歌》。

（五）巴黎国立东方语言学校图书馆藏太平天国印书[3]

《天父下凡诏书》(一);《天父下凡诏书》(二);《天命诏旨书》;《太平诏书》;《颁行诏书》;《天朝田亩制度》;《三字经》;《建天京于金陵论》;《贬妖穴为罪隶论》;《诏书盖玺颁行论》。

收藏初版太平天国印书最多的是德国。

（六）普鲁士国立图书馆藏太平天国印书[4]

《天父下凡诏书》(一);《天命诏旨书》(壬子二年新刻末附癸好三年天王诏旨,字体不同,当系补版);《天条书》;《太平诏书》(初刻);《太平礼制》(太平天国辛开元年新刻);《太平军目》;《太平条规》;《颁行诏书》(初刻);《太平天国癸好三年新历》;《三字

---

[1]　萧一山:《太平天国丛书第一集序》。

[2]　王重民:《记巴黎国家图书馆所藏太平天国文献》。

[3]　程演生:《太平天国史料第一集后记》及萧一山:《诏书盖玺颁行论跋》。

[4]　王重民:《记普鲁士国立图书馆所藏太平天国文献》。

经》;《幼学诗》。

（七）荷兰莱登大学汉学院藏太平天国印书[1]

《颁行诏书》,《太平礼制》;《太平条规》;《天条书》;《太平诏书》;《太平天国癸好三年新历》;《三字经》。

（八）美国国会图书馆藏太平天国印书[2]

《天命诏旨书》;《天父上帝言题皇诏》(附录"旨准颁行诏书总目"共十四部,比英馆癸好本少《太平救世歌》一部);《天条书》(修订本);《太平诏书》(癸好重印本);《太平礼制》(壬子修订本);《颁行诏书》;《三字经》(附录"旨准颁行诏书总目"共十三部,无《新遗诏圣书》);《幼学诗》(太平天国辛开元年新刻);《太平救世歌》;《建天京于金陵论》。

（九）国内发现的太平天国印书[3]

在国内,民间也珍藏着一批太平天国印书。它们陆续由各地博物馆、图书馆收藏,兹列举于下。

中华人民共和国成立前扬州发现太平天国印书一种:

《钦定英杰归真》(原藏南京图书馆,现存台湾)。

中华人民共和国成立后各地发现太平天国印书九种,共十一本:

《幼学诗》(上海图书馆藏,壬子本);《太平军目》(中国革命博物馆藏,"旨准颁行诏书总目"十三部,比英馆藏本附录的十五部少二部);《太平救世歌》(中国革命博物馆藏,癸好本);《太平救世歌》(北京图书馆藏,甲寅本);《旧遗诏圣书》(北京大学藏一

---

[1] 神田喜一郎:《欧洲访书记的发现(2)——荷兰莱登大学收藏的汉籍》。
[2] 山本达郎:《美国国会图书馆收藏的关于太平天国史料备忘录》。
[3] 罗尔纲:《太平天国印书》解题。

卷,另上海图书馆藏四卷);《建天京于金陵论》(中国社会科学院近代史研究所藏,"旨准颁行诏书总目"二十一部,至《天理要论》止,卷尾朱戳:"戊午遵改");《资政新篇》(上海市文物保管委员会藏,改正重印本);《钦定士阶条例》(南京太平天国历史博物馆藏,足本);《钦定军次实录》(南京太平天国历史博物馆藏,初刻);《钦定敬避字样》(上海图书馆藏,抄本)。

三、对太平天国印书的搜集和出版

最早为探索太平军内幕而搜集太平天国出版物的是太平军的敌人。张德坚编《贼情汇纂》,叙事迄乙荣五年。其中所列"伪书"共十九部。但或经删节,或被篡改,读者无由得知太平天国印书的全貌。直到20世纪的20年代,留欧学者刘复在伦敦不列颠博物馆抄回《太平天国有趣文件十六种》,国内读者始从中得知"旨准颁行诏书"二十九部的目录。

不久,北京大学程演生,从巴黎东方语言学校图书馆影印和复抄的《天父下凡诏书》(两部)等八种,编成《太平天国史料》第一集。此为国人得见太平天国原书之始。但是,程氏颇有疏漏:(一)他把《原道救世歌》误会即《太平救世歌》;(二)他并未发现东方学校尚藏有《诏书盖玺颁行论》。

与程演生的访书活动同时,俞大维从柏林普鲁士国立图书馆摄回太平天国印书九种,张元济据以校补《太平天国诗文钞》中的有关文件,人们遂认为《诗文钞》本的九种印书即柏林藏本的翻版。其实《诗文钞》与柏林原件颇有异同:(一)《诗文钞》有篡改处。如《太平条规》中"行营规矩"第三条"令内外官兵,各回避道旁"，《诗文钞》于两句中间窜入"如遇天王及各王时"八字，已非原貌;(二)《诗文钞》在排印上也有错误，如《颁行诏书》"子女民人者中国之子女民人非胡虏之子女民人也"，"民人"，《诗文钞》均误作"人民"。类此甚多。因此，《诗文钞》所录太平天国印书实际不是柏林本的翻版。

其后，萧一山据伦敦不列颠博物馆藏本影印太平天国印书二十二种，连同国内发现的《英杰归真》一种，合编为《太平天国丛书第一集》。萧氏对二十三种的版本考论颇精详，但其中有错误。他在考证《天条书》和《太平诏书》两书版本时，误把壬子初刻本与癸好删订重印本颠倒过来了。

再后，王重民遍阅了巴黎国家图书馆、柏林普鲁士国立图书馆和英国剑桥大学图书馆所藏太平天国印书，撰文向国内介绍，又据剑桥所藏，补程、俞、萧三氏所辑录得不足，编印《太平天国官书十种》。

建国后，郭若愚据上海图书馆所藏抄本，影印《敬避字样》一种，编入《太平天国文物图录续编》中。

集前人之大成，罗尔纲编成了《太平天国印书》。这书具有超越前人的特点:(一)包罗迄今最富，共收四十种，又《天条书》和《太平诏书》两种的重印本，合计四十二种。除《武略》和《新遗诏圣书》外，已发现的太平天国印书都包括在内。(二)尽可能地影印原件。(三)收录了国内新发现的版本。但是罗氏仍受视野的限制，使其所编《太平天国印书》，尚未臻于完善。例如，罗氏据柏林藏本的《三字经》影印，缺封面，他又据王重民《记巴黎国家图书馆所藏太平天国文献》一文，补封面题"太平天国癸好三年镌刻"十字，但仍缺"旨准颁行诏书总目"。惜乎罗氏未见日本山本达郎所撰《美国国会图书馆中收藏的关于太平天国史料备忘录》一文，其中明白介绍《三字经》所附录的"旨准颁行诏书总目"十三部。当是:《天父上帝言题皇诏》《天父下凡诏书》《天命诏旨书》《旧遗诏圣书》《天条书》《太平诏书》《太平礼制》《太平军目》《太平条规》《颁行诏书》《颁行历书》《幼学诗》等十三部。

　　总之，对于太平天国印书，前人已将现存四十二种的大多数，翻印出来了。但他们还未能一一校勘版本，考论异同。例如，《御制千字诏》，剑桥藏两本，一本卷尾朱戳"戊午遵改"，另一本无此四字，对两本内容的异同，人们尚不了然。又如，剑桥所藏《贬妖穴为罪隶论》，卷末朱戳"己未遵改"，伦敦博物馆藏本则无此四字，前人也未将两本校对清楚。此类工作尚多，有待于后学继续去完成。

太平天国文书史略

称太平天国的文件为文书，自当时的封建统治阶级始。李鸿章《朋僚函稿》同治二年六月十六日《致曾沅帅》：

> 昨于浒关贼馆夺获伪文书数百件，大都金陵贼馆乞苏浙解济银、米，其声甚哀。

涤浮道人《金陵杂记·续记》：

> 寻常伪文日行百余里，若紧急贼情，伪文上加印圆戳，中刻有翅飞马，周围刻云，名为云马文书。

为刺探太平天国内情，清朝将帅常援所获太平天国文书为确据。《左宗棠奏稿》同治三年九月初六日《附陈余匪窜出情形片》：

> 顷据黄少春送到幼逆六月二十四日给伪首王黄绸伪诏，则幼逆由金陵窜出，实无可疑。

以故张德坚编《贼情汇纂》，曾大量搜集太平天国文书，编成上下卷。其序言云：

群逆皆囚盗凶徒，识字者少，倡乱之始，并无所谓文告
也。……及攻陷永安州，始署伪官，颁条教，有本章、禀奏、
诰谕、诫谕诸名色，然朝更夕改，究无定制。癸丑二月陷江
宁，文士吏胥多被掳胁，于是则标新立异，修饰而润色之，居
然成文。今就俘获贼中文卷及逃人口述，综核而编辑之，总
名曰"伪文告"，分别条目于左：

伪诏旨

伪诰谕

伪本章

伪告示

伪律

伪官照

伪贡单

伪文字

《贼情汇纂》罗列了八个方面的各种式样，不仅留下了一批有价
值的史料，而且为以后编辑文书的体例提供了雏形。

清军将帅往往把所俘获的太平天国文书的原件或抄件，择要
封送北京军机处。向荣于咸丰四年九月片奏封送太平天国的一
册文书汇编，即是一例。原奏言：

兹于闰七月初四日我师船胜仗之后，忽于贼首伪燕王
秦日纲船上，获得各贼渠禀奏洪逆稿……末有"旨准"二
字。……又查稿本内有复英夷三十条，其后载一条云"不
单准上海闽广贼党投降，天下万国皆要来降也"等语。……

> 兹将原稿本封呈军机处以备御览。惟簿面多有损破,均仍
> 其旧,合并声明。

由是在清廷军机处存档内,保留着一批太平天国文书。1933 年,故宫博物院选印一册,共十二件:《李秀成谕李昭寿》《李秀成谕康玉吉》《李秀成致征北主将张洛行》《李秀成谕尚海松江人民》《李秀成谕赵景贤》《黄畹上逢天义刘肇钧禀》《石达开发给杨广福职凭》《陈玉成致启王梁成富等书》《陈玉成谕马融和》《陈玉成谕张洛行书》《李秀成谕刘肇钧》《听王陈炳文上浙江提督鲍超禀》。这些都是反映太平天国后期史事的重要文件。全书即取名《太平天国文书》。其后,《文献丛编》发表的洪秀全手书《命薛之元镇守浦口诏》,原件也藏故宫博物院,是世界上仅存的两件洪秀全亲笔真迹之一。

太平天国文书散在国外者不少。从 20 世纪 20 年代起,我国学者陆续收集编印。1926 年,北新书局出版的刘复所编的《太平天国有趣文件十六种》,其中辑入的《忠王致护王书》和《忠王致潮王书》,即是英国不列颠博物馆收藏的两件很有价值的太平天国文书。萧一山陆续编印他在不列颠博物馆所得。1935 年,北平研究院影印出版《太平天国诏谕》。这书的名实是不相称的。其中大部分系太平天国文书,小部分系天地会文件,还附录一件清政府的文告。不能总称之为《太平天国诏谕》。但所辑太平天国文书却很珍贵。一、天王诏旨五通;二、天王手批艾约瑟撰《上帝有形为喻无形乃实论》;三、《朝天朝主图》;四、救世真圣幼主诏旨;五、杨秀清、萧朝贵诰谕四民;六、洪仁玕喧谕《克敌诱惑论》;七、洪仁玕、蒙时雍、李春发会衔喧谕;八、李明成谆谕清营官兵;

九、陈坤书宝批理天义士桂俚；十、王宗脉天安洪仁茂发给洋人路凭；十一、梁凤超悬赏告示。1937 年,北平研究院又影印萧一山所辑《太平天国书翰》。其中辑录《李秀成复英教士艾约瑟杨笃信书》《李秀成谕杰天义赖文光》《李秀成谆谕容椿俚容发男》《李秀成谭绍光会衔复戈登书》《谭绍光复戈登书》《洪仁玕致英翻译官富礼赐书》《蒙时雍李春发复梁凤超萧××书》《李明成致英翻译官福书》《李明成复英翻译官福书》《莫仕暌致英翻译官福照会》《莫仕暌致梁凤超书》《李鸿昭等致英法军官照会》,附《石达开致清兵唐友耕真柬伪书并考》。萧氏又在《经世》杂志公布理天义陈士桂所部官兵名册,取名《太平天国兵册》。萧氏还辑录有太平天国诏旨抄件,也据不列颠博物馆所藏原件,拟编入《太平天国丛书第二集》,因中日战争及第二次世界大战影响,未能出版。在 30 年代,简又文主编的《逸经》半月刊也发表了一些太平天国文书。其中有王重民辑自剑桥大学所藏的洪秀全于戊午八年给英国特使额尔金的诏书也就是著名的《天王诏西洋番弟》和为送这诏书而发给英方的《晋天燕照会》。还有几件诸王自述:《干王洪仁玕亲笔供状》《幼天王恤王昭王原供》《忠王供词别录》。在 40 年代,简又文把从广西实地调查所得《蒙时雍家书》等件编入《金田之游及其他》,由商务印书馆出版。抗日战争中,在重庆出版的《说文月刊》也发表几件太平军的文书,《石达开给涪陵四民人等训谕附封套》《石达开布告》《瑞天豫傅廷佐等告示》《瑞天豫傅廷佐等致李短鞑蓝大顺书》。《广东文物》也发表《石达开训谕王千户》。这些都是研究石达开部太平军活动的珍贵资料。

中华人民共和国成立后,大量太平国史料得以出版。1950

年,开明书店出版金毓黻等所编《太平天国史料》。该书辑录太平天国文书一〇四件,其中绝大多数系向达教授于 30 年代在不列颠博物馆所抄录,有天王及幼主诏旨各多通;又"一般文书"三十余件,包括洪仁玕《立法制喧谕》等极珍贵的史料,另护王陈坤书部遗下的"杂件"六种:领发物单、发物单、记事簿、来文底簿、去文底簿、名册。有的已经萧一山发表过。1952 年,神州国光社出版中国史学会主编的《中国近代史资料丛刊》第二种《太平天国》。其中辑录文书一一五件。除取材《太平天国文书》《太平天国诏谕》《太平天国书翰》《太平天国有趣文件十六种》《金田之游及其他》《文献丛编》《说文月刊》等外,还增加了一些新篇目。如据《吴清卿太史日记》录入李秀成的"谆谕"两件、邓光明的"晓谕"一件、周文嘉的"诲醒"一件,等等。特别是编者据顾廷龙氏所抄,将上海发现的抄本《敬避字样》及其附录、"天朝爵职称谓""化民告示""安民告示""奏章总登"等作为太平天国文书悉数录入,给海内外读者提供了一批有价值的史料。

嗣后,太平天国文书续有发现。1955 年,《近代史资料》第 3 期据"吴煦档案",公布《新发现的太平天国史料选辑》,其中有《吉庆元朱衣点等上天王奏稿》等件。1958 年,三联书店出版的《吴煦档案中的太平天国史料选辑》,所辑太平天国文书如下:一、幼主诏旨二件、天王诏书一件(均从英文回译);二、《忠王李示英美葡领事书》(从英文回译);三、《忠王李致英美法公使书》;四、《吉庆元朱衣点等上天王奏》;五、《吉庆元黄祥胜上忠王禀》;六、《参天侯汪谕南翔居民告示》。

1959 年,《太平天国资料》(《近代史资料增刊》)也发表了一批太平天国文书。其中有辑自故宫藏档的:《天王诏苏省四民》

《林凤祥李开芳吉文元朱锡琨北伐回禀》《李秀成谕陆顺德麦冬良等》《石达开告示》《陈凤曹禀六安州总制》《李福猷禀石达开》。有辑自北京图书馆所藏《太平石翼王略蜀档屑》的:《石达开谕赖裕新》《李福猷给发路凭》《唐日荣禀赖裕新》。有辑自美国国立档案馆的:《吴如孝致美公使照会》《殿左九检点周致美公使札谕》《江丙新致美国水师提督照会》《胡海隆致番邦兄弟札谕》《罗苾芬刘承芳札谕》《李春发莫仕暌致美水师提督照会》。这里发表的石达开出走时的布告和《文献丛编》已发表的在文字上略有差异。"文书"和"印书"一样,也有版本不同的问题。

1961年中华书局上海编辑所出版《太平天国史料丛编简辑》,其中有少数太平天国文书的抄件,如余一鳌《见闻录》所抄《钦命文衡副总裁九门御林忠勇羽林军英王陈谆谕军民》、龚又村《自怡日记》所录《英王自述》等,都很珍贵。1962年《文史》第1辑公布蒋孟引教授从英国档案馆抄回的《一八五四年六月东王答英国人三十一条并责问五十条诰谕》。这是一件太平天国前期极为重要的外交文书,它阐明了太平天国内政外交等方面的方针和政策。

台湾学术界对发掘和出版太平天国文书也作了贡献。特别是在1961年,台北世界书局把曾国藩所藏《李秀成供》原件影印公布于世,这事轰动了国内外。从此,以前流行的二十多种版本都不足为据了。萧一山在《清代通史》第3册所征引的台湾故宫博物院所藏《洪仁玕供》的三次记录和《幼天王供》,也都是以前所未发现的。

1966年,苏州发现太平天国见天天军主将吴习玖的军中公函、文稿、名册和"挥子",共三十三件。1973年,《文物》第4期介绍了这批太平天国文书。

在半个多世纪积累的基础上,罗尔纲同志指导南京太平天国历史博物馆的同志编成了《太平天国文书汇编》,共四百余件,有些还是初次公布,成为迄今最大的一部太平天国文书。1979年,由中华书局出版。

之后,继续有新的太平天国文书被发现。1982年,中国社会科学出版社出版《太平天国文献史料集》(《近代史资料》专刊),其中收集英国学者柯文南博士从英国公共档案馆录出的一批太平天国文书,极有史料价值。如在革命后期太平军高级将领头衔中,何故何时一律加上"顶天扶朝纲"五字?一直是个谜。柯文南博士提供的太平天国辛酉十一年二月二十一日天王诏旨,披露了这个谜底。天王改变印衔的政治目的,是为了统一兵权。

学术界对太平天国文书的拾遗补阙,正在继续。

太平天国文物研究史略

太平天国文物,泛指这次农民运动留下的实物。张德坚编《贼情汇纂》,曾大量采辑太平天国文物。《凡例》云:"伪印伪文告服饰旗帜,凡不易述者,皆绘图系说。"其书大量提供了研究太平天国文物的资料。以印章为例,《贼情汇纂》列举了前期太平天国印章的制度。诸如:

字体及花纹

贼众皆乡愚市侩,多不识字,安知篆文,故所刻伪印皆宋字正书,四面刻阳文云龙边,留正中一行另镌一线边,刻伪官衔于其中,并无印信关防字样。

质料

伪王皆金印。……伪侯、伪天官正丞相银印,以下皆木印。……凡金银印,其质皆极薄,金印则金匣、金匙钥,银印则银匣、银匙钥。

长阔分寸

伪天王印,见方八寸。又旨准印,见方三寸六分。东、西王印,长六寸六分,阔三寸三分。南、北王印,长六寸四分,阔三寸二分。翼王印,长六寸二分,阔三寸一分。燕、豫王印,长六寸,阔三寸。侯印,长五寸六分,阔二寸八分。丞相印，长五寸，阔二寸五分。

　　以次至两司马，每降一等减长二分半，其阔皆对折。

　　头衔和姓名

　　王侯印必系以姓名，如"太平天国燕王秦日纲""太平
天国真忠报国佐天侯陈承镕"。自丞相至两司马印，不系姓
名，如"太平天国天官正丞相""太平天国金壹总制"之类。

　　清政府的统兵大臣都注意搜集太平天国印章。中华人民共和
国成立初期，湖南发现曾国藩留下的《伪印清册》，富有资料价值。
再如，左宗棠于同治三年九月初六日《附陈余匪窜出情形片》说：

　　　顷据黄少春送到幼逆六月二十四日给伪首王范汝增黄
　　绸伪诏，则幼逆由金陵窜出，实无可疑。阅所钤伪玺，上方
　　横列"太平天国"四字，下方横列"玉玺"两字。左刻"天下
　　太平"，右刻"万方来朝"，中刻"皇上帝基督带瑱幼主作主"
　　字一行。而瑱字玉旁刻作主字，拆视则"真主"二字。

这一节，给后人提供了研究幼主玉玺的资料。

　　太平天国失败后，大量革命文物遭到毁灭，有的被秘密收藏
起来。辛亥革命后特别是到了20世纪的二三十年代，流落在海
外的太平天国文物陆续被萧一山等所发现。国内学术界也进行
收集，其中最有成绩的，当推简又文。1936年，他在南京购得"诩
天福柒参军"木印及大小太平铜钱二三十枚。又在杭州得识李藻
香，李赠以家藏太平天国文物多件："俹天福正持旗"木印、"甡天
豫右肆提司"木印、竹制军帽、军器两件。续在上海收得太平军军

器——四指义一件,上刻"太平天国"字样。旋到常熟,访得《报恩牌坊碑》,并购得"昭文县旅帅"木印及"受天天军主将钱卡票"。简氏自言:"至此,个人已藏有太平天国木印四枚、公据七件矣。"[1]他曾在所编的《逸经》半月刊发表过《常熟访碑记》等,公布这些文物。

1938 年,简又文在香港撰写《太平天国之文物》,编入《广东文物》下册卷十,1941 年由中国文化协进会刊行。这是最早的一篇综合研究太平天国文物的论文。

其后,他到广西实地调查太平军起义史料,又访得珍贵文物多件。如在庆远宜山访得翼王石达开《白龙洞诗刻》等,曾撰《翼王宜山诗刻之研究》,于《中山文化教育馆季刊》一卷三期发表。

抗日战争胜利后,简又文到上海,收得铜制"太平天国圣牌"一件,背镌"俄天安队内右式参军姚新兵潘乘魁"字样。又有友人赠以太平天国公据三种。

他在广州撰成《太平天国泉币考》,也辑入《广东文物》。

1948 年,简氏在广东文献馆举办太平天国文物展览会,展出:(一)遗物——泉币、印玺、兵器;(二)著述——官私著述、中西史料;(三)图表——石刻拓本、图像、影片。共数百种,均有说明,全部皆系简又文个人的藏品,其中有很多件属于文物的范畴。

另一位太平天国史家罗尔纲,也努力做文物的研究工作。罗氏所著《太平天国金石录》,1948 年由正中书局出版。目次如下:一、太平天国玉玺,二、太平天国钱币,三、翼王石达开庆远白龙洞

[1] 引自《香港大学开学五十周年论文集》所载简又文:《五十年来太平天国史之研究》一文。

题壁诗,四、福字牌,五、常熟报恩牌坊碑亭,六、永安炮台长乐炮台碑,七、翼王石达开曾祖墓碑,八、铜炮铭。罗氏又撰《太平天国泉币辨伪》一文,辑入《太平天国史辨伪集》,1950 年由上海商务印书馆出版。

1952 年出版的《太平天国》(《中国近代史资料丛刊》),其中"公据"和"金石"二目,主要就是辑录了简又文等搜集文物的成果。

中华人民共和国成立后,更多的太平天国文物被发现,由政府部门收集起来。1952 年 5 月,上海出版公司影印太平天国起义百年纪念展览会所编的《太平天国革命文物图录》,这是我国学术界大规模编辑出版太平天国文物之始。《例言》说明了编辑的目的与方法:"一、本编就太平天国起义百年纪念展览会出品之太平天国革命遗物及华东文化部收集之太平天国文件,择优编为图录,以供研究太平天国革命运动史实之参考。二、本编著录太平天国革命文物分为五类:甲、印信类;乙、遗物遗迹类;丙、碑刻类;丁、文书告谕类;戊、公据类。其他如太平天国官书钱币等,因流传尚多或时代上难于考定,本编不予收录。三、本编著录文物,均附说明,详记原物尺寸,释文,保存或收藏处所,发现经过亦择要记述。间有一时无法确知者,则付阙如。四、著录文物,有出于团体或藏家捐赠者,亦在说明内分别注出,以扬义举。五、保存于私人藏家,尚未见诸著录之太平天国革命文物,为数尚多,兹编刊行,庶其滥觞。"

1953 年,上海出版公司影印郭若愚编辑的《太平天国文物图录续编》,共辑录五大类:甲、钱币;乙、遗物;丙、遗迹;丁、文书告谕;戊、公据。这编不仅公布了一批新发现的太平天国文物,而且在分类方面也提出细密的原则。同是太平天国文书的封套,非手迹的列入"遗物",如"翼王石达开训谕封套",属于手迹的则列入"遗迹",如"忠王李秀成自书谆谕封套手迹"。

1955 年,上海群联出版社影印郭若愚编辑的《太平天国革命文物图录补编》,内分五类:一、官书,二、铜铁炮,三、遗物遗迹,四、文书告谕,五、公据。这编继续公布了一批新发现的太平天国文物,如 1953 年在杭州吴煦后人家所发现的《太平救世歌》原件,又如柳亚子捐献政府的《资政新篇》原刻本。在分类方面,又做了一些调整和改进,如文书封套不再分入"遗物""遗迹",而一律列入"文书告谕"。又将"铜铁炮"专列为一类。

随着大量文物的出现和以上三巨编的出版,大大地推动了我国学术界对太平天国文物的研究工作。

其一,把文物列入了太平天国资料目录的范围。按 1935 年发表的邓衍林撰《关于太平天国史料史籍集目》和 1946 年发表的郭廷以撰《太平天国史事日志·引用书目》,都未注意到对文物的著录。简又文于抗日战争中撰成的《太平军广西首义史》所列"参考书目"也是这样。但是,1955 年由上海人民出版社出版的张秀民、王会庵合编的《太平天国资料目录》就不同了。此书在"太平天国文献"中列入"金石文物"一目。

其二,促进了对文物的考释工作。1956 年,三联书店出版了罗尔纲著《太平天国文物图释》。这书是《太平天国金石录》的增订本。其分类独具新意:一、玉玺,二、碑刻,三、军事(包括兵器和腰牌),四、土地(包括田凭、易知由单、完粮执照、田赋附加捐收照、业户收租票),五、社会组织(包括门牌、结婚证书),六、工商业(包括工业照凭、商凭、关票、路凭、钱币),七、艺术(包括建筑艺术和印刷艺术)。由于罗氏运用了一些未公布过的新资料来考释发现的文物,所以这书的史料价值较高。

在 50 年代后期,简又文在香港撰成《太平天国典制通考》。他应用了大量文物资料。兹以《玺印考》为例,说明简氏是怎样用文物资料来论证太平天国后期印章制度的变化与混乱,借以反映其衰亡的迹象。

> 王印钤印本之留存在中外各书册者有多种,其最著者为英人林利原著《太平天国》一书所附刊之癸开十三年忠王凭照,上有忠王大印原样,长中尺六寸六分,阔半之。揆诸定制,其阶级等于前之东西王矣。……至于王印原物之留存于今者独有"天父天兄天王太平天国殿前捕寇安良顶天扶朝纲首王范汝增"之木质印,现藏皖南人民文物馆,钤印本载《太平天国文物图录》,可谓天朝王印之硕果仅存者。其长阔度等于忠王大印。此与天朝礼制大为不合,以忠王爵位远高于首王也。据云,此系木质,则忠王当亦系木制,而初期王印金制龙纽之定制又已转变矣。
>
> 予所藏诸种公据中,有"会殿户部右编修赵"所发"完漕由单",上盖其大印,长五寸四分,阔二寸七分。……《太平天国革命文物图录》刊有"天父天兄天王太平天国禧天福武军政司"印钤本,长五寸四分,阔对折。"禧天福"为世爵,"武军政司"为其属下官,印之长度等于侯印。天朝晚年滥封爵,甚至世爵属下之茶房头、舆夫头亦得侯爵之封,则上文之编修及军政司或亦膺是封典,殆不足为奇也。

《太平天国典制通考》对文物研究的两个重要方面都提供了

范例：

其一，辨别真伪。

简又文注意辨别文物的真伪。例如，他在《玺印考》中对皖南保存的首王范汝增印，进行鉴定："按，首王全衔与《弟子记》卷十所列表同，可见的是真品。"（简氏这里说的《弟子记》，指王定安《求阙斋弟子记》。查其中《贼酋名号谱》所列首王全衔为"殿前捕寇安民首王灵千岁"，与印文大同小异，当以印文为准。）

其二，考释。

简又文注意对文物作考释。他对自己搜藏的四木印都作了详尽的考释。例如："'太平天国天朝九门御林俿天福正持旗'木印，长四寸四分，阔对折。俿天福亦世爵，'正持旗'即其'大旗手'也。"简氏举萧一山在《经世》发表的《太平天国兵册》所反映的太平天国后期官制为证，断定"正持旗"确有之。

但是，在文物考释工作上，简又文也有失误。例如，他对《太平天国革命文物图录》所著录的"天父天兄天王太平天国殿前忠伺神使任享殿天官领袖尹贤瑞"木印的考释，是有错误的，对"享殿"二字，简氏曲解为祭享之意，因而错误判断尹贤瑞为"宗教官"，有如随军牧师。其实，"享殿"，指享王刘裕鸠，见王定安《贼酋名号谱》。尹贤瑞任享王属官中的天官，系六官领袖，故称"天官领袖"。"天官领袖挥子"，见护王部下遗下的"发物单"[1]，"属官领袖"，见吴江"计彩化门牌"[2]。简氏没有注意到这些，遂致失误。对有的问题，简又文提出来了，但未能解答。如，太平玉玺有

[1]《太平天国史料》，开明书店 1950 年版。
[2]《近代史资料》1955 年第 1 期。

"八位万岁"一词,罗尔纲认为是"爷、哥、朕、幼、光、明、东、西"八位。简氏则认为东王、西王不该称"万岁",当另有所指,但他也未能找到新的答案。

随着太平天国文物的被重视,往往有人造作赝品,以假乱真。1956年3月15日《光明日报》刊登于之夫所写的《"赖文光题袁崇焕藏砚"是假的》一文,就是对太平天国文物辨伪的一个重要事例。之前,笔者在扬州发现了"赖文光题袁崇焕藏砚"的拓本,喜出望外,立即作为新史料在《光明日报》公布。近代史研究所的荣孟源氏一见即知是假,遂撰文纠正。"于之夫"是其笔名。荣氏从所谓"赖文光题砚文"的内容判断,确定这是赝品。理由之一,内容与史实不符。题砚文说:"恭献东王殿下",时间是"丁巳七年亥月"。按,东王已死一年多了,赖文光怎样能够把砚献给他呢?理由之二,内容与太平天国制度不符。太平天国讳亥改开,计月不用干支而用数字,为什么题砚文有"亥月"之称?题砚文说赖文光的官爵是"殿前检点使木一丙三总制检校军司马平天贵"。按太平天国官制没有"检点使""检校军司马""天贵"等名目,总制没有木一丙三的编制,太平天国还因幼主名天贵,所以讳"贵"用"桂"字代。何以赖文光有这样离奇的头衔?由此荣氏判断这是一件伪造的文物。这事在学术界有影响。在二十多年之后,笔者还作为一条"治学经验",一再公之于众[1]。

"十年浩劫"使学术界对太平天国文物的搜集、编纂等几乎中断。仅有少数人很困难地继续从事这方面的工作。例如:1966年,

---

[1] 1980年10月,应王仲荦教授之邀,荣孟源与笔者同往山东大学历史系讲学。笔者向学生谈及此事,其后,又写在《治学经验谈》里,刊入《江海学刊》1983年第1期。

苏州市发现了一批太平天国文物,但直到 1973 年才由《文物》月刊予以公布。

自从粉碎了"四人帮",特别是党的十一届三中全会之后,学术界对太平天国文物的研究工作,又出现了新高潮。其主要标志是:

(1)开展了对"太平玉玺"所云"八位万岁"含意的讨论。罗尔纲氏曾解释为"爷、哥、朕、幼、光、明、东、西",简又文氏早表异议。1978 年,笔者据太平天国文献有"爷妈哥嫂同下凡""从此万国归爷妈"等作了新的解释,认为"八位万岁"是"天父、天妈、天兄、天嫂、天王、正月宫、幼主、幼娘娘"四对夫妇。荣孟源氏赞成此说[1]。但也有人提出了别的见解。这一讨论,已持续了几年。

(2)两种文物专著的出版。随着新出太平天国文物的增多,便产生了分类的专著。1983 年,文物出版社出版了南京博物院院长姚迁主编的《太平天国壁画》。该书把已发现的太平天国壁画全部汇编起来,并历述发现的经过。同年,上海人民出版社出版了钱币专家马定祥、马传德父子合著的《太平天国钱币》,这是他们四十年辛勤的结晶。马氏力求全面系统地分析探讨太平天国钱币的铸期、铸地、流通、折值、版式、特征、多寡以及鉴定真伪等,一一提出自己的见解,并将天地会等所铸的钱币附录于后。其搜罗之富与研讨之精,令人赞叹。

(3)《浙江太平天国革命文物图录选编》的编辑和出版。该书由王兴福等编辑。1984 年,浙江人民出版社出版。在《太平天国革命文物图录》及其《续编》和《补编》出版之后三十年,又有这第四部综合性的太平天国革命文物图录问世。内分五大类:印

---

[1] 荣孟源:《历史笔记》,第 105 页。

信、遗物、遗迹、文书告谕、公据，共一百五十余件。该书考释精审，如对铤天安掌理会和军务吴军昌所发门牌的说明，曾引同治《丽水县志》所载"会和军"曾驻丽水为证，但《丽水县志》倒置为"和会"，编者又据文物予以纠正。该书辨别真伪也极为谨严。它出版之后，正在影响其他有关省、市等对太平天国文物的辑录和研究工作。

近年来，全国各地继续不断发现新的太平天国文物，要求考释、辨伪等工作必须努力跟上，本文略述这方面的历史经验，以供参考。

太平天国词语释文举例[1]

太平天国有自己专用的字和词,散见在它所印书籍、文件和其他史料里,不研究这些,就很难读懂太平天国文献。我注释《洪秀全选集》《洪仁玕选集》,积累了一些资料,编成"太平天国词语释文"。一、列举所见文献,寻绎其意义。二、广征前人解释,择善而从。兹举例先公于世,以供参考。

在太平天国文献里,有许多创造的或代用的字,举例笺释如下:

(1)新造字

如金玺之"玺",见《诏书盖玺颁行论》。张汝南《金陵省难纪略》:"洪贼方金印、每方约三寸余,四边龙文,中镌'旨准'二字,名曰'玺'读若玺。按《字典》无此字,是洪贼仿'玺'字意而创造者。"又如天国之"国"。《金陵省难纪略》说:"书太平天国之国为'国',谓王居于中也。"

(2)改造字

太平天国改造了一批字。如沧浪钓徒《劫余灰录》说:"魏字作𫜒,魂字作𫜒,盖以鬼为人耳。"又如黄辅辰《戴经堂日钞》说:"(咸丰三年七月十一日江西探信)居民洗去门对,用黄纸书'归

---

[1] 本文集编者按,此文原载《文献》1981年第9期。

顺'二字,贴门首。惟'顺'字只写两直,云系照古'顺'字。"这一类的原字均废。

（3）避讳增造或代用字

太平天国避讳天父名"爷火华",避讳天王,及东、西、南、北、翼诸王名,临文以其他字代,或另造一字代用。如因避"火"字,造了一个"燒"字。《太平条规》:"令不许在途中铺户堆燒困睡耽阻行程。"《天情道理书》:"不准沿途炙燒。"《行军总要》:"负抬一切军装炮燒。"《醒世文》:"不准民房用燒焚。"这都是以"燒"代"火"之证。又因避"华",造了一个"華"字。辛酉十一年五月十六日天王诏曰:"上帝圣讳爷火华、中華等字一直加。"又因避幼主名"福",造了一个"福"字。同一"天王诏旨":"幼主名洪贵福,见福加点锦添花,福省改桂福省,普天一体共爷妈。"又因避讳"光""明"造了"洸""溻"二字。《钦定敬避字样》:"光明,唯光王、明王可用,其余若取名字,加水旁洸溻字样。"诸如上例,这一类的原字不废,但限于专用,一般改用增造字。如《朝天朝主图》有"爷哥朕幼光明东""光明东西八数毫""光明加尚三十增"等句,但壬戌十二年颁行的《太平天日》用"溻"代"明":"天父上主皇上帝又携主在高天,指点凡间妖魔迷害人情状,一一指主看溻,又将其手降赐,凡间妖魔即冒功劳,亦一一指主看溻。"壬戌十二年十一月初六日发给抚天侯徐佩瑗谕上"邓光明"的印文改"邓洸溻"。这足证光、明二字限光王、明王专用,一般改写洸、溻。

太平天国规定避讳,也有原字专用,临文以音近或意近之字代。例如,张德坚《贼情汇纂》:"爷改牙,火改夥又改炎,华改花,秀改绣、全改泉、清改菁、朝改潮、贵改桂、云改芸、山改珊、正改

政、昌改玱、辉改晖、达改闼、开改阶。"辛酉十一年五月十六日天
王诏曰:"天兄基督讳耶稣,基督尊号僭称差;耶避称也乎哉字,
稣避称苏甦亦嘉。"

又如《贼情汇纂》:"皇改黄、上改尚、帝改谛、天改添、王改
狂,凡姓改汪或改黄,圣改胜,神改辰,老改考。"辛酉十一年正月
十五日《幼主诏旨》:"明信添养封义爵,奖其贞草对爷皇。"添养
即曾天养。柯超《辛壬琐记》:"讳王姓为汪,言天作一王,不得再
有王姓也。改琵琶、琴瑟等字,不准加王字。"

太平天国还忌讳丑恶的字,以它字代用。如"温改吉""龙
改隆",均见《贼情汇纂》。(温,与"瘟"同音。龙,指东海妖龙。)
"衰作师、败作劝、离作利、去作到、雪作赤、伤作口",见丁葆和《归
里杂诗》。还有黑改乌。庚申十年九月十五日"天王诏旨":"今
早五更得梦兆,蒙爷差朕诛虎妖,该死四虎二乌狗……"《天父
诗》:"亮红速跪速救乌。"这都是以乌代黑之例。

(4)地方习惯字。

太平天国沿用两粤习惯字。如"咁",常见于太平天国文献。
《天父下凡诏书》(一):"天父咁大权能。"《颁行诏书》:"狗咁贱,
贱过狗矣。"《金陵省难纪略》:"这谓之咁,读若甘。"这,这样。
又如"屚"系"属"之简写。庚申十年十二月二十七日"幼主诏
旨":"屚员未封暂免保,以(已)封屚员要遵条。"还有:"乜",本
意是眼睛眯着斜视。但粤地用"乜"作"啥"字用。《天父下凡诏
书》(一):"尔知得他是乜妖头?"《天父诗》:"乜不遵天令书?"
《太平天日》:"爷爷生尔是乜名?""乜"犹言何,见鲁迅《三闲
集》。"錬"广州客家语作"学"解。《原道救世歌》:"錬食洋烟
最颠狂。"《三字经》:"要錬正,莫歪心。"《幼学诗》:"小心勤錬

正。""崽",粤地作"小子"解。辛酉十一年五月初九日"天主诏旨":"亚父山河,永永崽坐,永永阔阔扶崽坐。"犹言上帝的江山,永远扶天王幼主坐也。《十救诗》:"妈别崽,崽别妈。"《平贼纪略》:"呼孩称细崽,从其乡之俗称也。"

在太平天国文献里,有许多专用的词,举例笺释如下:

(1)代号

太平天国对天父、天兄、天王等,均有代号。

如称上天为"高天"。《天命诏旨书》:"高天差尔诛妖魔。"《天父诗》:"高天做事不糊涂。"称天父上帝为"高老"。《天命诏旨书》"高老山山令遵正",谓上帝出令必须坚决遵行。称天兄基督为"高兄"。《天命诏旨书》:"莫怪我高兄发令诛尔也。"

以下都是洪秀全的代号:

禾王。《十全大吉诗》:"禾王作主救人善。"《贼情汇纂》:"禾王,即洪逆。"为什么洪秀全称"禾王"?他自己做过解释。《钦定前遗诏圣书批解》:"今当禾熟之时,即得救之候。朕是禾王,东王禾乃,禾是比天国良民,禾王禾乃俱是天国良民之主也。"

日头。《十全大吉诗》:"乃念日头好上天。"又:"灯草对紧日头上。"这里的"日头",均指洪秀全。灯草,指人心。《天父下凡诏书》(一),天父在审讯叛徒周锡能时说:"日头又是谁?"周答:"日头是我主天王,天下万国之真主也。"以太阳比洪秀全,谓能照天下。《钦定英杰归真》:"天王是太阳,能照天下。"又说:"日头王,照万方。"

洪日。洪秀全附会《旧约》大雨万物均死,雨后现天虹,万物再生的神话,称己为"洪日"。《钦定旧遗诏圣书批解》:"爷立永约现天虹。天虹弯弯似把弓,弯弯一点是洪日,朕是日头故姓洪。

爷先立此记号,预诏差洪日作主也。"《十全大吉诗》:"灯草开来对日洪。"日洪,洪日倒装语。

三星兄。《贼情汇纂》:"三星兄,即洪逆。"《十大全吉诗》:"三星共照日出天。"对此洪仁玕做过解释。《己未九年会试题》:"三旁加共,洪也。"又云:"故天父上帝造三光而共照于天,真主天王合爷哥而共御乎世。"

十全大吉。戊午八年《天王诏西洋番弟》,"太兄前钉十字架,使留记号无些差。十全大吉就是朕,万样总是排由爷。"辛酉十一年正月十三日"天王诏旨":"神爷太子基督苦,十字架钉十全补。"癸好三年,太平天国颁行的《十全大吉诗》,即上帝预言洪秀全下凡作主的十首诗句,一名《天父上帝言题皇诏》,庚申十年借洪仁发、洪仁达之口,重新发表。《王长次兄亲目亲耳共证福音书》:"愚兄今将天酉年我真圣主转天王所唱预诏敬谨记出,但我主因唱天话,十句中愚兄不过知得三四句,而今愚兄屡推,总是唱十全大吉诗章。"天酉,即丁酉,1837 年,太平天国宣传这是天王转天之年。

(2)领袖称号

天王。太平天国宣传,上帝封洪秀全为天王。《太平天日》:"天父上主皇上帝十分欢喜,乃封主为'太平天王大道君王全'。"同书引洪秀全《九妖庙题壁诗》"朕在高天作天王"。《钦定英杰归真》:"故孔丘作《春秋》,首正名份,大书直书曰天王,盖谓系王于天,所以大一统也。此天王尊号前代无人敢僭者,实天父留以与吾真圣主也。"

主。在革命前期,洪秀全规定臣下称己为"主"。《天命诏旨书》:"天父是天圣父,天兄是救世圣主,天父、天兄才是圣也。继自今,众兵将呼称朕为主则止,不宜称圣,致冒犯天父、天兄也。"

真圣主。革命后期,洪秀全也尊己为"圣"。在戊午八年十一月十七日晋天燕朱雄邦给英国官员的"照会"里,已有"真圣主天王"字样。

幼主。《太平礼制》:"(元年)王世子臣下呼称幼主万岁。"《金陵省难纪略》:"贼谓耶稣为天父之太子,避僭耶稣,故称幼主。"

禾乃师赎病主。太平天国称东王杨秀清为禾乃师赎病主,意同救世主。《太平救世歌》:"咨尔左辅,为正军师,师称禾乃,赎病群黎。"这十六字概括了当时杨秀清的官衔"禾乃师赎病主左辅正军师"。《金陵省难纪略》:"贼寿即开科。……某贼寿则称某试。如东试题:'东风吹清好凉爽,他名禾好救饥荒,名说饥荒便是疾,乃埋世人水深长。'统观伪书所言,大约此四语是颂扬东贼,即其伪衔中禾乃师赎病主之意。"按辛酉十一年正月十三日"天王诏旨":"东王赎病苦同哥,齐认禾救饥他名。"可见,《金陵省难纪略》的解释是对的。

劝慰师圣神风。从甲寅四年起,洪秀全又给杨秀清加号"劝慰师圣神风"。《天父下凡诏书》(二)引天王语:"前天兄耶稣奉天父上帝命降生犹太国,前谕门徒曰,后日有劝慰师临世。尔兄观今日清胞所奏及观胞所行为,前天兄所说劝慰师圣神风即是胞也。"从此,杨秀清的头衔中即多此六字于"禾乃师赎病主"之下。按基督教宣传,上帝以风感化世人。太平天国附会风为东王,《钦定前遗诏圣书批解》:"即圣神风,亦是圣神上帝之风,非风是圣神也。风是东王,天上使风者也。""东王本职则是风,劝慰师也。"

后师。革命后期,太平天国以基督为先师,东王为后师。《醒世文》:"后师特出永垂名。"抄本《钦定敬避字样》附录祈祷文:

"托救世圣主先师天兄基督赎罪大功劳,并托禾乃师后师东王赎病主功劳,转求天父上主皇上帝,在天圣旨成行,在地如在天焉。"

（3）国家称号

小天堂。广义指太平天国。《钦定前遗诏圣书批解》:"神国在天,是上帝大天堂,天上三十三天是也。神国在地,是上帝小天堂,天朝是也。天上大天堂,是灵魂归荣上帝享福之天堂。凡间小天堂,是肉身归荣上帝荣光之天堂。"狭义指太平天国最高政府所在处。《天命诏旨书》:"上到小天堂,凡一概同打江山功勋等臣,大则封丞相、检点、指挥、将军、侍卫,至小亦军帅职,累代世袭,龙袍角带在天朝。"《金陵省难纪略》:"南京曰天京,谓之小天堂。天曰高天,谓之大天堂。"马寿龄《金陵癸甲新乐府》:"贼呼江宁为小天堂。"《钦定敬避字样》:"天堂天朝,天父天兄天王圣殿也。"

天父天兄天王太平天国。革命前期,太平天国于国号上加"真天命"三字,以区别于反动清朝的假天命。对此,封建地主阶级进行了恶毒的攻击。佚名《金陵纪事》:"贼自谓太平天国真天命,必言真者,畏人说其假。"辛酉十一年起,洪秀全为强化自己的统治,改国号为"天父天兄天王太平天国"。《钦定敬避字样》:"太平天国是天父天兄天王开辟之国。"

（4）地名

太平天国因避讳而改易地名,如:

武珰。太平天国因避韦昌辉名,一度改武昌为武珰。《贼情汇纂》引陈玉成给秦日纲的"禀申":"缘小卑职前因恢复武珰微劳。"《天情道理书》:"自武珰而至金陵。"后恢复本名。辛酉十一年五月十七日《李秀成致赖文光谆谕》:"接武昌县仁天安蔡弟送来弟自黄州寄来公文一件。"

潜珊。储枝芙《皖樵纪实》:"贼改潜山曰潜珊,避伪南王讳也。"

太平天国因取吉利而改易地名,如:抚锡。龚又村《自怡日记》:"无锡书抚锡。"太平天国因贬斥敌人而改易地名,如:罪隶,《贬妖穴为罪隶论》引"天王诏旨":"今朕既贬北燕地为妖穴,是因妖现秽其他,妖有罪,地亦因之有罪,故并贬直隶省为罪隶省。"甲寅四年四月"东王诰谕":"将来罪隶诛锄,仍然完聚。"

(5)方言

乃埋。《天父下凡诏书》(二):"得我四兄乃埋牵带,方得成人。"《贼情汇纂》:"乃埋,贼用二字作救世解。"乃,粤地方言,同拉。《天情道理书》:"乃马者有人。"《金陵省难纪略》:"拉谓之乃,拉马谓之乃马。"埋犹言合,也是广东方言,见鲁迅《三闲集》。太平天国以后造了一个"龛"字,代替"埋"字。《天情道理书》:"东王蒙天父亲命下凡,为天国左辅正军师,救饥赎病,乃龛天下万郭弟妹。"万郭即万国。全句意谓杨秀清受天命下凡救世。

和㑩。《天命诏旨书》:"公心和㑩,各遵头目约束。"辛酉十一年十月初三日《李秀成谕子侄》:"尔等已过绍郡,可与陆主将和㑩斟酌,好守绍郡,计克宁波。"罗尔纲同志说,和㑩,广西平南一带方言,意作"共同商量,双方同意,融洽无间"[1]解。

桥水。《王长次兄亲目亲耳共证福音书》:"朕乃天父上帝真命子,有时讲杂话,是上帝教朕桥水,使世人同听而不闻也。"《金陵省难纪略》:"心机谓之桥水。"广东客家话。

言题。说话。《天父诗》:"不遵天令乱言题。"《十全大吉诗》

[1] 天津《益世报》1936年5月24日。

一名《天父上帝言题皇诏》。

（6）宗教语言

窄门。辛酉十一年正月二十八日"天王诏旨"："父兄君口是窄门"。二月十七日"天王诏旨"："苦诏普天进窄门。""窄门在爷哥圣旨。"按基督教宣传，善门是窄的，恶门是宽的。窄门，是信道之门。

圣灵。基督教宣传圣父、圣子、圣灵三位一体。太平天国以圣灵为东王。《天情道理书》："夫以东王之圣灵。"戊午八年《天王诏西洋番弟》："东王赎病是圣灵。"

（7）军中用语

拜上。曾国藩《与湖南各州县公正绅耆书》："约之为兄弟，诱之以拜上。"陈徽言《武昌纪事》："胁城中人相从，谓之拜上，盖入彼教必以拜上帝为重也。"《金陵省难纪略》："拜上即拜上帝，贼之省文。"拜上，音转而为拜相。《金陵纪事》："掳来人皆使拜上，又曰拜相。"又音转而为拜降。臧毂《劫余小记》："令民进贡，驱民拜降。"

外小。《太平条规》："令内外强健将兵不得僭分干名坐轿骑马及乱拿外小。""令不许乱捉卖茶水卖粥饭外小为挑夫及瞒昧吞骗军中兄弟行李。"《行军总要》："到一方，即先拿那一方外小，作为引路之人。""不准沿途捉拿卖茶粥外小"。《贼情汇纂》引太平军天令："凡无故杀害外小者斩。""凡掳掠外小财物者斩。"《金陵癸甲新乐府》："贼呼城外人为外小。"陈作霖《可园备忘录》："至驯象门，见有交易者皆递发人，贼呼为'外小'。"《劫余小记》："贼诸馆林立，有一技皆收录，如避而不入其中，名曰'外小'。外小恒苦饥。"佚名《平贼纪略》："百姓称外小。"据以上可见，太平军称未拜上帝的人民为"外小"。倪在田《扬州御寇录》：
"外小，贼谰语，犹称细作耳。"这是曲解。

　　牌面。牌尾。李圭《思痛记》："贼谓少壮者为排面，老弱者
为排尾。"排应作牌。《贼情汇纂》引"贼馆门牌式"："太平天朝
典天袍刘世盛衙内牌面牌尾兄弟姓名开列于后……共牌面十五
名牌尾四名。"又引"伪船牌式"："两司马胡元志管带水营圣兵
六名牌尾三名……"划分牌面、牌尾的标准是年龄。同书引"前
十三军前营前前一东两司马统下"兵册。全部官兵卅人，其中牌
尾五人都是老幼。陈小四年十五岁，汪毛儿年十三岁，朱贵儿年
十一岁，郑杏花年十四岁，赵瞎子年五十九岁。其他都是牌面，年
轻的十七岁，年长的四十一岁。《贼情汇纂》又引"天令"，"凡军
中兄弟五十岁以下至十五岁以上，一闻圣角响，俱要装身赴各本
管衙。听令杀妖。"谢介鹤《金陵癸甲事略》："城中凡男子十六
岁至五十岁，谓之牌面，余为牌尾。"陈庆甲《金陵纪事诗》："年
十五至五十者为牌面，老弱为牌尾。"所言大致吻合。但王永年
《紫虆馆诗钞》说："男未及丁并花甲以外者，免其当差，所居曰老
人馆，皆为牌尾。""男自十六岁至六十岁以内皆为牌面。"涤浮道
人《金陵杂记》、佚名《粤逆纪略》所记同。可见，革命前期，同是
在天京，曾将牌面的年龄的下限从五十扩大至六十。但在异时异
地，情况变异，牌面的年限又大大收缩。余一鳌《见闻录》记后期
英王部队编制："年不满十八岁及年逾四十二者曰牌尾。""其出
仕者为精兵，做工、挑担、盘粮者曰牌面。"《见闻录》又说："其守
城者，每牌面一名，日发糙米一斤四两，精兵斤半，牌尾一斤。"从
护王部下的"兵册"来看，牌面与牌尾的划分已不单依年纪。如
癸开十三年八月护殿右二十三承宣杨泉福统下各馆牌尾分："有

病""煮食""看船""种菜园""烂脚""看馆"等名目。他统下官兵七十人,除官员十名外,牌面三十一人,牌尾二十九人。显见能战者的比重已小,与革命前期的情况大异。

能人。伤员。《行军总要》:"必须谕令各官,毋论何人所有马匹,俱牵与能人骑坐,如马匹不敷,总要令兵士抬负而行。庶无遗弃。至于扎定营盘之时,必须谕令拯危官员将所有能人,每逢礼拜之期,务要查实伤愈者几名,伤未愈者几名,一一报明,令宰夫三日两日按名给肉,以资调养。又令掌医、内医格外小心医治,拣选新鲜药饵,不可因其脓血之腥臭而生厌心。其为佐将者当公事稍暇,亦必须亲到功臣衙看视。"《粤逆纪略》:"伪功臣衙,又名能人馆,贼被伤者居之,皆有医为之调理。"按太平军设拯危急官和掌医、内医官救护伤员。掌医,治外科。内医,治内科[1]。

三更。逃亡。《天命诏旨》书:"尔想三更逃黑路。"《行军总要》:"其名牌,令其分别注明,升天者用朱笔一点,三更者用朱笔拷叉。"又:"逃走者用朱笔在名上打一拷叉。"可见,三更与逃走同意。佚名《平贼纪略》:"逃亡称三更。"太平军对逃亡者处死刑。《贼情汇纂》引"天令":"凡各衙兄弟如有三更逃黑夜,被卡房捉拿者,斩首不留。"

装身。《天情道理书》:"号鼓一响,赶紧装身。"《行军总要》:"前队各官兵速即装身。"又:"速即造饭,随即装身。"《平贼纪略》:"起程称装身。"

天光。《天命诏旨书》:"不过天光怨鬼迷。"《行军总要》:"如有紧急事件,天光要行兵。"张尔嘉《难中记》:"来日天光。"

---

[1] 均见《贼情汇纂》。

自注："黎明"。

运化。润泉。《贼情汇纂·伪律》："凡营盘之内；俱要洁净打扫，不得任意运化作践，有污马路。以及在无羞耻处润泉。"同书："贼称如厕为运化。""贼称小便为润泉。"《平贼纪略》："遗矢称调化。搜溺称润泉。"

打先锋。搜索敌人财物。如无上级命不得打令先锋。《贼情汇纂》引"天令"："凡假冒官员私自打先锋者斩首不留。"同书："贼讳虏劫之名，曰打先锋。"陆筠《劫余杂录》："贼打先锋后，安民，必有贼目到乡官馆中，插旗收令，南面设座，召集附近乡官及年老百姓到馆听谕。贼目跣足扭辫，以足登座，狙踞，谕民纳粮进贡，不准变妖作土匪，名曰讲道理。"[1]变妖，叛变。

云中雪。刀。《天命诏旨书》："黄以镇逆令双重，云中雪下罪难容。"《贼情汇纂》："刀改称云中雪。"《十救诗》："瞒天混杂云雪加。"云雪，云中雪的省文。《金陵杂记》引天王张挂在宫门上的"诏旨"："大小众臣工，到此止行踪，朝奏方入内，否则雪云中。"雪云中，云中雪的倒装语。

长龙。抬枪。《贼情汇纂》引燕王秦日纲所发"行路船票"。写明："内装长龙拾条并铅码红粉至圻州杀妖。"《见闻录》："抬炮曰长龙，有长龙馆，每一人安子药，一人点火，一人背负而放。"长龙或书长隆。《贼情汇纂》引水二总制黄榜超给右十二检点林的"禀"文："昨具（据）后二军军帅刘得禀称，营内缺少长隆红粉等件，恐妖魔仓卒前来，难以抵御，恳请转禀饬发等情。"抬枪，是当时太平军杀伤敌人的主要武器。

---

[1]《扬州师院学报》1980年第4期。

红粉。火药。《贼情汇纂》："火药改称红粉。"太平军设官管理。《见闻录》："其典官……火药曰典红粉。有正典红粉、随征典红粉。"后期在有些地区按亩征费。柯悟迟《漏网喁鱼集》："（咸丰十一年）四月初一，各处征收上忙银，兼收下忙，追清漕尾，田捐红粉税，一并严催。乡里日夜不宁。"

土洋粉。洋枪用的土制火药。护王部下"领发物单"："费天将领土洋粉一百斤、红粉二百五十斤。"《见闻录》："放洋炮者曰土洋粉。如常药捣三日，洋粉则捣七日。"

铅码。枪炮弹。《行军总要》："或装红粉铅码。"《贼情汇纂》："枪炮子改称铅码。"音转而为"元码"。护王部下"领发物单"："寓义李发红粉二十五斤，本府曹承宣领回。又元码五十斤。"或写"元马"。《平贼纪略》："铅弹称元马。"也有写"圆马"的。沧浪钓徒《劫余灰录》："贼名炮子曰圆马。"从护王部下的"领发物单"看，晚期太平军使用的铅码种类繁多。有"长隆铅码""小炮铅码""水炮铅码""狗头炮铅码"等土制火器子弹，这是大量的。同时也有少量"洋炮铅码"。这一切显示出晚期太平军虽也拥有少量洋枪，但使用的多数枪炮仍是土制的、旧式的。

垅口。地道。《贼情汇纂》："凡土营之众，贼中呼为开垅口兄弟。""壬子腊月十二日，武昌难民曾闻一贼鸣钲传呼于市曰：'东王有令，开垅口兄弟即赴大东门监军衙听点。'"或写龙口。《金陵省难纪略》："龙口即地道名。"《见闻录》："攻城则开龙口。"

挥。凭证。见天天军主将发给部下的油盐口粮，均有挥为凭。如："挥仰刘弟发给克天燕陈弟油十四斤、盐廿一斤，与来人领回一月口粮。此挥。毋违。四月廿二日本阁挥。"（革命后期，各级衙署均有称谓。主将的衙署称阁。）结婚证称"合挥"。如"李大明柴大妹合挥""翟合义祝大妹合挥"。又称"挥子"。护王部下"发物单":"天官领袖挥子。"或写"挥纸"。丁葆和《归里杂诗》:"贼出入皆用伪凭,名曰挥纸。"音转而为"飞纸"。李光霁《劫余杂识》:"飞纸者,馆中牌印不给,凭印信以知照城门者也。"

云马。紧急文书。庚申十年六月十九日《幼主诏李秀成》:"天王诏旨,内一道'云马'飞递苏省交与忠王跪迎恭读张挂遵行。"云马,盖云马印。护王部下"去文底簿":"(癸开十三年)十一月廿六,照吏部二尚书张大人,为代刻芸马印图记事。"芸马,即云马,因避南王讳,改云为芸。《金陵杂记·续记》:"寻常伪文日行百余里,若紧急贼情,伪文上加印圆戳,中刻有翅飞马,周围刻云,名为云马文书。其圆戳皆系各处首逆始有,不轻用也。"或作"圆马"。《见闻录》:"紧急文书曰圆马,文上刻圆印,中画一马,旁列官衔,夜半皆得入城。"《金陵纪事诗》:"司驿站文书者,名疏附筩。凡紧急者,加印圆马,如汉文瓦样,中刻马形。"第一历史档案馆藏庚申十年四月初三日《李秀成给康玉吉谆谕》上盖"忠王发"圆形回纹奔马图记。苏州市博物馆藏袭爵保天安黄得馥给见天天军主将吴习玫的"禀"单上,也盖有圆印。回纹边,中有奔马,上横写"保天安发"字样。这都是云马图记。

附军中隐语:

长龙。《贼情汇纂》:"长龙即烟筒。"太平军严禁吸烟,军中私吸者造此隐语。

红粉。《贼情汇纂》:"红粉即旱烟。"

潮水。《贼情汇纂》:"潮水即酒。"平军禁酒,私饮者造此隐语。

马快。毛隆保《见闻杂记》:"贼呼炮为马快。"

释"功勋等臣,世食天禄"[1]

在太平天国史研究中,往往强调太平天国革命的指导思想是"四大平等",其实是夸大之词。农民领袖确有朴素的平等观,但他们又推行不平等。《天朝田亩制度》是太平天国的纲领性文件。它一开始就对革命队伍的待遇作了不平等的规定。它说:"功勋等臣,世食天禄。其后来归从者,每军每家设一人为伍卒,有警则首领统之为兵,杀敌捕贼;无事则首领督之为农,耕田奉尚(上)。"可见,它把全国分为两种人,享受截然不同的待遇。(一)功勋等臣,成为世袭的特权阶层。他们连同子孙,既不当兵,又不种田,由国家供养。(二)一般群众,平分土地,战时当兵,平时为农,尽保卫国家和供养特权阶层的义务。

为什么把一般群众叫作"后来归从者"呢?因为太平天国规定,只有永安以前首义之人,才能称作"功勋"。张德坚《贼情汇纂》:"凡从至永安突围之贼,无论伪职大小,悉加功勋二字。"同书又说:"自金田起义至永安州止,相从之贼,不拘有官无官,俱谓之功勋。"由于永安以前首义的老兄弟,一般都是两广人,主要是广西人,所以有人说:"两广人多谓之功勋。"[2]其实,加"功勋"衔与否,是以参加革命的先后确定的,不是以籍贯划分的。

---

[1] 本文集编者按,此文原载《历史教学》1979 年第 10 期。
[2] 佚名:《金陵纪事》。

凡加"功勋"衔的官员,都把"功勋"二字写在他的官职之上,如罗忠球称"功勋土正土一戊一监军"[1]。朝官是这样,属官也是这样,如南王的属官称"功勋南殿左一指挥""功勋南殿左参护"[2]等。有的官员因故被革职后,仍得称"功勋",如"功勋前夏官副丞相赖汉英"[3]。至于不担任官职的,则单称"功勋",如"功勋谢三"[4]。

太平天国对功勋的待遇,是特殊的。1851 年,在永安州时,天王即许与功勋等臣以世袭的特权。天王诏令:"今诏封从前及后一概打仗升天功臣,职同总制世袭。掌打大旗升天功臣,职同将军、侍卫世袭。……凡一概同打江山功勋等臣,大则封丞相、检点、指挥、将军、侍卫,至小亦军帅职,累代世袭,龙袍角带在天朝。"[5]到达天京以后,规定功勋不论大人、小孩,一律"职同"总制,得享受分肉和穿黄马褂的高级待遇。有人在天京目击,只要是功勋,"虽无职之小仔,亦得着黄褂"[6]。直到革命后期,无职的功勋,还都有"煮食""驾船"等人伺候。有的还派"精兵"保护[7]。这一切,都表明太平天国对功勋的待遇是特殊的。

由于功勋职同总制,所以总制以上的官员一般不把功勋衔写在自己的官职上。除非是功勋加等的。《贼情汇纂》说:"凡在金田与祝洪逆生日者,无论伪职大小,悉加'功勋加一等'五字。"以

---

[1] 张德坚:《贼情汇纂》。

[2] 曾国藩:咸丰四年七月十六日《水师叠获大胜疏》。

[3] 《贼情汇纂》。

[4] 《天情道理书》。

[5] 《天命诏旨书》。"升天",阵亡。

[6] 张汝南:《金陵省难纪略》。

[7] 见护王部下所遗兵册。

后计功逐级加等，如 1854 年，胡海隆的官衔是"功勋殿右二检点加一等"[1]；1857 年，刘远达的官衔是"殿右四检点功勋平胡加八等"[2]。《天朝田亩制度》所说的"功勋等臣"，实际是指功勋以上的老兄弟，其中几乎包括全部广西首义将士，人数逾万。太平天国优待这些有功之人，是合理的；但是，让他们的子孙世袭各人的特殊待遇，则是不合理的。

《天朝田亩制度》既要求在平均主义的基础上，实行小农公有制，又允许自己队伍里的一些人享受世袭的特权，实际是保留封建私有制。前者不过是一种行不通的幻想，后者却见诸实践。这就决定了太平天国革命虽然是反封建的，但最终却被封建制所吞没。这是农民小生产者的特点所决定的。

以往我们过高地评价《天朝田亩制度》，片面强调了农民阶级平均主义的积极性。至于对"功勋等臣，世食天禄"句，则不予解释。这显然不是实事求是的态度，应当改正。

---

[1] 朱士嘉辑：《太平天国致美公使照会》。
[2] 曹大观：《寇汀纪略》。

"太平天国印书"版本考略

太平天国颁行了多种书籍，统称"诏书"，后代学者称之为"太平天国官书"，现称"印书"。太平天国印书，列入"旨准颁行诏书总目"的共计二十九部；其外若干部。太平天国灭亡后，"印书"大量被毁灭，但在国外却保存了一批。迄今我们知悉的，以英国为最多，在伦敦不列颠博物馆、剑桥大学、牛津大学，都藏有太平天国印书，世间简称为"英馆本""剑桥本""牛津本"。在法国的巴黎国家图书馆、巴黎国立东方语言学校图书馆，在德国柏林的普鲁士国立图书馆，在荷兰的莱顿大学，也都藏有太平天国印书，世间简称为"巴黎本""东校本""柏林本""莱顿本"。还有美国国会图书馆收藏的太平天国印书若干种。在中华人民共和国成立前后，国内也出现了一批太平天国印书，迄今，总计已发现四十二种，国内已翻印了四十种。

经过前辈学者的校勘，发现太平天国印书有不同的版本，有种种特征反映了太平天国印书的初刻与后刻之别。研究"太平天国印书"，必须弄清其版本。兹依"旨准颁行诏书总目"二十九部的顺序，比较国内外所藏太平天国印书原件或抄件的版本，逐一说明之。在"旨准颁行诏书总目"之外的，附后。

一、"太平天国印书"的各种版本

《天父上帝言题皇诏》

伦敦不列颠博物馆藏一本,封面题"太平天国癸好三年新刻",附录"旨准颁行诏书总目"共有十五部。

剑桥大学藏两本,甲本与英馆本同,乙本封面题"太平天国甲寅四年新刻"。

巴黎国家图书馆藏一本,与英馆本同。

美国国会图书馆藏一本,封面题"太平天国癸好三年新刻",附录"旨准颁行诏书总目"共有十四部,比英馆本少《太平救世歌》一部。

总上述,现存《天父上帝言题皇诏》共有三个版本:癸好初刻本、癸好重印本、甲寅再版本。萧一山据英馆本即癸好重印本影印入《太平天国丛书第一集》(简称"萧辑本")。神州国光社出版的《太平天国》据"萧辑本"排印。江苏人民出版社出版的《太平天国印书》据"萧辑本"影印和排印。

《天父下凡诏书》(一)

伦敦不列颠博物馆藏一本,封面题"太平天国壬子二年新刻"。

剑桥大学藏一本,"太平天国壬子二年新刻",其中天王不称"朕"而自称"秀全"。

巴黎国家图书馆藏一本,"太平天国壬子二年新刻",其中天王已改称"朕"。

巴黎东方语言学校藏一本,与国家图书馆本同。

柏林普鲁士国立图书馆藏一本,与剑桥本同。

总上述,现存《天父下凡诏书》(一)共有两种版本:一本初刻、一本修订重印。程演生据东校重印本辑入《太平天国史料》第一集(简称"程辑本")。《太平天国》据柏林初刻本排印,《太平天国印书》据柏林本影印和排印。

《天父下凡诏书》(二)

巴黎东方语言学校藏一本,封面题"太平天国癸好三年新刻",附录"旨准颁行诏书总目"共有二十部,迄《天朝田亩制度》,可证为癸好三年最后刊行的一部。程演生据以辑入《太平天国史料》第一集,《太平天国》据"程辑本"排印。《太平天国印书》据"程辑本"影印和排印。

《天命诏旨书》

伦敦不列颠博物馆藏两本,封面均题"太平天国壬子二年新刻"。

剑桥大学藏一本,"太平天国壬子二年新刻"。

巴黎国家图书馆藏一本,"太平天国壬子二年新刻",附录"旨准颁行诏书总目"共有十五部,至《太平救世歌》为止,卷尾有癸好三年"天王诏旨"。

巴黎东方语言学校藏一本,"太平天国壬子二年新刻",附录"旨准颁行诏书总目"共有十四部,至《幼学诗》为止,卷尾有癸好三年"天王诏旨"。

柏林普鲁士国立图书馆藏一本,"太平天国壬子二年新刻",卷尾癸好三年"天王诏旨"。字体、墨色、纸色均与全书不同,可证是增版时补入。第六页下"辛开七月十九日",巴黎两本均作"辛亥……",显见是两种版本。

美国国会图书馆藏一本，与巴黎东校本同。

总上述，《天命诏旨书》现有三种版本：柏林本刊刻最早，巴黎两本也有先后。程演生据东校本辑入《太平天国史料》第一集，《太平天国》据"程辑本"排印。《太平天国印书》据"程辑本"影印和排印。

《旧遗诏圣书》《钦定旧遗诏圣书》

伦敦不列颠博物馆藏《旧遗诏圣书》二卷：一、《创世传》，二、《出麦西国传》。"太平天国癸好三年新刻"。又藏《钦定旧遗诏圣书》六卷：一、《创世传》，二、《出麦西国传》，三、《利未书》，四、《户口册纪》，五、《复传律例书》，六、《约书亚书记》。封面也题"太平天国癸好三年新刻"，但附录"旨准颁行诏书总目"共有二十九部，已包括庚申十年颁行的《王长次兄亲目亲耳共证福音书》在内，可证已是庚申以后刻本。第一卷第十四章末段有洪秀全批注。

巴黎国家图书馆藏《出麦西国传》一卷。

北京大学图书馆藏一卷《创世传》，封面题"太平天国癸好三年新刻"，附录"旨准颁行诏书总目"共有十三部。

上海图书馆藏《旧遗诏圣书》四卷：一、《创世传》，二、《出麦西国传》，三、《利未书》，四、《户口册纪》。封面题"太平天国癸好三年新刻"，附录"旨准颁行诏书总目"共有十四部，至《幼学诗》为止。

《太平天国印书》据上海本影印和排印。

开明书局出版的《太平天国史料》辑录了洪秀全对《钦定旧遗诏圣书》的批注。

《新遗诏圣书》《钦定前遗诏圣书》

伦敦不列颠博物馆藏《新遗诏圣书》一卷,即《马太福音书》,封面题"太平天国癸好三年新刻",附录"旨准颁行诏书总目"共有十五部。又藏《钦定前遗诏圣书》,凡五卷:一、《马太福音书》,二、《马可传福音书》,三、《路加传福音书》,四、《约翰传福音书》(缺),五、《圣差言行传》,又自《圣差保罗寄罗马人书》至《圣人约翰天启之传》,凡二十篇。封面也题"太平天国癸好三年新刻",但附录"旨准颁行诏书总目"共有二十九部,已是庚申十年以后刻本。此书中有洪秀全的批注甚多,也辑入开明书局版《太平天国史料》。

《天条书》

伦敦不列颠博物馆藏刻本二,抄本一,封面均题"太平天国壬子二年新刻",但内容繁简不同。刻本之一凡引古代经籍皆已删节。另一刻本与抄本均保存原貌。删节本附录"皆准颁行诏书总目"总有十四部,其中已包括癸好三年颁行之书四种,可证已是癸好修改本。

剑桥大学藏一本,与英馆所藏删节本同。

巴黎国家图书馆藏一本,"太平天国壬子二年新刻",每半叶十行,行二十二字,正是删节本。

柏林普鲁士国立图书馆藏书一本,"太平天国壬子二年新刻",每半叶九行,行二十二字,内容未经删节。

荷兰莱顿大学藏一抄本。

美国国会图书馆藏一本,与英馆删节本同。

萧一山据英馆删节本影印入《太平天国丛书第一集》。《太平天国》据"萧辑本"排印,据柏林初刻本校注。《太平天国印书》

一并影印和排印。

《太平诏书》

伦敦不列颠博物馆藏刻本三、抄本一。刻本甲与抄本同为壬子初刻本。刻本乙与丙同为癸好删改本。癸好本改《原道救世歌》《原道醒世训》《原道觉世训》之"歌""训"为"诏"。

巴黎国家图书馆藏一本,癸好删改本。

巴黎东方语言学校藏二本,一刊本,一据壬子初刻本复抄。

柏林普鲁士国立图书馆藏一本,壬子初刻。

荷兰莱顿大学藏一抄本。

美国国会图书馆藏一本,癸好删改本。

总上述,已知《太平诏书》有壬子初刻和癸好重印之别。程演生据东校藏复抄壬子本辑入《太平天国史料第一集》。萧一山据英馆癸好重印本辑入《太平天国丛书第一集》。《太平天国》据柏林本排印。《太平天国印书》兼收壬子初刻本与癸好重印本,前者据柏林本(与"程辑本"虽同是壬子初刻,但文字稍有差异),后者据"萧辑本"。

《太平礼制》

伦敦不列颠博物馆藏两本,封面都题"太平壬子二年新刻"。

剑桥大学藏一本,"太平天国壬子二年新刻"。

巴黎国家图书馆藏一本,"太平天国壬子二年新刻"。

柏林普鲁士国立图书馆藏一本,封面题"太平天国辛开元年新刻"。内容与壬子本稍有差异。如王长女之称谓,辛开本作"长天金",壬子本改作"天长金"。

荷兰莱顿大学藏一抄本。

美国国会图书馆藏一本,"太平天国壬子二年新刻"。

　　总上述,已知《太平礼制》有辛开初刻与壬子修改重印两本。萧一山据英馆藏壬子本辑入《太平天国丛书第一集》。《太平天国》据萧辑本排印。《太平天国印书》据柏林本影印和排印。

《太平礼制》(续编)

　　剑桥大学图书馆藏一本,封面题"太平天国戊午八年新刻",但书中已有己未九年以后所封诸王:干王、英王、忠王、赞王、侍王、辅王、章王等称谓。可见已是己未以后增补本。王重民据以辑入《太平天国官书十种》(简称"王辑本")。《太平天国》据"王辑本"排印。《太平天国印书》据"王辑本"影印和排印。

《太平军目》

　　伦敦不列颠博物馆藏一本,封面题"太平天国壬子二年新刻",附录"旨准颁行诏书总目"共有十五部,至《太平救世歌》为止,可证已是癸好重印本。

　　剑桥大学图书馆藏两本。

　　巴黎国家图书馆藏一本。

　　柏林普鲁士国立图书馆藏一本。

　　中国革命博物馆藏一本,缺封面,附录"旨准颁行诏书总目"共有十三部,书中个别文字有错误,英馆本已改正。

　　总上述,现存《太平军目》有两种癸好重印的版本,国内藏本早刻。萧一山据英馆本辑入《太平天国丛书第一集》。《太平天国》据"萧辑本"排印。《太平天国印书》据中国革命博物馆版本影印和排印。

《太平条规》

　　伦敦不列颠博物馆藏甲、乙两本,封面均题"太平天国壬子二年新刻",其中乙本的版式略大,纸张亦好,唯有个别脱字。

剑桥大学图书馆藏一本。

巴黎国家图书馆藏一本。

柏林普鲁士国立图书馆藏一本。

荷兰莱顿大学藏一抄本。

萧一山据英馆藏甲本辑入《太平天国丛书第一集》。《太平天国》据"萧辑本"排印。

《太平天国印书》据"萧辑本"影印和排印。

《颁行诏书》

伦敦不列颠博物馆藏两本,封面均题"太平天国壬子二年新刻"。

剑桥大学图书馆藏一抄本,"太平天国壬子二年新刻",与柏林本同。

巴黎国家图书馆藏一本,"太平天国壬子二年新刻"。

巴黎东方语言学校图书馆藏一本,"太平天国壬子二年新刻"。

柏林普鲁士国立图书馆藏一本,"太平天国壬子二年新刻",附录"旨准颁行诏书总目"共有十四部,当已刊于癸好年。书中有涉及"三合会党"事,其他各家所藏本都已删改,可证此本的刊行较早。

荷兰莱顿大学藏一本,"太平天国壬子二年新刻"。美国国会图书馆藏一本与巴黎东校本同。

总上述,已知《颁行诏书》有两种以上版本。程演生据巴黎东校修改重印本影印入《太平天国史料》第一集。《太平天国》据"程辑本"排印,据剑桥抄本校注。《太平天国印书》据"程辑本"影印,又据柏林初刻本排印。

《颁行历书》

伦敦不列颠博物馆藏《太平天国癸好三年新历》两本和《太平天国辛酉十一年新历》一本。

剑桥大学图书馆藏《太平天国癸好三年新历》《太平天国甲寅四年新历》《太平天国戊午八年新历》《太平天国辛酉十一年新历》各一本。

巴黎国家图书馆藏《太平天国癸好三年新历》一本。

柏林普鲁士国立图书馆藏《太平天国癸好三年新历》一本，内容与巴黎国家图书馆藏本同，但版心较大，非同一刻本。

荷兰莱顿大学藏《太平天国癸好三年新历》抄本。

萧一山据英馆本《太平天国癸好三年新历》《太平天国辛酉十一年新历》，影印入《太平天国丛书第一集》。王重民据剑桥本《太平天国甲寅四年新历》《太平天国戊午八年新历》，影印入《太平天国官书十种》。对以上四年"新历"，《太平天国》据"萧辑本""王辑本"排印。《太平天国印书》据"萧辑本""王辑本"影印和排印。

《三字经》

伦敦不列颠博物馆藏两本，"太平天国癸好三年镌刻"。

剑桥大学图书馆藏一本，封面题"太平天国癸好三年镌刻"。

巴黎国家图书馆藏一本，"太平天国癸好三年镌刻"。

巴黎东方语言学校藏一本。

柏林普鲁士国立图书馆藏一本。

荷兰莱顿大学藏一抄本。

美国国会图书馆一本，"太平天国癸好三年镌刻"，附录"旨准颁行诏书总目"共有十三部。

《太平天国》据柏林本排印,缺封面及"旨准颁行诏书总目"。《太平天国印书》据柏林本影印和排印。

《幼学诗》

伦敦不列颠博物馆藏两刻本,甲本封面题"太平天国壬子二年新刻",乙本题"太平天国癸好三年新刻"。另有抄本,题"太平天国辛开元年新刻"。

剑桥大学图书馆藏一本,"太平天国辛开元年新刻"。

巴黎国家图书馆藏一本,"太平天国辛开元年新刻"。

柏林普鲁士国立图书馆藏一本,与巴黎国家图书馆本同。

美国国会图书馆藏一本,"太平天国辛开元年新刻"。上海图书馆藏一本,"太平天国壬子二年新刻"。

总上述,已知《幼学诗》有辛开、壬子、癸好三种版本。萧一山据英馆壬子本,影印入《太平天国丛书第一集》。《太平天国》据"萧辑本"排印。《太平天国印书》据上海壬子本影印和排印。

《太平救世歌》

伦敦不列颠博物馆藏两本,封面题"太平天国癸好三年新刻"。

剑桥大学图书馆藏两本,均署"太平天国癸好三年新刻",但一本已称《太平救世诰》,可证后刻。

巴黎国家图书馆藏一本,"太平天国癸好三年新刻"。

美国国会图书馆藏一本,与英馆本同。

中国革命博物馆藏一本,封面题"太平天国癸好三年新刻",附录"旨准颁行诏书总目"共有十三部,至《幼学诗》为止,比英馆本十五部少《新遗诏圣书》和《太平救世歌》两部,可证早刻。

北京图书馆藏一本,封面题"太平天国甲寅四年新刻",文句与癸好本稍异。

总上述,《太平救世歌》有四种版本。萧一山据英馆本影印入《太平天国丛书第一集》。《太平天国》据"萧辑本"排印。《太平天国印书》据中国革命博物馆藏本影印和排印。

《建天京于金陵论》

伦敦不列颠博物馆藏一本。

剑桥大学图书馆藏一本,封面题"太平天国癸好三年新镌"。

巴黎国立东方语言学校图书馆藏抄本,附录"旨准颁行诏书总目"共有二十一部,迄甲寅四年颁行的《天理要论》为止,可证已是甲寅重印的复抄本。

美国国会图书馆藏一本。

中国近代史研究所藏一本,缺封面,附录"旨准颁行诏书总目"共有二十部,卷尾有"戊午遵改"朱戳,可证已是戊午修改本,内容与甲寅重印本有差别。

总上述,已知《建天京于金陵论》有三种版本:癸好初刻、甲寅重印、戊午修改。程演生据巴黎东校藏甲寅本排印入《太平天国史料》第一集。《太平天国》据"程辑本"排印。《太平天国印书》先据"程辑排印本"翻印,又据近代史研究所藏戊午修改本排印。

《贬妖穴为罪隶论》

伦敦不列颠博物馆藏一本。

剑桥大学图书馆藏一本,封面题"太平天国癸好三年新镌",卷尾朱戳"己未遵改"。

巴黎东方语言学校藏抄本,缺封面,附录"旨准颁行诏书总目"共有二十一部,迄《天理要论》,可证是甲寅重印本。

总上述,可知《贬妖穴为罪隶论》有三种版本:癸好初刻、甲寅重印、己未修改。程演生据巴黎东校藏甲寅本排印入《太平天国史料》第一集。《太平天国》《太平天国印书》都据"程辑本"排印。

《诏书盖玺颁行论》

伦敦不列颠博物馆藏一本,"太平天国癸好三年新刻",附录"旨准颁行诏书总目"共有二十八部,至戊午八年刊行之《醒世文》止,可见已是戊午刻本。

剑桥大学图书馆藏一本。

巴黎东方语言学校藏一抄本,程演生未之见。

萧一山据英馆本影印入《太平天国丛书第一集》,《太平天国》据"萧辑本"排印。《太平天国印书》据"萧辑本"影印和排印。

《天朝田亩制度》

伦敦不列颠博物馆藏一本,封面题"太平天国癸好三年新刻",附录"旨准颁行诏书总目"共有二十九部,迄庚申十年刊行的《王长次兄亲目亲耳共证福音书》,可证已是庚申以后重刻本。

巴黎东方语言学校图书馆藏抄本,封面题"太平天国癸好三年新刻",附录"旨准颁行诏书总目"共有二十一部。迄甲寅四年颁行之《天理要论》止,可证已是甲寅再版本。

总上述,现存《天朝天亩制度》有两种版本,都非初刻本。程演生据东校藏复抄甲寅本排印入《太平天国史料第一集》。萧一山据英馆藏庚申以后刻本影印入《太平天国丛书第二集》。《太平天国》据"萧辑本"排印,据"程辑本"校注。《太平天国印书》据"萧辑本"影印。

《天理要论》

剑桥大学图书馆藏一本,封面题"太平天国甲寅四年新刻",附录"旨准颁行诏书总目"共有二十一部,迄本书为止。据伦敦布道会传教士麦赫斯(Walter Henry Medhurst)原著《天理要论》,选取了其中八章,更易了个别文字。

王重民据此影印入《太平天国官书十种》。《太平天国》据"王辑本"排印。《太平天国印书》据"王辑本"影印和排印。

《天情道理书》

伦敦不列颠博物馆藏一本,封面题"太平天国甲寅四年新刻",附录"旨准颁行诏书总目"共有二十八部,迄戊午八年刊行的《醒世文》为止,卷末有"己未遵改"朱戳。

萧一山据此影印入《太平天国丛书第一集》。《太平天国》据"萧辑本"排印。《太平天国印书》据"萧辑本"影印和排印。

《御制千字诏》

伦敦不列颠博物馆藏一本,封面题"太平天国甲寅四年新刻",附录"旨准颁行诏书总目"共有二十四部,至乙荣五年刊行之《行军总要》为止,卷末有"戊午遵改"朱戳。

剑桥大学图书馆藏甲、乙两本,封面都题"太平天国甲寅四年新刻",但两本字体不同,显见非同一版刻。乙本卷末有"戊午遵改"朱戳。

总上述,《御制千字诏》至少有三种版本:甲寅初刻、乙荣重印、戊午修改。萧一山据英馆藏戊午修改本影印入《太平天国丛书第一集》。《太平天国》据"萧辑本"排印。《太平天国印书》据"萧辑本"影印和排印。

《行军总要》

伦敦不列颠博物馆藏一本,封面题"太平天国乙荣五年新刻",附录"旨准颁行诏书总目"共有二十四部,迄于本书。

萧一山据此影印入《太平天国丛书第一集》。《太平天国》据"萧辑本"和排印。《太平天国印书》据"萧辑本"影印和排印。

《天父诗》

伦敦不列颠博物馆藏一本,封面题"太平天国丁巳七年新刻",凡五百首,共五卷。

剑桥大学图书馆藏一本,"太平天国丁巳七年新刻",凡百首,当系初刻。

萧一山据英馆藏五卷本排印入《太平天国丛书第一集》,未分卷。《太平天国》《太平天国印书》都据"萧辑本"排印。

《钦定制度则例集编》

迄今尚未发现。

《武略书》

伦敦不列颠博物馆藏一本。

《醒世文》

伦敦不列颠博物馆藏一本,封面题"太平天国戊午八年新刻",附录"旨准颁行诏书总目"共有二十八部,迄于本书。

剑桥大学图书馆藏一本,"太平天国戊午八年新刻"。

萧一山据英馆本影印入《太平天国丛书第一集》。《太平天国》据"萧辑本"排印。《太平天国印书》据"萧辑本"影印和排印。

《王长次兄亲目亲耳共证福音书》

伦敦不列颠博物馆藏一本。洪仁发、洪仁达于庚申十年献上,附录"旨准颁行诏书总目"共有二十九部,迄于本书。

萧一山据此影印入《太平天国丛书第一集》。《太平天国》据"萧辑本"排印。《太平天国印书》据"萧辑本"影印和排印。

除上述列于"旨准颁行诏书总目"的二十九部外，迄今我们还发现其他太平天国印书十部。

《太平天日》

剑桥大学图书馆藏一残本，封面题记"此书诏明于戊申年冬。今于天父天兄天王太平天国壬戌十二年，钦遵旨准刷印铜版颁行"。全书共三十六叶，缺第二叶。

王重民据此影印入《太平天国官书十种》，又排印入《太平天国史料》（开明书局版）。《太平天国》据"王辑本"排印。《太平天国印书》据"王辑本"影印和排印。

《钦定士阶条例》

伦敦不列颠博物馆藏一残本，封面题"天父天兄天王太平天国辛酉十一年新镌"。共三十三叶，缺第五、十七、十八计三叶。南京太平天国历史博物馆藏一足本。

萧一山据英馆残本影印入《太平天国丛书第一集》。据《钦定英杰归真》所引补了第五叶。《太平天国》据"萧辑本"排印。《太平天国印书》据太平天国历史博物馆藏足本影印和排印。

《钦定敬避字样》

上海图书馆藏一抄本。祁龙威、吴良祚考定这书颁行于壬戌十二年秋冬间，抄成于癸开十三年下半年。《太平天国》据此排印。郭若愚据此影印入《太平天国文物图录续编》。《太平天国印书》据此影印和排印。

《幼主诏书》

伦敦不列颠博物馆藏一本。

剑桥大学图书馆藏一本。

萧一山据英馆本影印入《太平天国丛书第一集》。《太平天国》据"萧辑本"排印。《太平天国印书》据"萧辑本"影印和排印。

《资政新篇》

剑桥大学图书馆藏一本，封面题"太平天国己未九年新镌"。

牛津大学图书馆藏一本。（国人许地山有抄本）

上海文物保管委员会藏一本。与剑桥本对勘，罗尔纲断定这是改正重印本。如"国"改"邦"或以"郭"代。

王重民据剑桥初刻本影印入《太平天国官书十种》，又排印入《太平天国史料》（开明书局版）。《太平天国》据"王辑本"排印。《太平天国印书》据上海改正本影印和排印。

《钦定英杰归真》

南京图书馆藏一本，封面题"天父天兄天王太平天国辛酉年新镌"。（现存台湾）

剑桥大学图书馆藏一本。

萧一山据南图本影印入《太平天国丛书第一集》。《太平天国》据"萧辑本"排印。《太平天国印书》据"萧辑本"影印和排印。

《诛妖檄文》

剑桥大学图书馆藏一本，封面题"天父天兄天王太平天国辛酉十一年镌"。

王重民据此影印入《太平天国官书十种》。《太平天国》据"王辑本"排印。《太平天国印书》据"王辑本"影印和排印。

《钦定军次实录》

剑桥大学图书馆藏一本，封面题"天父天兄天王太平天国辛酉十一年新镌"。

南京太平天国历史博物馆藏一本。与剑桥本相校,内容有差异。这本说:"辛酉十一年正月二十七日,军经宁郭郡,主将杨雄清殷勤迎于十里之外,且送至十里之外之九眼桥,依依敬别,足见该员斯文主将大有慧眼在焉。因吟以劝慰之。"剑桥本已将"主将杨雄清"改为"众天兵天将"。又删去了"足见……在焉"十四字。显见南京本为初刻本。剑桥本是修改重印本。王重民据剑桥本影印入《太平天国官书十种》,又排印入《太平天国史料》(开明书局版)。《太平天国》据"王辑本"排印。《太平天国印书》据南京本影印和排印。

《天父天兄天王己未九年会试题》

剑桥大学图书馆藏一本。

王重民据此影印入《太平天国官书十种》。《太平天国》据"王辑本"排印。《太平天国印书》据"王辑本"影印和排印。

《开朝精忠军师干王洪宝制》

剑桥大学图书馆藏一本。

王重民据此影印入《太平天国官书十种》。《太平天国》据"王辑本"排印。《太平天国印书》据"王辑本"影印和排印。

二、研究"太平天国印书"版本的文献

张德坚《贼情汇纂》

最早为研究《太平天国印书》版本提供资料的是张德坚《贼情汇纂》。他在摘录《太平军目》的片段之后写道:"此贼初定军目式也。曾刊伪《太平军目》一册。以一军为例,全刻五百两司马。前列军帅、师帅、旅帅,后列卒长,每一卒长之下,列两司马四

人,尚无东西南北之分。及刚强伍长、冲锋伍卒诸名实,千篇一律,满纸皆卒长、两司马字样,不知其军制者,无不开卷茫然。嗣俘得续改军目,眉目较前清楚,因于旱营各举二军,水营各举一军。著之于篇,以为定式,十军百军皆同,俾览者可以触类而推寻焉。"从这里,罗尔纲同志等作出判断现存《太平军目》已经不是初刻本而是改订重印本。

萧一山《太平天国丛书第一集》

萧氏发现伦敦不列颠博物馆所藏《天条书》和《太平诏书》各有两种不同的版本。经校对,他认为很少征引"四书""五经"的,是初刻本,大段征引"中国典训名言"的是增补后刻本。他并由此判断太平天国思想政策的变化。萧氏又将英馆本与巴黎国家图书馆、柏林普鲁士国立图书馆等藏本相对较,发现《太平礼制》有辛开初刻与壬子修改重印之别。他说:"按法藏本与此本同,德藏本则异同颇多。……德藏本封面署'太平天国辛开元年新刻',似为初建国时之原本。而此本则改正本也。"类此还有《幼学诗》等书。在编印《太平天国丛书第一集》的过程中,萧氏撰写《天条书》等跋文,乃是"太平天国印书版本学"的嚆矢。

王重民《记巴黎国家图书馆所藏太平天国文献》《记普鲁士国立图书馆所藏太平天国文献》《记剑桥大学图书馆所藏太平天国文献》

王重民撰写以上三文,对"太平天国印书版本学"作出了重大贡献。(一)使学者更多地了解太平天国印书版本的不同。(二)驳正了萧一山考证《天条书》和《太平诏书》两种不同版本的错误结论。原来萧氏断定的"初刻本",其实是"重印本",而萧氏断定的"重印本",却相反是"初刻本"。(三)揭露了《太平天国诗文钞》对"柏林本"的窜改。原来,人们误信《太平天国诗文钞》于再版时,曾据俞大维从柏林普鲁士国立图书馆摄回"太平天国印书"的照片进行校补,遂以为《太平天国诗文钞》再版本中的有几种"太平天国印书"即"柏林本"的翻版。经过王重民的核对,读者始知《太平天国诗文钞》对"柏林本"曾加窜改,并非照抄原件。

神田喜一郎《欧洲访书记的发现(2)——荷兰莱顿大学收藏的汉籍》

1937年,日本学者神田喜一郎于《书志学》发表此文,介绍了莱顿大学所藏七种"太平天国印书"的概况。人们得借以考证它们的版本。如现在国内流传的《三字经》,系据柏林本翻印,但缺封面,不明刊刻年份。神田喜一郎的文章介绍"莱顿本"《三字经》时明确说:"封面题'太平天国癸好三年镌刻'。"可见对此书初刻于癸好三年的估计是对的。

郭廷以《太平天国史事日志·引用书目》

郭氏1946年出版《太平天国史事日志》后附"引用书目",首列"太平天国官书"。他对程、萧、王三家辑本,一一作了评述,突出讨论萧氏对《天条书》《太平诏书》等版本方面的研究。郭氏据《太平诏书》的英译本进一步驳正了萧氏把初刻与重版颠倒的错误。至于对萧氏考证《太平礼制》版本等正确的结论,则都予保存。

山本达郎《美国国会图书馆中收藏的关于太平天国史料备忘录》

1951年,日本山本达郎于《史学杂志》发表此文,使人们初步得知美国国会图书馆所藏"太平天国印书"刊本九种、抄本一种的概况。山本达郎将这十种与"萧辑本""程辑本"逐一对校,发现若干版本上的差异,给学者作进一步研究,提供了线索。

中国史学会《太平天国》(神州版)

中华人民共和国成立初期,中国史学会编的《太平天国》,收集"太平天国印书"三十九种。在每种之后,一一作了版本上的校对,如在《天朝田亩制度》卷尾注明:据"萧辑本"排印,据"程辑本"校注。所有这些,都有助于读者对"太平天国印书"版本的研究。

张秀民、王会庵《太平天国资料目录》

此书首列"官书"。对每书都罗列其现存版本。这是一部研究"太平天国印书"版本的重要资料。例如,由于此书的介绍,人们才清楚北京大学图书馆藏有太平天国癸好三年颁行的《旧遗诏圣书》一卷《创世传》。从其附录"旨准颁行诏书总目"共有十三部看,可以断定比上海藏本的刊刻为早,当是初刻本,弥足珍贵。可惜他们对海外未传入国内的"太平天国印书"版本,与1955年以后国内出现的"印书",尚未及列入。

罗尔纲《太平天国印书·解题》

罗氏所写"解题",都交代了各书的版本。除吸取了前人研究成果外,还对中华人民共和国成立后国内新出"太平天国印书"的不同版本初次作了说明。

此外,前辈学者还有一些单篇关于"太平天国印书"版本的考证文章,如夏鼐的《〈新、旧遗诏圣书〉及〈钦定前、旧遗诏圣书〉校勘记》,罗尔纲的《〈资政新篇〉的版本》,等等,也都对"太平天国印书版本学"的发展,作出了贡献。

研究"太平天国印书"的版本是手段,不是目的。我们的主要目的,是要从这些版本的差别,寻找其原因,借以说明太平天国历史的发展变化。当时的西方传教士麦赫斯曾从一个太平军逃兵口中,听得洪秀全于1853年5月杀了三百个三合会党的传说后,写道:"戴医生由镇江带来之太平王诏书的重版本尽去三合会字样,这是其原因。"可见西方资产阶级是力图从太平天国修改《颁行诏书》,改"三合会党",为"中国人民"一事,探寻太平军与三合会相互仇杀的消息的。由于他们立场、观点的反动,所以做不出实事求是的结论。其实,太平天国由于兵出湖南,再无三合会党助清的事实。又为扩大团结面,所以在文件中作此修改。关于这一点,罗尔纲同志在《太平天国现存经籍考》中,已作了详尽的说明。总之,我们不能为校勘而校勘,而要运用马克思主义的立场、观点,去分析研究校勘"太平天国印书版本"的成果,才能有助于总结太平天国起义的历史经验,供社会主义革命和社会主义建设借鉴。

《天朝田亩制度》校勘记

迄今流传国内的《天朝田亩制度》有两种版本：一种是程演生据法国国立东方语言学校图书馆藏本排印的太平天国甲寅四年刻本，见程辑《太平天国史料第一集》；一种是萧一山据英国伦敦不列颠博物馆藏本影印的太平天国庚申十年以后刻本，见萧辑《太平天国丛书第一集》。两本封面均署"太平天国癸好三年新刻"。但这两本已都非初刻本。中华人民共和国成立以后中国史学会编辑的《太平天国资料丛刊》据萧辑本排印，以程辑本校注。南京太平天国历史博物馆编的《太平天国印书》据萧辑本影印。最近又参考《丛刊》排印，删去了校注。程、萧两个版本主要不同之处是：

一、"旨准颁行诏书总目"不同[1]

程辑本附录"旨准书目"二十一部，最后一部是《天理要论》。查《天理要论》封面署"太平天国甲寅四年新刻"。据此判断，程辑本《天朝田亩制度》当是甲寅四年的刻本。

萧辑本"旨准书目"二十九部，最后一部是《王长次兄亲目亲耳共证福音书》。这是太平天国庚申十年的出版物。据此判断，

---

[1] 太平天国旨准颁行的书籍，总称"旨准颁行诏书"。每件附录以前颁行的书目。

萧辑本《天朝田亩制度》当是庚申十年的刻本。

二、职官制度不同

程辑本,所载的是杨秀清执政时的官制。兹节录其中二小节:

> 钦命总制并细核其所统监军,某人果有贤迹则列其贤迹,某人果有恶迹则列其恶迹,注其人,并自己保升奏贬姓名,一同举于将军、侍卫、指挥、检点及丞相,丞相禀军师,军师将各钦命总制及各监军及各军帅以下官所保升奏贬各姓名直启天王主断。
>
> ……
>
> 天王降旨,军师宣丞相,丞相宣检点、指挥、将军、侍卫、总制,总制次宣监军,监军宣各官一体遵行。

同是这二节,萧辑本所载已是洪仁玕等执政时的官制:

> 钦命总制并细核其所统监军,某人果有贤迹则列其贤迹,某人果有恶迹则列其恶迹,注其人,并自保升奏贬姓名,一同达于将帅、主将,将帅、主将达六部、掌及军师,军师直启天王主断。
>
> ……
>
> 天王降旨,军师宣列王,列王宣掌率以下官一体遵行。

两个版本都提到的军师,是辅助天王执政的中央最高官。辛开元年在永安,设左辅正军师、右弼又正军师、前导副军师、后护

又副军师,由杨秀清、萧朝贵、冯云山、韦昌辉分任。《天命诏旨书》录辛开十月二十五日的"天王诏令":

> 天父上主皇上帝是神爷,是魂爷。前此左辅、右弼、前导、后护为军师,朕命称为王爷,姑从凡间歪例,据真道论,有些冒犯天父,天父才是爷也。今特襃封左辅正军师为东王,管治东方各国;襃封右弼又正军师为西王,管治西方各国;襃封前导副军师为南王,管治南方各国;襃封后护又副军师为北王,管治北方各国。

史学界一般都据此说明永安建制。其实,天王任命军师,还在比这诏早一些的时候。同书又录辛开九月二十五日"天王诏令":

> 记录册成,两司马执册达卒长,卒长达旅帅,师帅达军帅,军帅达监军,监军达总制,总制次递达丞相,丞相达军师,军师转奏。

可见这时已有军师。至于总制与丞相之间相隔的级别,见之于同书所录辛开十月十二日"天王诏令":

> 凡一概同打江山功勋等臣,大则封丞相、检点、指挥、将军、侍卫,至小亦军帅职,累代世袭,龙袍角度带在天朝。

由此可见太平军在永安时,军帅以下的各级军官是:丞相、检点、指挥、将军、侍卫、总制、监军、军帅、师帅、旅帅、卒长、两司马。

程辑本《天朝田亩制度》所载的,就是这时的官制。这是太平天国的正职官。其他官都向正职官靠级,称同职官。

又按上引"天王诏令":

> 今诏封从前及后一概打伏升天功臣职同总制世袭,掌打大旗升天功臣职同将军,侍卫世袭。

可证将军与侍卫同级。将军是正职,侍卫职同将军。程辑本《天朝田亩制度》所列官职次序,时而将军在侍卫之前,时而将军在侍卫之后,就是因为将军与侍卫同级的缘故。

从辛开元年到丙辰六年间,正职官的制度变化不很大,只在丞相以上增添侯一级。同职官增减较多,太平军达天京不久,即裁撤了御林侍卫[1]一官。到了丙辰六年"杨韦事变"之后,太平天国的正职官制起了很大的变化。

第一,为满足将士对封赏的要求。官爵的等级增多了。戊午八年《太平礼制》[2]:"军师及列王妻呼称王娘,掌妻呼称贵姣,天义妻呼称贵如,安福妻呼称贵姑,燕豫妻呼称贵妘,侯妻呼称贵娉,丞相妻呼称贵嫔……"可见这时,军师与丞相之间,已增加了列王、掌率、天义、天安、天福、天燕、天豫、天侯八个等级。越到接近失败时,太平天国的官爵等级越繁冗。《太平天国史料》辑庚申十年六月十三日"天王诏旨"所开受诏官员,于列王下、掌率上,

---

[1] 御林侍卫,即侍卫。另有十干侍卫和十二支神侍卫。

[2] 迄今看到的戊午八年《太平礼制》,封面虽题"太平天国戊午八年新刻",但有干王、英王、忠王、赞王、侍王、辅王、章王等的称谓。当是庚申十年的增订本。

加了天将一级。《蒙时雍家书》:"又有灯盏村之张善超,现封天将之爵,其爵位与王位不过小其一等。"天将在掌率之上,但天将一般不由掌率升封而由朝将升封。刀口余生《被掳纪略》:"官衔正途……天义升朝将,朝将升天将,天将封王。"萧辑本《天朝田亩制度》所载,军师下有列王,再下即掌率,尚无天将名目。当是戊午八年之后,庚申十年上半年以前的官制。

第二,为便于天王集权,中央和地方的政权组织比以前健全起来了。在革命前期,政出东王府。天朝虽设有六官丞相,但实际上都是军队指挥官,一般并不管吏、户、礼、兵、刑、工六部事。张德坚《贼情汇纂》卷三:"伪官铨选不由吏部,所谓天官丞相,仅有其名而已。丞相、检点、指挥皆各举其属,列名具禀。呈于伪北王、翼王,转申于伪东王。伪东王可其议,始会名同奏于洪逆,以取伪旨,榜示伪朝堂,俾使周知,乃颁印凭而授职焉。""贼政令皆归伪东王,次则伪北王、翼王与议,六官丞相仅有其名。承意旨具文书而已。"关于地方政权,虽然县有监军,郡设总制,但缺省一级组织。这种情形,从丙辰六年以后,大有改变。这时,杨、韦已死,石达开旋又出走,天王亲政,军师一职,暂缺。《王长次兄亲目亲耳共证福音书》:主是朕做,"军师也是朕做。今日应验东王升天这几年也"。戊午八年设掌率,正副四员,承天王命处理军国大事。实际上,只有正掌率居中用事,其他都带兵在外。蒙得恩以中军主将任正掌率。《蒙时雍家书》说他"数年以来,掌握重权,总理国事,备极勤劳"。陈玉成以前军主将任又正掌率[1]。李秀成以后

---

[1]《李秀成自述》。

军主将任副掌率[1]。掌率以下，设吏、户、礼、兵、刑、工六部官[2]。
查《太平天国史料》所辑戊午八年《朱雄邦照会》。朱的头衔是
"太平天国真忠报国晋天燕兼工部又正冬官事务"。可见戊午八
年已有六部官。己未九年，洪仁玕到达天京。天王鉴于蒙得恩等
五军主将各自为政，事权不一，决定恢复军师一职，册封洪仁玕为
开朝精忠军师干王，"总理朝纲"。其下仍设掌率和六部官。林绍
璋曾任正掌率[3]，陈坤书曾任副掌率(见陈等人发给黄兴和头绳
花布店的"商凭")，邓光明曾任又副掌率(见邓发给石门县年文斌
"田凭")。据《太平天国史料》所辑《幼主诏旨》，庚申十年和辛
酉十一年间的六部二十四部官尚可捡到七人姓名。

　　吏部正天官部官领袖职同副掌率朱兆英

　　吏部又正天官胡海隆

　　吏部又副天官张兆安

　　礼部又正春官练顺森

　　礼部又副春官秦日南

　　工部正冬官宾福寿

　　工部又正冬官秦日来

　　其中的宾福寿，原来就是工部官，甲寅四年已任冬官又正丞

[1]　戊午八年十月廿七日《李秀成谕李昭寿》。
[2]　太平天国早期设天、地、春、夏、秋、冬六官丞相。另有恩赏丞相，在外
称殿前丞相。自从在丞相上增设义、安、福、燕、豫、侯六等爵后，丞相的职分
已很低，一律称殿前丞相。左右编次。如"殿前左二十三丞相黄玉成"(见安
徽省博物馆藏的《黄玉成批》)。六官丞相不复设，另设吏、户、礼、兵、刑、工
六部官。
[3]《太平天国史料·幼主诏旨》。

相[1]。又据辛酉十一年十一月初八日陈坤书、陈潘武、刘肇均三人会衔所发金匮县黄兴和头绳花布店的"商凭"上的印文，可以看到陈潘武任当时的户部正地官。洪仁玕重视法制。他一上台就在《立法制喧谕》中强调指出："夫国家机要，惟在铨选。"他严格规定不论何官，都要吏部颁给印信、执照，才能行使自己的职权。最近在南京发现的黄敬忠"官执照"，就是慰王任吏部正天官朱兆英于壬戌十二年颁发的。从这年起，设六部僚，洪仁玕任吏部正天僚部僚领袖。由于洪秀全后期任人唯亲，大事大权落在他的胞兄洪仁达之手，所以吏部天僚与吏部天官实际都受制于王次兄。《幼天王自述》："在南京时，封王封官，均是王次兄勇王洪仁达、吏部天僚干王洪仁玕、吏部天官慰王朱起（兆）英保封的。"[2]天王、军师、掌率、六部，组成了太平天国后期的中央政府。萧辑本《天朝田亩制度》正反映了这一事实。至于地方政权，则自"杨韦事变"后，设置了文将帅一官，管理一省政务，简称"将帅"。《皖樵纪实》：咸丰七年（天历丁巳七年）夏四月二十日，"贼伪监军黄振钧奉伪将帅张潮爵令审天堂，诈称招抚流离。踞五日，迫催银弗缴者，锁押辱之"。据张潮爵于己未九年十月初六日发的"榨坊照凭"，他的头衔是"真忠报国启天福兼中军安徽省文将帅"。这是安徽省设文将帅之证。戊午八年《天王令薛之元镇守天浦诏》："朕特诏弟统齐兵士，赶赴天浦省垣，协同将帅黄连生弟等实力镇守。"这是天浦省设置文将帅之证。《士阶条例》："所有供应提学及士子一切，系郡总制备办，

---

[1]《贼情汇纂》。

[2] 转引自萧一山：《清代通史》。

报明佐将在公项支拨。""惟江南省提考供应由江南省文将帅先期谕知江宁、尚(上)元等县监军承办,以符旧制。"这是江南省设置文将帅之证。《昆新两县重修合志》:"先时首城者伪将帅,投城事泄,贼首自相残害,大肆杀戮。"这指李文炳谋叛不遂事。按,《太平天国时代的常熟》(稿本):"昆山守将李文炳,号少卿。广东嘉应州人,参加上海小刀会,叛降清军。庚申十月,在苏州守城,见太平军气盛,复归顺,受职文将帅,主理昆山县事,封夏天义,后来又欲变妖伏诛。"这是苏福省设置文将帅之证。太平天国又拟每省设置一主将,管理军民。如邓光明曾任浙江省天军主将(见邓于壬戌十二年发给石门县吴加惠的"田单")。主将、将帅组成省一级地方政府。萧辑本《天朝田亩制度》也反映了这一制度。由于太平天国后期的国政不能划一,所以这种省一级的地方组织未能在太平军占领地区完全建立。实际上,在苏浙等省,县以及有些重要集镇的政权一般都掌握在占踞这地的大小军队指挥官手中。

毛主席指出:"我们看事情必须要看它的实质,而把它的现象只看作入门的向导。一进了门就要抓住它的实质,这才是可靠的科学的分析方法。"[1]太平天国官制的变化,是农民军内部斗争的结果。萧辑本《天朝田亩制度》不仅说明了太平天国后期官制的改组,而且反映出领导层对权力分配的调整。特别是通过中央政府的健全化,洪秀全力图把权力永远集中到自己及其子孙手中。但事与愿违,他搞"家天下"的结果,只能加深太平天国内部的矛盾。他增加王以下的官制等级,以限制封王,但仍满足不了将士

---

[1]《星星之火,可以燎原》。

升官加爵的无厌之求,最终不得不封王至二千七百多人,使"权分而势益衰"[1]。这一切,都加速了这次农民战争的失败。

《太平天国资料丛刊》的个别标点有错误。编者把"六部、掌"误点为"六部掌"。近年出版的《洪秀全选集》和《太平天国印书》(排印本)都依样错了,使读者误解"六部"与"掌率"为一官。这是应当改正的。

---

[1] 曾国藩:《金陵军营官绅昭忠祠记》。

李秀成官爵考[1]

——兼辨新出"民不能忘"碑文是假的

近见《太平天国史料专辑》节选的《燐血丛钞》中,有一篇苏州人民歌颂李秀成恩德的碑文,抄者说:

> 伪苏福省文将帅李文炳、伪苏州府总制何信义等,为忠逆建白石坊于阊门,其文曰:"蠲免钱粮,惠德汪洋,永乐其利,民不能忘。恭颂精忠军师忠义忠王荣千岁德政。苏州府、长元、吴三县各军绅耆士庶公立。"[2]

我怀疑这碑文不是真的。最主要的理由是:第一,当李文炳在世时,李秀成尚未封军师。李秀成封军师,是在李文炳死后,李文炳怎能预见及此? 第二,李秀成封的是真忠军师,不是精忠军师。精忠军师是洪仁玕。碑文怎会张冠李戴?

按,李秀成是由伍卒积功,累升至统帅的。《李秀成自述》大致说明了他从当兵到封王的历程。

金田起义时,李秀成参加太平军当圣兵。

---

[1]　本文集编者按,此文原载《历史教学》1981 年第 10 期。

[2]　《太平天国史料专辑》,第 410 页。《燐血丛钞》摘录的《偷安居日记》。

一路自粤西而来，我本为兵，前之内政，俱不经我手。

癸好三年（1853）攻克南京后，升军帅。

后至南京破城之后，那时我已随春官丞相胡以晄理事。那时东王有令，要在各衙门之中，要举出军帅一员带领新兵，后经东王调保我为右四军帅，守把太平门外新营。此时癸丑年之间。

几个月后，他又升任监军。

是年八月，调为后四监军，在仪凤门外高桥把守。

甲寅四年（1854），升至指挥。

后春官丞相胡以晄带领人马去打破庐州府，破郡之后，来文往庐郡守把安民。此四年之间矣。此时调为指挥之任。

从上文得知，他这时的官衔全称是"殿前二十指挥"。
丙辰六年（1856）李秀成升至地官副丞相。

那时向帅困我天京，那时镇江亦困，……那时我尚是地官副丞相，合同冬官丞相陈玉成，春官丞相涂镇兴，夏官副丞相陈仕章，夏官又正丞相周胜坤等下救镇江。

丁巳七年（1857），他加封合天侯。

> 当过六安，上三河尖，招引张乐行。……那时成天豫
> 引兵破正阳关，攻寿州未下，扯兵直上黄、松两处，与曾帅交
> 锋，同清将李续宾对战，在松子牌失利之后，与清将胜负未
> 分。斯时成天豫是冬官丞相。封我是地官丞相，封为合天
> 侯矣。

石达开出走不久，天王亲政，设掌率四员，佐理军国大政，李
秀成受任副掌率。

> 斯时天王加封我与陈玉成二人，陈玉成封又正掌率，仍
> 任成天豫实任。那时我为合天侯，任副掌率之权，提兵符
> 之令。

戊午八年（1858），天王任命五军主将，李秀成受任后军主将。

> 那时三河复守之将是吴定规所守，被李续宾逼困甚严。
> 经成天豫陈玉成那时已封前军主将，领军由巢县到白石山、
> 金牛而进，包三河之后，……那时陈玉成奏调我往，天王封
> 我为后军主将，随后而来。

己未九年（1859），天王继封干王、英王之后，封李秀成为忠王。

> 那时，李昭寿有信往来，被天王悉到，恐我有变，封我忠

王,乐我之心,防我之变,我实不知内中提防我也。

档案资料补充说明了李秀成的履历。

据故宫博物院所藏戊午八年十月《李秀成给李昭寿钧谕》原件上所盖朱印,当时他的官爵全称是"副掌率后军主将合天义"[1]。这是他封王之前的官爵。

又据故宫博物院所藏己未九年十月《李秀成致韩碧峰韩绣峰书》抄件中,有"嘱兄开用王印"和"前已将悬印月余未敢视事之情形启奏圣上"[2]等语。可见他于此时封王。

李秀成封王后的头衔是"九门御林忠义宿卫军忠王",见于以下太平天国文献:

(一)《太平天国辛酉十一年新历》。

(二)庚申十年《干王洪仁玕等劝谕清朝官兵弃暗投明檄》。

(三)太平军将领给李秀成的禀报,如:

(1)《京畿统管李春发为报干王洪仁玕来苏省事上忠王李秀成禀报》(庚申十年五月二十五日);

(2)《吉庆元黄祥胜为浦东军情上忠王李秀成禀报》(辛酉十一年十二月十五日)。

(四)李秀成发出的文书,如:

(1)《致张洛行书》(庚申四月初三);

(2)《谆谕康玉吉》(庚申四月初三);

(3)《谆谕黄金爱》(庚申五月十二);

[1]《太平天国文书汇编》,第184页。
[2]《太平天国文书汇编》,第245页。

（4）《谆谕陆顺德麦冬良》（庚申五月二十七）；

（5）《复艾约瑟杨笃信书》（庚申六月十二）；

（6）《谆谕陆顺德》（庚申六月二十五）；

（7）《谆谕赖文光》（辛酉五月十五）；

（8）《谆谕侄容椿子容发》（辛酉十月初三）；

（9）《谆谕湖州敌将赵景贤》（辛酉十一月）；

（10）《谆谕上海松江人民暨清朝兵勇》（辛酉十一月二十八）；

（11）《谆谕刘肇均》（壬戌十二年二月初六）。

又按，太平天国后期称谓制度，军师是特爵，"安称金安，谕称金谕，恩称金恩。"[1]军师以下诸王是列爵，"安称瑞安，谕称瑞谕，恩称瑞恩"[2]。上举李春发、吉庆元等上李秀成的禀件，都遵守这个制度。其中有"操劳瑞心""知关瑞念""殿下瑞令""瑞谕时颁""永感瑞恩""谅邀瑞鉴""跪请瑞安""宽放瑞怀""多虑瑞心"等语。现查壬戌十二年五月十七日《苏福省文将帅总理民务汪宏建命抚天豫徐佩瑗裁撤海塘经费钧谕》，仍有"忠王瑞谕"[3]等语。又查忠殿吏部左编修董敖侣转发《李秀成批复徐佩瑗因病请假禀报》，也仍有"忠王瑞批"[4]字样，其时为太平天国壬戌十二年九月十五日。这均足证，在壬戌十二年夏秋间，李秀成的称谓尚未变化，也足证他尚未封军师。而李文炳就在这年初夏被李秀成处死[5]。李文炳伏诛后，苏福省文将帅一职，才由汪宏建

---

[1]《太平天国资料丛刊》一，第701页。

[2]《太平天国资料丛刊》一，第701页。

[3]《太平天国文书汇编》，第206页。

[4]《太平天国文书汇编》，第208页。

[5]《太平天国资料》，第138页。

接任。

壬戌十二年,天王任命六部僚,任命李秀成为吏部又副天僚。这对他的地位并无影响,只是多一虚衔而已[1]。

现据确凿资料证明,李秀成升封军师,是在癸开十三年夏。

李鸿章于同治二年(1863年,太平天国癸开十三年)六月十六日《致曾沅帅》:

> 昨于浒关贼馆夺获伪文书数百件,大都金陵贼馆乞苏浙解济银米,其声甚哀,内称洪逆禅位幼主,尽黜洪氏之党,封忠王为军师,留守城内,各伪王均归调遣。[2]

李鸿章于同治二年六月二十四日《复吴仲仙漕帅》:

> 九洑洲,下关,草鞋夹各贼垒划平后,鲍军过江,渐扎钟山,沅帅复移营雨花台前,炮子日落城中,江路断绝,贼馆互相掠食。洪逆留李秀成为军师,调苏浙各城赴援,皆为沪军所牵,似有穷蹙之机。[3]

迄今我们看到的李秀成曾用真忠"军师"名义发出的文书,有以下几件:

(1)癸开十三年九月廿九日《致护王陈坤书书》;

---

[1] 以洪仁玕为领袖的二十四部僚名单,见王定安:《求阙斋弟子记·贼首名号谱》。

[2] 李鸿章:《朋僚函稿》第四。

[3] 《朋僚函稿》第四。

（2）癸开十三年九月廿九日《致潮王黄子隆书》[1]；

（3）癸开十三年十月廿六日《给吟唎路凭》[2]。以上三件一致说明了两点：

第一，证实了以上李鸿章所得到的天王封忠王为军师的情报。

第二，李秀成膺封真忠军师，不是精忠军师。

据上海图书馆所藏《钦定敬避字样》抄本附录的"天朝爵职称谓"，李秀成封军师后的全衔是"殿前吏部又副天僚开朝真忠军师御林兵马亲提调奉旨令专征剿忠义宿卫军顶天扶朝纲忠王荣千岁"[3]。

由上述可见，李秀成封军师是在癸开十三年，已在李文炳伏诛后一年左右，李文炳怎能预先把它写进碑文里去？

再按，太平天国起义初期任命杨秀清为左辅正军师、萧朝贵为右弼又正军师、冯云山为前导副军师、韦昌辉为后护又副军师[4]。己未九年，封洪仁玕为开朝精忠军师[5]。庚申十年，遥封石达开为开朝公忠军师[6]。癸开十三年，升封李秀成为真忠军师。又追封陈玉成为开朝勇忠军师，加封李世贤为开朝正忠军师，加封杨辅清为开朝愨忠军师[7]。精忠军师分明是洪仁玕，不是李秀成。李文炳等怎会张冠李戴，公然在碑文中错称李秀成为精忠

[1]《太平天国文书汇编》，第256、257页。
[2]《太平天国革命亲历记》卷首。
[3]《太平天国资料丛刊》一，第700页。
[4]《天命诏旨书》，《太平天国印书》上，第122页。
[5]《洪仁玕选集》，第82页。
[6]《辛酉十一年新历》，《太平天国印书》下，第719页。
[7]《太平天国资料丛刊》一，第701页。

军师？

太平天国规定，改府为郡。《太平天国印书（下）·钦定敬避字样》："府，王府之称，至地名皆以郡字代。"为何李文炳等所立碑文仍称"苏州府"？

从上述种种特别是关于记录李秀成官爵上的严重破绽，我断定这碑文不是真的。

至于苏州太平军官员为李秀成建"民不能忘"石牌坊，这倒是事实。

潘钟瑞《苏台麋鹿记》：

> 又苏城众伪官为忠逆立石牌坊于阊门外，横题"民不能忘"四字，致抄袭胥门外汤文正公德政坊之字，令人发指。予谓流芳与遗臭，其为不能忘一也，即谓题此坊者大有深意也亦可。苏垣克复，遂毁此坊。[1]

沧浪钓徒《劫余灰录》：

> 李少荃宫保问："阊外石牌坊何以建于伪忠王耶？"民以减粮对。皆军、师、旅帅捐建者。盖赋莫重于江苏省，而松江一府之粮尚重于福建全省之粮，屡奏屡格，自克复后，潘相国之孙祖荫上书请减，上许之，免四成之赋，万民颂恩，乃毁伪牌坊也。

---

[1]《太平天国资料丛刊》六，第 302 页。

牌坊题四字,乃"民不能忘",亦有微意。汤斌抚吴,建万年桥成,此四字建坊,志不忘恩也。贼至建坊,亦此四字,志不忘恨也。轻粮之说,或者有之,并非一时权宜之对耳[1]。

上述资料都未提供碑文内容,《太平天国史料专辑》节录的《燐血丛钞》补了这一"空白",这本来是件好事,但其内容离奇,在李秀成的官职问题上,暴露出作伪的严重破绽,分明是一赝品。我们切勿轻率引用,以免上当。

---

[1]《太平天国史料丛编简辑》第 2 册,第 149 页。

李秀成未封"护国军师"考辨

——李生香印文释义订误

　　郭若愚编《太平天国革命文物图录补编》辑入忠王李秀成于太平天国壬戌十二年发给陈金荣的田凭一件，骑缝上盖"天父天兄天王太平天国开朝勋臣护国军师忠殿户部尚书李生香"双龙纹朱印。郦纯《太平天国制度初探》以为"护国军师"系李秀成，并据以论证李秀成于太平天国壬戌十二年已膺封军师（见该书增订本，第257页）。这是一种误解。

　　按，太平天国有朝官、属官之分。属官有以朝官兼任者，地位较尊，印章上都刻有姓名。例如，见之于吴江"计彩化门牌"的"太平天国御林王亲真忠报国懋天福任西殿属官领袖萧朝兴"[1]。又如忠王于壬戌十二年九月十五日准抚天侯徐少蘧病假的"瑞批"所盖的"天父天兄天王太平天国开朝勋臣侣天安兼忠殿吏部左编修董敖侣"[2]。也有不由朝官兼任的属官，地位较低，印章上没有姓名。例如，见之于海宁"朱昆山漕米纳照"的"天父天兄天王太平天国会殿户部右编修"[3]，见之于曾国藩家藏《伪印清册》

---

［1］《近代史资料》1955年第1期，第37页。

［2］《太平天国文书汇编》，第208页。

［3］《浙江太平天国革命文物图录选编》，第108页。

的"卫殿协议"[1]。李生香的印章,属于前一类。这一类印文在"某殿"之前所列职称,都不是本管王的官爵,而是属官本人的头衔。显而易见,"戀天福"不是幼西王萧有和,而是萧朝兴;侣天安不是忠王李秀成,而是董敖侣。按此例推,李生香印文中的"护国军师",也不是李秀成,而当是李生香。

再按,在太平天国"军师王"属官头衔中,一般不在"某殿"之前书写本管军师的职称。例如,精忠军师干王洪仁玕属官刘闳忠的头衔,时而写作"天试文状元开朝勋臣昱天安干殿文正总提"[2];时而又写作"天试文状元干殿文正总提昱天安"[3]。在"干殿"之上,两处都无"精忠军师"字样。以此例推,李生香的印文中,也不当刻上本管王的"军师"职称。

又按,忠王李秀成于壬戌十二年所颁文件,都写"忠王李为……"如"黄祠墓祭田凭"[4]上就是这样。但至癸开十三年下半年,李秀成膺封军师后,所发文件便改书"真忠军师忠王李为……"[5]如给吟唎的凭照上就是这样。"陈金荣田凭"的格式属前一类,李秀成的署衔仍是"忠王李为……"我们怎能率尔判断壬戌十二年李秀成已膺封军师!

李秀成究竟于何时膺封军师?当时与李秀成在苏南对抗的李鸿章作出了可靠的答案。清同治二年(太平天国癸开十三年)七月初二日,李鸿章奏:"据常熟巡船在浒关夺获伪文数百件,臣

[1]《湖南历史资料》1958年第1期。
[2]《英杰归真》。
[3]《军次实录》。
[4]《太平天国革命文物图录》,第63页。
[5]《太平天国革命亲历记》上册。

查阅多系金陵贼目致苏杭嘉兴各头目书信,内称洪逆现封伪忠王李秀成为军师,留守金陵。"[1]迄今,我们已发现李秀成以"真忠军师"名义发出的函牍共有三件,即癸开十三年九月致陈坤书和黄子隆的各一封信以及十月给吟唎的凭照,其签发时间都在李鸿章奏报之后。可证李鸿章所得上述关于李秀成膺封军师时间的情报,是可靠的。

"护国军师"是李生香,李鸿章也提供了确据。查李生香因受李秀成之命持函往陈坤书、黄子隆处调兵,不幸在无锡梅村被李鸿章部将郭松林所俘虏,李鸿章曾亲加审讯。同治二年十月二十日,他奏报清政府说:"郭松林用洋枪连环排击,立将梅村贼垒十余座踏平,生擒伪军师李生香一名及各贼目数十名。"又说:"李鹤章解到生擒伪军师李生香,讯据供称:忠逆因金陵紧急,将救金陵,先救苏锡,冀调各路逆匪速解苏围。又搜获忠逆致无锡贼目黄子隆、陈坤书各函,内有'苏杭二处不稳,金陵不能解围,常锡亦成瓦解'等语。"[2]李鸿章于同治二年十月九日复曾国荃的信说:"据郭松林阵前生擒忠逆军师李生香,带有忠逆致护、潮二贼书,内云'金陵十分紧急,贵军已克上方桥'等语,抄呈台览。玩其词意,并面讯李生香,忠逆报效银七万两,始得出城东援。"[3]十一日与曾国藩书说:"前郭松林搜获伪文抄呈。据伪尚书李生香供称,忠逆报效七万金,始得出金陵,以援苏锡。"[4]考李生香所携带的李秀成分致护王陈坤书、潮王黄子隆二书,已经

---

[1]《剿平粤匪方略》卷三四八。

[2]《剿平粤匪方略》卷三五五。

[3]《李文忠公全集·朋僚函稿》第五。

[4]《李文忠公全集·朋僚函稿》第五。

刘复据英伦不列颠博物馆所藏抄件辑入《太平天国有趣文件十六种》。其内容与李鸿章所摘叙者相符。《致黄子隆书》有"今又令尚书李生香前来面言一切"[1]云云。由此可见，李鸿章俘获并面讯李生香一事，是确实的。对李生香的官职，李鸿章一称为"伪军师"，再则称为"伪尚书"。可见李生香既是"护国军师"，又是"忠殿户部尚书"。这也是无可置疑的。

对李生香印文，前人已做过考释。郭廷以确认"护国军师"为李生香的官职，见所著《太平天国史事日志》，第1028页。又见附录"尚书"表中。罗尔纲先生将"陈金荣田凭"辑入《太平天国文物图释》，由于所录李生香印有缺文，脱去了"开朝勋臣护国军师"八字，因此罗氏对李生香官职的全衔未加考释，郦纯对太平天国官制下了功夫，但偶有曲解，由是以误传误。特为订正如上。

---

[1]《太平天国》二，第765页。

"佩天福左陆参军"木印释文正误

《太平天国学刊》第一辑,载《苏州发现的太平天国新文物》一文,其中对"佩天福左陆参军"木印的考释有误,应予订正。按该印文曰"天父天兄天王太平天国开朝勋臣佩天福左陆参军",当释作"佩天福"属官"左陆参军",而文章作者却误会是封"佩天福"的"左陆参军",从而认为"这是一个被授与福爵的中下级军官的印"(第277页)。核之太平天国官制,诸多抵牾。

第一,"参军"位卑,与"天福"相距数级,怎能超封"福"爵?龚又村《自怡日记》于咸丰十年七月二十日记:

> 伪王以下官衔如天将、主将、天义、天安、天福、天燕、天豫、天侯、丞相、参军、指挥。[1]

这虽得自传闻,但有事实可资证明上述等级大体上是正确。龚又村于咸丰十一年五月十九日记:

> 钱伍卿由指挥升右十八参军。[2]

---

[1]《太平国史料丛编简辑》第4册,第361页。
[2]《太平国史料丛编简辑》第4册,第400页。

同治元年三月二十七日记：

> 闻申参军升仕天豫。[1]

可见，"佩天福左陆参军"不可能是封"福"爵的"参军"。

第二，太平天国有朝官和属官之分。"天安""天福"等是朝官，他们的属官之中有"参军"名目，以左、右及数字编次，有文献可证。如《护殿前壹队理天义队内□天福黄第内并董下朝属各员牌正尾名册》：

> 右壹参军田馆……
>
> 左贰参军陆馆……
>
> 右叁参军石馆……
>
> 左陆参军汪馆……
>
> 右染参军朱馆……
>
> 左捌参军甄馆……[2]

在太平天国文献中，"参军"往往冠以本管官衔，以资区别。如《查天安邵名册》：

> 查天安右伍参军徐衙……
>
> 查天安左陆参军曹衙……[3]

---

[1]《太平国史料丛编简辑》第4册，第439页。

[2]《太平天国文书汇编》，第392—393页。

[3]《太平天国文书汇编》，第368页。

由此可见，"佩天福左陆参军"的原意应当是"佩天福"的属员"左陆参军"，绝非是封"福"爵的"左陆参军"。

第三，太平天国对义、安、福、燕、豫、侯六等爵所颁印文，都刻姓名，以示专用之意。如：

> 太平天国天朝九门御林开朝王宗酬天义李明成
> 太平天国天朝九门御林殿前破忾军副总提绫天安周文嘉[1]
> 太平天国天朝九门御林开朝勋臣偺天福蔡鸿元[2]
> 太平天国真忠报国晋天燕兼工部正签官事务朱雄邦
> 天父天兄天王太平天国开朝勋臣忠天豫马丙兴[3]
> 天父天兄天王太平天国开朝勋臣保天侯朱保同[4]

至于属官参军的印文，则不刻姓名。如绫天安周文嘉的左壹参军赵和左叁参军秦的印文是：

> 太平天国天朝九门御林绫天安左壹参军
> 太平天国天朝九门御林绫天安左叁参军[5]

综上所述已完全明白："佩天福左陆参军"木印，乃是"佩天福"的属官"左陆参军"之印。

---

[1]《太平天国文书汇编》，第316页、第197页。
[2]《太平天国文物图释》，第213页。
[3]《太平天国文书汇编》，第308页、第140页。
[4]《太平天国文物图释》，第247页。
[5]《太平天国文书汇编》，第195页。

为研究太平天国史提供了新资料

——《吴煦档案选编》评介

《吴煦档案选编》共七辑,二百余万字,已由南京太平天国历史博物馆李武纬等同志编辑,江苏人民出版社陆续出版。这部书富有史料价值。特别是对太平天国史的研究,提供了大量真实可靠的新资料。兹择要举例,以见大概。

一

《吴煦档案选编》提供了关于吴煦的资料。吴煦以知县起家,位不过署理苏松太道兼署理江苏布政使,但在 1860、1861 两年间,却一时成为炙手可热的人物。除了特定的历史背景外,还因为朝中有人,与他暗通声气。周家勋、朱学勤、胡家玉都是吴煦在朝的幕后支持者。

周家勋与吴煦同乡,英法联军侵华之际,以内阁中书充当钦差大臣桂良的随员,与吴煦同在上海办理英法交涉。1860 年在北京随同奕䜣与英法议和,随后充任三口通商大臣崇厚的亲信幕僚,常驻天津。吴煦常派专足,乘海轮到津,投递信件。吴煦有时还给周家勋送钱。周家勋在杭州的亲属也得到吴煦的照顾,周家勋经常向吴煦传递重要信息。例如关于咸丰帝逃往热河后患病时好时坏的情况：

> 圣躬自四月以来,较前日愈。昨奉寄谕留京王大臣笔,并掷阅脉诊药方,现服宝肺丸和肝丸,闻之同深欢忭。[1]

> 圣躬于立秋前甚重,近闻稍减,日来尚未能引见,每日阅折二三件,回銮之期又成虚语。[2]

酝酿中的辛酉"北京政变",周家勋已预先暗示吴煦:

> 恭邸于初一日抵滦,召见甚久,现定奉安梓宫,于九月二十三日尚恐趱前。闻太后急欲回京,将来辅政尚有变动耳。[3]

> 梓宫于十月初三回京。今上已于二十九日还宫。谏垣中有仲舒治安策请两宫垂帘,并请另简亲王中一二人辅政。诸条均经驳斥。论者谓纶音非出天心,系八元主政,将来御极后,恐流言四起,尚有变更耳。恭邸赴滦,并无外国人随往,此乃传闻之讹。……圣上回京后,当再函布。日内拟晋都一行。回津再行续达。[4]

---

[1] 《吴煦档案选编》第六辑,第461页。

[2] 《吴煦档案选编》第六辑,第478页。

[3] 《吴煦档案选编》第六辑,第491页。按,此信作于"中秋后四月",所云初一日,当系八月初一日。

[4] 《吴煦档案选编》第六辑,第495—496页。仲舒,即董仲舒,隐指董元醇。

就在这个关键时刻,吴煦与奕訢的亲信军机章京朱学勤也秘密通信,从周家勋的两信可以得知:

> 又奉到三月二十日手翰,并附寄朱修伯信,祇领一是。……嘱递朱信,当即寄京。[1]
>
> 嘱寄修伯函已送京弗误。[2]

修伯,即朱学勤。但是,在《吴煦档案选编》中,却找不到吴煦与朱学勤来往的信。我发现有四封"黄嬴山房主人"给吴煦的信,一封吴煦给"黄嬴山房主人"的信,从各种迹象判断,这个"黄嬴山房主人"就是朱学勤。

第一,从信的内容看,当辛酉政变前夕,此人是留在北京的军机章京。

> 銮舆因疾发停止回京,而宣示丹毫之日,正奏梨园之时,可见鼓乐声阗,足慰小民庶无疾病之心。弟久未赴涞,刻传换班,而此间甚惜其远行,因令同人先发,而弟至十四、五再往,此行必须两月回京,在季夏之初,如赐复音,仍交京寓可耳。[3]

在重大问题上,他能左右奕訢:

---

[1]《吴煦档案选编》第六辑,第 444—445 页。

[2]《吴煦档案选编》第六辑,第 491 页。

[3]《吴煦档案选编》第五辑,第 221 页。

　　　　南北各口分设两大臣领其事,恒子久院卿本在津门,薄而不愿往,欲得江南一席,而海关之税不令观察司之,而伊专其出纳。再三向恭邸言之,恭邸未悉外间情形,竟为面允,命即草奏稿。弟思其事难以口舌争,因于奏稿中备述职掌之重,军饷之烦。恭邸悟而命毁其稿,否则江南大局不可问矣。[1]

他也了解奕䜣对某些事件的真实态度,向吴煦透露"此非恭邸之本意"云云。

第二,朱学勤,仁和人,信中反映写信者正是江浙人。

　　　　苏杭近事,便中希示及,桑梓关怀,不能无悬望也。[2]

第三,朱学勤别号"黄螺主人"(见《热河密札》)[3],实即吴煦档案中的"黄蠃山房主人",有时自署"黄蠃主人"。查原件,"黄蠃"实际是"黄蠃"之讹,"蠃",古"螺"字,"黄蠃主人"即"黄螺主人"。

随着军机处人事的变动,从1862年起,吴煦又与另一军机章京领班胡家玉搞关系。他被江苏巡抚李鸿章借口"常胜军"闹事

[1]《吴煦档案选编》第五辑,第210页。恒祺,字子久,上驷院卿。
[2]《吴煦档案选编》第五辑,第236页。
[3] 黄濬:《花随人圣庵摭忆》,上海古籍书店1983年版,第424页。又太平天国历史博物馆李武纬同志关于对《吴煦档案选编》的订正来函云:"查吴煦档案原件黄蠃山房主人致吴煦的几封信,笺纸印有'黄蠃山房',末署'黄蠃山房主人'或'黄蠃主人''主人''名心''丁山湖钓师'。另件有吴煦手笔'黄蠃山房主人为户部主政军机章京朱'。据此,黄蠃山房主人为户部主政军机章京朱学勤无误。至于丁山湖钓师则为其另一别号。"

而挤去上海道一席后,胡家玉曾不断给以帮助,企图使吴煦复职。

> 日前吏文以上海缺移咨请简,首辅未据允行,足见明
> 察无遗,将来常胜军续有胜仗,前事即可豁除也,企甚企
> 甚![1]

> 阁下赋闲瞬逾一载,常胜军屡捷,尊事可能豁除。顷函
> 致少翁,不审有无裨益。[2]

吴煦与周家勋、朱学勤、胡家玉的通信生动地证明,当时清政
府中央发生奕䜣向肃顺等夺权的斗争,而在战局重心的江浙,也
发生湘淮势力向何桂清、薛焕等官僚集团的夺权倾轧。吴煦挣扎
在这种政治漩涡里,时而浮了起来,时而又沉了下去。

二

《吴煦档案选编》对研究吴煦周围的人物也提供了很多新资
料。例如当时的王韬,即是吴煦周围一个引人注目的人物。

王韬初名王瀚,字兰卿,新阳县生员。当1860年太平军逼近
上海时,他奔走官府为阻挠太平军进占上海,给吴煦不断写信,反
映出他本人活动的踪迹。

第一,刺探情报。

> 伪忠王李秀成,广西人,年三十七岁,面白微须,江苏攻

---

[1]《吴煦档案选编》第四辑,第137页。
[2]《吴煦档案选编》第四辑,第140页。

陷皆其主谋。闻其于破苏之后,志在上海,即欲直驱而前,有逢天安刘姓贼目上言,天下未定,不可多增一敌,乃止。故于嘉定失守时即扬言于贼曰:外国人已来贡献,即可班师,不必前去矣。[1]

瀚抵吴乡之后,已将贼情略陈一二矣……□仓、荡口虽与贼通款,而其心无一刻不思乘间杀贼。贼之授以伪爵,亦以□□心内惧而外结之,顾徐氏、华氏之敢先,以后继无人,未能妄动,□□□惩各处焚杀之惨,气沮慑而不可用也。

贼前之守昆城者,□□燕朱目,今为伪文将帅执天侯李少卿,其人本江南候补人员,反复无定。

贼之勇卒□□□、黄金爱等皆往江北,守苏者为后军主将求天义陈坤书,逢天安刘□□,伪左同检熊目,湖南长沙人。此三贼为主,而熊与陈、刘不和,久必内变。[2]

王瀚还探知后期太平军的衰状,如:

敢战贼目如仿天福廖柏鸿、伪王亲懋天安萧朝兴皆吸嗜洋烟。[3]

第二,组织团练。

---

[1]《吴煦档案选编》第一辑,第306页。
[2]《吴煦档案选编》第一辑,第412—413页。原件有缺字。
[3]《吴煦档案选编》第一辑,第305页。王亲,西王亲。萧朝兴,萧朝贵之弟。

初一日，贼至七宝，民不能敌。下午已窜蟠溪，离诸翟仅四里，瀚偕同武生庄兆麟等带自募勇百余人防堵腹里诸村。

初二日晨，讹传贼薄县城，瀚即与庄兆麟赶赴至沪，得见袁君伯襄，领受大公祖大人札谕，捧诵再三，自愧无才无识，深恐有负委任，实深惶悚。[1]

袁伯襄名熙赞，贡生，上海西郊诸翟团董的头子，王瀚也是诸翟团董之一，曾受吴煦札委，有的信尾即注明"在诸翟保安局中书"云云。

从袁熙赞给吴煦的信中，又暴露王瀚参与引狼入室的可耻勾当。

晚间，王兰卿、吴锄飞、武生庄仰之等复来，俱言已见法国教头梅神父，具说贼踪飘忽，乡民将届收割，势难安堵。乡团现议办剿，须在藩宪处具禀请拨西兵出助，并往公使递呈，未谂允否，渠一力担承，言法兵近日已到六千余，来正无既，尽堪做事。[2]

王瀚一度住在战争前沿甪直镇，与苏州的太平军将领也拉上了关系。吴煦收到的一则探报说：

洋人仁济医院内教头英国牧师慕维廉，现接到王某信，

---

[1]《吴煦档案选编》第一辑，第 394 页。
[2]《吴煦档案选编》第一辑，第 427 页。

约附便进北京。慕维廉尚未复信。据云此人甚正经,若知
王某之不端,必然大恨。王某所上忠逆书,慕牧师并未知之。

有蒋姓者至王某处,王某不理,今已回来,故知其详。
渠在甪直见王某大兴土木,该处乡官欲调动,逆谕已出,送
王某千金,即至苏营干,掣回逆谕,看来神通不小。[1]

这里所说的"上忠逆书",实即太平天国辛酉十一年十二月二十
三日的《黄畹上刘肇钧禀》。这时王瀚已改名黄畹,仍字兰卿。
此信被清将熊兆周于刘肇钧营内发现后,吴煦等便设法欲处之于
死地,有封署名"蛾木斋"给吴煦的密信说,

黄畹投书导贼,设计殊毒,此人行踪诡秘,难保不潜行
赴沪,倘能擒获最妙,否则设计间之,亦可除一大害,高见以
为如何?[2]

江苏巡抚薛焕奉旨札饬吴煦等"将黄畹严密查拿、究办,勿任漏
网"[3]。但没有达到目的。王韬逃到香港去了。

以上事实说明,过去流传王韬与太平天国关系的种种"轶
闻",什么"太平状元"啊! 曾担任天后宫的教读啊! 这完全是出
于捏造和附会。

---

[1]《吴煦档案选编》第三辑,第 299 页。
[2]《吴煦档案选编》第二辑,第 318 页。
[3]《吴煦档案选编》第二辑,第 334 页。

三

　　吴煦在上海道任内,把向太平军夺回苏浙的主要希望寄托在"内应"上。他与江苏巡抚薛焕以及原苏州知府吴云等秘密经营三条黑线:

　　第一,勾结混进太平军的小刀会叛徒李绍熙。

　　李绍熙字少卿,原在上海参加小刀会起义,后投降清军。1860年率部在苏州归附李秀成,改名文炳,受任文将帅,驻守昆山。他与上海清官方秘密通信,伺机叛乱。以往我们虽已从吴云给吴煦的信件等资料得知其内幕,但语焉不详。《吴煦档案选编》对此提供了新资料,如李绍熙给吴煦的密信:

　　　　密禀:罪员江苏即补知府前带复靖勇李绍熙,为因事图功,密禀输诚,荷蒙允准,叩谢鸿恩事。
　　　　至三月十六日,绍熙始敢密约永昌镇徐董事告以实情,面商一切。[1]

此外,还有李绍熙致海淞函,八十卿子致申吟函,都是有关"内应"的密信,"八十卿子"即李少卿的化名。

　　第二,利用永昌团董徐佩瑗。

　　永昌在苏州城北,徐佩瑗与李绍熙等串通,结盟谋乱。《吴煦档案选编》辑录了一批徐佩瑗写给上海官方的密信。

---

[1]《吴煦档案选编》第二辑,第62页。

　　城中木子、能火、孔方诸公俱已换帖，是日同盟者有八人，皆联为一气，谅无变迁。[1]

"木子"指李绍熙，"能火"指熊万荃，"孔方"指钱桂仁。

　　文将帅李　又懂天义　全黄蜈蚣旗　十余面　大红紫方旗　一面　中大书"李"字
　　右旗号皆系李少卿队伍
　　熊左同检巍天安队伍　皆关照切不可误击。[2]

徐佩瑗还拟订了《永昌进剿章程》，梦想部署各叛徒对太平军进攻。

　　各伪官既有投诚之意，自宜设法图报。如举事之时，常熟之钱桂仁宜分兵潜取常州、江阴、无锡；昆山之魏芸青宜分兵堵截太仓后路；嘉定之赖许远宜分兵会剿青浦；嘉兴之陈炳文宜分兵攻打平湖、乍浦，内外夹击，庶可易奏肤功。[3]

　　这次叛乱虽然流产，但值得人们注意的是叛乱集团分布甚广，连李秀成部下大将陈炳文也有牵连。为了给以"红顶花翎"等高级报酬，吴云给吴煦的信说：

　　谕单有另给李绍熙一件，当可敷衍过去。内唯陈炳文

---

[1] 《吴煦档案选编》第二辑，第 184 页。
[2] 《吴煦档案选编》第二辑，第 187 页。
[3] 《吴煦档案选编》第二辑，第 143 页。

一谕,必求抚宪另换红顶花翎或二品,缘此人即嘉兴贼目,位分在熊、李之右故也。[1]

这里,可以看出历史已为以后陈炳文可耻地向敌乞降作了伏笔。

第三,收罗巢湖帮枪船。

早在 50 年代,我曾发表《破坏太平国革命的巢湖帮盐贩》一文,揭露这一土匪集团一直摇摆在革命与反革命之间,对革命起了破坏作用。他们先受清政府招抚,改编为清军,隶道员史保悠部。1860 年太平军攻占无锡,他们杀掉史保悠,归附太平军。但是,陈坤书不信任他们。不久,这帮人又投奔上海清军。以后勾引郜云宽等叛乱的清将郑国魁就是巢湖帮的大头目。《吴煦档案选编》详尽地提供了郑国魁投奔上海的经过。以下便是薛焕给吴煦的信:

> 胡宝与金尚贞均已见过郑国魁,即郑小老,乃史怀甫所招盐枭头,打仗甚为勇敢。此人陷贼内不久,今来投诚,急宜受降为是。已谕胡巡检、金把总出具保结,弟处即发札,准其立功赎罪。惟此起船只,即系巢湖船(顷询得郑船有一百余号之多),将来只可令其泊于近贼之处,随时剿匪,凡完善地方,皆不准其前来,以示区别。[2]

这批枪船逗留在吴江县的周庄镇,由葛继洪带领。

---

[1]《吴煦档案选编》第二辑,第 183—184 页。
[2]《吴煦档案选编》第一辑,第 425 页。郑小老,《平贼纪略》作郑小老大。

> 青浦探报:周庄巢湖船共有一百多号,其中贤愚不等,内有试用从九葛继洪为首。此人尚望名爵,不致生乱。闻其意情愿报效,随同官兵带勇进剿,以为接应。[1]

不久,巢湖帮与周庄土匪费玉成部火并,实力消耗殆尽,使郑国魁等的处境更加困难。另一封薛焕给吴煦的信说:

> 郑国魁已到曾允堂处求给口粮,称被费阿玉(在枫泾)打败,枫泾镇居民皆帖"顺"字,想郑某与费某有仇,并非因郑某投诚而战也,且投诚之人,尚未立功,遽请口粮,不但无此情理,其情形尤为可疑。已函致曾镇严防,如有不妥,即擒杀之。[2]

在这种压力下,巢湖帮就不断策动太平军内部叛乱。常熟叛徒集团的骨干之一董正勤,是巢湖帮。苏州郜云宽等叛变的牵线人郑国魁,也是巢湖帮。历史已经证明,吴煦等所秘密策划的1862年初的内应阴谋,虽然暂时被粉碎,但是祸根却潜伏下去,终于在以后发生的一次又一次的大叛乱中起作用,促成太平军保卫江浙战的悲惨失败。

四

《吴煦档案选编》对前期太平天国史也提供了不少资料,如

---

[1] 《吴煦档案选编》第三辑,第286页。
[2] 《吴煦档案选编》第一辑,第443页。曾秉忠,字允堂,清水师总兵。

对杨秀清的雄才大略有具体的反映。1850 年,吴煦代吉·尔杭阿起草的一件报告说:

> 尤可虑者,中国待英夷极厚,渠犹刊刻《遐迩贯珍》一书,专为讥刺时事。而以杨逆所作为谓有法度。狂悖丧心,莫此为甚。[1]

还对太平天国在前期发动农民起义的反封建政策提供了旁证:

> 杨逆上年下九江时,到处遍张伪示,首以"薄赋税,均贫富"二语煽惑愚民,是以赍粮资贼者,遍江皆是。兹闻又以此术行之安徽矣。……查明季流寇即以"归了闯王不纳粮"一语,散为歌谣,愚民靡然从之。今杨逆亦是此意。[2]

怎样抗拒外国资本主义势力侵略长江? 杨秀清曾积极筹谋采取有效措施。1856 年孙丰致吴煦函:

> 且忆前在上洋,曾闻夷人到南京光景,似不敢与其抗横。旋闻洋人走后,杨逆问计于群贼,数日无善策,仍是杨逆自谋,锁断金山江面,则洋妖不能上驶,众皆稽首称颂神智。[3]

---

[1]《吴煦档案选编》第一辑,第 129 页。
[2]《吴煦档案选编》第一辑,第 129 页。
[3]《吴煦档案选编》第一辑,第 137 页。

关于"杨韦事变"和石达开出走,《吴煦档案选编》也有较具体的记载。1857 年 10 月 18 日吴熙致吴煦函:

> 伪东王实被韦昌辉杀戮,宁国有委员来省,据云宁国贴有伪示,内云杨逆窃据神器,妄称万岁,已遭天殛等语。[1]

1856 年 12 月 4 日吴熙致吴煦函:

> 十月十七日,石大开与诸弟兄讲道理之际,接得南京消息,又说顶天燕专差投信,内云韦逆已被秦日纲设计杀死,邀石大开赶赴天京,议论大事。石逆即日前往,告诉众贼不必偕去,或守南陵,或守宁郡,各自小心把守。所以石大开已转金陵矣。[2]

1857 年刘兆璜致吴煦函:

> 洪秀泉遣人赴皖,相招石逆,数次未来,又有告示粘贴淳化各处,意在解散洪秀泉党羽。[3]

《吴煦档案选编》对湘军洗劫天京惨状作了充分的揭露:

> 六月十七兵勇入城,先拖女人小孩,次及衣物金银,次

---

[1]《吴煦档案选编》第四辑,第 116 页。
[2]《吴煦档案选编》第四辑,第 121 页。
[3]《吴煦档案选编》第一辑,第 148 页。

及房木门板,至七月尚是如此。加以拆屋起窖。九帅示禁,各兵营官均求清付欠饷回家,未允,且准兵勇官弁带眷。此令一行,公然带眷挖窖,衙署局屋,无处不到,至八月稍止,已无可挖。[1]

九帅告示二道,抄录寄上。皇皇禁令,皆属不照。现在每夜二更至天明,拆屋丁丁之声与坍墙之声不绝于耳。……近城数十里,树木败墙皆无,故局中知单一纸无贴处。外城根系扎水营,尚有草屋数椽,在大胜关一处而已。[2]

天京附近州县劫后的景况也是惨绝人寰。

老年男女沿途售(卖)(每人三两五钱),……句容、丹阳、金坛、溧水、溧阳等处,人迹罕有,且出食人奇兽。黄军门从内河来此,一路开炮而行,厉言其状。[3]

总之,《吴煦档案选编》对研究太平天国史的各个方面,或多或少地都提供了新资料。南京太平天国历史博物馆编辑出版这部书,其功不在以往编辑出版《太平天国史料丛编简辑》之下。

五

《吴煦档案选编》按内容分类:"太平天国资料";"会党活动

---

[1] 《吴煦档案选编》第三辑,第 160 页。
[2] 《吴煦档案选编》第三辑,第 162 页。
[3] 《吴煦档案选编》第三辑,第 164 页。黄军门,黄翼升。

及农民抗漕斗争资料"；"中外交涉及资本主义列强侵华资料"；"清政府财政经济资料"。这样分类有很难克服的缺点，即割断了某些史料的连续性。由于有些函牍所包括的内容往往是多方面的，编者从其篇幅较大的方面确定类别，因此往往发生来信在此类而复信在彼类，使读者难详事件的首尾。例如，上文所引黄赢山房主人于 1861 年 2 月 12 日给吴煦的信，其中言恒祺欲得江南通商大臣肥缺事，编入第五辑，属"中外交涉及资本主义列强侵华资料"，而吴煦复信却编入第二辑，属"太平天国资料"。吴煦在信中对"黄赢主人"阻止恒祺谋江南一席事表示感佩：

> 恒院卿欲得江南一席，专司海关出纳，幸得阁下鼎力挽回，感佩何极。[1]

再如上文所引 1863 年 3 月 14 日胡家玉致吴煦的信，其中言："日前吏文以上海缺移咨请简，首辅未据允行"，编入了第四辑"会党活动及农民抗漕斗争资料"，而吴煦复信却编入第三辑"太平天国资料"，其中有"今诵正初来示，吏文请简，首辅未据允行"[2]云云，可证是复信。

对吴煦档案究竟怎样选编才好？我想还是按体例分类：奏稿、函牍、探报、日记、账册等，再将每类按时间排比为宜，这样也便于查检。

《吴煦档案选编》的少数标点有错误。如对以上胡家玉与吴

煦往还信中语,编者都把逗点改在"首辅"之下。

> 日前吏文以上海缺移咨请简首辅,未据允行。
> 今诵正初来示吏文请简首辅,未据允行。

按原意是吏部对军机处送咨文,请简放上海道一缺,首辅恭亲王奕䜣以原任上海道吴煦虽被褫职,但尚未开缺,且观后效,故未据允行。吏部怎能请简放首席军机大臣呢? 一点之错,含意全非,应予更正。

一部全面记载洪秀全思想的资料

——评《洪秀全集》

最近,陈周棠等同志编纂的《洪秀全集》,已由广东人民出版社出版。这是太平天国史学史上的一件喜事。

《洪秀全集》有几个特点,也是优点:

其一,搜罗全面,对已发现的洪秀全著作都收进去了。其中,包括诗文三十四篇,诏旨四十八道,"旨准颁行诏书"四部(两部摘要)。以往,我们看到的洪秀全著作是分散的,现在这部书把它们集中起来,给读者以莫大的方便。其内容都值得研究。即使是充满消极思想的《天父诗》,也有史料价值。例如,近来有人认为"科炭"一词不见于太平天国文献。其实,《天父诗》第一〇五首就是专门强调"科炭"互救作用的。

其二,版本正确,校订了旧版的种种讹误。例如,本书著录的《钦定旧·前遗诏圣书批解》是洪秀全在庚申十年以后的著作。国内迄今未能发现原刻本。原伦敦不列颠博物馆(今伦敦英国图书馆)藏有《钦定旧遗诏圣书》前六卷;《钦定前遗诏圣书》一部五卷又二十二篇,缺其中的《约翰传福音书》卷四。两书均有洪秀全批注。20世纪30年代,萧一山从中选录了一部分,国人始见到洪秀全对基督教圣经的批注。50年代初,王重民又抄回《钦定旧·前遗诏圣书批解》八十条,辑入《太平天国史料》(开明书局版),国人始见到其全貌。可惜该书在排比上有错误,往往把某章批注误植到了他章。北京图书馆摄回的胶卷虽然可资校订,但有缺页。1985 年,王庆成同志从英国摄回这些缺页,补成足本。本书据此著录,校正了《太平天国史料》本的舛误。

其三,本书虽非注释本,但间有注释,颇具参考价值。例如,本书所辑《同天同日享永活诏》有"得见天日鉴坦盘"句,语意不易解,编者加注:"《太平天国印书》卷五,《旧遗诏圣书·创世传》:上帝曰,我等应创造人类,像吾本模,似吾亲样……如是上帝创其人,名曰'亚坦'。故洪秀全手批艾约瑟论道文有'爷依本样造坦盘'。'坦'即'亚坦','盘'似为我国神话中开天辟地的盘古之'盘'。洪秀全以此造出'坦盘'一词,意指人类。"这对读者有帮助。

正因为本书已有上述主要优点,所以就具备了进一步完善的条件。为此,敬向陈周棠等同志提出几点建议,供他以后有机会修订时参考:

(一)建议把洪秀全的著作与难以确定是他的作品区别开来。本书辑录的《十款天条》《太平天日》《天朝田亩制度》,均无法确定是洪秀全个人的作品,建议编入附录。我编《洪秀全选集》时,曾接受中华书局编辑部的意见,将《天朝田亩制度》列入附录,现在本书将这些文件当作洪秀全著作与其他诗文编在一起,似欠确据。

(二)建议把原件与从英文的回译件区别开来。本书辑录的好多件"天王诏旨"与"幼主诏旨"是从英文回译的。这些回译件究非原貌,只能保存其大意,难免有些处失真,与原件应有区别。罗尔纲同志主编的《太平天国文书汇编》不收回译之件，这是有道理的。本书把原件和回译文件混杂在一起，似欠妥帖。

（三）建议把"天王诏旨"与"幼主诏旨"区别开来。按"幼主诏旨"虽系承洪秀全的旨意而写，目的是"使之习事"，但它毕竟与"天王诏旨"有别。将两者混合在一起，似亦不妥。

（四）建议把洪秀全写的诗文与别人记录他的谈话区别开来。本书辑录的《论时事》《评三合会》和《反对外国干涉》等，都是他人追记洪秀全的谈话，非其写下的著作，现在当作诗文编入，也需要重新斟酌。

古籍整理琐记

整理史籍的经验证明，下列诸事必须注意：

一、查明版本

对每一种史籍，必先查明它系何时刻本，刻本有几种？然后核校不同版本之间的差别。如系尚无刻本的抄本，也需要查明有无多人移抄，再核校不同手抄本之间的歧异，并考明其中的"祖本"。前辈学人好抄书。购书不易即设法借抄。因此，我们发现某抄本时，还需要查明是否从刻本复抄而来，不要率尔判断：这是尚无刻本的"珍本"。中华人民共和国成立之初，我在常州看到一批左宗棠在浙江"攻剿"太平军时给宁绍台道的信，系光绪年间的石印本，比较稀见。1955 年第 3 期《历史教学》发表我的《关于太平天国革命时期浙江地区武装干涉者的几个问题》一文，曾征引这批信。时隔三十年，有出版社据一抄本排印。这是好事。但未与石印本对校，辨明是否即石印本的转抄本？

二、严密校勘

出版史籍，除影印外，一般必经誊抄、排印等手续。誊抄不免有失误，必须与原件仔细核对。有的原件的字体是行草书，其中或杂有古文奇字，更易使誊抄者增多差错。清季咸同之交，恭亲王奕訢勾结西太后谋杀顾命大臣肃顺等，夺取政权前后，奕訢有个心腹军机章京叫作朱学勤。别署"黄螺山房主人"。由于古人写"螺"作"蠃",所以在他与人往来的密信里,出现"黄蠃山房主人"或"黄蠃主人"代号信笺上也印有"黄蠃山房"字样。抄者失察,误作"黄赢山房主人"。出版时,未与原件核对勘正。使读者不知这是谁的别号。

三、不妄改字

出版史籍,必须保持原貌,不能轻易变动文字。如必须改订错字,也要加注说明,并交代根据。倘凭主观推断,妄下雌黄,必多乖谬。我前见一封清常州知府的信。发信时间是咸丰十年太平军攻占常州的前夜。信里说到当时主管常州军政的两江总督何桂清,因清廷曾加何桂清"太子太保"宫衔,故发信人称之为"宫太保"。但在排印时却被误改作"官太保",并误解为湖广总督官文。真所谓失之毫厘,差以千里!

四、正确标点

王闿运《湘军志》为一代名著,而新的标点本却有可议之处。如《曾军后篇》云:咸丰九年"十一月,国藩移屯宿松。是时,萧启江援四川,张运兰还湖南,独朱品隆、唐义训、易开俊、张岳龄等从。而湖北大将都兴阿养疾荆州,李续宜告归湘乡"。后二句被误点作"而湖北大将都兴阿养疾,荆州李续宜告归湘乡"。李续宜怎会冠以"荆州"?殊觉费解。其实,此事早见于本书的《湖北篇》:"都兴阿养疾荆州。多隆阿新贵重,诸将不乐出其下。李续宜称母疾留湘乡。"一点之误,含意全非,必须仔细。

五、审慎注释

近见新版曾国藩一幕僚的信多通,其中一件发自湖北武昌之东的樊口,写于咸丰十一年二月三十日,自题《上使相书》。书中有"恭辞后""回帆东下"等语。注:"使相指曾国藩。"核之时间、地点,均有抵牾。查曾国藩于咸丰十一年二月尚不能称"相"。同治元年正月,清廷才授曾国藩协办大学士。再查其时曾国藩驻军安徽。樊口在其西,沿江上游。如发信人与之晤面后回至樊口,应称"回帆西上"。这些迹象证明,这个"使相"不是曾国藩而是钦差大臣大学士湖广总督官文。时驻武昌。

后 记

  《太平天国史学导论》,是笔者指导研究生的自编教材。其中包括:(一)太平天国史研究经验总结;(二)太平天国史料考证举例。从一定意义上说,本书对学生起入门向导作用,故名《导论》。

  研究经验总结,是对萧一山、简又文,郭廷以,罗尔纲等前辈成果的述评。总论有《太平天国史学简史》上下篇。各论有《萧一山与太平天国文献学》《简又文评传》《郭廷以对太平天国史研究所作的贡献》《罗尔纲与太平天国史料学》《罗先生赞》。还有《太平天国印书史略》《太平天国文书史略》《太平天国文物研究史略》《太平天国资料目录学的发展》等。

  评述太平天国史学的发展,是以马克思主义为依归。坚持还是否定马克思主义对太平天国史研究的指导,一直有反复。集中反映在对太平天国评价的分歧上。

  对太平天国评价的争论,已有一百多年了。太平军自称起义,而清朝封建统治者诬之为"贼匪"。孙中山、章炳麟等资产阶级革命党人,从"反满"的观点出发,表彰太平天国民族革命。蒋介石貌似绍述孙中山,实际上却颂扬曾国藩、胡林翼等反对洪杨的军事经验。国民党统治下的旧中国历史家,大多斥责历代农民起义对社会的"破坏",太平军当然也不能幸免。同时,他们都赞美曾、左、李等平定"发捻"之"功"。直到马克思主义者以科学的唯物史观研究太平天国史,才肯定它是反封建反侵略的农民起义。新中国初建,大多数历史工作者初学马克思主义,在运用上有偏差,对太平天国的评价失之过高,把它几乎看作是早期的无产阶级革命,说什么实行了"男女平等"之类。其实,这是农民小私有者所做不到的,也是不合事实的。林彪、"四人帮"搞"影射史学",把太平天国史践踏到了无以复加的地步。他们不用唯物辩证法分析问题,而是推销唯心论和形而上学。他们不是提倡古为今用,而是任意篡改马克思主义。自从中国共产党的十一届三中全会以后,学术界才拨乱反正,恢复马克思主义的指导,一时太平天国史学获得巨大发展。但到了近年,由于对马克思主义的忽视,太平天国史研究又在一定程度上走回头路。有的论断重新宣扬"农民战争破坏论",并为曾国藩、李鸿章等"平反",强调他们"学西方"的"功绩"。这些实际都是被马克思主义早已驳倒的陈旧观点;近年却又变做"新思想",在史坛重新活跃起来。

关于谁负战争破坏的罪责?不同的阶级作了不同的解答。清朝封建皇帝的御用文人,炮制《剿平粤匪方略》《剿平捻匪方略》等,炫耀清王朝的"武功",把战争破坏罪强加给农民起义。资产阶级史学家采取"客观主义"立场,把清军与太平军各打五十大板,判处分担破坏的责任。他们表面"公正",实际不公正。只有马克思主义者,站在无产阶级和人民大众的立场,揭露"官逼民反"的实质,把战争造成的破坏,归罪于封建统治阶级,才是真正的公正。

对于曾国藩等人的历史功过,应当如实评价。我也不同意过去那样,对他们全盘否定。但是,绝对不能为他们反对农民起义与对外投降侵略者的罪责辩护。不能把他们与洪杨之间的是非重新弄颠倒了。这个原来颠倒的是非,已经被马克思主义再颠倒过来了。对于"学西方",要进行阶级分析,要分清进步阶级与反动阶级的学西方,其目的与效果都是不一样。对反动派学西方所起的双重作用:一方面加重了人民的灾难;一方面给中国社会带来了某些资本主义的新事物,一定要区分其主次。前者是矛盾两方面的主要方面,后者是次要方面。主要方面确定其性质,因此,反动派"学西方"是坏事。在一定条件下,坏事变成好事,反动派"学西方"原来是坏事,只有被中国人民接了过来,才变成好事。评价这样的好事,应当归功于人民,不应当归功于反动派。所有这些,都是历史唯物主义的准则。在旧中国,有些史家不接受以上准则,从而颠倒是非,肯定曾国藩、李鸿章等的投降主义,贬斥洪杨的爱国主义,这是不足为怪的。问题在于,时至今日,有的史学论著忽又复述这些陈旧观点,走回头路,这难道不是在背离科学的唯物史观吗?我引导学生研究太平天国史学史,就是为了要求青年一代明辨理论上的大是大非,坚持马克思主义。只有这样,才能为社会主义服务。

论从史出,史料考证是理论分析的基础,本书举例讨论:目录、版本、辨伪、编纂、训诂、考释等问题。这些都是从清代乾嘉以来,朴学家所提倡的基本功。其中突出识别史料的真伪。

本书辑录的《〈新说〉质疑》《〈燐血丛钞〉辨伪》《李秀成官爵考——兼辨新出"民不能忘"碑文是假的》,都是针对近人伪造的《燐血丛钞》而作的。《燐血丛钞》出现于 50 年代,80 年代被出版界发表了一部分。此书伪托清代一书商随淮军破苏州时,抄录的太平天国史料,共四册。内容真伪混杂。在杂抄一批常见书知《李秀成自述》等同时,抄者伪造了若干太平军将士的作品。

所谓"干王子"的笔记《新说》，是最迷惑人的一种。我吸取清人阎若璩疏证伪古文《尚书》的方法和罗尔纲前辈揭露大伪书《江南春梦庵笔记》的经验，考证《燐血丛钞》作伪的真相。第一，充分发现破绽。如《新说》伪托洪仁玕之子所作，但经与太平天国文献核对，发现作者对洪仁玕的重要活动都是无知，而且洪仁玕也没有这样一个带兵在外的儿子，矛盾重重。第二，抓住铁证。如"民不能忘"碑伪托降将李文炳等为忠王所立，碑文称忠王为"军师"。查李文炳已于1862年谋叛伏诛，而忠王李秀成于1863年夏才膺封军师，李文炳怎能预见及此？显然这是后人作伪的马脚。第三，查明伪书的资料来源。我在《〈燐血丛钞〉辨伪》里，列举其中大量抄袭大伪书《江南春梦庵笔记》伪上加伪等劣迹。揭露《燐血丛钞》是伪书，是学术界合作的结果。当1980年我开始撰文揭发时，《重庆师院学报》也登载了史式同志的《〈燐血丛钞〉考伪》。不久前，《广西社会科学》公布罗尔纲前辈自述治学经验，其中断言《燐血丛钞》是伪书。

清人戴震有言，学者应当"不以人蔽己"，也"不以己自蔽"。我谨遵遗教，既不苟同他人的失误，也不回护自己的过错。还在50年代我公布了扬州出现的"赖文光藏砚拓本"，承蒙荣孟源前辈撰文严肃指出，这是赝品。此事使我深受教育，我终身感激荣氏的教诲。对历届研究生，我都讲述其经过并写进了本书。要求他们引以为戒。

及门诸生本着上述对理论和史料的要求，研究太平天国史。他们从熟悉典章制度入手，以故所撰学位论文，偏重这方面。

华强撰《太平天国政区地名考》，发表于《太平天国学刊》第四辑。在此基础上，他撰成《太平天国地理志》。由广西人民出版社编入《太平天国史丛书》。

吴善中撰《天历研究》,正在继续努力,拟发展成为《太平天国天文志》。周新国撰《太平天国前期的刑审制度》,拟发展而为《太平天国刑法志》。华国梁撰《太平天国后期的官爵制度》,夏春涛撰《太平天国服饰考》,也都发展了前人的成果。

有的学生致力于探讨太平军的对手。周志初考察曾国藩等改革两淮盐政,谢世诚研究罗泽南的理学,也各具新意。

本书节选各篇的一部分,以见大略。

任何著作难免有时间上的局限性。本书所辑《太平天国印书版本考》等,还未能包括王庆成同志近年在海外的新发现,只能在《太平天国经籍志》(又名《太平天国文献学》)中订补了。

祁龙威

一九八九年九月

祁龙威文集·专著(附：史料搜集整理)

太平天国经籍志

序

一

1957年初夏，中国科学院哲学社会科学部讨论预备在秋天召开的全国史学界代表大会的会议上只有两位青年史学家，一位是戴逸同志，另一位就是祁龙威同志。我在会场上结识了他们。祁龙威同志是专精太平天国史的，从此一直互相切磋。在我所认识的年轻一代同志当中，祁龙威同志给我的帮助最大，有时是指正谬误，有时是补充证据，有时是予以鼓励。从前陆放翁《跋王深甫先生书简二》说："此书朝夕观之，使人若居严师畏友之间。"我每拜读龙威同志著作正是如此。

1977年夏，我客居南京太平天国历史博物馆。龙威同志从扬州来访，庭院幽深，熏风吹来，两人披襟纵谈所学所愿。我说到青年时求一部中国史学史而不可得。到40年代，始见有金毓黻著一书。鄙意作为一部中国史学史，必须纵观古今史学发展的过程，揭示前进的方向，对读者具有向导的作用。金著不过史书著录而已，远不足道此，这个责任还落在我们身上。因建议龙威同志先撰著一部《太平天国史学史》，以为今后撰著《中国史学史》的典范。龙威同志欣然允诺。其后几年，他陆续发表了《太平天国史研究概论》《马克思主义与太平天国史学——兼评简又文〈太平天国全史〉》《〈李秀成自述〉版本述评》等名篇。近年又编印《太平天国史学导论》作为研究生的课本。这部鸿篇巨著,龙威同志正在精心撰著中。

前年冬,广西人民出版社计划出版一大套20部太平天国史专著丛书,主编钟文典教授把拟定的题目寄来商讨,其中有龙威同志著《太平天国经籍志》一种。我非常赞同。现在,龙威同志这部《太平天国经籍志》已经首先完成了,即列在首批出版。

二

龙威同志青少年时代问学于著名国学家金松岑,钻研经学、小学及史学。中华人民共和国成立后,系统学习了马克思主义,并以此指导研究中国近代史特别是太平天国史。他发扬清代朴学的传统,重视考证,重视对文献史料的搜集、辨伪、注释等方面的工作。五六十年代,采取实地调查与文献史料相结合的方法,编辑了《辛亥革命江苏地区史料》一书。70年代,选注了《洪秀全选集》《洪仁玕选集》,开辟了太平天国文献学的新领域。80年代初起,撰著的《太平天国史学导论》一书,对太平天国史的研究,起到向导的作用。另外,发表的论文数在百篇以上,其中《乾嘉史学初探》《从〈报恩牌坊碑序〉问题略论当前研究太平天国史工作中的偏向》《论清末的铁路风潮》以及《〈热河密札〉补笺》诸篇,尤为国内外学术界所重视。今天,这部《太平天国经籍志》便是这位掌握马克思主义、精熟乾嘉史学的著名学者祁龙威教授撰著的。

龙威同志这部《太平天国经籍志》共分六部分:

一、"旨准颁行诏书"二十九部

二、其他太平天国印书

三、诸王自述

四、近人所编太平天国文献

五、太平天国文献释文举要

六、伪书考辨

对"旨准颁行诏书"先略仿《四库全书提要》体例,顺序为之解题。其次,对版本的先后进行校勘。再次,对文词为之注释。这部专著,不仅是著录"旨准颁行诏书"和其他太平天国印书,而且是把太平天国所有文献都包括在内,这是一方面。另一方面,古来经籍志一般是著录经籍。此书并进而从事校勘和注释。并且,还特立"伪书考辨"一门。综观全书,实在是一部太平天国文献学。

几十年来,我国研究太平天国史的学者分别在辨伪、校勘、注释上做了许多工作。但把这三者结合起来而成为太平天国文献学,为中国史学创造了一门新学科,则自龙威同志这部《太平天国经籍志》始。

龙威同志以阎若璩的考证、王念孙的训诂和汉学家的校勘进行撰著此书,他日行世,既把太平天国文献全面地介绍于读者之前,又把我国汉学家自古以来传统的辨伪、校勘、注释等方法也都扼要地传给了读者。

三

龙威同志这部《太平天国经籍志》今年即付印了。我们在欢欣鼓舞迎接这部著作问世当中,还有一个更大的愿望在期待着他去完成。

龙威同志于 50 年代起开讲坛于扬州师范学院。扬州为乾嘉学派的一个重要地区,人文荟萃,流风遗韵,冠于东南。三十多年来,他以承先启后自任。近年主讲《清代学术概论》,以马克思主义观点,重新评判乾嘉学派。同志们也时相敦促。他年大业完成,正确地评定了乾嘉学派的真正价值,并予以发扬光大,其对中国学术文化关系的重大,又何止即将问世的《太平天国经籍志》《太平天国史学史》[1]两书仅限于太平天国史一隅而已呢!

> 一九八九年八月八日
> 罗尔纲敬序于北京

---

[1]　本文集编者按,即《太平天国史学导论》。该书已于 1989 年 12 月,由学苑出版社出版。

前 言

　　皆汉刘向、刘歆为皇家校理藏书，都有撰述。向为每书撰提要，所谓"条其篇目，撮其指意"，统名《别录》。歆继父业，将群书分七类编次总目，称为《七略》。班固删取其要，撰《汉书·艺文志》。其文反映先秦迄西汉末之学术文化。唐修《隋书》踵其事，易名《经籍志》。嗣是历朝正史，多具此篇。或综述前代文化，或单列本朝著述。其或缺载，后之学者往往为之补苴，如钱大昕补《元艺文志》。太平天国建号十数年，戎马倥偬，未遑搜罗一代典籍，仅颁行诏书凡数十种。以故简又文撰《太平天国典制通考》，不备艺文、经籍之目。而罗尔纲著《太平天国史稿》，始列"经籍"于十二志。今继罗而作，仍称"经籍志"，其目如下：

一、"旨准颁行诏书"二十九部

二、其他太平天国印书

三、诸王自述

四、近人所编太平天国文献

五、太平天国文献释文举要

六、伪书考辨

一、"旨准颁行诏书"二十九部

太平天国出版的书籍,统称"诏书",诏书必盖天王印,上刊"旨准"二字,才准颁行,故又称"旨准颁行诏书"。

从辛开元年(1851)起,太平天国开始编印书籍。现存的《太平礼制》和《幼学诗》二种,封面题"太平天国辛开元年新刻"。

太平天国壬子二年(1852)印书,现存《太平诏书》、《天条书》、《太平条规》、《天父下凡诏书》(一)。另有《太平军目》《颁行诏书》《天命诏旨书》等,也于是年刊行。但现存的以上诸书,已都是癸好三年(1853)的重印本。

从癸好三年起,太平天国印书一般都在封里插页附刊"旨准颁行诏书总目"。张德坚《贼情汇纂》:"凡贼中伪书首一章必载诸书名目。"最少的共有十三部。兹抄录癸好重印《幼学诗》所附的"总目"如下:

旨准颁行诏书总目

天父上帝言题皇诏

天父下凡诏书

天命诏旨书

旧遗诏　圣书

天条书

　　太平诏书

太平礼制

太平军目

太平条规

颁行诏书

颁行历书

三字经

幼学诗

旨准颁行共有十三部

其后陆续增多至二十九部。兹照录庚申十年（1860）刊布《王长次兄亲目亲耳共证福音书》所附"总目"。

旨准颁行诏书总目

天父上帝言题皇诏

天父下凡诏书　二部

天命诏旨书

旧遗诏　圣书

新遗诏　圣书

天条书

太平诏书

太平礼制

太平军目

太平条规

颁行诏书

颁行历书

三字经

幼学诗

太平救世诰

    建天京于金陵论

    贬妖穴为罪隶论

    诏书盖玺颁行论

天朝田亩制度

天理要论

天情道理书

御制千字诏

    行军总要

天父诗

    钦定制度则例集编

    武略书

    醒世文

   王长次兄亲目亲耳共证福音书

旨准颁行共有二十九部

今略仿《四库全书提要》体例,顺序为之解题。

《天父上帝言题皇诏》

谓上帝预言。言题,即说话。内诗十首,每首四句,每句七字。如:

其一　三星共照日出天　禾王作主救人善

      尔们认得禾救饥　乃念日头好上天

其二　人字脚下一二三　一直不出在中间

      玉清不好起歪心　全敬上帝不愁难

    ……

其主要含意为劝人信赖洪秀全下凡救世。洪仁玕《己未九年会试题》："以字形释之,三旁加共,洪也;禾下添乃,秀也;王尚添人,全也。隐然寓真主之圣名,显然作民极之圣主,玉食万方,岂徒然乎!"书内首行及书口都题《十全大吉诗》。"十全大吉",洪秀全的代号。戊午八年(1858)十一月,洪秀全与英国特使额尔金诏:"太兄前钉十字架,使留记号无些差,十全大吉就是朕,万样总是排由爷。"

一说,此诗是洪秀全"丁酉升天"时由上帝教给的。《王长次兄亲目亲耳共证福音书》"有时所唱十全大吉诗章"云云。在照录这十首诗之后又说:"主今自证:'此等预诏是天父上帝皇诏,朕上天时,天父上帝亲教朕读的。'"另一说,此诗是在广西酝酿起义时,用天父下凡形式宣布的。洪仁玕《己未九年会试题》:"在昔西粤,荷蒙天父劳心下凡,欲光照人心,令人沐天父之恩,渴救主之义,饱天王之德,故有此圣旨。"

张德坚《贼情汇纂》:"伪书内《天父上帝言题皇诏》即《十全大吉诗》。"他全录了这十首诗。其后凌善清又从《汇纂》转抄入《太平天国野史》。但其中文字被窜乱,不足据。伦敦不列颠博物馆藏原件,封面题"太平天国癸好三年新刻",附录"旨准颁行诏书总目"共有十五部。剑桥大学藏两本,甲本与"英馆本"同,乙本封面题"太平天国甲寅四年新刻"。巴黎国家图书馆藏一本,与"英馆本"同。华盛顿国会图书馆藏一本,也题"太平天国癸好三年新刻",附录"旨准颁行诏书总目"共有十四部,比"英馆本"少《太平救世歌》一部。可见这是现存最早的刻本。萧一山据"英馆本"影印入《太平天国丛书第一集》。迄今国内所传都据"萧辑本"。

《天父下凡诏书》(一)

记辛开元年十月二十九日在永安揭发和惩处周锡能叛变事件。由蒙得天、曾天芳所记录。

"天父下凡",是杨秀清代天发令的形式。其事始于金田起义前两年,清道光二十八年(1848)戊申三月。《御制千字诏》:"甫届戊申,孰降苍穹,至尊真神,监临其中,清口托题,左辅杨东。"这是太平天国史上的重大事件。其后,在向金陵的进军途中,杨秀清多次使用这一形式,克服对敌斗争的种种困难。

周锡能谋叛伏诛始末,见《天情道理书》。"辛开年五月,驻扎新寨时,有博白县周锡能禀奏东王,禀称博白真道兄弟姊妹,因团营之时一时仓卒,未得齐来,恳求东王恩准回乡,再为团集,俾得带领前来,同扶真主。东王念其意欲接救弟妹,正是体天父天兄差天王救人之心为心,即准其所请,另差武宣花蕊山黄超连为伴,与之偕往。至九月驻扎永安时,周锡能带得朱八三人回至圣营,禀奏东王,禀称妖魔十分作怪,各处卡口把守查察甚严,以至兄弟姊妹裹足不前,仅带有兄弟数十余人充当妖魔壮丁而来,现今投在妖魔营内,不能脱身,意欲少待一二日,再往妖营设计,令伊等潜踪逃出。东王问曰:'左右前后,皆是妖魔营盘,尔又何得脱身过来?'周锡能对曰:'妖魔令小弟出营把卡,故得潜逃而出。'东王又问曰:'黄超连与尔同往,今日尔既转回,而黄超连何以未见回来?'周锡能对曰:'黄超连业已先返,小弟曾办资斧,送伊渡江,嘱其禀复,恳我东王九千岁宽心,不用罣虑,今日尚未转回,不知是何缘故。'斯时东王闻周锡能禀奏招有新兄弟,大为欣慰,正拟保奏天王,封官以奖其功,以励其志;讵知天父鉴观在上,天眼恢恢,报应昭彰,不差毫发。是夜即蒙天父劳心下凡,指出周锡能阳为团结兄弟，阴为投入妖营，串同谋反；今日回朝，乃是暗用奸谋诡计，以便外攻内应矣。当时众兄弟即将周锡能擒拿到天父面前审讯，周锡能自知邪谋败露，犹思掩饰，不肯供认。天父大发义怒，即将奸谋叛天逆天恶迹指出，复降圣旨将周锡能并其妻子押出朝门斩首示众。"《天父下凡诏书》(一)，即天父亲审周锡能的记录。蒙得天，后改名蒙得恩。曾天芳，后改名曾水源。

张德坚《贼情汇纂》："伪书内《天父下凡诏书》一册，只十余页，所载在广西时有周锡能者勾结官兵为内应。杨秀清知觉，诡称天父下凡附体，指出此人，治以点天灯之刑及一切讯答之词，一夜之顷，天父下凡三次，其天父附体之言，辄曰'周锡能反草变妖，若非我指破，尔等危矣。我回天矣！'云云。"按，周锡能未被治以点天灯，《汇纂》夸大其词，摘叙不实。海外已发现的《天父下凡诏书》(一)原件有多本。不列颠博物馆、剑桥大学、巴黎国家图书馆、巴黎东方语言学校、柏林普鲁士国立图书馆各藏一本，封面均题"太平天国壬子二年新刻"，但有初刻与重印之分。初刻本天王自称"秀全"，重印本已改称"朕"。程演生据东校重印本辑入《太平天国史料》第一集。《太平天国》(《中国近代史资料丛刊》)据柏林初刻本排印，以"程辑本"校注。《太平天国印书》据"柏林本"影印和排印。

《天父下凡诏书》(二)

记癸好三年(1853)十一月二十日杨秀清假托"天父下凡"欲杖责洪秀全及在金龙殿君臣对话事。谢介鹤《金陵癸甲纪事略》：杨秀清"故尝假天父语，杖天贼四十"。当即指此。盖洪杨之间的裂痕已露，但犹事掩饰，遂颁发此类文件。张汝南《金陵省难纪略》："东贼并托天父挟制洪贼，前有掳来乡愚，误窥贼居，遽杀之。

后东贼伪为天父下凡，至洪所谓曰：'你与兄弟同打江山，何以杀人不与四弟商议，须重责。'洪跪求，北、翼愿代受责，再三始罢。既上奏章云：'二兄性气太暴，王娘有孕，不宜用靴骡踢；虽是天父性气本暴，二兄行为果像天父，但须学天父有涵养。幼主性气亦像天父，然小时须教导，不宜由他毁坏物件，怒骂王娘。'洪伪旨奖誉，谓：'此语非四弟不能直说，当颁示天下万国，见我君臣契合好处。'遂刻《天父下凡诏书》散人。"所言虽杂传说附会，但能反映《天父下凡诏书》(二)产生的背景。

现存《天父下凡诏书》(二)的原件极少。巴黎东方语言学校藏一本，封面题"太平天国癸好三年新刻"，附录"旨准颁行诏书总目"共有二十部，迄《天朝田亩制度》，可证本书为癸好三年最后刊行的一部。程演生据此排印入《太平天国史料》第一集。迄今国内所传都据"程辑本"。

《天命诏旨书》

是太平天国初期重要文件的汇编。此书编印于壬子二年(1852)，故封面题"太平天国壬子二年新刻"。卷首有天王诏，向全军将士说明编印本书的意义："今恐通军大小男女兵将未能熟知天父圣旨命令，及熟知天兄圣旨命令，致有误逆天命天令也。故特将诏书寻阅天父、天兄圣旨命令最紧关者，汇录镌刻成书，庶使通军熟读记心，免犯天令，方得天父、天兄欢心也。后将朕令附尾，亦无非使尔等识法忌法之意。""通军"，即全军。太平天国避洪秀全名，讳全以通字代。是书的第一篇为天父圣旨，注明"己酉三月十六日，时在贵县"。天父上主皇上帝曰："高老山山令，遵正十字有一笔祈祈。"其时尚在秘密活动，故词多隐语。张德坚《贼情汇纂》："高老即天父，山山即出字，十字有一笔即千字；大抵言天父令要遵千祈之意。"最后一件是天王命令"通军大小兵将,自今不得再私藏私带金宝,尽缴归天朝圣库,倘再私藏私带,一经察出,斩首示众"。注明:"壬子八月初十日,时在长沙。"可见,此书反映太平军准备起义和起义后向长江流域进军的历史,其中包括金田团营、永安封王等重大事件。

张德坚《贼情汇纂》摘录《天命诏旨书》,始己酉三月十六日天父圣旨,终壬子八月初十日天王诏令,所据当是壬子初刻本。此书原件散在海外者较多,已知不列颠博物馆藏两本,剑桥大学、巴黎国家图书馆、巴黎东方语言学校、柏林普鲁士国立图书馆、华盛顿国会图书馆各藏一本。程演生据"东校本"影印入《太平天国史料第一集》,封面题"太平天国壬子二年新刻",但附录"旨准颁行诏书总目"共有十四部,卷尾有癸好三年天王诏旨,可见正是癸好增订本。张元济据"柏林本"辑入《太平天国诗文钞》,但《诗文钞》的编者对太平天国文献往往任意窜改,所以不足为据。《太平天国》据"程辑本"排印,据《诗文钞》校注。《太平天国印书》据"程辑本"影印和排印。

《旧遗诏圣书》《钦定旧遗诏圣书》

是基督教圣经《旧约》的汉文译本。还在 19 世纪初,英国来华的传教士马礼逊(Marrison)和米邻(Milne),将《旧约》《新约》译成汉文印行,总名《神天圣书》。其后由普鲁士人郭士立(K.F.A.Gützlaff)改译,始取名《旧遗诏书》《新遗诏书》。金田起义之前,洪秀全曾到广州,从美国传教士罗孝全处,阅读过这两部书。《太平天日》:"年三十五,岁在丁未二月初,主与干王洪仁玕到广东省城礼拜堂,后干王仁玕回归,主独留礼拜堂,与花旗番罗孝全共处数月,主历将《旧遗诏圣书》《前遗诏圣书》细览,乃悟当前战妖时,天父上主皇上帝所指'此一等书是朕下凡显迹设诚所遗传之书',即此《旧遗诏圣书》也;并悟天父上主皇上帝所指'此一等书是朕差尔兄下凡显神迹也捐命赎罪及行为所遗诏之书',即此《前遗诏圣书》也。"洪秀全撰《原道觉世训》,征引"番国圣经"有"考《旧遗诏书》"云云。壬子二年发布的《颁行诏书》,也有"据《旧遗诏圣书》"云云。癸好三年起,太平天国据郭士立译本翻印这两书。汪芝《诏书盖玺颁行论》:"天王因天下人不知天父生养大恩德,并不知救主耶稣代赎大功劳,于是将《旧遗诏》《新遗诏》及天朝一切诏书颁行天下。"太平天国将两书各加一"圣"字。《天情道理书》:"前经恭奉天王诏旨,饬令镌刻《旧遗诏圣书》《新遗诏圣书》,颁行天下。"太平天国规定全军必须诵读此两书,《醒世文》:"晴则俱要勤操炼〔练〕,雨读新旧遗诏文。"此也为士子必读之书。《钦定士阶条例》:"惟举《旧遗诏圣书》《新遗诏圣书》以及天父天兄下凡诏书、天命诏旨书、天道诏书,时时讲明而熟识之。""拟文士子所习之经,须钦遵圣诏,习理旧约、前约、真约诸书。旧约即《旧遗诏圣书》,前约即《新遗诏圣书》,真约即《天命真圣主诏旨书》以及钦定《天条书》《三字经》等,皆宜时时攻习,以悟天情。"但是,太平天国领袖陆续发现基督教圣经有很多处不合太平天国制度。新发现的《天父圣旨》卷三,其中有甲寅四年(1854)六月初一日一次记录:"朕今日下凡,非为别事。只因尔等将番邦存下来的《旧遗诏书》《新遗诏书》颁发,其旧遗新遗诏书,多有记讹。尔禀报韦正、翼王,禀奏东王,启奏尔主,此书不用出先。"于是洪秀全对二书亲加修改,改名《钦定旧遗诏圣书》《钦定前遗诏圣书》,于庚申十年后刊行。在两书内都有洪秀全批注,他曲意证明基督教所传福音是对洪杨下凡救世的预言。

张德坚《贼情汇纂》对太平天国所刻《旧遗诏圣书》进行"摘叙",他未细阅原书,仅言"所载皆西洋番语,殊不可解,寻其意绪,亦无非言耶稣功德神奇"云云。谢介鹤《金陵癸甲纪事略》:"又刻《创世传》,盖窃西方番本也。"癸好三年(1853),英国传教士麦都思(Medhurst)所撰《太平天国教义书籍十二册大要》列《旧遗诏圣书》为第十二册,并说:"本书仅系郭士立博士译本《旧约·创世记》首二十八章之重刊。此书所异于其他诸册者,则以其封面系黄色也。"太平天国将基督教圣经陆续刊行。庚申十年(1860)洪仁玕答英国传教士提问,断言:"已印行《圣经》全文。"但迄今未见《旧遗诏圣书》或钦定本原件的全部。北京大学图书馆藏一卷《创世传》,封面题"太平天国癸好三年新刻",附录"旨准颁行诏书总目"共有十三部。伦敦不列颠博物馆藏《旧遗诏圣书》二卷:一、《创世传》;二、《出麦西国传》。封面题"太平天国癸好三年新刻",附录"旨准颁行诏书总目"共有十四部。比前者多《新遗诏圣书》一部。可见,其时已开始翻刻《新约》。上海图书馆藏《旧遗诏圣书》四卷:一、《创世传》;二、《出麦西国传》;三、《利未书》;四、《户口册纪》。封面题"太平天国癸好三年新刻",附录"旨准颁行诏书总目"也是共有十四部。不列颠博物馆又藏《钦定旧遗诏圣书》六卷:一、《创世传》;二、《出麦西国传》;三、《利未书》;四、《户口册记》;五、《复传律例书》;六、《约书亚书记》。封面也题"太平天国癸好三年新刻",但附录"旨准颁行诏书总目"共有二十九部,已包括庚申十年颁行的《王长次兄亲目亲耳共证福音书》在内,可证已是庚申十年以后刻本。第一卷第十四章末段有洪秀全批注。《太平天国印书》据"上海本"《旧遗诏圣书》

影印和排印。向达从"英馆本"《钦定旧遗诏圣书》移录洪秀全批注辑入开明书局版《太平天国史料》。中华书局据"英馆本"《钦定旧遗诏圣书》影印入《太平天国文献六种》。

《新遗诏圣书》《钦定前遗诏圣书》

是基督教圣经《新约》的汉文译本。前者据郭士立译本翻刻，略作字句修改，后者经洪秀全改定并批注。在批注中，洪秀全指出："如今上帝下凡降东王，降托东王是圣神，东王本职则是风，劝慰师也。爷知《新约》有错记，故降东王诏证，圣神是上帝，风是东王也。"所谓"《新约》有错记"，是指基督教宣传的"三位一体"说。"三位"，指上帝、耶稣、圣灵。"三位一体"谓三者实即一神，这与太平天国宣传的天父天兄天王下凡救世之说不合。至于改《新遗诏圣书》为《前遗诏圣书》，则尚无确定的解释。夏鼐《道光十六年刊本马太传福音书跋》云："至于改新遗诏为前遗诏，则疑当时洪秀全有另编纂一后遗诏之企图，以耶稣为天兄，天兄之言行为前遗诏，则为天弟者亦尚有一后遗诏也。"此说亦有理。按太平天国后期，称耶稣为先师，杨秀清为后师。祈祷文必说："托救世圣主先师天兄基督赎罪大功劳，并托秀师后师东王赎病主功劳，转求天父上主皇上帝在天圣旨成行，在地如在天焉。"洪秀全亦以耶稣与杨秀清并称。天王诏旨："朕之胞兄是耶稣，朕之胞弟是秀清。"夏文推测洪秀全有意编"后遗诏"以比"前遗诏"，可备一说。

张德坚《贼情汇纂》："伪《新遗诏圣书》又名《马太传福音书》。"他对该书二十八章进行了摘录。其实，这仅是《新遗诏圣书》先刻的第一卷。不列颠博物馆藏有这样的一卷，封面题"太平天国癸好三年新刻"，附录"旨准颁行诏书总目"共有十五部。

其最后一部为《太平救世歌》。又藏《钦定前遗诏圣书》,凡五卷:一、《马太传福音书》;二、《马可传福音书》;三、《路加传福音书》(缺两叶);四、《约翰传福音书》(缺);五、《圣差言行传》(缺一叶)。以上合装四本,一、二两卷为一本,其他每卷为一本。另有四本不分卷。第五本:《圣差保罗寄罗马人书》十六章;《圣差保罗寄哥林多人上书》十六章;《圣差保罗寄哥林多人下书》十三章。第六本:《圣差保罗寄伽拉人书》六章,缺一又半叶;《保罗寄以弗所人书》六章,缺半叶;《保罗达非利比人书》四章;《保罗达哥罗西人书》四章;《保罗达帖撒罗尼伽人之首书》五章;《保罗达帖撒罗尼伽人之后书》三章。第七本:《保罗寄提摩太首书》六章;《保罗寄提摩太后书》四章;《保罗达提阖之书》三章;《保罗寄非利门之书》一章;《圣差保罗寄希伯来人之书》十三章;《也哥伯之书》五章。第八本:《彼得罗上书》五章;《彼得罗下书》三章;《约翰上书》五章;《约翰中书》不分章;《约翰下书》不分章;《犹大士之书》不分章;《圣人约翰天启之传》二十二章,缺一叶。此书封面也题"太平天国癸好三年新刻",但附录"旨准颁行诏书总目"共有二十九部,已包括庚申十年刊行的《王长次兄亲目亲耳共证福音书》,可证本书已是庚申十年以后的刻本。书中有不少洪秀全的批注。开明版《太平天国史料》已据向达抄件,排印了洪秀全对《前遗诏圣书》的批注。中华书局据英馆所藏《新遗诏圣书》一卷和《钦定前遗诏圣书》七本原件,影印入《太平天国文献六种》。

《天条书》

是"拜上帝"的祈祷范文和十款天条的汇编。祷告文包括悔罪规矩,悔罪奏章,朝晚拜上帝,食饭谢上帝,灾病求上帝,凡生日满月嫁娶一切吉事祭告上帝，凡作灶做屋堆石动土等事祭告上帝，升天祭告上帝，七日礼拜赞颂皇上帝等。十款天条，仿自《旧约·出埃及记》第二十章的摩西十诫，洪秀全即称之为"天条"。《原道觉世训》："考《旧遗诏书》，皇上帝当初下降西奈山，亲手缮写十款天条在石碑上，付畀摩西。"又劝世人勿"大犯天条"云云。据《太平天日》，洪秀全、冯云山于道光二十七年在象州打甘王庙，借以劝告农民拜上帝不敬邪神时，曾"写天条及王诏贴壁"。又据《天命诏旨书》，金田起义，天王颁布五大纪律，首先是"遵条命"。《幼学诗》："天条遵十款，享福在天堂。"到了后期，天条仍是太平天国的根本大法。《醒世文》："天条十款当谨记，十斩十除须凛遵。"据简又文考证，《天条书》的有些条文，是以美人罗孝全所写的《不好妄题真神上帝之名》为蓝本，如第三天条"不好妄题皇上帝之名"等。见《太平天国典制通考》。

据张德坚《贼情汇纂》，《天条书》先是抄写，后则刊刻，流行极广，"初犹每馆一本，既则人各一本"。癸好三年春夏间，《天条书》已随军传播长江沿岸各地。毛隆保《见闻杂记》述清咸丰三年（1853）五月江西吴城事云，"送礼者归，各得书数本，名《天条书》者一本，红纸壳，面上横列'太平天国壬子二年新镌'，中书'天条书'三字"云云。赵烈文《落花春雨巢日记》述咸丰三年四月廿三日常州事："是日盘获贼匪四名，搜得伪诏、伪示及妖书二本，一名《天条书》，其教禁例；一名《太平军目》，则兵制也。"《贼情汇纂》全录了《天条书》。国内外现存《天条书》的原刻本与原抄本较多。不列颠博物馆藏刻本二、抄本一，封面均题"太平天国壬子二年新刻"，但内容繁简不同。刻本之一与抄本均征引大量儒家经籍。另一刻本则已删节。删节本对不合太平天国体制之处均做了修改。如人死改"升天"。删节本附录"旨准颁行诏书总目"共有十四部,其中已包括癸好三年颁行之书四种。可证未删节者是壬子初刻本,删节者已是癸好修改本。柏林普鲁士国立图书馆藏壬子初刻本。剑桥大学、巴黎国家图书馆、华盛顿国会图书馆各藏癸好删节本一本。罗尔纲氏藏一抄本,系壬子初版本。萧一山据英馆癸好修改本影印入《太平天国丛书第一集》。《太平天国》据"萧辑本"排印,据"柏林本"胶卷校注。《太平天国印书》把两种本子一并影印和排印。中华书局据罗尔纲氏所藏抄本影印入《太平天国文献六种》。

《太平诏书》

是洪秀全于酝酿起义时所著《原道救世歌》《原道醒世训》《原道觉世训》三篇文章的汇编。《太平天日》:"主回东后,年三十三。岁在乙巳矣,作《原道救世诏》《原道救世训》。"韩山文《太平天国起义记》:"一八四五、一八四六两年,秀全留在家中,仍执教鞭为业。在此期间,彼曾做数篇文章、问答及诗歌,均发挥宗教真理者。如《百正歌》《原道救世歌》《原道醒世训》《原道觉世训》《改邪归正》等篇,其后均加增内容,大都编入后来在南京印行之《太平诏书》。"这书被与《旧遗诏圣书》《新遗诏圣书》同列为"拜上帝"的经典。《天情道理书》:"试历观天父之屡次大怒、大显权能、大显凭据若是,是不特传诸口,而且笔于书;所以前经恭奉天王诏旨,饬令镌刻《旧遗诏圣书》《新遗诏圣书》,颁行天下,并御制《太平诏书》一卷,其中所载,最为详悉。"

张德坚未阅《太平诏书》,所编《贼情汇纂》对此书"摘叙",都凭臆测,毫无内容。"伪《太平诏书》,皆洪逆所下伪诏,由伪诏书衙汇修发刻。"现存《太平诏书》有壬子初刻本与癸好删改本。初刻本征引不少儒家经籍，删改本已加删节。初刻本有《百正歌》，在《原道救世歌》之末；删改本无。删改本改"歌""训"为"诏"。不列颠博物馆藏刻本三、抄本一。刻本甲与抄本同为壬子初刻本。刻本乙与丙同为癸好删改本。删改本封面虽题"壬子二年新刻"，但附录"旨准颁行诏书总目"共有十五部，已迄《太平救世歌》，可证已是癸好重印本。巴黎东方语言学校藏一抄件，系壬子初版本。柏林普鲁士国立图书馆藏一壬子初刻本。程演生据东校藏复抄壬子本排印入《太平天国史料》第一集，他误以《原道救世歌》即《太平救世歌》。萧一山据英馆藏癸好重印本影印入《太平天国丛书第一集》，他误以此为壬子初刻本，而以"柏林本"为重印本。程演生的疏误，经萧一山订正。萧一山的曲解，经王重民、郭廷以等辨明。《太平天国》据"柏林本"胶卷排印，以"萧辑本"校注。《太平天国印书》的影印本和排印本，都兼收了《太平诏书》的两种本子。中华书局出版的《洪秀全选集》据萧辑癸好删改本排印和注释。广东人民出版社出版的《洪秀全集》，以壬子初刻本排印，以癸好删改本校注，将《百正歌》独立为一文。

《太平礼制》

是太平天国典章制度之一。颁发于辛开元年（1851）。其中规定有关天王子女及东、西、南、北、翼诸王子女的称谓，丞相以下至两司马的称谓，丞相以至两司马子女的称谓，女官自丞相以至将军的称谓，军师以下妻的称谓，天王与东、西、南、北、翼五王的家族、外戚相互间的称谓。从中反映出太平天国建立起了一整套等级制度。"杨韦事变"和石达开出走之后，太平天国的典章制度发生变化，戊午八年（1858），重颁《太平礼制》。但现存的《太平礼制》（戊午八年）本中，已有关于己未九年（1859）以后所封干、英、忠、赞、侍、辅、章诸王以及他们子女称谓的规定。可证已是己未九年以后增补之本。

张德坚《贼情汇纂》："其已梓刻之《太平礼制》一册，仅载称呼，毫无别义。"他全录入《伪礼制》中。癸好三年，英国牧师麦都思撰《太平天国教义书籍十二册大要》，其第九册即《太平礼制》。现存《太平礼制》（辛开元年）有辛开初刻本、壬子重印本与癸好修改本，内容稍有差异。如王长女之称谓，辛开本、壬子本作"长天金"，以下称"二天金""三天金"……东、西、南、北、翼诸女类推。癸好本改作"天长金""天二金"……余类推。张德坚、麦都思所录都是癸好修改本。柏林普鲁士国立图书馆藏辛开初刻本，封面题"太平天国辛开元年新刻"，无"旨准颁行诏书总目"。牛津大学藏壬子重印本，封面题"太平天国壬子二年新刻"，无"旨准书目"，称天王女为"长天金"……不列颠博物馆藏癸好修改本，封面虽题"太平天国壬子二年新刻"，但附录"旨准颁行诏书总目"共有十四部，可证已是癸好三年刻本。萧一山据英馆本影印入《太平天国丛书第一集》。《太平天国》据"萧辑本"排印。《太平天国印书》据"柏林本"影印和排印。剑桥大学藏《太平礼制》（戊午八年）一册，封面题"太平天国戊午八年新刻"，附录"旨准颁行诏书总目"共有二十八部，迄于戊午八年颁行的《醒世文》。但书中已有己未九年以后所封干、英、忠、赞、侍、辅、章七王等的称谓，可见已是己未以后增补本。王重民据以影印入《太平天国官书十种》。迄今国内所传均祖"王辑本"。

《太平军目》

是专载太平军组织制度之书。《周礼》："五人为伍，五伍为两,四两为卒,五卒为旅,五旅为师,五师为军。"太平军即采用了这种组织形式。《太平军目》首先规定了从两司马以上至军帅所辖人数及旗帜尺寸,又自监军以上至军师的旗帜尺寸;然后举例表述一个军的组织。张德坚《贼情汇纂》:"伪《太平军目》,所载旗帜尺寸及军、师、旅、卒、两、伍诸式。"这得其要领。

《贼情汇纂》又说:"曾刊伪《太平军目》一册,以一军为例,全刻五百两司马,前列军帅、师帅、旅帅,后列卒长,每一卒长之下,列两司马四人,尚无东西南北之分及刚强伍长、冲锋伍卒诸名色,千篇一律,满纸皆卒长两司马字样,不知其军制者,无不开卷茫然。嗣俘得续改《军目》,眉目较前清楚。"可见张德坚所见的《太平军目》,已有不同版本。现国内流传的《太平军目》,是两种癸好重印本,文字略有差异。中国革命博物馆藏癸好先印本,即从吴煦家中发现的一本,缺封面,附录"旨准颁行诏书总目"共有十三部。郭若愚《太平天国革命文物图录补编》以此为壬子初印本,失考。不列颠博物馆藏癸好后印本,封面题"太平天国壬子二年新刻",附录"旨准颁行诏书总目"共有十五部。罗尔纲将两本进行对勘,发现先印本有四个刻错的字,后印本都订正了。但也有一处先印本不误,而后印本却刻错了。英馆藏另一本附录"旨准颁行诏书总目"共有二十四部,卷末有"戊午遵改"朱戳,剑桥大学也藏这样一本。萧一山据"英馆癸好后印本"影印入《太平天国丛书第一集》。《太平天国》据"萧辑本"排印。《太平天国印书》据中国革命博物馆藏癸好先印本影印和排印,其中错刻之字已据"萧辑本"订正。但"诏书总目"的插页弄错了,实际是该馆所藏《太平救世歌》的插页。

《太平条规》

是专载太平军纪律制度之书。其中包括《定营规条十要》《行营规矩》各十条。这是在金田发布的五条纪律的基础之上结合行军实际制订的。

张德坚《贼情汇纂》:"官军俘获贼中刊本营规一册,仅载营规二十条。"又说:"访之难民,佥谓刊本营规,是粤西旧例。""今姑录刊本营规于左。"他全录了这二十条。刘复据不列颠博物馆所藏原刻本排印入《太平天国有趣文件十六种》,但他分为"太平条规"和"行营规矩"两种。实际他所谓的"太平条规"仅是《定营规条十要》。萧一山据"英馆本"影印入《太平天国丛书第一集》,封面题"太平天国壬子二年新刻"。《太平天国》《太平天国印书》均祖"萧辑本"。

《颁行诏书》

是东王杨秀清、西王萧朝贵联名颁布的《奉天讨胡檄布四方》《奉天诛妖救世安民》《谕救一切天生天养谕救一切中国人民》三文的汇编。檄文痛斥清王朝奴役中国人民的滔天罪恶,号召反清起义。书的封面直书"太平天国禾乃师赎病主左辅正军师东王杨、右弼又正军师西王萧奏准颁行诏书",故称《颁行诏书》。张德坚《贼情汇纂》:"伪《颁行诏书》,亦洪逆伪诏颁行贼境者。"缘词生义,不足为据。

《颁行诏书》,颁发于壬子二年(1852),但现存的已都是癸好重印本。其中也有先刻、后刻之别。先刻本有"况查尔们壮丁,多是三合会党,盍思洪门歃血,实为同心同力以灭清"等语。后刻本已改为"况尔四民人等,原是中国人民,须知天生真主,亟宜同心同力以灭妖"云云。柏林普鲁士国立图书馆、剑桥大学各藏一癸好先刻本，封面题"太平天国壬子二年新刻"，附录"旨准颁行诏书总目"共有十四部。巴黎东方语言学校与华盛顿国会图书馆，各藏一癸好后刻本，封面与"旨准颁行诏书总目"均同先刻本，但内容已经修改。程演生据"东校本"影印入《太平天国史料》第一集。《太平天国》据"程辑本"排印，以"剑桥本"校注。《太平天国印书》据"程辑本"影印，又据"柏林本"排印。

《颁行历书》

是太平天国的年历。现已发现的有癸好、甲寅、戊午、辛酉四年的历书。太平天历，是由南王冯云山于起义前制订的。己未九年十月初七日天王诏旨："当前南王困桂平，见天启天使将天历畀南王看。"起义之后，由东、西、南、北、翼五王奏准施行。"为治历定时事。当今天父上主皇上帝开大恩，差我主降凡为天下太平主，真是太平天日，平匀圆满，无一些亏缺也。故臣等造历，以三百六十六日为一年，单月三十一日，双月三十日。立春、清明、芒种、立秋、寒露、大雪俱十六日，余俱十五日。""其余从前历书一切邪说歪例，皆妖魔诡计迷陷世人，臣等尽行删除。"天历以二十八宿按日月轮值（二十八宿是虚、危、室、壁、奎、娄、胃、昴、毕、觜、参、井、鬼、柳、星、张、翼、轸、角、亢、氐、房、心、尾、箕、斗、牛、女，太平天国改鬼宿为魁宿）。《天条书》："七日礼拜颂赞皇上帝恩德。""每逢虚、房、星、昴四宿日是礼拜日。"日本学者田中萃一郎博士误以为天历的干支与阴历干支同，天历的礼拜与阳历礼拜同。经郭廷以考证，天历干支比阴历干支，天历礼拜比阳历礼拜，实际都是落后了一日。天历自辛开元年起实行。陈徽言《武昌纪事》于咸丰二年（1852）十二月二十五日记："贼私造伪时宪书，单月三十一日，双月三十日，节序凌乱，以是日为岁除。"按清代因避乾隆帝名弘历,故称历书为"时宪书"。毛隆保《见闻杂记》清晰说明:咸丰三年(1853)五月,他在江西见到太平天国辛开元年的历书。"黄历一本,每月双月卅日,单月卅一日。历系辛亥年,伊改亥为开,称辛开元年。丑为好,卯为荣,如癸丑曰癸好,乙卯曰乙荣。前列诸王衔名奏折一道,请颁历也;后御批一道,准行也,不成文之至。历惟刻□月□日干支星宿,下刻节气,隔七日下刻礼拜二字。伊《天条书》载有礼拜皇上帝文,谓皇上帝七日造成人物,故须七日一礼拜也。以外无他,伊盖云日日是吉日,故不刻何日宜何事也。"谢介鹤《金陵癸甲纪事略》:"贼禁用历日,贼中无能算者……癸丑二月初十日,又讹一日,故支干亦迟一日。"他所指当是癸好新历。张德坚《贼情汇纂》摘录的"伪时宪书式",乃是东王等请旨准颁行甲寅四年新历奏和御批以及正月一个月的日历。张德坚曾以天历与清王朝沿用之农历相核算:"以甲子推之,乙卯年正月二十一日乙酉,乃贼中二月初一日也。"到了庚申十年(1860)进军苏常等地后,太平天国仍颁行历书。潘钟瑞《苏台麋鹿记》:"又于干支字,改丑为好,改亥为开。苏城之陷四月十三日,彼则四月廿三日矣。"是年,洪仁玕在苏州赠给英国传教士的书籍中,有《太平天国庚申十年新历》。见 1860 年 8 月 21日《北华捷报》。龚又村《自怡日记》:咸丰十年七月二十日,"徐蓉九示所见闻云……其历书只月多一日为三十一日,双月则三十日,不置闰月"。失败前夕,所颁历书已不能普及民间。李光霁《劫余杂识》记同治初元苏浙边区事:"贼中颠倒干支(如改癸亥为癸开之类),又不置闰,强为间月增日以就晦朔(如正月以三十日为一月,则二月以三十一日为一月,每年增六日以就闰月而晦朔多愆)。民间无历书,时日舛错。"现存太平天国历书,仅有四个年头的。

牛津大学藏《太平天国癸好三年新历》六册，有三种版本。一册封面作癸丑三年，可见其时尚未改"丑"为"好"。此册和另两册都无"旨准颁行诏书总目"，可见其刊刻时间均较早。其他三册都有"旨准颁行诏书总目"共有十四部，可见已是癸好刻本。不列颠博物馆藏癸好新历两本，附录"旨准颁行诏书总目"共有十四部。萧一山据以影印入《太平天国丛书第一集》。其中正月一个月系影印，其他均系仿刻。《太平天国》据"萧辑本"排印，据柏林普鲁士国立图书馆藏本的胶卷校注。"柏林本"的"清明"，"萧辑本"已改"菁明"；"柏林本"有错字，"萧辑本"已订正。《太平天国印书》据"萧辑本"影印，但未说明其中大部分系仿刻。《太平天国印书》的排印本有错字，"菁明"又误为"清明"。

剑桥大学藏《太平天国甲寅四年新历》一本，附录"旨准颁行诏书总目"共有十五部，至癸好三年所颁的《太平救世歌》。按，不见于这"总目"的癸好三年初版书，尚有《天父下凡诏书》（二）、《建天京于金陵论》《贬妖穴为罪隶论》《诏书盖玺颁行论》《天朝田亩制度》，共五种。由此可见，这本甲寅新历的刊刻时间，早于以上五书。王重民据以影印入《太平天国官书十种》。迄今国内所传均祖"王辑本"。

剑桥大学藏《太平天国戊午八年新历》一本，附录"旨准颁行诏书总目"共有二十四部，至乙荣五年（1855）颁行的《行军总要》为止。其中尚无丁巳七年（1857）颁行的《天父诗》。卷首五王奏请颁历，已除去韦昌辉，仅存杨、萧、冯、石四王署衔。石达开的全衔为"电师通军主将义王"。王重民据以影印入《太平天国官书十种》。迄今国内传本均祖"王辑本"。《太平天国》据"王辑本"

排印时,以为"义王"系"翼王"之误。按庞际云手录李秀成供词:
"义王即石达开,本系翼王,后来大家喜其义气,推为义王,石不肯
受。"可见,义王之"义",并非误字。通军,即全军。

剑桥大学藏《太平天国辛酉十一年新历》一本,附录"旨准颁
行诏书总目"共有二十八部,其刊刻时间较早。不列颠博物馆藏
《太平天国辛酉十一年新历》一册,附录"旨准颁行诏书总目"共
有二十九部,可证其刊刻时间已在庚申十年《王长次兄亲目亲耳
共证福音书》颁行之后。卷首诸王奏请颁历的本文未变,但署衔
东、西、南、翼外,已增干、英、忠、赞、侍、辅、章七王。其后刊己未
九年(1859)十月初七日天王诏旨,准干王洪仁玕奏,将原定四十
年一加,改为四十年一斡;原定加之年每月三十三日,改为斡之年
每月二十八日。又规定天历六节。其后刊己未九年十月十四日
天王诏旨,详细阐明天历"六节三重"的重要意义,天历以六个节
日赞美三位神圣,即"天历首重孝顺爷""天历二重恭敬哥""天
历三重识东王",天王要求天国代代遵行。又云:"特命史官作月
令,钦将天历记分明,每年节气通记录,草木萌芽在何辰。"遵照
这一规定,在这本辛酉十一年新历里,刊刻着庚申十年的"萌芽月
令"。萧一山据此辑入《太平天国丛书第一集》。正月初七以前
各叶均系影印原件,其后各叶均系仿刻。《太平天国》据"萧辑本"
排印。《太平天国印书》据"萧辑本"影印和排印,但未注明其中
大部分系仿刻。

《三字经》

是太平天国教育儿童的读本,三字一句,共三百五十二句,其
中叙洪秀全"奉天诛妖"和杨秀清、萧朝贵假托天父、天兄下凡等
事,鼓励"小孩子,拜上帝,守天条,莫放肆,要练正,莫歪心"云云。

汪士铎《乙丙日记》载吴栗生说冯云山，谓："《三字经》《幼学诗》，官制、礼制多出其手。"此说如确，则《三字经》系南王所作。

癸好三年春夏间，太平军已将《三字经》带至江南等地，在民间散发。臧毂《劫余小记》言咸丰三年二月太平军初克扬州后，"每食必唱赞美。又著有《三字经》"。陈作霖《可园备忘录》记南京事：咸丰三年三月"十五日，始见贼书，有《三字经》《幼学诗》《天条十款》"。张德坚《贼情汇纂》，"伪《三字经》，每三字一句，其首句曰'皇上帝，造山海，七日成'，及'阎罗妖，四方头，红眼睛'诸怪诞语"云云。其实，《三字经》原语非尽如是。麦都思《太平天国教义书籍十二册大要》抄录《三字经》全文，并指摘："书中屡言升天及天命之说，足使彼假冒作伪者大失信用，适足以使人疑及彼革命领袖僭称与神相接借以威吓党徒，而迫之服从其意耳。"可见此书在敌对营垒中有强烈反响。

不列颠博物馆藏《三字经》两册，日本学者稻叶岩吉《清朝全史》据其中之一排印，凌善清据以录入《太平天国野史》，于是国内始传"《野史》本"《三字经》。但未录封面及"旨准颁行诏书总目"。柏林普鲁士国立图书馆藏一册，缺封面，无附录"旨准颁行诏书总目"。《太平天国》据"柏林本"胶卷排印，以"《野史》本"校注。从中可以看出"柏林本"先刻，"《野史》本"对先刻本订正了误字，修改了个别字句。但也有一字先刻本不误，而"《野史》本"错了。《太平天国印书》据"柏林本"影印和排印。编者又据王重民所见巴黎东方语言学校所藏，得知封面题"太平天国癸好三年新镌"。近年，王庆成从牛津大学见到《三字经》四册，封面均题"太平天国癸好三年镌刻"，其中两册无"旨准颁行诏书总目"，当是先刻本；另两册附录"旨准颁行诏书总目"共有十三部。由此可见，不能断定"柏林本"无"旨准颁行诏书总目"是因缺叶所致。有些《三字经》刻本的原件，本来就是没有附录"旨准颁行诏书总目"的。王庆成又见剑桥大学藏的一本《三字经》，卷末有"己未遵改"朱戳，修改字句三十余处，以符太平天国体制。迄今国内尚无翻印本。

《幼学诗》

是太平天国幼学课本之一。内收五言诗三十四首，每首四句。除"敬上帝""敬耶稣"外，其他宣说了农民小私有者所需要的伦常道德观念。其中如"妻道在三从，无违尔夫主，牝鸡若司晨，自求家道苦"一诗，分明宣传了"夫为妻纲"的封建观念。最后以"天堂"为题的一首说："贵贱皆由己，为人当自强，天条遵十款，享福在天堂。"可见，农民所幻想的"天堂"，不仅仍有三纲五常，而且仍分贵贱。

张德坚《贼情汇纂》在摘录"敬上帝""敬耶稣"共六首之后说："以上皆敬天父诗也。其次又有'敬肉亲'诗、'君道'诗、'臣道'诗、'父道'诗、'母道'诗、'子道'诗、'媳道'诗、'兄道'、'弟道'、'姊道'、'妹道'、'夫道'、'妇道'、'嫂道'、'叔道'各缀诗一首，又有'身箴'、'目箴'、'耳箴'、'口箴'、'手箴'、'足箴'各诗一首。末系'天堂'诗一首曰……诗皆四句，率鄙俚不堪。逆贼五伦俱废，四体百骸皆应割裂，何五伦诗诸箴之有？"可见封建统治者并不反对《幼学诗》所宣传的一些陈旧观念。西方侵略者也赞美此书。麦都思《太平天国教义书籍十二册大要》甚至认为："《幼学诗》不失为一部好书，其中字字句句皆足为基督教传教师所当采纳而作为传道册子以利中国人者。"

《幼学诗》初刻于辛开元年。现在，牛津大学、剑桥大学、巴黎国家图书馆、柏林普鲁士国立图书馆、美国国会图书馆各藏刻本《幼学诗》，封面题"太平天国辛开元年新刻"。据王庆成检"牛津本"，无"旨准颁行诏书总目"。不列颠博物馆藏一抄本，封面同上。国内则在山西临汾发现了一块《幼学诗》的封面木刻版，上题"太平天国辛开元年新刻"。现存中国历史博物馆。牛津大学藏另一本《幼学诗》，封面虽题"太平天国辛开元年新刻"，但附录"旨准颁行诏书总目"共有十三部，可证已是癸好三年刻本。

《幼学诗》有壬子二年重印本。现尚未见。牛津大学、不列颠博物馆和上海图书馆各藏一本《幼学诗》，封面题"太平天国壬子二年新刻"，但附录"旨准颁行诏书总目"共有十三部，可证也是癸好三年刻本。萧一山据此"英馆本"影印入《太平天国丛书第一集》。《太平天国》据"萧辑本"排印。《太平天国印书》据"上海本"影印和排印。罗尔纲《太平天国文物图释》、郭若愚《太平天国革命文物图录补编》著录了山西发现的《幼学诗》木版封面。

不列颠博物馆藏有另一种癸好本《幼学诗》，封面即题"太平天国癸好三年新刻"。迄今国内尚无翻印本。

《太平救世歌》

是杨秀清的著作。内容包括序及七言长歌三首，历述受命下凡，匡扶天王救世，并劝世人敬天、忠君、孝父母云云。其中肯定了杨秀清在天朝的重要地位。"天父曰：咨尔左辅，为正军师。师称禾乃，赎病群黎。锡尔智慧，超越凡资。力助真主，救世靡遗。赐爵东王，九千岁锡。灭妖扶主，享福无疑。"由于东王对下的文告称"诰谕"，故《太平救世歌》后改称《太平救世诰》。

张德坚《贼情汇纂》："伪《太平救世歌》，每七字一句，如俚曲盲词,皆邪教怪诞之论。"他所见者,当尚是《太平救世歌》的初刻本。国内从吴煦家中发现《太平救世歌》一本,封面题"太平天国癸好三年新刻",附录"旨准颁行诏书总目"共有十三部,至《幼学诗》为止。见《太平天国印书》的影印件。其时,《新遗诏圣书》尚未刊,又不列入《太平救世歌》本书,故共有十三部。这本《太平救世歌》的"诏书总目"实际是《太平军目》的,其详见祁龙威《吴煦家藏两册太平天国文献影印本正误》[1]。郭若愚《太平天国革命文物图录补编》影印吴煦家中藏本,附"总目"十五部,这是对的。不列颠博物馆、牛津大学、剑桥大学、美国国会图书馆各藏有《太平救世歌》,封面题"太平天国癸好三年新刻",附录"旨准颁行诏书总目"共有十五部。剑桥大学藏的另一本已改名《太平救世诰》,附录"旨准颁行诏书总目"共有二十一部。北京图书馆藏一本,封面题"太平天国甲寅四年新刻",书名尚未改"歌"为"诰",字句与癸好本稍异。

我国学术界,最早知悉太平天国文献中有《太平救世歌》的为程演生。但他未见原书,误以为即《原道救世歌》。其后萧一山据"英馆本"影印入《太平天国丛书第一集》,由是国人始见《太平救世歌》的原貌。《太平天国》据"萧辑本"排印。王重民、罗尔纲、王庆成以及日本学者山本达郎等对《太平救世歌》的不同版本,陆续有所发现。《太平天国印书》据中国社会科学院近代史研究所摄下的中国革命博物馆藏本即吴煦家藏本胶卷影印和排印。这个胶卷把"诏书总目"插叶弄错了。

---

[1]《浙江学刊》1989年第5期。

《建天京于金陵论》

是关于定都金陵问题的论文集。内收何震川等四十一人撰的《建天京于金陵论》各一篇。文章从各个方面论证定都金陵的正确性与重要性。

此书与《贬妖穴为罪隶论》《诏书盖玺颁行论》被张德坚合称"三论"。《贼情汇纂》："此则陷江宁后被掳读书人所为,其冠首一论,即剧贼何震川所撰,颇有笔气,其为粤西诸生信矣。"按同书《剧贼姓名下》:"伪夏官正丞相何震川:震川,广西柳州府象州新寨村人。……初为广西诸生,曾应北闱乡试。庚戌年洪逆倡乱,被胁入伙,一家二十二口,失散殆尽,仅剩一弟一侄并震川三人。初封典诏命,职同将军,掌缮写伪谕。壬子十二月升伪殿前右史,日登伪朝,记洪逆之言动,月成一书,与左史联名呈献。癸丑二月至江宁,升职指挥。四月升职检点。六月封恩赏丞相。九月改为殿前右正史。十月升左正史。甲寅升夏官正丞相,与曾钊扬等删改六经,兼办军务。"谢介鹤《金陵癸甲纪事略》:"何震川,伪夏官正丞相,广西浔州人,约三十余岁。自言广东茂才,略知文墨。初为伪左史,东贼试取为伪探花。性褊急。凡伪诏书,半出其手。屡为贼试文。"现查《建天京于金陵论》《贬妖穴为罪隶论》两书首篇,都系何震川所作。《建天京于金陵论》的作者之一黄期升,也是太平军领袖信任的文人。《金陵癸甲纪事略》:"黄期升,伪朝仪,广西人。贼讲道理,半出期升。"《天父下凡诏书》(二)有"东王乃谕朝仪官黄期升曰:'尔为朝仪,谅熟天情道理……'"云云。据曾国藩遗下的《伪官执照清册》,黄期升曾任真神殿大学士兼理吏部天官事务。其时当在戊午八年间。庚申十年太平军攻克苏州后,幼主诏旨升授"黄期升为天朝九门御林真神殿大学士殿前左正史相天义"。辛酉十一年,他任天试副总阅,见《钦定士阶条例》。《建天京于金陵论》的作者之一乔彦材,以后曾以左副史任天试磨勘并遵干王洪仁玕的命令,撰《钦定士阶条例》序,见《钦定英杰归真》。又与李春发、黄期升等同撰《劝戒士子文》,见《钦定士阶条例》。

《建天京于金陵论》初版于癸好三年。剑桥大学藏刻本,封面题"太平天国癸好三年新刻",附录"旨准颁行诏书总目"共有二十一部。巴黎东方语言学校图书馆藏抄本,缺封面,附录"旨准颁行诏书总目"共有二十一部。以上两本都是甲寅重印本。中国社会科学院近代史研究所藏一刻本,缺封面,附录"旨准颁行诏书总目"共有二十一部,卷尾有"戊午遵改"朱戳,可证已是戊午修改本。内容与甲寅重印本颇有差别。其一,作者名次更换。如第十篇的作者,"东校本"为徐雨叔;近代史研究所藏本为林一环。第十一篇的作者,"东校本"为林一环;近代史研究所本为徐雨叔。其二,字句修改。如第九篇黄从善所作《建天京于金陵论》的首句,原是"尝闻天子有一统之势,图大是需;王者有远御之权,宅中为善"。戊午修改为"圣天子有一统之势,图大是需;真命主有远御之权,宅中为尚"。这一修改,当是为了符合太平天国称谓体制。按天王原不称"圣"。《天命诏旨书》所辑辛开十月二十五日天王诏令:"天父是天圣父,天兄是救世圣主,天父、天兄才是圣也。继自今,众兵将称朕为主则止,不宜称圣,致冒犯天父、天兄也。"但从戊午八年起,太平天国颁发的文件中,出现尊称天王为圣。如戊午八年十一月十七日晋天燕朱雄邦给英国官员的照会"恭呈真圣主天王颁行御诏"云云。从上述对《建天京于金陵论》的修改看,更能确定,天王称圣,与天父天兄并尊,是石达开走后,戊午八年的事。

程演生据"东校本"排印入《太平天国史料》第一集。《太平天国》据"程辑本"排印。《太平天国印书》影印本据"程辑本"排印,排印本据近代史研究所藏本排印。中华书局据近代史研究所藏本影印入《太平天国文献六种》。

《贬妖穴为罪隶论》

是关于贬清王朝所在地——直隶省为罪隶省的论文集。内收天王诏旨一道及何震川等卅二人所撰的《贬妖穴为罪隶论》各一篇。天王诏旨阐明了贬改地名的政策:"有功当封,有罪当贬。今朕既贬北燕地为妖穴,是因妖现秽其地,妖有罪,地亦因之有罪,故并贬直隶省为罪隶省。天下万国,朕无二,京亦无二,天京而外,皆不得僭称京。故特诏清胞速行诰谕守城出军所有兵将,共知朕现贬北燕为妖穴,俟灭妖后方复其名为北燕。并知朕现贬直隶省为罪隶省,俟此省知悔罪,敬拜天父上帝,然后更罪隶之名为迁善省。庶俾天下万国同知妖胡为天父上帝所深谴,所必诛之罪人。"北燕,即北京。因天京而外皆不得称京,故称北京为北燕。

文章作者之一武立勋,天试状元。《贼情汇纂》:"于甲寅年凡试二省,安徽乡试掌考官为伪天试状元武立勋,无副。湖北乡试正掌考官为伪翼试状元杨启福,副掌考官为翼试榜眼张友勋。"《金陵癸甲纪事略》:"武立勋,伪天试状元,和州人。东贼使往安庆为正掌试官,因出'五经'题,贼怒目为妖,降为伍。"

巴黎东方语言学校图书馆藏《贬妖穴为罪隶论》抄本,缺封面,附录"旨准颁行诏书总目"共有二十一部,迄《天理要论》,可证其祖本已是甲寅刻本。程演生据以排印入《太平天国史料》第一集。《太平天国》《太平天国印书》都据"程辑本"排印。剑桥大学图书馆藏《贬妖穴为罪隶论》刻本一册,封面题"太平天国癸好三年新镌",附录"旨准颁行诏书总目"共有二十四部,卷尾朱戳"己未遵改"。迄今国内尚无翻印本。

《诏书盖玺颁行论》

是关于"诏书"必须盖上天王"旨准"金印才得颁行的论文集。内收吴容宽等廿五人所撰的《诏书盖玺颁行论》各一篇。太平天国统称所印书为"诏书"。"玺",太平天国所造字,指天王金印。《贼情汇纂》:"伪王皆金印。伪天王印八寸见方,四面云龙,中空一行,刻'太平天王大道君王全'九字。左首角上镌一金字,右首角上镌一玺字,并改玺作玺。左首边上刻'奉天诛妖'四字,右首边上刻'斩邪留正'四字,然非紧要诏旨,不用此印。另有三寸六分见方一印,四面龙文,中刻'旨准'二字,凡批答伪奏章及各伪书皆钤之。"按,《天父下凡诏书》(二)记癸好三年十一月二十二日天王告东王、北王语:"又旧岁到汉阳,将铸金玺金龙头"。此云:"旧岁",当是壬子二年底。又按,邓辅廷《诏书盖玺颁行论》:"托蒙天恩,金玺铸成。"可证《诏书盖玺颁行论》的发表,是在癸好三年天王金玺铸成之后。由于刻书多,频繁动用金玺不便,所以仿铸木刻"旨准"印,以便应用。近年已在南京发现"旨准"木印。

吴容宽,甲寅四年天试状元。《贼情汇纂》:"甲寅天试,元甲三名为吴容宽、汪祖槐、夏庆保。"

《诏书盖玺颁行论》阐明了太平天国前期的文化教育政策。如黄再兴所作《诏书盖玺颁行论》说:"当今真道书者三,无他,《旧遗诏圣书》《新遗诏圣书》,真天命诏书也。凡一切孔孟诸子百家妖书邪说者,尽行焚除,皆不准买卖藏读也,否则问罪也。""真天命诏书",有的学者误以为即《天命诏旨书》,其实,它不是专指一书,而是泛指太平天国颁行的书籍。下文可证:"今将真命诏书,一一录明。"如专指一书,何用"一一录明"。黄再兴事迹见《贼情汇纂》。甲寅四年,他率师西征。又见《金陵癸甲纪事略》:"黄再兴,伪地官副丞相,广西浔州人,约三十余岁,身矮面陋,凡翼贼事,代批代行,每日见翼贼议事者。"

不列颠博物馆藏《诏书盖玺颁行论》刻本,封面题:"太平天国癸好三年新刻",附录"旨准颁行诏书总目"共二十八部,迄戊午八年(1858)刊行之《醒世文》为止,可见已是戊午刊本。剑桥大学藏刻本,与"英馆本"同。巴黎东方语言学校藏一抄本,程演生未见,他没有据以辑入《太平天国史料》第一集。萧一山据"英馆本"影印入《太平天国丛书第一集》。《太平天国》据"萧辑本"排印。《太平天国印书》据"萧辑本"影印和排印。

《天朝田亩制度》

是太平天国于癸好三年颁布的关于组织农民理想社会的文件。它规定,广大群众过平均主义生活,按人口平分土地,平分产品,剩余生产物归公,组成一个"有田同耕,有饭同食,有衣同穿,有钱同使,无处不均匀,无人不饱暖"的社会。这实际是一个使社会生产力停步不前的乌托邦。但在当时的历史条件下,农民平均分配土地的要求,具有反对封建大土地制的巨大革命性。甲寅四年(1854)五月二十三日,东王答英国官员诰谕:"田产均耕一事是也。人人皆是上帝所生,人人皆当同享天福,故所谓天下一家也。"这就是对《天朝田亩制度》的说明。但文件又规定:"功勋等臣,世食天禄。""功勋",指永安以前首义之人。"世食天禄",即世袭优厚待遇。凡是功勋,即使不任官职的,也得享受与"总制"同级的待遇。太平天国优待这些有功的老兄弟,是应该的。但是,让他们的子孙世袭各自的特殊待遇,则是不合理的。由此可见,《天朝田亩制度》既要求在平均主义的基础上,实行小农公有制;又允许一些人享受世袭的特权,实际是保留封建私有制。可见,这个制度即使实现了,其结果仍然是地主阶级的改朝换代而已。

张德坚《贼情汇纂》所列"伪书名目"的最后一种,即《天朝田亩制度》。但是,他仅从"旨准颁行诏书总目"知有此书,而未见原件,所以自注:"此书贼中似未梓行,迄未俘获。"又云:"凡贼中伪书首一章必载诸书名目,末一条即系伪《天朝田亩制度》,应编入'贼粮'门内。惟各处俘获贼书皆成捆束,独无此书,即贼中逃出者亦未见过,岂贼中尚未梓行耶?"《天朝田亩制度》的癸好初刻本,迄今尚未发现。流传国内外的有两种重印本:一是甲寅四年再版本,巴黎东方语言学校藏抄件,封面题"太平天国癸好三年新刻",附录"旨准颁行诏书总目"共有二十一部,迄甲寅四年颁行之《天理要论》止,可证已是甲寅再版本的传抄本,其刻本迄今亦未见。一是庚申十年修订本,不列颠博物馆藏刻本,封面题"太平天国癸好三年新刻",附录"旨准颁行诏书总目"共有二十九部,迄庚申十年(1860)刊行的《王长次兄亲目亲耳共证福音书》,可证已是庚申十年刻本。其中所述官制与甲寅本有差别。甲寅本反映的是杨秀清执政时的官制。庚申本反映的是戊午八年至庚申十年上半年之间的官制。可证庚申本已是修订本。程演生据"东校本"排印入《太平天国史料》第一集。萧一山据"英馆本"影印入《太平天国丛书第一集》。《太平天国》据"萧辑本"排印,以"程辑本"校注。《太平天国印书》据"萧辑本"影印和排印。

《天理要论》

是对伦敦布道会传教士麦都思（Walter Henry Medhurst）原著《天理总论》的节录。麦都思，一作"麦赫斯"，英国人，伦敦教会传教士，通晓汉语。鸦片战争中，麦都思充当入侵舟山的英军翻译。从 1843 年起，在上海传教。1848 年的青浦教案，与麦都思有关。1853 年，他为英国政府编撰《太平天国教义书籍十二册大要》，从中多方窥探太平军的政策。同时充驻沪英领事的麦华陀（Medhurst W.H.），是他的儿子。据《太平天国典制通考》，《天理要论》原署名尚德者纂，共二十四章。1833 年在南洋 Batavia 初版，原名《神学总论》。1844 年，在上海修正再版，易名《天理总论》。太平天国截取了它的前八章，并对个别字句作了修改。

剑桥大学藏《天理要论》刻本，封面题"太平天国甲寅四年新刻"，附录"旨准颁行诏书总目"共有二十一部。王重民据以影印入《太平天国官书十种》。迄今国内所传《天理要论》均祖"王辑本"。

《天情道理书》

是杨秀清于甲寅四年（1854）授意部下侯相为教育军民，而撰写的文件。为"以天情真道化醒世人"，故名《天情道理书》。其时起义正在发展，大批新战士不熟悉起义的宗旨与历史，老战士中也有不能坚持的，所以东王命部下写这部书。序文说："是以本侯相略将天父、天兄大权能大凭据大恩德及天王、东王暨列王教导之恩，一一宣明，使人人各知感戴，咸思奋勉；并将自金田起义以来其显明易举之事，聊举大略，以为鉴戒，详明辨论，汇辑成书。"其中提供了起义前后的重要史料。末附东王褒奖军民诗五十一首,也有史料价值。

《天情道理书》的甲寅四年初刻本今已不见。王庆成于剑桥大学发现一本,封面题"太平天国甲寅四年新刻",附录"旨准颁行诏书总目"共有二十四部,迄乙荣五年颁行的《行军总要》止。书中将"北王"改作"背土"。又将被杨秀清处死之"参护李凤先",改作"背土参护李凤先"。英国学者柯文南于伦敦大学发现另一本《天情道理书》,封面题"太平天国甲寅四年新刻",附录"旨准颁行诏书总目"共有二十八部,迄《醒世文》止。卷末有"戊午遵改"朱戳。书中将"北王"改作"昌辉"。不列颠博物馆藏一本,封面题"太平天国甲寅四年新刻",附录"旨准颁行诏书总目"共有二十八部。卷末有"己未遵改"朱戳。书中也将"北王"改作"昌辉"。萧一山据"英馆本"影印入《太平天国丛书第一集》。迄今国内传本均祖"萧辑本"。

《御制千字诏》

是洪秀全为太平天国儿童写的识字课本,类似原来流行的《千字文》。全文共 1104 字,组成四言韵文 276 句。文中除宣传天父、天兄的神迹外,高度概括了自洪秀全"丁酉升天"直至太平天国定都金陵为止的光辉历史。

现存海外的《御制千字诏》原刻本,已知有三本。不列颠博物馆藏一本,封面题"太平天国甲寅四年新刻",附录"旨准颁行诏书总目"共有二十四部,迄乙荣五年(1855)颁行的《行军总要》止,卷末有"戊午遵改"朱戳。剑桥大学藏甲、乙两本,封面都题"太平天国甲寅四年新刻",但两本字体不同,甲本附录"旨准颁行诏书总目"共有二十三部,迄本书《御制千字诏》为止,显见是甲寅初刻本;乙本与"英馆本"同,也是戊午修改的乙荣重印本。

萧一山据"英馆本"影印入《太平天国丛书第一集》。迄今国内所传均祖"萧辑本"。

《行军总要》

是杨秀清部下撰写的前期太平军作战经验,其中概括杨秀清九种行军号令。序文突出谀颂杨秀清"功烈迈乎前人,恩威超乎后世"云云。其书颁行于乙荣五年,为翌年"逼封万岁"发出了信号。

迄今发现的《行军总要》刻本仅有一册,不列颠博物馆藏,封面题"太平天国乙荣五年新刻",附录"旨准颁行诏书总目"共有二十四部。萧一山据以影印入《太平天国丛书第一集》。迄今国内所传均祖"萧辑本"。

《天父诗》

是太平天国领袖所撰诗歌的汇编。其中包括杨秀清假托天父下凡,萧朝贵假托天兄下凡,以及洪秀全撰写的诗。内容以洪秀全教训后妃的为主。对于研究太平天国的历史和思想,都提供了资料。

按,《钦定前遗诏圣书》、《天朝田亩制度》(庚申十年本)、《辛酉十一年新历》所附"旨准颁行诏书总目"二十九部之中有《天父圣旨》而无《天父诗》;但《王长次兄亲目亲耳共证福音书》和近年新发现的《天兄圣旨》所附"旨准颁行诏书总目"二十九部则有《天父诗》而无《天父圣旨》。罗尔纲曾推测《天父圣旨》即《天父诗》的改名。由于近年王庆成从不列颠博物馆发现了《天父圣旨》的残本,才确知二者不是一书的异名,也确知"旨准颁行诏书总目"曾经过调整。

剑桥大学藏《天父诗》一卷,凡百首,封面题"太平天国丁巳七年新刻"。不列颠博物馆藏五卷,凡五百首,封面也题"太平天国丁巳七年新刻"。萧一山据"英馆本"排印入《太平天国丛书第一集》,迄今国内所传均祖"萧辑本"。

《钦定制度则例集编》

是太平天国制度则例的汇编。迄今尚未发现。

《武略书》

是中国古代兵书《孙子》《吴子》《司马法》三书的汇编。据《醒世文》所附"旨准颁行诏书总目"二十八部中,《武略》列于《醒世文》之前推断,《武略》当颁行于戊午八年,《醒世文》颁行之前。

《孙子》,春秋时孙武撰。《史记·孙子列传》载武之书十三篇。《吴子》,战国时吴起撰。起事迹见《史记·列传》。司马迁称起兵法世多有。《司马法》,旧题齐司马穰苴撰。按《史记·穰苴列传》称齐威王使大夫追论古者司马兵法,而附穰苴于其中,因号《司马穰苴兵法》。《四库全书总目提要》据此认为是书乃齐国诸臣所追辑,非穰苴所自撰。清制,武科试策据《武经七书》命题。《武经七书》,即《孙子》《吴子》《司马法》《六韬》《三略》《尉缭子》《唐李卫公问对》之合称。《六韬》,太公六韬。《三略》,黄石公三略。尉缭,战国时人。《唐李卫公问答》,唐李靖与太宗君臣论兵语。康熙时,减去其后四种,改定试题出自《孙子》《吴子》《司马法》,合称为《武经三书》。嘉庆时,改策论为默写。太平天国重印这书,改名《武略》。

洪秀全对原书颇多删改。有整篇删掉的,如删去《司马法·用众篇》。有整段删掉的,如改《孙子·九变》为《八变》,删去"君命有所不受"一段。有修改字句,以符合太平天国体制的。详见罗尔纲《武略跋》。

辛酉十一年颁行的《钦定士阶条例》仿清制规定，武科省试、天试，都要"默写《武略》一节"。又规定，武士子"攻习真圣主钦定《武略》及正总裁所颁《兵要四则》等书"。

不列颠博物馆藏《武略》一部，萧一山、王庆成都曾见过，但未移录。北京图书馆藏有胶卷，无封面，无附录"旨准颁行诏书总目"。《司马法·严位篇》有缺页。中华书局据以影印入《太平天国文献六种》。

《醒世文》

是太平天国教育军民忠于天朝，并晓谕敌军士卒归顺的宣传文件。以七言韵文组成。首联"普天大下众军民，一体齐听《醒世文》"，然后历述上帝、耶稣神迹及太平天国起义历史云云。《醒世文》颁发于戊午八年，经过领导集团"内讧"之后，其中赞美首义东、西、南、翼四王，已除去北王，并尊天王为"圣君"，称东王为"后师"，都反映政局变化。

程演生未见此书，误谓即《原道醒世训》。不列颠博物馆与剑桥大学各藏《醒世文》一本，封面题"太平天国戊午八年新刻"，附录"旨准颁行诏书总目"共有二十八部。萧一山据"英馆本"影印入《太平天国丛书第一集》。迄今国内所传均祖"萧辑本"。

《王长次兄亲目亲耳共证福音书》

是太平天国重新发表洪秀全"丁酉升天"的文件。因用洪仁发、洪仁达回忆录的形式发表的，故称《王长次兄亲目亲耳共证福音书》。卷首有庚申十年七月三十一日洪仁发、洪仁达献书的本章。其略云："缘蒙天父天兄大开天恩，真圣主圣恩，恩命愚兄记录我主上天预诏，以传万代。愚兄昨已敬谨记出，启奏陛下圣鉴，当蒙御照教导,茅塞顿开,并命愚兄抄成再缴,将我主自证亦抄入书内等照。"预诏,即预言。自证,即自注。天王批示称"御照"。《钦定敬避字样》:"御照,本章尾御批圣诏,为真圣主太阳所照见者也。"是时洪秀全力图弥缝洪杨内讧的痕迹,以稳定人心,故文中有"洪家天子杨家将""朕三兄弟顶好"等云云。三兄弟,即耶稣、洪秀全、杨秀清。文章力图证明,太平天国的历史,都是上天所预定的。如"天王有时预诏:'主是朕做,军师亦是朕做。'今日应验东王升天这几年也"。

不列颠博物馆藏《王长次兄亲目亲耳共证福音书》一册,封面无刊刻年代,附录"旨准颁行诏书总目"共有二十九部。本书是其中最后一部。书口题"福音敬录"。萧一山据以影印入《太平天国丛书第一集》。迄今国内所传均祖"萧辑本"。

二、其他太平天国印书

《天父圣旨》

是杨秀清假托天父下凡的记录。此事始于清道光二十八年（1848），即戊申年三月初三日。以后规定这天为天历六节之一，称作"爷降节"，见《辛酉十一年新历》。戊午八年天王给英国官员的信说："戊申南王困桂平，朕求爷降显威严。朕时由西回粤东，天父下凡救出南。东王赎病是圣灵，爷爷降托灭妖精。诛了无数死魔鬼，故能如此早到京。"对每次天父下凡，都有记录。《天命诏旨书》："天王诏曰：戊申岁三月，天父上主皇上帝下凡，显出无数神迹权能凭据，载在诏书。"《天命诏旨书》中的"天父圣旨"，就是选自记录的"最紧关者"。传说天父下凡诏书的执笔者是曾钊扬、何震川[1]。《钦定前遗诏圣书》《天朝田亩制度》（庚申十年刻本）、《辛酉十一年新历》所附"旨准颁行诏书总目"二十九部之中，都有《天父圣旨》而无《天父诗》；但《王长次兄亲目亲耳共证福音书》和新发现的《天兄圣旨》所附"旨准颁行诏书总目"二十九部则有《天父诗》而无《天父圣旨》。罗尔纲曾推测为一书异名，其实不然。赵烈文曾见到《天父圣旨》一册。《能静居日记》：咸丰十一年三月二十二日，"贼书目《天父圣旨》一本，记贼

---

[1]《金陵癸甲纪事略》。

中伪托天父下凡,所说言语,鄙俚不经,皆托东王口中传出。其初起事以前一本已失去,此本系在平山之后以迄破金陵之时。"据王庆成考证,赵烈文所说失去的一本是《天父圣旨》卷一,赵烈文所见到的是《天父圣旨》卷二,这两卷迄今尚未发现。

英国图书馆从不列颠博物馆接收过来的《天父圣旨》卷三,一直未被萧一山、向达等发现,最近才被王庆成觅得。书中记甲寅四年(1854)正月二十七日至丙辰六年(1856)七月初九日,共约 30 次天父下凡。书中已贬北王为"昌辉",可见已是戊午八年以后的刊本。辽宁人民出版社据王庆成点注本排印。中华书局影印入《太平天国文献六种》。

《天兄圣旨》

共二卷,是对 120 余次萧朝贵假托天兄下凡的记录。其事始于戊申年(1848)九月九日。己未九年(1859)十月初七日天王诏旨:"自戊申年三月,天父上帝下凡,降托东王,乃龚世人;九月太兄基督下凡,降托西王,诛灭妖魔。"又规定,"九月初九日是哥降节"。最后一次天兄下凡的时间是壬子二年(1852)三月十五日。西王死后,头衔有"传救世圣主先师天兄基督太子圣旨"字样,见《辛酉十一年新历》。与天父下凡一样,历次天兄下凡都有记录。《天命诏旨书》:"天王诏曰:戊申岁三月,天父上主皇上帝下凡,显出无数神迹权能凭据,载在诏书。是年九月,天兄救世主耶稣下凡,亦显出无数神迹权能凭据,载在诏书。"《天命诏旨书》选辑了三次天兄下凡的记录。

英国图书馆从不列颠博物馆接收过来的太平天国文献中,有《天兄圣旨》二卷,无刊刻年份,附录"旨准颁行诏书总目"共有二十九部,其中无《天父圣旨》,也无《天兄圣旨》。按太平天国印书不列入"旨准颁行诏书总目"的,一般无"诏书总目"插叶,这书例外。辽宁人民出版社据王庆成点注本排印。中华书局影印入《太平天国文献六种》。

《幼主诏书》

是洪秀全为教育幼主及婿钟万信而写的十首诗,因以幼主名义发表的,故称《幼主诏书》。书首录天王诏旨:"朕命幼主写诏书,颁婿万信脱迷途。遵此十救诏习炼,上天常生福长悠。"以故此书又称《十救诗》。其实,这诗是天王写的。《幼主自述》:"老天王做有《十救诗》给我读,都是男女别开不准见面的道理。"万信,钟万信,封金王。《求阙斋弟子记·贼酋名号谱》载天王诸婿:天二驸马金王钟万信、天四驸马凯王黄栋梁、天西驸马捷王黄文胜。天王晚年诏旨开列接旨名单中有"栋梁婿、文胜婿",而无钟万信。辛酉十一年(1861)二月二十一日天王诏旨规定"东西至豫印",有天四驸马黄栋梁、天西驸马黄○○二印。《朝天朝主图》有天东驸马、天西驸马、天四驸马、天八驸马,而无天二驸马。甲子十四年(1864)天京失陷后,曾国藩令人询问李秀成关于洪氏亲贵十八人的下落,在天王诸侄之后,即天王三婿:金王钟万信(李秀成答"廿多岁")、凯王黄栋梁(李秀成答"小")、捷王黄文胜(李秀成答"小")[1],至于钟万信的最后下落,据同治五年正月左宗棠奏,洪秀全女婿金王钟英在广东丰顺县被俘死难[2]。钟英,当即钟万信。

按,太平天国自庚申十年起,以幼主名义颁发的诏旨甚多。

---

[1] 庞际云藏《李秀成答词手卷》。
[2]《奏报粤东军务速藏班师回闽折》。

赵烈文《能静居日记》：同治三年六月二十日，"晚同周朗山至伪忠王处与谈良久。……余又问：'洪秀全今年甫死，而三五年前已见幼主下诏，此何礼也？'曰：'使之习事也。'"萧一山、向达等先后移录英国不列颠博物馆所藏幼主诏旨回国，编入《太平天国诏谕》《太平天国史料》等书。据英国学者柯文南博士于1979年见告，他于英国档案馆尚见有幼主诏旨若干件，未及公布。

不列颠博物馆与剑桥大学各藏《幼主诏书》即《十救诗》一本，不知刊刻年份。萧一山据"英馆本"影印入《太平天国丛书第一集》。迄今国内所传皆祖"萧辑本"。

《太平天日》

是对洪秀全、冯云山发动群众"拜上帝"，酝酿起义的片断记录。其中叙述洪秀全"丁酉升天"和洪、冯入广西传道的经过。原名《天启履历》，刻印后改名《太平天日》。按，《钦定敬避字样》："天日，王也。""太平天日"与"太平王"或"太平天子"同义。书中述洪秀全对其姊洪辛英说："姊，朕是太平天子。"辛酉十一年四月二十七日天王诏旨："开辟爷哥朕天国，天日总号是太平。"东王等治历奏："当今天父上主皇上帝开大恩，差我主降凡为天下太平主，真是太平天日，平匀圆满，无一些亏缺也。"此书因述天王倡义的神迹，故名《太平天日》。原刻本封面题"此书诏明于戊申年冬，今于天父天兄天王太平天国壬戌十二年钦遵旨准刷印铜版颁行"。戊申，清道光二十八年，即金田起义前两年。其时此书已经写成，但因刊刻在壬戌十二年(1862)，故书中出现干王洪仁玕、恤王洪仁正、觐王黄维正、蝦王卢六等，这些王爵都是后期加封或追封的。《太平天日》除宣传洪秀全、冯云山外，对洪仁玕也极力神化。如说洪秀全于甲辰十月，自广西回至花县，"此时干王洪仁玕染病见天,启奏主曰:'兄三十八岁方登天子位也。'"

剑桥大学藏《太平天日》残本。原本三十六叶,缺第二叶。王重民影印入《太平天国官书十种》。又先后排印发表于《逸经》十三、十四、十六期及《太平天国史料》(开明版)。迄今国内传本均祖"王辑本"。

《钦定士阶条例》

是太平天国于辛酉十一年(1861)制订的科举条例。清廷曾颁行《钦定科场条例》,太平天国重新制定,取名《钦定士阶条例》。封面署名"文衡正总裁开朝精忠军师干王洪仁玕、文衡副总裁英王陈玉成、文衡又副总裁赞王蒙得恩,共同制献"。考己未九年(1859)颁行的《资政新篇》封面,洪仁玕的头衔即为"钦命文衡正总裁开朝精忠军师干王"。又考余一鳌《见闻录》所录英王告示署衔"钦命文衡副总裁九门御林忠勇羽林军英王"。在告示中,陈玉成自称"本总裁"。刀口余生《被掳纪略》:"英王官衔'钦命文衡正〔副〕总裁天朝九门御林忠勇羽林军英王禄千岁'。"以上皆足证洪仁玕、陈玉成曾共兼掌文衡。但实际主持科举的是洪仁玕。李春发、黄期升等《钦定士阶条例序》"欣逢我干王殿下,钦奉天命主命,总揽文衡,聿修试典"云云。由此可见,《钦定士阶条例》虽由三王联衔署名制献,但实际是由洪仁玕主编。

按,太平天国定都天京后即开科考试。先乡试,后会试。会试在天京举行。张德坚《贼情汇纂》:"会试元甲三人,取中者为状元、榜眼、探花,封伪指挥职。次甲无定数,取中者为翰林,封伪将军职。三甲亦无定数,取中者为进士,封伪总制职。""其试以各渠贼生日为期","一年凡四试:天试、东试、北试、翼试。"乡试分省举行。《贼情汇纂》:"乡试中者无定额,亦不论门第出身,取中即为举人。一名授军帅之职,二名以下授师帅之职。"甲寅四年(1854)于安徽、湖北二省举行乡试。武科也是先乡试,后会试。武状元职同指挥,榜眼、探花职同将军,武进士职同总制。《贼情汇纂》又说:"其试亦如八股,诗则试帖,惟题目皆出伪书,不本四书、五经及子史文集。"己未九年(1859)洪仁玕执掌文衡后,逐步修订科举制度,至辛酉十一年(1861)奏上《钦定士阶条例》,经天王"旨准将原本刷印",预拟"自太平天国甲子科举行"。可是到甲子十四年(1864),太平天国被灭亡,洪仁玕也殉难南昌。

《钦定士阶条例序》说明洪仁玕修订科举制度的经过,由正总阅李春发、副总阅黄期升联衔署名。但据《钦定英杰归真》所引,此文实系左副史乔彦材的手笔。

不列颠博物馆藏《钦定士阶条例》残本,封面题"天父天兄天王太平天国辛酉十一年新镌",共三十三叶,缺第五、十七、十八,计三叶。南京太平天国历史博物馆藏一足本(简称"太博本")。萧一山据"英馆本"影印入《太平天国丛书第一集》,并据《钦定英杰归真》所引《钦定士阶条例序》,补了第五叶。《太平天国资料目录》谓"英馆本"缺两叶,实误以"萧辑本"为"英馆本"。《太平天国》据"萧辑本"排印。《太平天国印书》据"太博本"影印又排印。

《钦定敬避字样》

是太平天国规定避讳字的范本,由文衡正总裁吏部正天僚干王洪仁玕喧谕颁行。还在起义前后,《天条书》即规定"不好妄题皇上帝之名"。随后避讳扩大到了天王及东、西、南、北、翼诸王,还有天王诸子的名字,以示尊贵。如"秀"改"绣","全"改"泉","清"改"菁"等。太平天国又避讳丑恶之字,如改干支中的"丑"

为"好","卯"为"荣","亥"为"开"等。为使所属遵行,各官员分别颁发字样。王彝寿《越难志》:"伪坐镇以各伪局文牒不合式,乃颁发字样。"壬戌十二年(1862),始由洪仁玕统一颁行。《敬避字样》规定,应避的词和单字共六十余组,其中五十组是属于天父、天兄、天王、幼主的。天京失陷后,曾国藩的幕僚赵烈文曾见此书。《能静居日记》:同治三年(1864)七月初五日,"见伪书《敬避字样》,称洪秀全之父母为君王父、君王母,其父名镜。又伪《士阶条例》更改科举之法,有英士、杰士、达士之名,颇多考订。最可笑者,历代之主,皆称为侯,如唐太宗为唐太侯,玄宗为唐玄侯,明太祖为明太侯之类,令人喷饭。其书甚多,皆洪仁玕所为"。1864年9月17日《上海新报》也提到此书。"选录《香港新闻》云:南京发匪之乌合,其始也骤然,其亡也亦忽然,此何以故?缘逆首洪秀全既盘踞南京,遂妄自尊大,僭称王号,肆行滋扰,荼毒生灵,加以擅作《诛妖檄文》《资政新篇》《幼主诏书》《敬避字样》《英杰归真》《军次实录》等书,俱属僭窃之谈,阅之令人发指。"但迄今尚未发现原刻本。

上海图书馆藏一抄本,除《钦定敬避字样》本文外,还附录了三种文件,也有史料价值。

第一种附件开列一批太平天国晚期的爵职称谓。(一)特爵:幼东王、幼西王、幼南王、翼王、忠王、英王、侍王、辅王的全衔。(二)列爵:幼豫王、护王、相王、听王、慕王、来王、纳王、趋王的全衔。(三)天将以下的称谓。在一定意义上说,这是辛开元年、戊午八年《太平礼制》的续编。

第二种附件是一些贺联和春联的底稿。

第三种附件是一些文牒的样本和底本。(一)太平军攻克杭州后的两篇告示。(二)各类敬天奏章十二件。(三)各类信函十二件。

附件"特爵"中,李秀成已称"真忠军师",可确证这书最早只能是癸开十三年(1863)下半年的抄本。因为直到癸开十三年夏,李秀成才升封军师。顾廷龙据此书附录两件"御林工师水七指挥书士"汪克昌的信,断定这是吴县举人汪克昌的手笔。但查汪死于壬戌十二年,他不可能完成这个抄本。郭若愚看到联句稿本中有潮王联独多,推测为潮王黄子隆部下的书士所为。

原抄件曾落入苏州旧书商之手,他们转抄出售时,给附件加上了"天朝点将录""对联""天朝文确"等标题。其后各家翻印,对附件的取舍不同。(一)《太平天国》据转抄本辑入了《钦定敬避字样》及附录的两种,删去"对联"和旧书商所加的标题。(二)郭若愚《太平天国革命文物图录续编》影印了原抄本《钦定敬避字样》及附录的两种,删去了各类文牍。(三)《太平天国印书》影印了原抄本的全部,但以后排印本又将附件一起删除。(四)《太平天国文书汇编》辑录了附件中的告示和信函。

《资政新篇》

是洪仁玕于 1859 年总理朝纲之后,向天王洪秀全条陈的施政纲领。其目的在于辅助天王"善铺国政以新民德",故名《资政新篇》。他提出"用人"和"设法"两方面的改革措施。在"用人"方面,洪仁玕要求"禁朋党之弊"。在"设法"方面,洪仁玕主张吸取西方资产阶级的"民主"与"科学",使中国富强。

对《资政新篇》,洪秀全逐条审阅并批准颁行。其中除对两条提出补充意见外,对其他三十余条,都加批"是"或"此策是也"。1860 年 8 月 11 日《北华捷报》载英国传教士艾约瑟(Joseph Edkins)与洪仁玕问答,其中第 17 条关于《资政新篇》。洪仁玕答："天王亲自修改了该书，他已批准印刷。他所修改的段落主要是把上帝说成是无形的那一部分，有关提到上帝是无形的字眼已被天王删去了。"

洪仁玕在香港时的英国朋友理雅各（James Legge）于 1862 年 7 月 11 日致伦敦布道会函中，对《资政新篇》评价，甚为称许。（理雅各是苏格兰教士。1839 年，被伦敦布道会派往马六甲任英华学院院长。1843 年，随该院迁往香港，一直到 1873 年才离去。理雅各通粤语，研究中国文化，著有《中国的宗教》等书。洪仁玕、王韬先后在港时，皆得其支持。）

赵烈文《能静居日记》：咸丰十一年（1861）三月二十二日，"《资政新篇》一本，贼族洪仁玕所作以上洪逆者，文理较明白。其中所言，颇有见识"，"观此一书，则贼中不为无人"。

当 1860 年 8 月，洪仁玕在苏州赠给艾约瑟的新印书籍中有《资政新篇》，并告以忠王李秀成已允在苏州印刷。《资政新篇》现存初刻和改正重印本。封面均题"太平天国己未九年新镌"。重印本改正了触犯太平天国避讳诸字，如改"外国"为"外邦"、"神会"为"灵会"。剑桥大学藏初刻本。牛津大学和上海市文管会各藏改正重印本。王重民据"剑桥本"影印入《太平天国官书十种》。《太平天国史料》（开明版）和《太平天国》都据"王辑本"排印。《太平天国印书》据"上海本"影印又排印。《洪仁玕选集》据《太平天国印书》排印。罗尔纲以"剑桥本"与"上海本"互校，撰《资政新篇的版本》一文，辑入《太平天国史料考释集》。对"牛津本"《资政新篇》，许地山有抄本。戈公振《中国报学史》曾征引其文。萧一山摄有胶卷，编入《太平天国丛书第二集》，但未能出版。

《开朝精忠军师干王洪宝制》

是洪仁玕的一部文集。其中包括《新政喧谕》一篇,《克敌诱惑论》一篇,《兵要四则》一篇,有关"拜上帝"的短文七篇和祈祷文一篇。

《新政喧谕》,王重民在剑桥大学发现单行抄本,所署国号为"真天命太平天国",这是辛酉十一年之前的国号。估计此文发表于己未九年洪仁玕总理朝纲后不久的时间[1]。

不列颠博物馆藏《克敌诱惑喧谕》单行本原件,署国号也是"真天命太平天国"和"太平天国",无"天父天兄天王"字样。收入《干王洪宝制》时,对个别文字作了改动。

《兵要四则》,曾附刊于《资政新篇》,可以断定是己未九年的作品。郭廷以见到《资政新篇》而未见《兵要四则》,这是出于疏忽。《钦定士阶条例》把《兵要四则》列为武士子必读之书。"我天朝《钦定武略》一书暨真圣主诏明大小兵法水旱战法与干王颁谕《兵要四则》,均为武士所宜习。"

剑桥大学藏《开朝精忠军师干王洪宝制》一册,无刊刻年份。王重民据以影印入《太平天国官书十种》。迄今国内所传均祖"王辑本"。

《钦定英杰归真》

是洪仁玕于 1861 年回答一投降者张某问话的记录。刘闿忠等序文说:"而何幸妖胡奴隶之辈,犹有所谓铁中铮铮、庸中佼佼者,自知从前之失,仰慕真主而幡然来归,且又善于质疑,善于问难,适足以触发我干王训海不倦之本怀,故不禁津津焉、娓娓焉,

---

[1] 《太平天国史料》,开明书店 1950 年版。

举真理真道有味乎其言之，而使斯人恍然悟、帖然服，觉向之以身归者今更以心归矣，向之身归真主者今更心归真道矣。"因此，书名《英杰归真》。其实，张某及其问话都是假托的。按此书封面写明："钦命文衡正总裁开朝精忠军师干王洪制。"又按刘闼忠等《钦定军次实录序》："小官等荷蒙天恩主恩，得随我干王左右，朝夕诲训，曲喻旁引，多方教导，化醒心肠，故凡其意之所及，笔之所书，无不诚心佩服，奉为仪型。前所著之《资政新篇》、《英杰归真》、一切宝制诸书，固已刊刷颁行，足登斯世于觉岸，不致终陷于沉沦矣。"可以断定，《英杰归真》是洪仁玕的重要著作之一。全篇阐述了太平天国"革故鼎新"的思想和制度，特别是对革新科举、历法等作了详尽的说明。

辛酉十一年七月三十一日，忠诚伍天将莫仕暌致江南省水师主将敛天义梁凤超照会："兹奉干王喧谕，付来天朝各种圣书四包，命兄转交翻译官富礼赐收阅等谕。为此特行照会，并将圣书四包派员送交贤弟，祈望劳心，即速交与该洋官恭读可也。"八月初一日，洪仁玕复富礼赐："所寄来天王御笔，系朱书黄绸一条一字，即在圣书四包内之《英杰归真》一包内也。"据此可见，在辛酉十一年七月，《英杰归真》已经颁行。

扬州陈恒和书林曾收购《英杰归真》原刻本一部，其书后归南京中央图书馆，现存台北。王重民于剑桥大学也发现《英杰归真》一部，北京图书馆摄有胶卷。据王庆成在剑桥核对，原书完整，共四十七叶，但胶卷缺第二十叶之前半叶及二十一叶之后半叶。荣孟源以"扬州本"与"剑桥本"相较，两本封面都题"天父天兄天王太平天国辛酉年新镌"，但发现序文末刘闼忠的头衔不同，"扬州本"为"天试文状元开朝勋臣昱天福干殿文正总提"，而"剑桥本"

则为"天试文状元开朝勋臣昱天安干殿文正总提"。从"天福"升"天安",可证"扬州本"是初刻本,而"剑桥本"是重印本。两本的文字也有不同之处,重印本多于初刻本。王庆成从"剑桥本"封一左上有"钦定英杰归真卷上"八字,推测此书有下卷,迄今尚未被发现。萧一山据"扬州本"影印入《太平天国丛书第一集》。《太平天国》据北京图书馆摄藏"剑桥本"的胶卷排印,以"萧辑本"校补。《太平天国印书》据"萧辑本"影印又排印。

《钦定军次实录》

是洪仁玕的诗文集。辛酉十一年八月,刘闳忠等序文说:"兹因辛酉春正,恭随干王奉旨催兵,路经徽浙,所过郡县乡镇,多有妖习未除,妖形未化。我干王不禁触目惊心,思有以挽救之。每于军次行府,信笔挥写,或恭录圣旨,以化醒愚蒙;或为之诗,以起发志意;或为之谕,以剀切指明;或为之论说,以严辨是非得失,文浅意深,语近指远。""军次",谓撰于行军途中。"实录",谓"语皆确实,义皆切实,理皆真实"。该书也录存了洪仁玕以前所作的一些诗篇。按,《洪仁玕自述》:"辛酉年,出师徽浙,催兵解安省之困。"《军次实录》,当撰于此时。

《钦定军次实录》,现存两种版本:南京太平天国历史博物馆和伦敦大学各藏一初刻本;剑桥大学藏一修改重印本。两本封面都题"天父天兄天王太平天国辛酉年新镌",但其中《赠宁郭守将》诗的解题不同。初刻本说:"辛酉十一年正月二十七日,军经宁郭郡,主将杨雄清殷勤迎于十里之外,且送至十里外之九眼桥,依依敬别,足见该员斯文主将大有慧眼在焉,因吟以劝慰之。"重印本已将"主将杨雄清"改为"众天将天兵",又删去了"足见……在焉"14字。按,宁郭即宁国,时由辅王杨辅清部驻守。杨辅清、杨雄清,与东王杨秀清为兄弟行,故诗中有"宗臣王弟谊何饶""惟慕东王姓字超"等句。杨雄清于封王前为晡天义,后封卫王,均见曾国藩家藏的《伪官执照清册》。据陈昌《霆军纪略》卷五记同治元年五月鲍超进攻宁国之战,其时杨雄清已封卫王。《求阙斋弟子记·贼酋名号谱》载其全衔为"东方电察天军卫王好千岁"。

王重民据"剑桥本"影印入《太平天国官书十种》,又排印入《太平天国史料》(开明版)。《太平天国》据"王辑本"排印。《太平天国印书》据"南京本"影印又排印。

《诛妖檄文》

是洪仁玕所作两篇檄文的汇编。第一篇通告清咸丰帝新丧,借以振奋人心。第二篇劝谕清朝官兵弃暗投明。第二篇的发布时间在先,据剑桥大学所藏单行抄件,其末所署年份为庚申十年。第一篇的发布时间在后,已是辛酉十一年清咸丰帝死后。按洪仁玕从英国官员富礼赐的来信,得知清咸丰帝病死。辛酉十一年八月初一日,洪仁玕复富礼赐函:"至于鞑妖数运将终,天夺其算,承蒙弟台劳心,示及咸丰妖头去世信息。"第一篇檄文,当在此后不久写的。文中说:"为喧谕天下军民官绅士庶人等知悉:窃思天国永兴也,有无数之祥兆;而妖胡将灭也,有莫大之灾氛。故天意灭奴,诛咸丰之丧于黄土;人心归主,正豪杰之宜顶青天也。"又云:"值兹咸丰妖首于七月十六日已经丧亡,所立妖崽今尚未满五岁,行见权奸得志,祸变寻生,余烬虽存,不久自灰灭矣。"由此可见,此文脱稿时,北京尚未发生推翻肃顺等人的政变。

《诛妖檄文》的封面和两篇檄文的开头都写上洪仁玕的全衔"钦命文衡正总裁开朝精忠又副军师顶天扶朝纲干王"。按太平天国初设军师四员:杨秀清为正军师、萧朝贵为又正军师、冯云山为副军师、韦昌辉为又副军师。内讧之后，韦昌辉的官爵被撤销。戊午八年，封石达开为开国军师。己未九年，封洪仁玕为开朝精忠军师。旋改封石达开为开朝公忠军师。又规定他们都是又副军师。石达开为开朝公忠又副军师，见抄本《敬避字样》附件，又见《求阙斋弟子记·贼酋名号谱》。洪仁玕为开朝精忠又副军师，即见《诛妖檄文》。其后天京沦陷，在湖州，幼主升封洪仁玕为正军师，以故《求阙斋弟子记·贼酋名号谱》称洪仁玕为精忠正军师。

《诛妖檄文》刻本迄今仅发现一本，剑桥大学藏，封面题"天父天兄天王太平天国辛酉十一年镌"。王重民据此影印入《太平天国官书十种》。迄今国内所传均祖"王辑本"。

《天父天兄天王太平天国己未九年会试题》

是洪仁玕对己未九年会试题所作的答案。是年九月，洪仁玕主持会试。《钦定士阶条例》所载李春发等《劝戒士子文》"太平天国己未九年九月，宏开天试，小官李春发等恭随文衡正总裁干王宝驾入闱"云云。本文首列试题，为《十全大吉诗》的第一首。"天父上帝圣旨：'三星共照日出天，禾王作主救人善。尔们认得禾救饥，乃念日头好上天。'"次即洪仁玕答案。他从字形和字义解释题意，谓天父上帝预言洪秀全下凡救世。卷末自注："本军师自幼习举子业，近已此调不弹。兹恭奉圣命，总典秋闱，揭题后，因窥见天父圣旨至奥，思欲逐一发明，爰搦朱毫，一挥而就，见猎心喜，为之粲然。"其实，这是神化洪秀全的宣传品。

剑桥大学藏《天父天兄天王太平天国己未九年会试题》一册，封面题"钦命文衡正总裁精忠军师干王宝制"，无刊刻年份。按太平天国在后期称"天父天兄天王太平天国"，谓"天父天兄天王开辟之国"[1]。据罗尔纲考证,洪秀全在"太平天国"之上安"天父天兄天王"六字,始于辛酉十一年[2]。由此可见,这书的刊刻时间已在辛酉十一年以后。王重民影印入《太平天国官书十种》。迄今国内所传均祖"王辑本"。

---

[1]《敬避字样》。
[2]《李秀成自述原稿注》。

三、诸王自述

《石达开自述》

见《骆秉章奏稿》卷六,余鸣观《蜀燹述略》卷二,毛祥麟《三略汇编》卷九。

按石达开于清同治二年(1863)四月二十七日,于四川越巂落入敌手。五月十日,被押解抵成都。清四川总督骆秉章会同将军司道鞫讯,录供随折抄送军机处。其后刊入《骆文忠公奏稿》。《太平天国》据以排印,取名《石达开自述》。至于辑入《蜀燹述略》内者,则系其节录本。在 70 年代,有人从《三略汇编》发现新本《石达开供》,与骆秉章所奏报的颇有差异。如骆秉章奏上之本说:"达开正欲投河自尽,因想真心投诚,或可侥幸免死。达开想救众人,俱令弃械投诚。"而毛祥麟录本却作"达开原想投河,转念投诚出来,救全残众"。两本所言,含意不尽相同。由是断定,毛祥麟所录者较为原始可信[1]。《太平天国文书汇编》以其非石达开亲笔,故不录。

《英王陈玉成自述》

1950 年,罗尔纲从南京金陵大学中国文化研究所两本杂抄咸同疆臣奏疏中发现,发表于天津《历史教学》1953 年 4 月号。

---

[1] 方诗铭:《记新本〈石达开自述〉》,《中华文史论丛》1979 年第 4 辑。

1956年，祁龙威也从北京图书馆善本室所藏龚又村《镜穄轩自怡日记》卷二十一中发现。龚于同治元年（1862）七月廿七日记：五月间，"伪英王投苗，送往胜帅大营，讯明正法。其口供云……"与罗氏所见仅有个别文字差异。1957年2月14日《光明日报·史学》发表的祁龙威《介绍〈镜穄轩自怡日记〉》一文透露了这一信息。其后全文录入《太平天国史料丛编简辑》第四册。

《李秀成自述》

李秀成于太平天国甲子十四年（1864）六月初六日即清同治三年六月十六日天京失陷时被俘，旋即经曾国藩审讯，曾令写详供。他于同治三年七月初七日奏报清廷说："令写亲供多至数万字，叙发逆之始末，述忠酋之战事，甚为详悉。"[1] 李秀成死后，其"亲供"经曾国藩批改删节，原件一直保存在曾氏家中。

为报送清廷，曾国藩令人抄写了一本。他的七月七日《手书日记》说："将李秀成之供分作八九人缮写，共写一百三十叶，每叶二百一十六字，装成一本，点句划段，并用红纸签分段落，封送军机处备查。"

为应付各方面索阅，曾国藩将删改过的《李秀成供》送安庆刊刻。同治三年七月十一日，《手书日记》："将李秀成亲供及两道恩旨，寄皖刊刻。"七月二十九日，他又将刻本寄送清廷，"臣因各处索阅逆供者多，已刊刻一本"[2]。这个刻本即称"曾刻安庆本"，因由九如堂刊刻的，故又称"九如堂本"。（现已稀见。北京大学图书馆与台湾"中央图书馆"各藏一册。）此本在三天内赶

---

[1]《曾国藩奏稿》，《贼酋分别处治粗筹善后事宜折》。
[2]《补送李秀成供词片》。

刻,与曾国藩删改本有差异。

曾刻《李秀成供》迅即在社会各种人物中传播。

江苏巡抚李鸿章《朋僚函稿》同治三年八月十七日寄曾国荃书说:"昨在友人处借观《李秀成供词》。"江西巡抚沈葆桢于是年十月十三日,将洪仁玕"签驳李秀成口供原本咨送军机处备核"[1]。《翁同龢日记》:同治三年十一月十五日,"阅伪王李秀成供词,从修伯假得者也"。修伯,即主编《剿平粤匪方略》的朱学勤。王韬《洪逆颠末记》:"近得忠酋亲供,再证之以西人日报,参之以洪逆刊行之伪书,庶几贼无遁情矣。"[2]

翻印曾刻《李秀成供》的,也不乏其人。就在清同治三年,坊间已有翻刻本二册。封面题"曾大人克复江南,生擒李秀成亲供"和"同治三年孟冬新镌"等语。全书四卷,前三卷为"供词",最后一卷为曾国藩等奏。有的海外学者误会标记时间的"孟冬"为刻书人姓名,非是。

光绪三十年(1904),有一个叫作韩文举的,署名扪虱谈虎客,编《近世中国秘史》,由日本广智书局铅印。其中辑录的《李秀成供》,是曾刻的删节本。全文共 26625 字,比曾刻本少 1193 字。文字虽较简洁,但内容愈多失真。

民国二十年(1931),罗邕据"秘史"本辑入《太平天国诗文钞》。

民国二十四年,福建嘘风社据同治三年坊刻本铅印二册,题名《李秀成供状》。

---

[1]《沈文肃公政书》,《讯明逆酋供情折》。
[2]《瓮牖余谈》卷六。

民国二十五年，北京大学将九如堂本影印，孟森教授为作序。

所有这些版本，均未反映原貌。

为了恢复《李秀成供》的本来面目，民国三十三年（1944）暮春，广西通志馆的秘书吕集义才在湘乡的"曾富厚堂"，看到了曾国藩留下的原件，他穷两日之力，用随身带去的北京大学影印九堂如本，据以对勘，补抄了5620多字，并拍摄了照片15帧，带回广西。这就成了罗尔纲笺证本，梁岵庐整理本，吕集义校补本的来源。

罗尔纲《忠王李秀成自传原稿笺证》，1951年开明书店一版再版。罗氏据吕集义所摄4帧照片和抄补本，取名《自传原稿》，加注发表。1952年，《太平天国》据以辑入"诸王自述"，取名《李秀成自述》。1954年，中华书局三版《笺证》。张秀民等编辑《太平天国资料目录》时，已断言："《忠王自述原稿》久成学术界之谜。今既公布于世，其余二十种版本几均可废。"其实，罗氏并未亲见曾国藩家藏原件。对吕集义氏所摄得的15帧照片，他也仅看到了其中的4帧而已。1954年，梁岵庐公布了这15帧照片，取名《忠王李秀成自传真迹》，由上海出版公司出版。人们始知罗氏"笺证本"还未尽恢复原貌。1957年，中华书局出版《笺证》（增订本），作为该书第四版。罗氏据15帧照片对版本作出调整，但同原稿仍有很大差别，同吕氏"抄补本"也有不少出入。

梁岵庐《忠王李秀成自述手稿》，1958年，科学出版社出版。此书据吕氏"抄补本"订正罗氏"笺证本"之误，据15帧照片订正吕氏"抄补本"之误，但仍同吕氏"抄补本"有差异。

吕集义《忠王李秀成自述校补本》，1960年，中华书局影印。1961年，广西壮族自治区人民出版社排印。这个本子虽直接从原件抄补而来，比罗、梁二本为优，但因抄补仓促，仍未能全部恢复原貌。

湘乡曾氏藏《李秀成录供手迹》，1962 年，台湾世界书局影印一册。曾国藩批改处与李秀成手迹朱墨分明，确是吕集义见到的原件。该书首页有"无灾无难"句，影印时"难"字被冲洗掉了。幸有吕集义照片在，罗尔纲已据以订补。

罗尔纲《李秀成自述原稿注》，1982 年，中华书局排印，一册。罗氏据台湾世界书局影印原件作注重新发表。这是罗氏费了 49 年工夫，才成的不朽之作。注释分两个方面，一是对史实的证补，二是对词语的训诂，其精湛足以媲美裴松之注《三国志》。[1]

《李秀成自述别录》

简又文主编的《逸经》29 期，据吴中文献展览会陈列的《忠王李秀成答词手卷》照片最先发表，取名《忠王供词别录》。罗尔纲辑入《忠王李秀成自传原稿笺证》，改名《忠王自传别录》。《太平天国》辑入"诸王自述"，又改名《李秀成自述别录》。罗氏《李秀成自述原稿注》再改名《忠王答词手卷》。

此物原为曾国藩的幕僚庞际云所收藏。全卷共八纸：第一纸是曾国藩写的问词及庞际云注录李秀成答语；第二纸是李秀成手书答语；第三纸是庞际云手录李秀成答语；第四、五、六、七纸是李鸿裔手录问词及李秀成答语；第八纸是庞际云跋语。原件现存上海市文物保管委员会。其中第二纸李秀成手书 28 字"胡以晄即是豫王，前是护国侯，后是豫王。秦日昌即是秦日纲，是为燕

---

[1] 祁龙威：《罗先生赞》，辑入《罗尔纲与太平天国史》.

王"[1]。这28字与湘乡曾富厚堂所藏《李秀成供》的笔迹是一样的。庞际云字省三,官至署理湖南巡抚。李鸿裔字眉生,也是曾国藩的幕僚。

《洪仁玕自述》

按清江西巡抚沈葆桢于同治三年(1864)十月十三日,向清廷奏报:"兹据席宝田将伪干王洪仁玕、伪恤王洪仁政、伪昭王黄文英派员解省,并在营讯取各供录送前来。臣发交南昌府许本塘复讯后,当即亲提隔别研鞫,均各供认不讳,中间情节,核与席宝田、许本塘所呈供单大概相同,亦时有互异。""除将各该逆节次供词暨洪仁玕亲笔供单同所作诗句并签驳《李秀成口供》原本咨送军机处备核外"[2]云云。可见,洪仁玕被俘后,曾经清军精毅营统领席宝田、南昌知府许本塘、江西巡抚沈葆桢先后审讯,留下"笔供"和"录供",一并被送存军机处。其"笔供"见南昌胡友棠所藏清刻本,其中包括洪仁玕、洪天贵福、洪仁政、黄文英四人的"供词"。简又文据《北华捷报》(North China Herald)1865年7月8日各期所载英译本回译为汉文,发表于《逸经》第9期。简氏又据胡氏藏刻本之《干王洪仁玕亲笔供状》,发表于《逸经》第20期。由于刻本所录残缺不完,向达、荣孟源等除据《逸经》第20期所载刊入《太平天国·诸王自述》外,并将《逸经》第9期所载回译本之相当部分作为后补。《太平天国文书汇编》即据《太平天国》翻印。洪仁玕之"录供"尚存台北故宫博物院,萧一山择要录入《清代通史》卷下。其一为同治三年十月初六日沈葆桢提讯

---

[1] 郭若愚:《太平天国革命文物图录续编》。
[2] 《沈文肃公政书》卷三《讯明逆酋供情折》。

洪仁玕的记录。其二为同治三年九月二十七日和二十八日许本塘的提讯记录。其三，为同治三年十月二十八日许本塘的提讯记录。其中颇有刻本及回译本所不载者。1978 年，祁龙威据以引用于《洪仁玕选集》，由是大陆学者始注意洪仁玕这些"录供"的史料价值。

《幼主自述》

按清江西巡抚沈葆桢于同治三年十月十三日奏报清廷："初五日，据席宝田派训导唐家桐等将洪福瑱护解到省，臣亲提研鞫，据供原名洪天贵，嗣称洪天贵福，袭伪号后所刻伪玺横书'真主'二字，故误传为'洪福瑱'。""臣察看该逆顶发剪断，仅留数寸，目望视，口操粤音，于伪宫中琐屑谬妄之状，言之甚悉，其为伪孽无疑。除将臣及南昌府许本塘所讯供词并护解委员沿途收其自写笔迹咨送军机处备核外"[1]云云。南昌胡氏所藏刻本仅其"供词"的一部分，简又文据以发表于《逸经》廿二期。《太平天国》据《逸经》排印。今存台北故宫博物院的《幼主供词》共 4 份，均不完整，笔供亦有缺落。萧一山择要录入《清代通史》卷下。其中有刻本所不见的。如："我有两个弟：光王洪天光，明王洪天明，两人均十一岁。""我乃下楼，出到荣光殿，忠王乃入朝，带我出。""忠王到芳山被擒了。尊王带我从淳化镇到广德，总是养王吉庆元带路，他欲带我去建平，我知是错路，又到广德，昭王在泗安，是日即上来见我。后几天，干王、恤王从湖州来见我。""在南京时，封王封官，均是王次兄勇王洪仁达、吏部天僚干王洪仁玕、吏部天官慰王朱起英三人保封的。"这些都是有价值的新史料。

---

[1]《沈文肃公政书》卷三《讯明首逆供情折》。

尊王,刘庆汉。昭王,黄文英。恤王,洪仁政。朱起英,当是朱兆英,吏部正天官,旋封慰王。

《赖文光自述》

按李鸿章于清同治六年(1867)十二月二十七日奏报清廷:"至逆首伪遵王赖文光一犯,臣前已奏明提解来营讯供。接准两江督臣曾国藩咨称,已批饬统带华字营道员吴毓兰,会同两淮运司李元华讯取确供,即在扬州就地正法,仍照上年克复金陵擒获伪忠王李秀成之例,由臣备文传首被扰各地方,以昭炯戒等因。先据吴毓兰禀呈赖逆亲笔书写供词,详述十余年来谋叛情形,资格之老,狡计之多,一一如绘,实已毫无疑窦。黄翼升、李昭庆过场面讯赖文光,均函称该逆词气崛强,与李秀成情状相似,不可远解,致有疏虞。吴毓兰即遵批于十六日会同地方官将该逆正法,仍由臣行知安徽、河南、陕西、湖北、江苏、山东六省,递相传首,俾雪敷天之愤。该逆亲笔供词,甘心背叛,不敢壅于上闻,谨照抄原文,恭呈御览。"[1]这份抄件,已在故宫博物院发现,《太平天国文书汇编》据以排印。民间也有传抄本,扪虱谈虎客《舟车醒睡录》、柴萼《梵天庐丛录》卷十三、《太平天国诗文钞》均有著录。《太平天国》据《梵天庐丛录》排印。与故宫所藏原抄件相校,文字颇有差异。如《梵天庐丛录》:"此乃僧帅好戮无仁之所致也。"故宫抄件"僧帅"作"官兵"。故宫抄件:"不觉独立此间数载,战无不捷,披霜踏雪,以期复国于指日。谁意李宫保者,足智多谋,兵精而将广,且能仰体圣化,是以人人沾感仁风不已。予虽才微识浅,久知独力难持,孤军难立之势,于丙寅十六年秋,特命梁王张

---

[1]《李文忠公奏稿》卷十二。

宗禹、幼沃王张禹爵、怀王邱远才等，前进甘、陕，连结回众，以为
犄角之势。"《梵天庐丛录》本除字句小异外，无"谁意李宫保者，
足智多谋，兵精而将广，且能仰体圣化，是以人人沾感仁风不已。
予虽才微识浅"等三十余字。当是李鸿章幕下抄报军机处时，窜
入了对李鸿章的谀词。

四、近人所编太平天国文献

《太平天国有趣文件十六种》

刘复辑。1926年,北新书局铅印,一册。其中包括:一、《太平条规》;二、《行营规矩》;三、"旨准颁行诏书总目";四、太平天国辛酉十一年新历封面式样并造历人衔名;五、《请颁新历奏》;六、"天王诏旨"一;七、"天王诏旨"二;八、辛酉十一年正月分历书;九、庚申十年萌芽月令;十、《忠王致护王书》;十一、《忠王致潮王书》;十二、干王书《福字碑》拓本;十三、干王印;十四、俚歌一首;十五、《和硕亲王致戈登札》;十六、《张遇春致戈登书》。据刘复自记,其中十二、十三两件,采自英人Thomas Jenner所著 *The Nanking Monument of the Beatitudes* 一书,其他抄自不列颠博物馆。

刘复(1891—1934),字半农,江苏江阴人。留学法国。专攻语音学,曾任北京大学教授,以研究现代文学和语言学著称。他未能深入搜集不列颠博物馆所藏大量太平天国文献,仅撮写一两有趣者而止,故名《太平天国有趣文件十六种》。

伦敦不列颠博物馆,又称大英博物馆,收藏太平天国书籍和文件甚富。从20世纪20年代起,始有日本及中国学者前往搜集。萧一山于1934年所撰《太平天国丛书第一集序》云:"民国十四年(1925),日本汉学家内藤湖南君游欧归来,撰《大英博物馆所藏太平天国史料》一文,刊载《史林》杂志。谓欧洲所保存之中国史料在中国亦未经发现者有二,其一即英伦所藏太平天国史料及戈登文书是也。内藤君所录仅一部分。前乎内藤者,日本稻叶岩吉君曾托久保要藏君抄得若干,故所著《清朝全史》中已有所征引。前乎稻叶者,日人田中萃一郎君亦抄录若干,内藤君欲将三种抄本汇编一书,卒未果。今夏予曾就京都瓶原恭仁山庄访之,畅论此事,不两月而内藤君遽归道山矣!内藤君之文,当时未为吾国人所注意(今年始由谢君兴尧译登《大公报·图书》副刊第31期——原注),故无人能道英伦所藏之内容者。十五年(1926),刘复君印行《太平天国有趣文件十六种》中,有'旨准颁行诏书总目'二十九部。而刘君所录前两种为《太平条规》全文,已见《贼情汇纂》中。七种抄自《太平天国辛酉十一年新历》书。余皆琐碎小品,固无当于原书也。然自此以后,国人始知'太平天国颁行诏书'实有二十九部,较之《贼情汇纂》所录已多出十种名称矣。"按刘复将《太平条规》中的"定营规条十要"与"行营规矩"分为二种,称"定营规条十要"为《太平条规》。其实,"行营规矩"也属《太平条规》。从第三种至第九种,均从《太平天国辛酉十一年新历》抄出。"福字碑"与"干王印",也是一分为二。"俚歌一首",抄自《天情道理书》。最后两种,非太平天国文件。十六种中的《忠王致护王书》与《忠王致潮王书》,反映各支太平军在苏南失败时不听调度的情状,颇有史料价值。《太平天国》与《太平天国文书汇编》都据刘氏之书翻印这两篇文献。

《太平天国史料第一集》

程演生辑自法国国立东方语言学校图书馆。1926年,北京大学出版部据程氏所摄照片三种影印,又据程氏复抄的五种排印。

程演生，安徽怀宁人。北京大学教授。1924年，他在法国考察古代文化，得从东方语言学校辑录太平天国文献。程氏自序云："甲子岁，予居巴黎间，考西方上古文化时，法国文学博士俄籍马古烈君掌东方图书馆（属国立东方语言学校——原注）。君善埃及、巴比伦古文，复雅通中土文字，尝译班固《两都赋》，与予往还甚笃。一日趣过，谓馆中有太平天国印刷品多种，殆非习见之书，予志之。明日，偕君就观，果皆洪杨时重要之史料也。遂假抄之，曰《太平天国颁行诏书》，曰《天父下凡诏书》（一），曰《天父下凡诏书》（二），曰《天命诏旨书》，曰《天朝田亩制度》，曰《建天京于金陵论》，曰《贬妖穴为罪隶论》，曰《太平救世歌》，曰《原道醒世训》与《觉世训》，计凡十种。"程氏后记："右《太平天国史料》第一集，共十种：《太平天国颁行诏书》、《天命诏旨书》、《天父下凡诏书》（一），凡三种，皆照太平天国时代原刻本影印，余五种则依复抄本排印。"按程氏之说自相抵牾，一说"共十种"；再说影印"凡三种"，"余五种"排印，则共八种。其实，只有八种。程氏将《太平诏书》一种分为《原道救世歌》《原道醒世训》《原道觉世训》三种，故得十种。程氏仅见《太平救世歌》之目，遂谓即《原道救世歌》；程氏和为程氏作序的朱希祖也仅见《醒世文》之目，遂谓即《原道醒世训》，皆误。《太平天国史料》第一集虽甚简陋，但诚如萧一山所说："此为吾国学人得见太平天国原书之始。"《太平天国》据"程辑本"排印的"太平天国官书"，有《天父下凡诏书》（二）、《天命诏旨书》、《颁行诏书》、《建天京于金陵论》、《贬妖穴为罪隶论》共五种。另有三种虽据其他版本排印，但据"程辑本"校注或参校。《太平天国印书》之中凡注明原件藏巴黎东方语言学校图书馆的，实际都是转据"程辑本"。

程氏在搜辑工作上也有疏漏。东方语言学校图书馆藏有《诏书盖玺颁行论》，但程氏未之见。其后萧一山在该馆查到此书。

《太平天国诗文钞》

罗邕、沈祖基同辑，1931年上海商务印书馆铅印本，三册。1934年商务印书馆修订重印本，二册。

罗邕字鸿涛。其自序云："拙编《太平天国诗文钞》于民国二十年五月杪，由商务印书馆出版。刊行未久，'一·二八'之变起，日军进攻闸北，在飞机轰炸之下，该馆惨遭焚毁，鸿著巨籍，悉成灰烬，拙编亦不免于难。顾前书虽已付梓，而其间实有未惬于心者……今经祖龙之一炬，适成增订之机会……而其间复承张菊生先生不鄙拙编，取俞大维君在德国图书馆所摄太平文件照片逐一为之校正增补，蝇头细书，钩乙涂写，想见其致力之勒，其有造于拙编，良非浅鲜矣。"《太平天国诗文钞》搜集内容不少，但鱼龙混杂，真赝不辨。其详见罗尔纲《〈太平天国诗文钞〉订伪》一文。诗共46首，其中大多数出于伪托。如石达开的诗大多是资产阶级革命党人伪托的。文钞之中，混入一批天地会文件，另有虚构的《忠王上天王札》等。张元济，字菊生，商务印书馆创办人。他所校补的太平天国书籍称"张先生校补本"，见《太平天国诗文钞·引用书目表》。罗邕注："此本系由海盐张菊生先生据俞大维君从德国图书馆借出所藏太平真迹摄影片抄录而成，共计八种，皆属最有价值之史料，其裨益于拙编，真非浅鲜。"按俞大维大约与程演生同时，在柏林普鲁士国立图书馆摄回九种太平天国书籍的照片:《天命诏旨书》、《太平诏书》、《太平礼制》、《奏准颁行诏书》、《天条书》、《太平条规》、《天父下凡诏书》(一)、《幼学诗》、

《三字经》(依《太平天国诗文钞》所列次序)。张元济据以校补，见于《太平天国诗文钞·目录》，凡八种，实际九种，目录遗漏了《太平条规》。从此，国人遂以谓《太平天国诗文钞》所录的"张先生校补本"太平天国书籍九种，即德国藏本的翻版。其实，张氏校本并未忠于原件，往往任意窜改。其详见王重民《记普鲁士国立图书馆所藏太平天国文献》一文。

《太平天国文书》

北京故宫博物院文献馆辑。1933 年，北京故宫博物院影印本，一册。其中包括：《李秀成谕李昭寿》《李秀成谕康玉吉》《李秀成致征北主将张洛行》《李秀成谕尚海松江人民》《李秀成谕赵景贤》《黄畹上逢天义刘□□禀》《石达开发给杨广福职凭》《陈玉成致启王梁成富等书》《陈玉成谕马融和》《陈玉成谕张洛行书》《李秀成谕刘肇钧》《听王陈炳文上浙江提督鲍禀》。其后，《太平天国》和《太平天国文书汇编》都据以排印。其中最引人注意的文件为《黄畹上逢天义刘□□禀》。黄畹，原名王瀚，字兰卿。又名王韬。江苏嘉定人。曾组织团练抗拒太平军。旋居昆山甪直镇，与两军皆有交往。他给李秀成部将刘肇钧写信，为太平军进兵上海划策。原信被清军俘获。清廷名捕之，王逃往香港。详见《吴煦档案选编》和《王韬日记》。

《太平天国诏谕》

萧一山辑自伦敦不列颠博物馆。1935 年国立北平研究院影印本，一册。其中主要是太平天国的诏谕：一、天王诏旨五通；二、天王手批艾约瑟撰上帝有形为喻无形乃实论；三：朝天朝主图；四、救世真圣幼主诏旨；五、杨秀清萧朝贵诰谕四民；六、洪仁玕喧谕克敌诱惑论；七、洪仁玕蒙时雍李春发会衔喧谕；八、李明成谕清营官兵；九、陈坤书宝批理天义士桂伭；十、王宗脉天安洪仁茂发给洋人路凭；十一、梁凤超悬赏告示。另一部分是天地会文件：十二、万大洪告示抄件附洪秀泉等职名单；十三、洪秀泉在花县水口庙题壁诗；十四、安东将军平满大元帅抚辖水陆兵马罗晓谕苏松常镇百姓；十五、汉大明统兵大元帅黄威告示；十六、讨清复明起义檄文。最后一件为清江苏巡抚李鸿章苏州杀降文告。萧氏自序一篇和考释十六篇。

萧一山，江苏铜山人。1902 年生，毕业于北京大学。弱冠即以研究清史知名，得梁启超介绍，教授清华大学。年三十，游历欧美，于英国剑桥大学进修。嗣任中央大学等校教授。组织经世学社，主办《经世》半月刊。这个期刊与简又文主办的《逸经》，一时成为国内发表太平天国史料的两中心。1949 年，萧一山移居台湾继续从事研究工作。1978 年病故。他的最主要的著作是《清代通史》。他对太平天国文献的搜集、编辑、考释和辨伪之功，也不可低估。此书即其成果之一。其后，《太平天国》和《太平天国文书汇编》均据此转辑太平天国文书排印。

《太平天国丛书第一集》

萧一山辑。1936 年南京国立编译馆影印，十册。

目次：

第一册：《天父上帝言题皇诏》，《旧遗诏圣书》封面一叶，《创世传》《出麦西国传》各半叶，《新遗诏圣书》封面一叶，《马太传福音书》半叶，《钦定旧遗诏圣书》封面一叶，《钦定前遗诏圣书》封面、诏书总目各一叶，《天条书》，《太平诏书》。

第二册：《太平礼制》，《太平军目》（仅摄影十二叶，余二十二叶为仿刻），《太平条规》。

第三册：《太平天国癸好三年新历》（自正月三十一日前系影印，余仿刻），《太平天国辛酉十一年新历》（自正月初七日前系影印，余仿刻）。

第四册：《幼学诗》《太平救世歌》《诏书盖玺颁行论》《天朝田亩制度》。

第五册：《天情道理书》。

第六册：《御制千字诏》《行军总要》。

第七册：《天父诗》（仅影印首叶，余仿刻）。

第八册：《醒世文》《王长次兄亲目亲耳共证福音书》。

第九册：《钦定士阶条例》（原缺三叶，据《英杰归真》所引补一叶），《幼主诏书》。

第十册：《钦定英杰归真》。

按程演生在巴黎搜集太平天国书籍时，已知伦敦不列颠博物馆也藏有"洪杨发刊之书甚多，而隔于一衣带水，未能往抄"。1932年，萧一山赴英国考察文化，"费时七月"，始尽读博物馆东方部之藏，择要摄录，共得二十二部（其中历书癸好、辛酉两年各一本）。旋又辑入国内扬州发现的《英杰归真》（原件为南京中央图书馆筹备处购得，现藏台北"中央图书馆"），编成《太平天国丛书第一集》。萧氏自叙编辑此书始末。在各书之后，萧氏皆有跋。其内容是：（一）介绍欧美各国收藏太平天国所印书籍的概况。如在《天父上帝言题皇诏跋》中，介绍了巴黎国家图书馆所藏十四种太平天国书籍的目录。又如在《天条书跋》中，介绍了巴黎国家图书馆与德国普鲁士国立图书馆所藏《天条书》不同的版本。并云："荷兰莱顿大学中国学院亦有此书，编号为224。华盛顿国会图书馆似亦有此书。"继萧氏之后，王重民对巴黎、柏林两处所藏太平天国书籍,神田喜一郎对莱顿所藏汉籍,山本达郎对华盛顿所藏太平天国文献作了进一步的探访,大大地发展了太平天国文献学。(二)订正程演生的错误。程演生见"旨准颁行诏书总目"中有《太平救世歌》和《醒世文》,但未见其书,而妄加臆测,以为即《太平诏书》中的《原道救世歌》和《原道醒世训》。萧氏订正了这一错误。他指出:"程氏不知《太平救世歌》与《醒世文》实另为二书也。"然而,萧一山也不免有失误。如萧氏移录的英馆所藏《天条书》和《太平诏书》与柏林普鲁士国立图书馆藏本有区别,"柏林本"多引儒家经书,萧氏以为这是后刻时增加的。实际"柏林本"是先刻本,萧氏从英馆辑录的乃是后刻删节本。后经王重民、郭廷以驳正。

《太平天国丛书第一集》的出版,使学术界看到大量太平天国所刻书籍的原貌。其后,《太平天国》据以排印多种"太平天国官书"。《太平天国印书》之中,凡注明原件藏不列颠博物馆东方部的,也都是转据"萧辑本"。

《太平天国书翰》

萧一山辑自不列颠博物馆。1937 年,国立北平研究院史学研究所影印本,一册。其中辑录:一、李秀成复英教士艾约瑟、杨笃信书;二、李秀成谕杰天义赖文光;三、李秀成谆谕容椿侄、容发男;四、李秀成、谭绍光会衔复戈登书;五、谭绍光复戈登书;六、洪仁玕致英翻译官富礼赐书;七、洪仁玕复英翻译官富礼赐书;八、蒙时雍、李春发复梁凤超、萧□□书;九、十、李明成致英翻译官福书;十一、十二李明成复英翻译官福书;十三、莫仕暌致英翻译福照会;十四、莫仕暌致梁凤超书;十五、李鸿昭等致英法军官照会。附石达开致清总兵唐友耕真柬伪书并考。

按英翻译官富礼赐（Forrest, R.J.）或作英翻译官福，其实是一人。他实际是英国驻上海的署理副领事。1861年，他以翻译官名义带领兵舰，到达天京江面。他出入太平天国各王府，对某些动摇将领进行诱降，并给清政府搜集情报。见《筹办夷务始末》（同治朝）卷十二，第4页。他与洪仁玕等会见的表面情节，见所写《天京游记》。

《石达开致唐友耕真柬伪书考》，开对太平天国文献辨伪的先河。萧一山以历史事实与《石达开致唐友耕书》相对勘，认为信笺是真的太平天国遗物，但信文却是假的。理由是：一、时间上暴露破绽。信文署壬戌十二年，但按石达开与唐友耕军遭遇，应是癸开十三年（1863）。二、印章为"翼王之宝"，也与其他文件上留下的石达开印不合。据石达开于壬戌十二年（1862）二月告涪州城内四民训谕，印文是"太平天国圣神电通军主将翼王石达开"。萧氏判断，这是后人将石达开所遗信笺伪造的。按这封信实际是石达开写给清四川总督骆秉章的。唐友耕是俘获石达开的骆部总兵，经手转递此信。以后其子唐鸿学篡改字句，窜入《唐公年谱》，伪为石达开向唐友耕乞降之证。但再后，人们看到此信的另一抄本，分明有"阁下为清大臣，肩蜀重任"等语，唐友耕怎能当此？由此可见，所谓"《石达开致唐友耕书》真迹"，不过是伪上加伪而已。

《太平天国》和《太平天国文书汇编》都据《太平天国书翰》排印有关诸件。

《太平天国丛书第二集》

萧一山辑。未刊。

在不列颠博物馆，萧一山还抄录了一些杂件，如护王陈坤书部下的兵册等,曾发表于《经世》半月刊。萧氏又从戈公振《中国报学史》得知许地山曾往牛津大学图书馆抄得洪仁玕《资政新篇》,遂于1930年至牛津将此书摄影以归。萧氏拟将以上诸件合编为《太平天国丛书第二集》出版,因日本发动侵华战争而未能实现。其序跋都见《非宇馆文存》卷五。其目如下:

《太平天国诏旨抄本序》

《资政新篇序》

《太平天国兵册序》

《粤匪起手根由跋》

《戈登文书序》

《〈遐迩贯珍〉中之太平天国史料序》

以上诸抄件之中,除《资政新篇》外,其他以后均由向达移录刊入《太平天国史料》(开明版)。

《太平天国官书十种》

王重民辑自英国剑桥大学图书馆。1950年,《广东丛书》第三集影印,四册。其目如下:《天理要论》、《太平天国甲寅四年新历》、《太平天国戊午八年新历》、《太平礼制》(戊午八年)、《天父天兄天王太平天国己未九年会试题》、《干王洪宝制》、《资政新篇》、《钦定军次实录》、《诛妖檄文》、《太平天日》。

王重民(1903—1975),河北高阳人。毕业于北京师范大学国文系。长期在北京图书馆工作,兼任北京大学图书馆学系主任、教授。以精通目录学、文献学著名。著作甚富。1934年,王氏出国,游历法、英、德、意、美各国著名图书馆,着重搜访敦煌遗书、太平天国文献、明清之际来华天主教士的译述以及中国古籍善本。1935年底,他在剑桥大学图书馆,辑得以上太平天国十书。

《太平天国官书十种》，又称《太平天国官书补编》。王氏自序："民国二十四年春，予读翟理斯氏所编《剑桥大学图书馆汉满文书目》(*Catalogue of Chinese and Manchu books in the library of the University of Cambridge*, by H.A.Giles, 1898)，始惊其所藏太平文献之富，则又怅然不能即往检阅也。十二月二十四日，赴伦敦参观我国艺术展览会，因得于二十九日赴剑桥，获读太平天国官书三十七部，除复重，都三十三种，其他抄本文件不与焉。以校柏林、巴黎、伦敦所藏，得多十一种。国内又已发见《英杰归真》一种，实得十书，均以前所不知也。因拟继程、萧二先生之后，汇此十书，为《太平天国官书补编》。"

王重民曾撰《剑桥太平文献新录》，又名《记剑桥大学图书馆所藏太平天国文献》，全面介绍剑桥所藏太平天国书籍的概况。刊载于《国闻周报》13 卷 12 期。又辑入王氏《图书与图书馆论丛》。

王氏在剑桥，又辑得洪秀全《诏西洋番弟》一通，晋天燕朱雄邦的外交照会一通。"西洋番弟"，指英国特使额尔金(Earl of Elgin)。1858 年 12 月，洪秀全命朱雄邦前往芜湖江面英国兵舰，向额尔金投交了这通诏旨。1937 年 2 月，王氏将此发表于《逸经》23 期，其后，这两个著名文件被辑入《太平天国史料》(开明版)和《太平天国文书汇编》。《太平天国革命文物图录》公布了《晋天燕照会》的影印件。

《太平天国》据"王辑本"排印十种"太平天国官书"。《太平天国印书》之中，凡交代原件在剑桥大学图书馆的，实际也是转据自"王辑本"。

王重民曾撰《记巴黎国家图书馆所藏太平天国文献》，介绍该馆收藏太平天国所印书籍的概况。1935 年 6 月，发表于天津

《大公报·图书副刊》83 期。其后，又辑入《图书与图书馆论丛》。其略云："予于民国二十三年十月来巴黎，服务国家图书馆中。公余之暇，辄抽绎所藏汉籍，得窥太平天国所刻书十四种（重一种，实十三种），为刘半农、程演生二先生所未见，似国人之游欧者亦均未见也。亟取而读之，稽以英、德及东方语言学校所藏目，则无出其外者，然版刻不同，文字互异，循其异同之点而求之，则有极大意义存焉。"

王氏又撰《记普鲁士国立图书馆藏所太平天国文献》，辑入《图书与图书馆论丛》。其略云："普鲁士国立图书馆所藏太平天国颁行官书，俞大维留学德国，曾携回照片九种，张菊生先生据以校写，印入《太平天国诗文钞》第二版（《诗文钞》引用书目表称八种，予检书内所载，实为九种——原注）。今予获见原书，实有十一种，且《诗文钞》所载，多有与原本不合处。谨将检阅所及，记于下方，于当世之治太平天国史者，或不无小补焉。"

以上评述《太平天国官书十种》，兼及其他，略见王重民氏对太平天国文献学所作的贡献。

《太平天国史料》

金毓黻等编。1950 年，开明书店出版。

该书辑录：

"太平天国官书"三种：《太平天日》《资政新篇》《钦定军次实录》，附《钦定旧·前遗诏圣书批解》。

天王诏旨及幼主诏旨共三十件、一般文书共三十九件、杂件共六种、天地会文书共二十件。

清方谕旨告示共二十件、戈登文书[1]。

"中外记载"：《粤匪起手根由》、《大事记》二件、《粤匪大略》、《金陵述略》、《遐迩贯珍》所载有关太平天国史料共六件。

金毓黻（1887—1962），字谨庵，辽宁辽阳人。北京大学毕业。受黄侃等影响，博通理学、文学、小学、史学，著作甚富。中华人民共和国成立之初，金氏任职北京大学文科研究所，与田余庆合编《太平天国史料》。其中大部分是由向达教授辑自不列颠博物馆，三种"官书"等则由王重民教授辑自剑桥大学。

《太平天国》（《中国近代史资料丛刊》第二种）

向达等编。1952年，神州国光社出版。该书的第一部分是太平天国史料，其中辑录："太平天国官书"三十八种，诏旨文书等八十四种，诸王自述八种，公据金石等二十三种，天地会文书十种。在文书中，初次公布了《钦定敬避字样》。因此，实际辑录了"太平天国官书"三十九种。

此书综合吸收了程演生、萧一山、王重民等在海外发掘的成果。如所辑"官书"都注明据"程辑本""萧辑本"或"王辑本"。对不同版本进行了严密的校勘。如《颁行诏书》附注："据程辑影印之修改本排印，原书正文共十叶。兹以北京图书馆摄制初刻本之抄本（剑桥藏）校注。"校记出自荣孟源手笔[2]。

---

[1]　本文集编者按，《太平天国史料》分四部分：第一部分"太平天国官书"；第二部分"太平天国文书"；第三部分"清方文书"；第四部分"中外记载"。其中第三部分"清方文书"，包括谕旨告示十二件，一般文书一百六十二件，探报十二件，附戈登文书。

[2]　荣孟源：《太平天国所刻书考略订补》，辑入中国社会科学出版社出版的《历史笔记》。

向达(1900—1966),字觉明,湖南溆浦人。1924年,毕业于东南大学。1935—1938年,在牛津大学图书馆、不列颠博物馆、巴黎国家图书馆从事研究工作。归国后,一直任北京大学教授。向氏曾在不列颠博物馆抄录太平天国史料共七册,其后印入《太平天国史料》(开明版)。他所撰的《记牛津所藏的中文书》一文,介绍了牛津大学所藏太平天国文献的概况。他专精中西交通史和敦煌学,对太平天国史,也作出了贡献。

《太平天国革命文物图录》

太平天国起义百年纪念展览会编。1952年,上海出版公司影印,一册。

内容包括:甲、印信类;乙、遗物遗迹类;丙、碑刻类;丁、文书告谕类;戊、公据类。其中发表了几件太平天国领袖人物著作的真迹,如石达开及臣属《白龙洞题壁诗》、李秀成《天朝十误》、《蒙时雍家书》等。

《太平天国文物图录续编》

郭若愚编辑。1953年,上海出版公司影印,一册。

内容包括:甲、钱币类;乙、遗物类;丙、遗迹类;丁、文书告谕类;戊、公据类。其中公布了《钦定敬避字样》抄本。

《太平天国革命文物图录补编》

郭若愚编。1955年,上海群联出版社影印,一册。

内容包括:甲、官书类;乙、铜铁炮类;丙、遗物遗迹类;丁、文书告谕类;戊、公据类。在官书类中,公布了《太平救世歌》和《太平军目》的部分影印件。这两书是在1953年于杭州吴煦家中发现的。又公布了柳亚子赠给上海文管会珍藏的《资政新篇》影印件。还有山西临汾发现的辛开元年刻的《幼学诗》封面木版的影印件。在文书告谕类中,公布了吉庆元、朱衣点等 67 人上天王奏稿和石达开给涪州四民人等训谕的影印件。这些都是研究石达开部太平军兴衰的重要文献。

《太平天国资料》(《近代史资料》增刊)

《近代史资料》编辑组编辑,荣孟源主编。1959 年科学出版社出版。

内容共分两部分: 第一部分是太平天国文件; 第二部分是清朝档案与一般记载。太平天国文件十五通, 大部分是新发表的。目次如下:《天王诏苏省及所属郡县四民》(庚申十年九月二十四日),《北伐诸将林凤祥李开芳吉文元朱锡琨给北王的禀报》(癸好三年五月十六日朱仙镇),《李秀成给陆顺德麦冬良等谆谕》(庚申十年五月二十七日),《石达开出走告示》(丁巳七),《陈凤曹禀六安州总制》(丁巳七年五月初五日),《石达开谕赖裕新》(壬戌十二年四月初二日),《李福猷给发路凭》(壬戌十二年四月十二日),《唐日荣禀赖裕新》(壬戌十二年十月初十日),《李福猷禀石达开》(壬戌十二年十一月初二日),《吴汝孝给美国水师提督布嘉南照会》(甲寅四年四月二十日),《殿左玖检点周札谕美国水师官员》(甲寅四年四月二十日),《江丙新给布嘉南照会》(甲寅四年四月二十二日),《胡海隆札谕美国水师》(甲寅四年四月廿三日),《罗芯芬刘承芳札谕美国官兵》(甲寅四年四月二十四日),《李春发莫仕暌给美国水师提督百龄照会》(辛酉十一年四月十二日)。

荣孟源(1913—1985),山东宁津人。1931—1937 年间,在北平中国大学肄业,得亲炙于朴学巨子吴承仕,受经学、小学。旋到延安,追随范文澜治史学。中华人民共和国成立后,1950 年,中国科学院近代史研究所成立,范文澜任所长,荣氏入该所任研究员。

他协助范老宣传马克思主义的唯物史观,做了大量工作。1954年,近代史研究所建立《近代史资料》编辑室,荣孟源一直担任该刊主编,凡三十年。对太平天国史料,荣氏除在《近代史资料》陆续分期发表外,又组织了这期"增刊"。

《太平天国印书》

南京太平天国历史博物馆编。1961年,江苏人民出版社影印,共二十册。1979年,江苏人民出版社排印,二册。全书以颁行先后为序。

目次如下:《太平诏书》、《天条书》、《太平天日》、《太平礼制》(太平天国辛开元年新刻)、《幼学诗》、《太平条规》、《太平军目》、《天父下凡诏书》(一)、《颁行诏书》、《天命诏旨书》、《太平天国癸好三年新历》、《三字经》、《太平救世歌》、《天条书》(重刻本)、《旧遗诏圣书》、《太平诏书》(重刻本)、《天父上帝言题皇诏》、《天朝田亩制度》、《建天京于金陵论》、《贬妖穴为罪隶论》、《诏书盖玺颁行论》、《天父下凡诏书》(二)、《太平天国甲寅四年新历》、《天理要论》、《天情道理书》、《御制千字诏》、《行军总要》、《天父诗》、《太平天国戊午八年新历》、《醒世文》、《太平礼制》(太平天国戊午八年新刻)、《资政新篇》、《天父天兄天王太平天国己未九年会试题》、《开朝精忠军师干王洪宝制》、《王长次兄亲目亲耳共证福音书》、《太平天国辛酉拾壹年新历》、《诛妖檄文》、《钦定士阶条例》、《钦定英杰归真》、《钦定军次实录》、《幼主诏书》、《钦定敬避字样》。

《太平天国印书》除综合吸收了程演生、萧一山、俞大维、王重民等在海外搜集的成果外,还辑录了中华人民共和国成立后在大陆所发现的《士阶条例》《军次实录》《敬避字样》等。原来,萧一山从不列颠博物馆辑得的《士阶条例》是残本,《太平天国》据"萧辑本"排印,而这里辑录的乃是足本。

由于客观条件的限制,这书尚有不足之处。罗尔纲序说:"太平天国的印书有许多都收藏在外国的图书馆或博物院,其中有些如《新遗诏圣书》《钦定旧遗诏圣书》《钦定前遗诏圣书》《武略书》四种,我们只知道收藏在英国伦敦不列颠博物馆东方部,但还不曾看到;如《天父诗》、《天父下凡诏书》(二)、《建天京于金陵论》、《贬妖穴为罪隶论》四部,我们所见的只是近人编辑的排印本,而没有得到原刻本的照片。又前几年在国内发现的《钦定敬避字样》一部,乃是传抄本,而不是刻本。因此,今天我们编纂这一部文献集,有的目前还不可能得来编到里面去,有的只能够根据排印本印制,还有的就只好根据抄本影印。"

1979 年的排印本稍有变动:"1.《颁行诏书》原据重刻本影印,现据初刻本排印;2.《建天京于金陵论》原据抄本排印,现据原刻本排印;3. 原影印本《资政新篇》和《钦定士阶条例》两书中,都有《兵要四则》,内容重复,现将《资政新篇》中的《兵要四则》删去;4.《钦定敬避字样》原据抄本影印,其中有'点将录'等不属原版文字,现删去。"从忠于原件的准则看,前两条变动是对的。(按,《兵要四则》见《干王洪宝制》,不在《士阶条例》。)

《太平天国印书》影印本大多不是直接从原件摄制的,但在解题中却未说明此据"程辑本""萧辑本""王辑本"等,而径注原件藏巴黎东方语言学校图书馆,等等。因此,其中有差错。如"萧辑本"的两种历书,只有小部分是据原件摄影,大部分是仿刻,版样有明显差异,但《印书》却都当作影印原件交代。

《太平天国印书》在影印技术上有失误。如将吴煦家藏《太平军目》与《太平救世歌》的"诏书总目"插叶交换错了。排印本也未加订正[1]。

《太平天国文书汇编》

太平天国历史博物馆编。1979年，中华书局排印本，一册。

内容包括：诏旨、告示、公文、论序、名册、簿记、挥条等，共分十类，每类略依时间顺序编次，共辑录四百余件，其中除汇集萧一山、向达等前人发掘的成果外，还公布了一批新出现的太平天国文书，如天王《赐通事官领袖接天义罗孝全诏》，即是以前没有发表过的重要文献。原件尚存罗孝全（I.J.Roberts）的后人处。

但此书漏收了庚申十年（1860）五月三十一日《忠王李致英美法公使书》。这一重要外交文件见《吴煦档案中的太平天国史料选辑》。按，《太平天国文书汇编》不收"吴煦档案"中从外文回译的太平天国文件，以免失真，这是对的。但从内容看，此件不是回译的，而是照抄原件。如其中"昆山"按太平天国避讳制度作"昆珊"，"上海"作"尚海"，"府县"称"郡县"，又有"分兵助妖"等语。可证绝非清方从英文回译之件。另一件《忠王李示英美葡领事书》，则确是清方回译的。其中上海直书"上海"，"妖兵"已改"官兵"。此书还漏收了壬戌十二年八月忠王李秀成给围攻天京清军的谆谕[2]。

《太平天国文书汇编》著录浙江省东阳县卒长汪文明所藏的文书共三十件。其中十六件是太平天国文书，十四件是清朝的地方公牍，鱼龙混杂，一起被当作太平天国文书而收进了本书，需要

---

[1] 祁龙威：《吴煦家藏两册太平天国文献影印本正误》，《浙江学刊》1989年第5期。

[2]《湘乡曾氏文献》，台湾学生书局1965年影印。

辨别[1]。

《太平天国文献史料集》(《近代史资料》专刊)

《近代史资料》编辑室编。1982 年,中国社会科学出版社排印本。

本书共收集文献史料二百一十五件,其中辑录英国学者柯文南(C. A. Curwen)博士提供的天王诏旨三件和幼主诏旨一件,《曾水源林凤祥李开芳为西王有难禀东王等》《讨逆主将照复英美驻宁波领事等》《莱天福兼浙省文将帅致英国兵总照会》《殿左军主将宝天义招安余姚县四乡乡民示》。原件俱藏英国公共档案局。原来,人们不知太平军高级将领头衔中的"顶天扶朝纲"五字,始于何时,现观天王"永定印衔"诏,便知始于辛酉十一年二月二十一日。

对本书的校勘有疏误,目录漏排了"幼主诏旨"一件。

《浙江太平天国革命文物图录选编》

王兴福、周其忠、王煊城选编。1984 年浙江人民出版社影印,一册。

内容包括:甲、印信类;乙、遗物类;丙、遗迹类;丁、文书告谕类;戊、公据类。先图录,后说明。

本书选辑严谨,在"文书告谕类"中,著录东阳县卒长汪文明所遗的文书,已将混入的清方文件全部删除。

《影印太平天国文献六种》

罗尔纲主编。中华书局影印。

内容包括:《钦定旧遗诏圣书》六卷,《新遗诏圣书》一卷,《钦

---

[1] 祁龙威:《"东阳文书"考辨》,《太平天国学刊》第二辑。

定前遗诏圣书》七卷,《太平军手写本天条书》,《建天京于金陵论》,《武略》。

此书实际是《太平天国印书》的续编。《钦定旧遗诏圣书》《新遗诏圣书》《钦定前遗诏圣书》《武略》,均据北京图书馆据不列颠博物馆藏原刻本所摄胶卷。抄本《天条书》,罗尔纲购自北京,后交南京文管会收藏。罗氏从其内容判断,确定是抄自壬子初刻本。《建天京于金陵论》,系"戊午遵改"本,其原件藏中国社会科学院近代史研究所[1]。

附

《洪秀全选集》

扬州师范学院中文系编,祁龙威主编。1976 年,中华书局排印,一册。

内容两部分:第一部分选辑洪秀全在金田起义前写的诗文十二篇和两则谈话记录;第二部分选辑天王诏旨二十一件和幼主诏旨五件,幼主诏旨实际也是洪秀全写的,又谈话记录四则。

本书选辑洪秀全早年所写的诗,不适当地采取其后用宗教语言改定之稿,有些失真。训诂也有失误。如释"神爷试草桥水深"之"桥水"为天机,乃是臆测之词。按桥水系广东客家语,谓计谋,主意。张汝南《金陵省难纪略》:"心机谓之桥水。"

本书对太平天国文献的笺释,有言前人所未言。如释天王诏旨所称的"福甥"也即幼主诏旨所称的"福表"为懿王蒋有福,系

---

[1] 于世明:《关于〈影印太平天国文献六种〉》,《近代史研究》1984 年第3 期。

萧朝贵次子[1]。

《洪仁玕选集》

扬州师范学院中文系编,祁龙威主编。1978年,中华书局排印,一册。

内容两部分:第一部分选注洪仁玕的文章十篇,其中《资政新篇》《英杰归真》都系节录;第二部分选注诗十二首。附《洪仁玕年表》。

本书初次征引了萧一山在台湾发表的洪仁玕被俘后,三次被敌人提审的记录。有些内容,可补《洪仁玕自述》的不足。其文见萧氏所撰《清代通史》第三册。限于当时台湾海峡两岸的条件,引文未注出处。但是,从此大陆学术界始注意及此。

---

[1] 祁龙威:《懿王蒋有福考》,《太平天国学刊》第四辑。

五、伪书考辨

辨伪,是文献学的一项重要工作。伪造的太平天国文献史料不少。萧一山作《石达开真箧伪书考》,简又文考定《石达开日记》为赝品,罗尔纲作《石达开假诗考》等,开太平天国文献辨伪的先河。总其经验有三:一、充分发露破绽;二、抓住作伪铁证;三、愈经反复,真伪愈明。兹举其要,以见大略。

《石达开诗集》

石达开能诗,留下了少数真迹,如庚申十年在广西宜山县白龙洞的题壁诗。见《太平天国》二。但后人伪造的却不少。罗尔纲《石达开假诗考》说:"翼王石达开的诗,最先见于清光绪末年出版的梁启超著《饮冰室诗话》上《答曾国藩五首》。不久,南社诗人高旭刊《石达开遗诗》行世,称为'残山剩水楼刊本',其中除《答曾国藩五首》先见于《饮冰室诗话》外,另有《哭天王被难》等二十首,共二十五首。自是以后,《无生诗话》《龙潭室诗话》《说元室述闻》《太平天国野史》《石达开诗钞》《太平天国诗文钞》等竞相转载,于是石达开能诗之名,遂喧腾于世。"据《太平天国资料目录》所载,《太平天国翼王石达开遗诗》一册,1906年残山剩水楼主人铅印本。《石达开诗钞》一册,卢前辑。1927年泰东图书局初版,1929年再版(《饮虹丛刊》之一)。1934年,又由署名"卢前"者辑入《太平天国文艺三种》,上海会文堂新记书局铅印,一册。内第二种为石达开诗二十七首,与《石达开诗钞》同。罗氏《石达开假诗考》说:"上述诸书所刊的石达开诗,都是教人十分怀疑的。因为其中除了那些空洞的抒情诗外,只要一涉及石达开的身世或太平天国的史事,我们便可以立刻指出它的虚假来。"罗氏除了发现诗中与石达开身世不符和违背太平天国制度等大量破绽之外,还抓住了后人作伪的铁证。按天王洪秀全死在石达开被害后将一年,而上述诸书中却有《哭天王被难》诗,岂非出于后人伪托!自从罗氏对石达开诗提出疑问之后,柳亚子在《大风旬刊》发表了两篇短文。其一为《题残山剩水楼刊本石达开遗诗后》:

> 残山剩水楼刊本《石达开遗诗》共二十五首,自《答曾国藩五首》见于梁任公《饮冰室诗话》外,余二十首悉出亡友高天梅手笔。时在民国纪元前六年,同讲授沪上健行公学,天梅为予言,将撰翼王诗赝鼎,供激发民气之用,遂以一夕之力成之,并及序跋诸文,信奇事也。封面题字亦天梅所书。当时镌金印千册,流布四方,读者咸为感动。于是《无生诗话》《说元室述闻》《太平天国野史》竞相转载,而卢前辑《石达开诗钞》,罗邕、沈祖基《太平天国诗文钞》亦依据之,异哉!二十八年,春蚕题于上海。

其二,为他于同年四月写的《题卢冀野辑〈石达开诗钞〉后》:

> 饮虹园丁卢冀野所辑《石达开诗钞》,民国十六年十一月泰东书局出版。记五、六年,冀野讲授暨南大学,予因依

萍之介,曾共一醉,遂索是书阅之,内容什九为天梅所作赝鼎,而颇多脱句误字,复缺二首,盖冀野未见天梅原刊本,第以《无生诗话》及《龙潭室诗话》得之,搜辑可谓勤矣。《饮冰室》所载五首赫然首列,颇有人疑出任公伪造,与天梅不谋而合。又《入川题壁诗》据罗邕、沈祖基《太平天国诗文钞》谓见《梵天庐丛录》,而《致石龙轩四首》则冀野固未言出处,咸莫辨真赝也。

自从罗尔纲考证和柳亚子的两文发表后,世人才知除《白龙洞题壁》诗外,其他石达开诗都是后人伪造的。高旭字天梅,金山人。清末,与柳亚子等组织南社,以文字鼓吹革命。

《石达开日记》

许指严编辑。1922 年上海世界书局出版,1928 年发行至第七版。一册。

韩文举《舟车醒睡录》:"翼王石达开被擒时,系于川臬署狱中,神色闲定自如,日拈笔自述其生平行事,小字密行至盈四卷。殉国后,清川藩录一副本,庋之藩库,其真本则在臬库。闻两本皆尚完好无恙,蜀人多有见之者。"萧一山曾从四川省政府旧档案搜访此书,未之见。而许指严附会伪撰《石达开日记》,由上海世界书局刊行。抗日战争初期,简又文在香港撰《太平天国之文物》一文,附录《太平天国文献赝品考》,刊于《广东文物》下册卷十。其中指出《石达开日记》是伪书。其后,他又撮要写入《太平天国全史》第十八章附注《关于翼王之传说及伪书》。简氏晚岁在《五十年来太平天国史之研究》一文中,追述其事云:"《石达开日记》,武进许指严作,民国十一年(即西历 1922 年)上海世界书局出版，民国十七年七版。据其弁言云：'有友人先世为蜀藩库吏，得睹《石达开手书日记》，乃节录其诙诡奥折者，与官私书所传复异。后手录副本付许氏，自云：因考订各家记载，联缀其事，润色其词。……若以向壁罪我，则燕郢之编宁求大雅一赏哉！'考《翼王日记》留存于蜀之说，久已传闻海内。然迄今尚未见公之于世。抗战期间，萧一山教授曾亲到成都四川省政府搜索旧档案，亦无所发现。予以为根本并无《翼王手书日记》，实为翼王当日押解至成都后受讯时《供词》之讹传（《供词》早已流传）。许氏之作，予断定为其投机伪造者，适能迎合社会人士兴味，轰动一时，至翻印多次。但只可以小说视之，绝不能目为史料也。从史学上看来，此为伪书无疑。曩年，予执教鞭于燕京大学，有学生李崇惠者，方以考证此书真伪为毕业论文，就予问研究方法。予答以最好是施用内证法，仔细查考书中所言之日期、地点（路程）、人物、事迹、名词、制度……真伪易判矣。他如法进行，果著成具有学术性之洋洋大文《石达开日记之研究》，载《史学年报》第 1 期。许氏之书确为赝鼎之凭据甚多，兹不必赘述，以省篇幅。只就其内容人物言，凡翼王远征军中大将多名之显著于史册者均鲜见，而其所叙述之大将，如赵如龙、黄盖忠、杨中眼、黄得功、陆起势、陆成樑、戚朝栋等，无一见诸记载者。至其故事中心则侧重韩宝英四姑娘及其夫代翼王被俘事。考此故事本由王韬笔记所滥觞。实齐东野语，非史实也。又据此书，《翼王日记》最后一叶书于五月初五，经许氏指明'绝笔于此，盖不出二日即为清帅骆氏所擒……'（第 122 页）云云。但翼王献身清营之日，为同治二年四月廿七日（《平定粤匪纪略》作廿三，上据郭廷以《太平天国史事日志》下册第 1863 页）。又如此书误以太平天国十年为同治元年（第 93 页），实即咸丰十年,而同治元年则为太平天国十二年了。其他伪误之点,几每页皆有,毋庸列举。总而言之,此书为许氏向壁虚构者,可以断定。"关于传说中之石达开义女韩宝英舍己夫以救翼王故事,纯属文人虚构,见简氏《太平天国全史》第十八章附注。自经简氏考证,《石达开日记》是伪书,已成铁案。然而海外某些出版社还继续翻印,读者必须注意。

《新说》

干王子静宜草堂主人著。见《燐血丛钞》卷四。1979 年,发表于《中华文史论丛增刊——太平天国史料专辑》,上海古籍出版社出版。

按,《燐血丛钞》共四卷,出笼于 1962 年,托名吴县书贾谢绥之所抄。其中抄录了一批常见的资料,如《李秀成自述》等,又伪造了多种太平军将士的著述,《新说》即其中突出的一种。抄者自序:"咸丰庚申四月,贼陷吴门,予躬罹其厄,越一月,始脱虎口。同治癸亥,奏恢复功,予又随军入城,先收图籍,得备见贼人著述,事涉诡奇,随笔摘录。"他又说:"伪干王子静宜草堂主人,著有《新说》二册,间有足资谈助者。"经过核对,祁龙威断定这是伪书。理由是:一、从文献中,找不到可靠证明洪仁玕有这样一个带兵打仗的儿子;二、他竟然弄错了洪仁玕从香港到天京的时间;三、他竟然对一度与自己同时在苏州的洪仁玕的重要活动无只字记录。此外,《新说》作者竟敢违背太平天国避称"主"的规定,自称"主人"。《新说》所胡诌的一封李秀成给赵景贤的劝降信,更暴露了作伪的马脚。该信开头说:"天父天兄天王太平天国开朝精忠军师忠义宿卫军忠王李奉书清官赵君左右……"这里矛盾重重。一、"精忠军师"是洪仁玕的封号,李秀成封的是"真忠军师"，这位干王子怎会张冠李戴，把自己父亲的头衔错给了李秀成？二、太平天国规定："君王，前侯皆不得妄称此二字，唯上帝、基督、君王父、君王母、真圣主、幼主、代代幼主可称此君王二字，东西嗣君可称君字，余信勇至列王长主可称嗣钧。"[1]李秀成怎敢称敌将为君？特别是李秀成膺封军师已在癸开十三年夏，已在赵景贤死后。当李秀成向赵景贤劝降时，怎能预称军师？显而易见，《新说》不是太平军将士的著作，而是后人伪造的赝品[2]。查《燐血丛钞》的资料，不少抄自大伪书《江南春梦庵笔记》。《江南春梦庵笔记》胡说李秀成的头衔为"精忠军师"，《燐血丛钞》依样葫芦，以误传误。关于《燐血丛钞》抄袭《江南春梦庵笔记》的劣迹[3]。

《燐血丛钞》又伪造东王之婿所著的《吴游杂记》。该书胡说："昔东二王姑来归时，仅随使女四人。自定国制，二等王长子得娶相娘一人，随四女；贞人如妾者十人，随二十女。"按《太平礼制》，东王第二女，应称"东二金"，不称"东二王姑"。又按太平天国无此离奇的婚配制，其资料来源也是《江南春梦庵笔记》。恰好证明，所谓《吴游杂记》，也是赝品。

《燐血丛钞》还伪造了一篇谭绍洸的奏疏："贼中伪诏，皆以七字为句，已足供人喷饭，及见诸贼疏奏，尤令人忍俊不禁。兹录谭逆的疏一通，以例其余。疏云：'小臣慕天义谭绍洸启奏天父天兄太平天国天王万岁万万岁，妖魔鬼黄历书四月十三，小臣们随忠王打进浒关……这便是天王爷洪福齐天；一齐复，太平万年；得苏州，打杭州，一缕青烟；老天父，老天兄，保佑无边；享天福，

---

［1］《钦定敬避字样》。

［2］ 祁龙威：《〈新说〉质疑》，1980 年 9 月 30 日《光明日报》"史学"版。

［3］ 祁龙威：《〈燐血丛钞〉辨伪》，《扬州师院学报》1980 年第 3 期。

安天下，妖命难延；惟有我天王爷，喜动天颜；小臣们，一齐跪，祝福连连；万万岁，万万岁，恩施台前；赏我们，血战功，加上官衔；等候着，要金银，诚心贡献；等候着，要娇女，诚心贡献。求天王，赏些脸，批文下殿；小臣们，遵依着，各各心虔；恭候御旨遵行。天父天兄天王太平天国十年四月二十日，小臣慕天义谭绍洸启奏。'"这疏称谓不合太平天国体制。其一，在太平天国后期，臣下本章称天王为"真圣主天王万岁万万岁"或无"天王"二字，但从来没有称为"天父天兄太平天国天王万岁万万岁"的。其二，爷，是对上帝的专称。臣下焉能称洪秀全为"天王爷"！这疏署衔也不合事实。谭绍洸在封慕王之前的爵号不是慕天义而是健天义，见谭绍洸于壬戌十二年发给湖州郡乌程县子民胡信诚船凭。按天朝将士从天义升封王的，有的爵号不变，如洪仁玕从干天义升封干王；有的变了，如李秀成从合天义升封忠王。作伪者以为谭绍洸封慕王之前是慕天义，其实不然。这疏称国号为"天父天兄天王太平天国"，更彻底暴露作伪的马脚。按天王改国号，于太平天国之上加"天父天兄天王"字样，始于辛酉十一年。庚申十年九月，天王诏苏省及所属郡县四民，国号仍是"太平天国"。当庚申十年四月，谭绍洸怎能预改国号！

以上一书一疏，虽未经《太平天国史料专辑》采录发表，未散播恶劣影响，但《燐血丛钞》伪造太平军将士的真相，却必须彻底揭露，故附缀于此。

韦以成《天国志》

罗惇曧作《太平天国战纪》，自言其资料来源于韦以成《天国志》。罗氏自叙："永州杨时百（宗稷），以韦以成所撰《天国志》相授。以成为北王韦昌辉嫡子，昌辉败，以成逃至皖之宣城，迄金陵倾覆,忍痛觇述,秘之铁函,比之心史,其志可哀,而其事可据。传之其子师洛之手。今师洛出以示人。其述太平天国事,皆直笔至详备,庶乎足以备史材矣。然词繁猥而不文,虑不足以行远,辜作者传信之盛心,若仅取一脔,则全鼎可惜。乃奋发自撰述,尽取其事迹,而行以吾之文词,削其事之繁碎,存者犹十之八九焉,文减数千言,而事则既详核矣。易名曰《太平天国战纪》。"其书实乌有,而罗氏之作却流传甚广。其版本有:1913 年,《满清野史》第一种。《大中华》一卷二十二、二十三、二十四号。《学海月刊》一卷第六期,1944 年 12 月南京出版。凌善清《太平天国野史》的列传部分,多以《战纪》为根据。但《战纪》谬误百出。按太平天国前期规定,东西南北翼王之兄弟称国宗。如韦昌辉之弟韦至俊称韦国宗。而《战纪》却谬以韦至俊与韦国宗为二人。岂有韦昌辉之嫡子,认识不清其胞叔名字与称谓的道理!查《韦氏族谱》,韦昌辉仅有一子,名承业,而以成乃其侄。由此可见,罗惇曧所宣扬的韦昌辉嫡子以成留下《天国志》之说,实不可信。其详见简又文《太平天国文献赝品考》和罗尔纲《〈太平天国战纪〉考伪》。罗惇曧字瘿公,广东顺德人。以记撰清末野史著名,民国初年,曾任清史馆协修。

洪仁玕《使美日记》

李法章《太平天国志》卷十二《洪仁玕传》:"仁玕在美,著《使美日记》。"又云:"所著《使美日记》遗失江西,为沈葆桢所得,故沈办洋务,粗具条理,日记之力也。"查洪仁玕一生大事,见祁龙威所撰年表[1]。他从未奉命出使美国。所谓《使美日记》,纯

---

[1]《洪仁玕选集》。

属虚构。按李法章从民族主义出发,仿《三国志》,撰《太平天国志》十九卷,自天王以下均为列传,无表志。章炳麟为之序。民国十二年,常州华新书社印行。李字绎之,武进人。撰稿时,方任南京中学文史教员。

附:

佚书考补

太平天国所颁之书,迄今未发现者,尚有多种。除上述"旨准颁行诏书总目"二十九种之中,尚有《钦定制度则例集编》未被发现外,罗尔纲《太平天国佚书考》还列举了四种:

一、《钦命记题记》

赵烈文《能静居日记》:咸丰十一年三月二十二日,"兰卿来,在夷行取得贼中书四本归,系英人到江宁携来物"。《钦命记题记》是四本之一。《能静居日记》又说:"《钦命记题记》一本,其取士程文,其题目,皆其节令。凡七节,有云太兄(即耶稣)升天节记、太兄暨朕登极节记、东王升天节记等类。末有幼主与天王并称,盖即洪逆之子,而亦与闻国政者。此书庚申所刊。"

二、改正四书、五经

汪士铎《乙丙日记》卷二:"贼改四书、五经,删鬼神、祭祀、吉礼等类,不以人废言,此功不在圣人下也。后世必有知言者。"《钦定士阶条例》:"真圣主御笔改正四书、五经各项,待镌颁后再行诵读。"曾国藩曾得到改正本"四书"。

三、《诏书》(太平天国开国史)

谢炳《金陵癸甲纪事略》:"贼令人抄伪《诏书》,自戊申起至入金陵城等事,前出冯云山手,后出曾钊扬、何震川诸贼手。"《李秀成自述》:"自我主应立开基之情节,依天王《诏书》明教传下,将其出身之由,《诏书》因京城失破,未及带随,可记在心之大略写呈。"此书似也未刊行,仅有抄本而已。

四、《会议辑略》

曾国藩《手书日记》:同治元年(1862)九月二十日,"贼之来援金陵,曾于五、六月大会二次,集议全局,并有刊刻《会议辑略》一书,伪忠王亲为之序。"许瑶光曾亲见其书,见所著《谈浙》:"予尝于营中获其会议伪书,自叙其功已三解京围。一则八年德都统兴阿败于浦口,破天长、六合,攻陷扬州,已而李忠武阵亡于三河,秀成谓为一解京围。一则九年扑六合城外官营并破浦口、九洑洲之长壕,致周天培阵亡,是谓二解京围。一则十年会议于芜湖,陷广德、泗安以破杭州,分我兵势,旋回聚于界牌,纠集上江诸贼暨侍逆、辅逆、刘逆、古逆,即英逆亦由北渡南扑我大营,致张帅阵亡于丹阳,和帅自缢于浒墅,是谓三解京围。伪书中云'乃欲奋一战而胜万战,先须联万心而作一心'云云。"可见,此书是在李秀成主持下,总结天京破围战的军事经验专辑。

罗文所未及的,还有下列两书。

《天父圣旨》卷一、卷二

《能静居日记》:咸丰十一年(1861)三月二十二日,"贼书目《天父圣旨》一本,记贼中伪托天父下凡,所说言语,鄙俚不经,皆托东王口中传出。其初起事以前一本已失去,此本系在平山之后,以迄破金陵之时。初所言皆笼络人心而已。比至金陵,则杨秀清日骄,往往假托天父下凡,肩舆直至洪秀全宫内。癸丑冬十一月内,竟传旨欲责洪逆四十,洪逆忍受,不敢求免,大众哀乞始释。

其事因洪逆过责女官而起,而天父下凡皆在杨逆府中之女官杨水姣口中说出,盖杨逆昵水姣,而水姣庇其同类,故有斯变。"罗尔纲氏误谓此即《天父下凡诏书》(二),所以未列入佚书中。按,《天父圣旨》共三卷。王庆成在英国图书馆觅得其第三卷。赵烈文所见之第二卷及所未见之第一卷,现均尚未被发现。

《杨秀清韦昌辉石达开会奏稿本》

《向荣奏稿》卷七《封呈杨秀清韦昌辉石达开会奏稿本片》(咸丰四年八月二十六日自紫金山大营发):"兹于闰七月初四日我师船胜仗之后,忽于贼首伪燕王秦日纲船上,获得各贼渠禀奏洪逆稿本一册。查五月二十四日稿内,有渠杨秀清韦昌辉石达开三逆会奏洪逆一稿。"又云:"又查稿本内有复英夷三十条,其后载一条云'不单准上海闽广贼党投降,天下万国皆要来降也'等语。"最后说:"兹将原稿本封呈军机处以备御览。惟簿面多有损破,均仍其旧,合并声明。"按所谓"复英夷三十条",从其引文证明,即蒋孟引于1938年从英国档案馆所发现的,东王杨秀清于太平天国甲寅四年五月二十三日给"夷弟"的诰谕。全文计复三十条[1]、问五十条,《向荣奏稿》所引的一条,乃是其中的第二十九条:"不单准上海闽广党投降,天下万国皆要来降也。"向荣窜入了一个"贼"字。蒋孟引氏将其抄件发表于《文史》第1辑。《太平天国文书汇编》据以翻印。由此可见,向荣所封呈的那册《杨秀清韦昌辉石达开会奏稿本》中,还有外交文件。这一稿本迄今尚未被发现。

---

[1] 蒋孟引抄件作三十一条,实仅三十条。

祁龙威文集·专著(附：史料搜集整理)

龙威读书录

前 言

2003 年,广陵书社为刊行《考证学集林》。戴逸学兄赐之序。迄今六年,自顾日益衰老,于是续辑所作,就正同好。仍分上下编,上编大多论述清代朴学史;下编偏重对太平天国文献的考释,其中《释"功勋等臣,世食天禄"》《李秀成官爵考》《〈燐血丛钞〉辨伪》三篇,以前曾附编入具有史学史性质的《太平天国史学导论》,今以类聚,改归本集。

中华人民共和国六十华诞

祁龙威谨志

时年八十有八

重写清学史的几点启示

——读台湾版《清代经学国际研讨会论文集》札记

　　1995 年,在美国匹茨堡大学东亚图书馆,得读台湾东吴大学
文学研究所博士研究生林庆彰氏所撰学位论文——《明代考据
学研究》。是书于 1983 年印行,内容多发前人所未发。(一)表
述考据的方法。"考据既为一种治学方法,则必有其论辩之程序。
此种程序,即为考据方法。其法每因考据之对象或材料而有所异
同,然必有其共通之原则,兹叙之如下:(1)资料之搜集:考据既
为一种文献工作,则资料愈多,证据也愈坚强。前代考据家每有
抄书之说,即搜集资料之一法也。(2)资料之检核:引用原始资料
应注意真伪问题。引用他人资料,则检查是否与原书相符,其解
释是否周延。(3)归纳与演绎:将许多同类之事例,比较参考,寻
出通则,是为归纳之应用。然于寻得某些类例后,亦可预作假设,
然后找类例以证成之,此即演绎法之应用也。归纳与假设交相为
用,并非孤立之方法。……是知考据乃是一种治学方法,其本身
并无特定学科对象,亦无是非善恶之别。"(二)回顾考据学的历
史。"大抵而言,唐以前之考据工作较为琐碎,可谓为考据学之萌
芽期;入宋以后,规模较大,疑经、考史、辑佚皆有之,可谓为考据

学之成长期；至明中叶以后，学者争奇炫博，考据已蔚为潮流，清乾嘉时乃成为学者唯一之学术工作，故明清可视为考据学之发达期。"(三)对清代考据学之所以盛极一时，突出学术发展的内在因素。该书结论有云："明代考据学之意义，在于其为清学开创诸多路径……此事刘师培曾致意再三，研究明清学术思想者，不可等闲视之也。"我自少年时即好乾嘉考据，旋以考据治晚清及民国初年史，几半个世纪，自愧无成，但有志董理自清以来考据学的发展史，以鼓励青年一代振兴朴学之风。究竟什么是"考据"？怎样表述考据的科学性及其运用？我经常思考这些问题。读林氏书后，深受启发，于是撰《近世史家与考证学的发展》(《中国文化》第13期)、《考证学与中国近代史研究》(《扬州大学学报(人文社会科学版)》创刊号)，以阐明考据学的方法、准则及其运用。林君与我，均从事清学史。林君自明至清，梳理考据学的发展。我则自当代上溯乾嘉，以辨考据学的源流。志趣相同，但无由识面。1997年，我自美归国，继续从事对考据学的撰述。嘤鸣求友，喜闻林君等为研究乾嘉扬州学派，正谋作大陆之行。1999年1月，终于在扬州大学欢迎六位台湾学者的莅临，并得读由林君写"导言"的《清代经学国际研讨会论文集》，获益匪浅，尤其为重写清学史，得到启示。

一、必须重写清学史

还在抗日战争中，我年犹未冠，在上海租界，得师事国学巨擘吴江金松岑，好读吾师所撰《皖志列传稿》中的《戴震传赞》，流连讽诵。此文以两三千字总评清代学术，虽参考章炳麟氏《訄书》

的《清儒篇》，但别开生面，引人神往。抗战胜利后，得读钱穆（宾四）所著《中国近三百年学术史》。1946年，在苏州，因金先生之介，访钱氏，畅谈其书，至今犹能忆及者，钱氏赞同我所建议，谓将补撰章节，评述章太炎之学术思想。至80年代，我教授扬州师范学院历史系，与研究生讲论梁启超《清代学术概论》。近岁，尝与戴逸学兄计议，谓梁书尚未能深入，宜着手准备，重写清学史，阐明一代学术之消长蕃变。今读林君等之文，知已先吾着鞭矣。

台湾版《清代经学国际研讨会论文集》问世于1994年，内辑论文16篇："导言"（林庆彰）、《清代经学思潮》（何佑森）、《清代科举与经学的关系》（〔美〕艾尔曼）、《清人"杂著"中之易学资料》（黄沛荣）、《清代浙东学者的经学特色》（詹海云）、《诠释与考证——阎若璩辨伪论据分析》（刘人鹏）、《李光地的易学初探》（曾春海）、《方苞义法与〈春秋〉书法》（张高评）、《关于乾嘉学派的几点思考》（陈祖武）、《章学诚"六经皆史"及其相关问题的哲学反省》（林安梧）、《礼、理争议——清嘉道间汉宋学之争的一个焦点》（张寿安）、《阮元〈性命古训〉析论》（岑溢成）、《宋翔凤学术及思想概述》（钟彩钧）、《陈奂〈诗毛氏传疏〉的训释方法》（林庆彰）、《晚清的疑经风气及其时代意义》（李威熊）、《清末的私纪年与经学》（〔日〕竹内弘行）、《关于日本考证学的特色》（〔日〕町田三郎）。除"导言"外，其他涉及清学的方方面面，都围绕着一个中心——"经学"。为什么要抓这个中心？林君在"导言"中做了回答："有清两百六十八年是传统经学兴衰的最重要时段，也是传统中国蜕变为现代中国最关键的时刻。作为此一时段主流的经学，实应有更深入的关怀。"他举例说明了清学对民国以来学术的深远影响。"如：清中叶学者的考据方法，胡适认为富西方科学的精神,经其提倡、改造,作为一种研究其他典籍的新方法。
又如:清初姚际恒、清中叶的崔述,和晚清的廖平、康有为,他们的
怀疑精神,也成了古史辨学派思想的源头。"

"导言"检讨了近数十年来研究清学的一些偏失。

(一)"贬斥清学为无用之学"。此说主要发自新儒学派熊十
力等,他们掊击清学者"既无儒学内圣、外王的理想,所从事的经
典考据,也仅是一种无聊的纸上工夫而已"。

(二)"研究范围太过于集中"。如集中在清初的顾炎武、黄
宗羲、王夫之,清中叶的戴震和反对戴学的章学诚,以及晚清今文
经学家龚自珍、魏源、廖平、康有为等人身上,而在清268年中,受
忽略的经学者不少。

(三)"对乾嘉考据学形成原因的不当解释"。过去偏重寻找
其外因,如章炳麟、梁启超以清廷高压政策来解释乾嘉考据盛极
一时的原因;晚近又有学者以经济繁荣、社会安定说来取代高压
手段说,但都忽视了学术发展的内在因素。

(四)"忽略乾嘉义理学的存在"。前人认为,除戴震撰《孟子
字义疏证》外,其他乾嘉考据家皆不谈义理。其实不然。"如凌廷
堪等人提出'以礼代理'之说,自是一种新的义理学,他们强调典
章制度对国计民生的作用,可视为儒学发展的新方向。"

(五)"误以清儒的研究工具为目的"。"民国以来在评判清
代学者的成就时,往往将他们从事考据所运用的文字、声韵、训
诂、辨伪、辑佚等方法,作为他们研究学术的目的来评判,以为他
们发展了文字学、古音学、训诂学、辨伪学、辑佚学,对于他们的考
证工作,是否有助于探寻经典本义,反而略而不谈。"其实,后者才
是清儒从事考据的最终目的。

由上述可见，对清学亟须深入研究，吸取前人的成果，纠正他们的偏失，写出一部新的清学史来。

二、必须抓住"经学"这个中心

清学绚丽多"产"，单以乾嘉时期而论，除有以惠栋、戴震等为代表的考据学外，还有浙东史学、桐城文学等派别，但都离不开"经学"这个中心。

詹海云氏的《清代浙东学者的经学特色》一文即阐明了浙东史学与经学不可分割的关系。

詹氏首先纠正以往学术界忽视浙东学派"经史并重"的偏向。他说："一般人因受顾炎武下开乾嘉考据学与黄宗羲下开浙东史学之影响，总以为清代浙东讲史学、浙西讲经学，事实上，浙东、浙西虽治学偏重有所不同，但均重视经史之研究。倘仅就清代浙东学术言，它治学主要精神是'经世致用''回顾孔孟''古为今用'，因此它的学术发展脉络是：理学（心学）→经学→史学。在此一脉络的发展上，经学实居关键地位。""可惜的是，近人对浙东学术虽有不少著述，而专论其经学思想者，则甚罕见"。作者在回顾了"南宋至清代浙东学术之演变"之后说："清代浙东学术既由经学收摄心学，再由史学以证经学，发展到了章学诚，就有'六经皆史'的'经史同源'的说法。所以吾人研究清代浙东学术时，应该注意当时浙东学者如何融理学于经学，据史学讲经学。"

文章评述了清代浙东学者的"经学观"："六经虽是载道之书，但'事变之出于后者，六经不能言'，而圣人之道，是从'学于众人'的'一阴一阳之迹'来，而六经所言，不过是每个人心中所同然的理。因此,浙东学者认为经学既是以研治'道'为鹄的,道既不仅在六经中,故吾人研治经学,不能只在六经中求,还要从'史学''理学',甚至从'文学'中求。"

文章比较详尽地分析了"清代浙东学者治经之方法及其成就与影响"。其中有"从学术史之发展厘清经说中之附会"一条,列举黄宗羲疑东晋梅赜所献《古文尚书》及其孔安国传为伪;黄宗炎辨《易图》非古。可见,浙东学者治经,和浙西学者一样,长于考据,不过浙西偏重音训校勘,而浙东则偏重考镜源流罢了。

张高评氏的《方苞义法与〈春秋〉书法》一文,表明了桐城派鼻祖创建的古文论也导源自经学。兹节录其主要观点,以见大略。

文章首先揭示:"方苞义法之根源在《春秋》书法,所谓'以书法为史法之体,以史法弘书法之用',同时以史法为阶梯,向上借镜《春秋》书法,向下转化为古文义法;史笔文心,自相贯串。其中有其别识心裁,亦有经史兼治之时风世尚在。"

文章进一步说:"方苞推崇'义经、体史而用文'之《左传》《史记》义法,以为最精最备;盖由《左》《史》义法,可以悟笔削见义之大凡,识法随义变之蹊径,得属辞比事之通则。试考察方苞《春秋》学之著述,注重通览前后,比观详略,参互异同,以测圣心而见笔削;其发明《周官》之学,则楬橥互见、偏载、详略、细大诸要端,以比附《春秋》书法;皆与《左》《史》义法留心于详略、虚实、后前、逆顺、取舍、安排措注、熔裁史料诸方,有相得益彰之处。可见史法、书法、仪法、义例、文法、义法间自有密切之关系;实以《春秋》书法为其根源,而发用于史义,表现于文心,而成就方氏之'义法'。"

桐城派,为清代古文创作与古文理论影响最为深远的一大流派。桐城文论的架构，是建立在方苞标榜的"义法"之上，而其导源乃是《春秋》书法。由此可见，桐城文学的产生与发展，也离不开经学。

三、必须作深广的研究为写新的
清学史做准备

这本《论文集》反映出海峡对岸的同仁们正在对清代经学作深广的研究，或对专人，或对专书，或对专文，进行解剖。

1. 钟彩钧氏的《宋翔凤学术及思想概述》，是专人研究之例

文章开首即说明了研究这个课题在清学史上的重要意义。"宋翔凤（1777—1860）……是清代今文经学开创人物之一，今文经学发展到康有为、谭嗣同，成为波澜壮阔的政治改革运动，但在开创时代只是一种学术运动。研究宋翔凤的学术思想，有助于了解乾嘉以后经学风气的转变，以及晚清今文经学思想的来源，并可领会今文经学丰富的可能性。"

文章继而概括了宋翔凤学术的特征："宋翔凤的经学是乾嘉汉学至道咸今文经学转变中的环节，其学同时具有两派的特征。如其所著《小尔雅训纂》《周易考异》为训诂、校勘之作，《过庭录》一书有考证天文、地理、服饰、车制诸条，与乾嘉汉学不殊。但《大学古义说》《论语说义》则为发挥孔门义理之作。宋氏的考证与义理相和谐，其意义和戴东原在山西节署中'发狂打破宋儒家中太极图'一样，欲在名物制度的考据基础上，创建和宋儒相异的义理。""但他以探索孔门微言大义为目标，则已开今文经

学的风气"。

文章将戴震与宋翔凤的哲学思想作对比，从而显示出后者的特色。作者指出："翔凤有志于在名物制度的基础上探讨新的义理，为尔后的公羊学辟了途径，但其义理亦不期然而有近于宋儒之处。如性具情的思想近伊川，以《中庸》的达道释《老子》的常道，并推本于性命，则近于朱子。无欲故静的主张，与戴震体情遂欲之说相较，尤可见其接近于宋儒。""但翔凤更重视形而下的问题，也就是讨论仁道如何推行，具体事业与性命天道的合一等等。此处仍然反映了清儒共同的思想倾向。"

2.林庆彰氏的《陈奂〈诗毛氏传疏〉的训释方法》，是专书研究之例

文章首先评述自古迄清，《诗经》学发展变化的三个阶段："两汉至唐中叶，是汉学时代，重视文字训诂和典章制度的考证。从北宋中叶开始，新的《诗经》问题产生了，如《诗序》存废、淫诗问题等，解经不再斤斤于一字一音、一名一物的解析。此一风气一直绵亘至明代中叶，这是所谓宋学时代。清乾嘉时代起，治经回复到汉学时代，文字、音韵、名物、制度的研究，又成了学术界最热门的课题。"继而列举乾嘉学者研究《诗经》的成果，"是戴震的《诗补传》《毛郑诗补正》和段玉裁的《诗经小学》。但这几部书，并非全面对《诗经》的诠释，仅是摘章摘句加以辨析而已。当时学界所需要的，应该是能融会前人研究成果，且具全面疏释的《诗经》专著。以这一标准来衡量，能符合要求的，也许仅有胡承珙的《毛诗后笺》、马瑞辰的《毛诗传笺通释》和陈奂的《诗毛氏传疏》三书而已。"作者分析了当代《诗经》学的状况，对马氏书的研究，已有专书和论文，而对胡、陈二家之书，则尚无人探讨。胡承珙与陈奂为研究《毛诗》的同志,经常通信切磋。胡氏先卒,其《后笺》尚未完,遗嘱陈奂为补成之。陈氏之书后出,能综合前人包括胡氏之成果,其书又符合疏体,为乾嘉《诗经》学做了总结。林氏研究陈书的重要意义,于此可见。

林氏解剖了陈奂著作《诗毛氏传疏》的宗旨和方法。

(1)体例:陈氏尊《毛诗》而摈齐、鲁、韩《三家诗》,存《毛传》而舍《郑笺》。他尊信《诗序》。

(2)校勘:林氏全面考察了陈奂校勘《毛诗》之功,约分七类:其一,"纠经传文之讹误";其二,"纠传文误衍";其三,"纠传文误倒";其四,"订传文缺脱";其五,"订传文错简";其六,"纠笺文误入传文";其七,"纠传文误入笺文"。从七类的具体事例看,林氏指出:陈氏已能运用多种校勘方法,如:"以本书前后互校、以他书校本书、归纳本书条例作为校勘之准则……这些都是陈氏《疏》较值得注意的地方。"

(3)训释:包括对《诗序》和《经传》的训释。其一,"明古今字"以释经文。如《召南·殷其靁》:"殷其靁,在南山之阳。"陈氏《疏》云:"靁,古雷字。"其二,"明假借字"以释《毛传》。如《小雅·鹿鸣》:"和乐且湛。"《毛传》:"湛,乐之久。"陈氏《疏》云:"湛,读为媅,此假借字也。"其三,以史书印证《诗序》。例如:《豳风·鸱鸮·序》:"周公救乱也。成王未知周公之志,公乃为诗以遗王,名之曰《鸱鸮》焉。"陈氏《疏》引《尚书·金縢》云:"周公居东二年,则罪人斯得。于后,公乃为诗以诒王,名之曰《鸱鸮》。"其四,详尽解释名物制度。林氏云:"汉人解释名物制度往往相当简洁扼要,孔颖达的《正义》则不免累赘。宋人对名物制度,不甚感兴趣,所以解释都相当缺略。自明代末期,名物的研究勃兴……清人承继此一传统,至胡承珙、陈奂等人,可说达到高峰。"所以如此,是因"当时学者认为名物制度的研究,是读通经书的基础"。这"正是乾嘉学风的最佳写照"。

3. 岑溢成氏的《阮元〈性命古训〉析论》,是专文研究之例

实证论大师胡适在《考据学的责任与方法》一文中提出:"凡做考证的人,必须建立两个驳问自己的标准","第一个驳问是要审查某种证据的真实性,第二个驳问是要扣紧证据的相干性"[1]。学者同样应当以此法严格审查前人有影响的考证成果,加以肯定或否定。这也是我们深入研究清代经学必须使用的方法。岑氏此文,就是审议阮元重要考证成果之作。

阮元是乾嘉后期的学术巨子,也是扬州学派的中心人物。他本着戴震"由字以通其辞,由辞以通其道"的遗教,精通文字、训诂、声韵之学,以此解释先秦经籍,力图阐明孔孟之道真谛,以辟后儒误入老佛二氏"歧途"之说。在阮氏遗著《揅经室集》中,辑入这类经说,共有《论语论仁论》《孟子论仁论》及《性命古训》诸篇,突出体现阮元仿效戴震《孟子字义疏证》的经学思想和方法。

前人之中高度肯定阮元《性命古训》考证方法的,莫如傅斯年。他在《〈性命古训〉辨证》的"引语"中说:"阮氏聚积《诗》《书》《论语》《孟子》中之论'性''命'字,以训诂学的方法定其字义,而后就其字义疏为理论,以张汉学哲学之立场,以摇程、朱之权威。夫阮氏之结论固多不能成立,然其方法则是为后人治思想史者所仪型。其方法惟何?即以语言学的观点解决思想史中之问题,是也。"但经过审核阮元原文,岑氏发现,傅斯年的论断,

---

[1]《胡适选集·考据》,台北《文星丛刊》106 号。

与事实颇有出入。

岑氏把阮元撰写《性命古训》的方法，分做两个阶段："以训诂学的方法定其字义是第一个阶段，是方法的基础。第二个阶段则依据第一个阶段的成果，再疏为理论。"岑氏之文，"就是从训诂的角度来检讨阮元《性命古训》的第一个阶段的工作成果"。

按，阮元《性命古训》主张"节性"说，认为人本能的性情欲望，必须受到礼仪的节制。其根据是《尚书·召诰》。《召诰》云：

> "节性，惟日其迈，王敬所作，不可不敬德。""若生子，罔不在厥初生，自贻哲命。今天其命哲。命吉凶，命历年。""王其德之用，祈天永命。"

阮元释之云："《召诰》所谓命，即天命也。若子初生，即禄命福极也。哲与愚、吉与凶、历年长短，皆命也。哲愚授于天为命，受于人为性；君子祈命而节性，尽性而知命，故《孟子·尽心》亦谓口、目、耳、鼻、四肢为性也。性中有味、色、声、臭、安佚之欲，是以必当节之。古人但言'节性'，不言'复性'也。'王敬所作，不可不敬德'，即性之所以节也。"岑氏肯定，阮元对《召诰》的这段阐释，是言之成理的。

但是，岑氏指出，阮元举《尚书·西伯戡黎》中的"不虞天性"作为《召诰》"节性"之反证，却在训诂学上找不到证验。《性命古训》所摘《西伯戡黎》云：

> 祖伊曰："天既讫我殷命……故天弃我，不有康食，不虞天性，不迪率典……"王曰："呜呼！我生不有命在天？"

祖伊反曰:"呜呼! 乃罪多参在上,乃能责命于天?"

阮元据裴骃《史记集解》引郑玄《尚书注》"王暴虐于民,使不得安食,逆乱阴阳,不度天性,傲狠明德,不修教法者"之语,谓"郑氏以度训虞……'度性'与'节性'同义,言节度之也"。但岑氏查《史记·殷本纪》,有"维王淫虐用自绝,故天弃我,不有安食,不虞知天性,不迪率典"句,可见司马迁把《尚书》"不虞天性",译作"不虞知天性"。也可见,裴骃《史记集解》所引《尚书郑注》的"不度天性"当与"不虞知天性"同义。从而证明,这里的"度"非节度之度,而是臆度之度。正如岑氏所云:"即使进一步参考阮元所编的《经籍籑诂》所列'虞'字在先秦古籍中的用例,仍然无法替阮元的解释找到有力的证据。"据该书第七卷第一条所列,先秦古籍多有以"度"训"虞",但都犹言"臆度"而无作"节度"解的。如《仪礼·士昏礼》:"惟是三族之不虞。"郑玄注:"虞,度也。不臆度谓卒有死丧。"又如《诗·大雅·抑》:"用戒不虞。"郑玄笺:"用备不臆度而至之事。"请看,同是一个郑玄,岂有在《仪礼注》和《诗笺》中训"不虞"为不臆度,而在《尚书注》中却训"不虞"为不节度之理? 显而易见,这不是郑玄在训诂上自相抵牾,而是阮元曲解了《尚书郑注》的以度训虞。

阮元又引《诗·大雅·卷阿》中的"弥尔性",作为"节性"说之旁证,实属牵强。《毛传》:"弥,终也。"《郑笺》:"终汝之性命,无困病之忧。"可见,"弥性",意即终生。岑氏断言,这与《召诰》的"节性",在训诂上实无直接的联系。

总之,阮元力图将《诗》《书》仅见的三处"性"字,归纳为一义,从而发挥其"节性"说,核之训诂学,岑氏认为,这是不能成立的。

　　谨按,其后阮元作《塔性说》,斥李翱《复性书》云:"其下笔之字明是《召诰》《卷阿》《论语》《孟子》(见予所著《性命古训》)内从'心'从'生'之'性'字,其悟于心而著于书者,仍是浮屠家无得而称之物。"这里未举《西伯戡黎》。阮元又作《节性斋铭》云:"周初《召诰》,肇言节性。周末孟子,互言性命。性善之说,秉彝可证。命哲命吉,初生即定。终命弥性,求至各正。迈勉其德,品节其行。复性说兴,流为主静。由庄而释,见性如镜。考之姬孟,实相径庭。若命古训,尚曰居敬。"这里也未举《西伯戡黎》之"不虞天性"。岂阮元已悟其在训诂上有失误,曲解"不虞天性"为不节天性,因而作此更正欤? 附录于此,供读岑文者参考。

　　　　　　(原载《扬州大学学报(人文社会科学版)》1999年第4期)

读前人清朴学史部分论著札记

一

"朴学"一词,始见于《汉书·儒林传》。武帝云:"我始以《尚书》为朴学。"清儒钱大昕、褚寅亮亦有"《仪礼》为朴学"[1]之言,盖谓质朴之学。其后取代"汉学",用以概括以考据为方法的经史百家等一切征实之学。如洪亮吉言,清初,"朴学始辈出"[2]。俞樾尝语人,"治朴学有两途"[3]云云。

清代朴学,肇始于明清易代之际,鼎盛于乾隆、嘉庆年间。乾隆时,汪中拟撰《六儒颂》,总结一百多年学术成就,实为修纂清代朴学史的嚆矢。"六儒",谓顾炎武、阎若璩、梅文鼎、胡渭、惠栋、戴震。江藩曾张皇其辞为自己撰《国朝汉学师承记》鸣锣开道。该书卷七《汪中》篇云:"君治经宗汉学,谓国朝诸儒崛起,接二千余年沉沦之绪,通儒如顾宁人、阎百诗、梅定九、胡朏明、惠定宇、戴东原,皆继往开来者。亭林始阐其端;河洛图书至胡氏而

---

[1] 钱大昕:《潜研堂文集》卷十四《仪礼管见序》。又见江藩:《国朝汉学师承记》卷二《褚寅亮》。
[2] 洪亮吉:《卷施阁文甲集》卷九《邵学士家传》。
[3] 《艺风堂友朋书札》上册《费念慈致缪荃孙书》(一):"昨谒荫甫丈……谓弟曰:治朴学有两途:一为典章之学……一为训诂之学。"

绌；中西推步至梅氏而精；力攻古文者，阎氏也；专治汉《易》者，惠氏也；及东原出而集大成焉。"其实，此六人中，惟惠栋创立"汉学"门户，其他五儒都非狭隘的汉学家。汪中尝与毕沅书，自叙学术渊源有云："某少日问学，实私淑顾宁人处士，故尝推六经之旨，以合于世用。及为考古之学，实事求是，以此不合于元和惠氏。"[1]为见汪中也不附和惠氏"汉学"。

江藩以惠氏"汉学"传人撰《国朝汉学师承记》，但所记实多不惬于"汉学"门户之见的人。例如邵晋涵，为人代作《周易辨画序》云："夫言《易》只求不悖于《易》而已，岂必判汉宋若鸿沟哉！"[2]又如凌廷堪，曾倡言"汉学"不能覆盖宋以前学术，他在《与胡敬仲书》云："且宋以前学术屡变，非汉学一语可尽其源流。即如今所存之《十三经注疏》，亦不皆汉学也。"[3]凌氏的同志焦循，作《述难》五篇，第四专难风靡一时的"汉学"。"学者述孔子而持汉人之言，惟汉是求，而不求其是，于是拘于传注，往往扞格于经文，是所述者汉儒也，非孔子也。""且夫唐宋以后之人，亦述孔子者也，持汉学者或屏之不使犯诸目，则唐宋人之述孔子，讵无一足征者乎？"[4]《师承记》作者固执己见，把一大批反对"汉学"墨守师法的学者强纳入"汉学"的行列，这是此书的缺陷。然而它作为一部草创的清代前期朴学史，自有其独特的价值。

此书以事实表明，清儒以考据治经，从复古到创新。阎若璩

---

[1] 汪中：《述学》卷七《与巡抚毕侍郎书》，无"以此不合于元和惠氏"语。此据《汪容甫先生年谱》所引校补。

[2] 邵晋涵：《南江文钞》卷六。

[3] 凌廷堪：《校礼堂文集》卷二十三。

[4] 焦循：《雕菰集》卷七。

攻东晋本伪古文《尚书》,胡渭缉河图洛书,惠栋辑《周易》汉诂等,都为复经传原貌。而戴震著《孟子字义疏证》,邵晋涵撰《尔雅正义》等,则在发明新意,从而创建新一代的经学。

江藩颇多取材于亲见亲闻,为后人追叙所不及。如《师承记·洪榜篇》记:戴震作《孟子字义疏证》,"当时读者不能通其义,惟榜以为功不在禹下"。榜为戴震撰《行状》,载《与彭进士尺木书》,内容触及程、朱。朱筠见而不怿,谓"可不必载,戴氏可传者不在此",于是戴子中立,将之删除,背榜本意。榜乃上书辩论,与朱筠争。江藩是时在苏州,"见其书,叹曰:'洪君可谓卫道之儒矣!'"遂录其文于《师承记》,把一篇珍贵文献留存了下来。

江藩同样以传记形式叙述当代理学的演变,作《国朝宋学渊源记》。后世论清学史,必举"两记"。

嘉庆时,阮元在史馆创立《儒林传》,力持汉、宋之平。《凡例》云:"《史》《汉》始记《儒林》,《宋史》别出《道学》,其实讲经者岂可不立品行,讲学者岂可不治经史,强为分别,殊为偏狭。国朝修《明史》,混而一之,总名'儒林',诚为盛轨,故今理学各家与经学并重,一并同列,不必分歧,致有轩轾。"[1]阮元外任,由后人踵事续修。虽云经学与理学各半,但在汉学盛行之际,实际不得其平。光绪二十二年(1896)六月十七日,恽毓鼎《澄斋日记》云:"校勘史馆《儒林传》卷上毕(皆理学诸儒,下卷则经师也)。诸传草率殊甚,其品其学皆不足以传之。缘嘉、道以来,视宋学若土苴,濂洛一脉几成绝响,承修诸公皆不屑置意也。"光绪三十年八月初七日,恽氏续记:"勘阅史馆《儒林传》。此举创自阮文达。当时

[1] 阮元:《揅经室续集·一集》卷二《拟儒林传稿凡例》。

汉学盛行，文达又右汉而左宋，于国朝理学诸儒，限制甚严，纂辑各传苟简。而训诂家但注一经，即为立佳传。门户之见特甚。"

清季，缪荃孙续修《国史·儒林传》，赵之谦撰《国朝经学师承续记》。费念慈与缪氏书云："国史续修《儒林》《文苑》传，想仍踵阮仪征旧例。经学大师如巽轩、皋文诸公，是否即用仪征旧稿所列各家？望录其目见示，当为博录行述碑志，抄录寄都。赵㧑叔撰《国朝经学师承续记》将成，曾见其稿否？必大有可采也。"[1] 赵纠前《记》专固之失，改"汉学"为"经学"。而缪续《儒林》，却益失汉、宋之平，使后来者不得不为之补正。光绪三十三年八月初七日《澄斋日记》云："迨光绪初，缪筱珊前辈（荃孙）为史馆提调，主其事，尤恶宋学，语及程、朱，则詈之。骤增汉学数十传，百年经生，搜采略遍。于宋学则不一留意，且从而删除焉。其不平如是。国史为千秋公论，划分汉、宋已非，况又从而上下其手耶？予遍观《耆献类征》、《国朝学案小识》、《先正事略》、彭尺木《二林居儒行述》及全谢山、钱衎石、警石诸文集，拾遗补缺，冀持两家之平。"

民国初年，清史馆修《儒林传》，对是否遵循阮元旧章，馆内外有争议。叶德辉与缪荃孙书云："辉以为清朝有儒学无儒林，儒林绝于《南北史》，唐以下不能有此名。阮文达以理学为上卷，经学为下卷，辉殊不谓然。今修史因之，辉如在局，必力争改变，是又一刘知幾也。"[2] 但最终仍在阮元所拟序言冠首的框架下，凑合成了《清史稿·儒林传》凡三卷。其一理学，孙奇逢居首。其二、

---

［1］《艺风堂友朋书札》上册《费念慈致缪荃孙书》（十二）。

［2］《艺风堂友朋书札》下册《叶德辉致缪荃孙书》（三十八）。

三经学,顾炎武冠首,罗列阎若璩、胡渭、惠氏三世、钱大昕兄弟诸侄、江永、戴震、段玉裁、王念孙引之父子、汪中、焦循,直至清季俞樾、孙诒让等朴学巨子的传记,为后人研究清代朴学史提供资料和线索。但此书存在严重缺陷。

其一,对某些重要的人和事,画龙没有点睛。

例如,黄宗羲、顾炎武、王夫之等大儒,深恶痛绝明季士大夫"空谈心性",无救明亡之弊,各举一帜,讲求经世致用,建学术创新之功,而学者尤尊炎武为有清朴学之鼻祖,其故有三:(一)炎武于推陈出新之际,揭示了舍语录而读孔、孟遗经的正确方向,全祖望以一语概括,曰:"经学即理学。"(二)炎武倡导"读九经自考文始,考文自知音始。以至诸子百家之书,亦莫不然"的实学途径。(三)炎武发扬明陈第列本证、旁证以考《毛诗》古音的归纳比较法,我国传统的考证方法至此始具条例,但陈第用之不过是为读《诗》谐韵,而炎武却用以通古音,识古字,研经考史,其功效远大。于是以经世为宗旨、以经学为中心、以小学为工具、以考证为方法的朴学,在清康熙间开始形成。炎武跋涉草莽,以启山林,塑造了这一代学术的雏形,加以志行高尚,遂为二百数十年从事朴学者所宗。《清史稿·儒林传》经学卷虽以顾氏冠首,但未详以上内容,犹如画龙没有点睛。这是一大缺陷。

又如,江永发展顾炎武古韵学,其贡献主要在于冲破双重思想束缚:(一)江氏敢冒犯朱熹的权威,支持顾氏否定《诗集传》所采用的"古叶音"说。(二)江氏又反对顾氏的复古论,不以为先秦的原始音韵学胜过魏、晋以降的音韵学。他参用后者的理论与方法研究先秦古音,以故他的审音之功,为顾氏所不及。《清史稿·儒林传》虽肯定江永探讨古韵分部之功,"平上去三声皆当为十三部，入声当为八部，而三代以上之音，始有条不紊"，但未据江氏所著《古韵标准》，阐明导致此成果的正确观点——"考古而非复古"。这也是画龙没有点睛。

其二，叙述学术大事过于简略或回避不言。

例如，阎若璩撰《尚书古文疏证》，为辨东晋所献古文《尚书》二十五篇及孔安国传为伪，定下铁案，这是清初学术上的一件大事。钱大昕作《阎先生若璩传》，以全文一半篇幅评述此事。其略云："年二十，读《尚书》至古文二十五篇，即疑其伪，沉潜三十余年，乃尽得其症结所在，作《尚书古文疏证》八卷。"钱氏列举阎氏根据司马迁、班固、许慎、郑玄等汉人所记有关孔壁古文《尚书》的资料与梅赜本比较对勘，揭发一系列矛盾：篇数不合，篇名不合，内容不合。所谓"孔安国传"，也有矛盾。按《论语·尧曰》有"虽有周亲，不如仁人"句，何晏《集解》引孔安国注："亲而不贤不忠，则诛之，管、蔡是也。仁人，谓微子、箕子，来则用之。"但梅赜本《尚书·孔传》同样注此二语，却说："周，至也，言纣至亲虽多，不如周家之少仁人。""其诠释相悬绝如此，此岂出一人之手笔乎！"也就在"孔传"中，出现了孔安国死后才设置的金城郡，暴露了作伪的确证[1]。江藩《国朝汉学师承记·阎若璩篇》关于辨梅赜伪古文《尚书》一节，几乎照录钱文，但把《尚书古文疏证》改为《古文尚书疏证》。《清史稿·儒林传》二《阎若璩传》，参据《四库总目》，缩成数十字。"年二十，读《尚书》至古文二十五篇，即疑其伪，沉潜三十余年，乃尽得其症结所在，作《古文尚书疏证》八卷，引经据古，一一陈其矛盾之故，古文之伪大明。"如此

---

[1] 钱大昕：《潜研堂文集》卷三十八。

简率，怎能作为一代正史，将此关系千百年的学术大事，昭告于天下后世？

又如，清代朴学，至戴震达于顶点，而《清史稿·儒林传》却遮掩了这个高峰。按戴氏治经，提倡"由字以通其辞，由辞以通其道"，其最高成果为《孟子字义疏证》，系明道之作。戴氏欲使孔、孟之道复明，斥责宋人"援禅入儒"，"以理杀人，与圣学两"[1]。对此，当时的一些"汉学"大师都不肯附和。朱筠谓批判"援禅入儒"，乃汉儒贾逵、马融、服虔、郑玄等所不为，戴震为之，有悖"汉学"家法。戴氏可传者系六书、九数及典章制度等考证成果，而非义理之作。洪榜与朱筠书，一一加以驳斥。洪氏指出，当东汉时，说经家尚不知有"援禅入儒"之事，贾、马、服、郑当然无需对之批判。戴震为之，岂背汉经师家法？且汉学家公认义理存在于训诂之中，戴氏名其书曰《孟子字义疏证》，并非空谈性命，仍是"训故而已矣，度数而已矣"，仍是考证成果，岂能对之歧视？尽管洪氏强调"戴氏之学，其有功于六经、孔、孟之言甚大，使后之学者无驰心于高妙，而明察于人伦庶物之间，必自戴氏始"[2]；然而当时与朱筠一样有影响的钱大昕作《戴先生震传》，罗列戴氏平生撰述，也并未突出其明道之作。焦循《国史儒林文苑传议》云："如戴震之学，钱氏详矣，然其生平所得，尤在《孟子字义》一书，所以发明理道情性之训，分析圣贤老释之界，至精极妙，钱氏略举之，尚未详著之也。"[3]《国朝汉学师承记·戴震篇》虽大量抄录钱文，但也补充内容，选取了戴氏另一明道之作《原善》"使人各得其精，

---

[1] 焦循：《雕菰集》卷六《读书三十二赞》。

[2] 江藩：《国朝汉学师承记》卷六《洪榜》。

[3] 《雕菰集》卷十二。

各遂其欲"的片断,把矛头明确对准宋儒。"夫以理为学,以道为统,以心为宗,探之茫茫,索之冥冥,不若反求诸六经。"[1]凌廷堪撰《戴东原先生事略状》,综论戴氏之学:"而其所由以至道者则有三:曰小学,曰测算,曰典章制度。""至于《原善》三篇、《孟子字义疏证》三卷,皆标举古义,以刊正宋儒,所谓由故训而明理义者,盖先生至道之书也"。因时人对后两书的评价有争议,故凌文只诠列戴氏六书、九数及典章制度之学。至于其义理之作,则"其书具在,俟后人之定论云尔"[2]。虽示回避,实有倾向。《清史稿·儒林传》二《戴震传》割取钱、凌之作以成篇,对其明道之作《原善》《孟子字义疏证》,一如钱《传》,只列书目而已。作为一代正史,不敢面向一代朴学的高峰,对争议作定论,这不能不是又一重大缺失。

此书尚有详略失宜的缺点。

例如《钱大昕传》,《史稿》作者突出其对天算的研究,而对于钱氏的其他真知灼见,如"古无轻唇音""舌音类隔之说不可信"等,却只字不提。

也有要语漏记。

如《段玉裁传》漏记段氏自言,遵乃师戴震"以字证经,以经证字"之教,撰成《说文解字注》。

读《清史稿·儒林传》后,深感以人为主体的一代学术史,难以相对集中反映各专业的连贯性。如关于"六书"中"转注""假借"的解释,戴震、江声等异说纷纭,散见于各传,缺少比较联系,

---

[1] 江藩:《国朝汉学师承记》卷五《戴震》。

[2] 凌廷堪:《校礼堂文集》卷三十五。

以便读者取长弃短。而且有的还不入《儒林传》,如曾国藩论转注。

由于"类传"体例的限制,连创撰"清史儒林传"的阮元,也因历任中外大吏而未入《清史稿·儒林传》。

加以内容疏误,如在《黄式三传》附子以周一节有云:"有清讲学之风,倡自顾亭林。顾氏尝云:'经学即是理学。'"按此非顾炎武原语,而是全祖望所言。

综上所言,作为清代朴学史,《清史稿·儒林传》尚不足以当此。

二

早在清末,章炳麟撰《清儒篇》,综论清代学术之消长蕃变,虽不及万言,但如网在纲,如衣挈领,能表明清代朴学的源流与特点,且能不因时变境迁而逊色,迄今仍为一篇权威性的论清学史的杰作。

章氏以双重身份撰写此文。他既是反清革命的旗手,又是戴、段、王、俞朴学的传人。于是政治上的排满思想与学术上的流派观念,交织形成了笔者褒贬的权衡。全文壁垒分明:学者有达官与寒素之别,章氏录布衣而弃纪昀、阮元等显贵人;经学有今古文之异,章氏厚古文而薄与"保皇"有联系的今文经学;经学与文学殊途,章氏重硕儒而鄙文士;朴学有吴惠、皖戴之分,章氏极尊皖而稍卑吴。读者当本朴学"实事求是"的准则,鉴定章文之得失可也。

章氏首先说明,清代朴学的核心是"说经",而其方法是考据。

清世理学之言竭而无余华。多忌，故歌诗文史楛。愚民，故经世先王之志衰。家有智慧，大凑于说经，亦以纾死，而其术近工眇踔善矣。

"其术"，即考据。章氏另文《说林·下》对此作了申说。其法如法官治狱，"审名实，一也；重佐证，二也；戒妄牵，三也；守凡例，四也；断情感，五也；汰华辞，六也。六者不具而能成经师者，天下无有"[1]。

朴学起于清初。章氏举"顾炎武为《唐韵正》《易》《诗》本音，古韵始明，其后言声音训诂者禀焉"。同时，"阎若璩撰《古文尚书疏证》，定东晋晚书为作伪，学者宗之"，"张尔歧始明《仪礼》"，"胡渭审察地望，系之《禹贡》"。章氏颂之，谓"皆为硕儒"，犹言均朴学巨子。其时朴学"草创未精博"，与宋明理学也尚未截然分离，诸儒著作"时糅杂宋明谰言"。

朴学之有体系是在乾隆时。惠栋、戴震先后而起，著书授徒，形成了风格不同的吴、皖二流派。惠氏"好博而尊闻"，戴氏"综形名，任裁断"。其后章氏与吴承仕书，曾援《论语》以补前说，"惠氏温故，戴氏知新"[2]。近百年来评惠、戴之学异同者众，但如章氏一发中的者寡。章氏评吴派治经，"缀次古义，鲜下己见"，"皆陈义尔雅，渊乎古训是则者也"。赞皖派最精在小学，"分析条理，皆缜密严瑮，上溯古义，而断以己之律令，与苏州诸学殊矣"。嗣后论吴、皖学术特征者，都引申此说。

---

[1] 章炳麟：《太炎文录初编》卷一。
[2] 转引自徐复：《訄书详注》。

但吴、皖学派之分，不是非此即彼。当时颇有学人兼重惠、戴，对所学择善而从。后人不得谓之非惠即戴。刘师培尝谓钱大昕"于惠、戴之学，左右采获，不名一师"[1]。而章氏列钱氏于吴派，实非笃论。章氏又谓吴处湖滨产文人，皖居高原育朴学，朴学少文，文人多不学。"夫经说尚朴质，而文辞贵优衍，其分途自然也。"由是断言乾嘉好俪辞者数家，或略近惠氏，"戴则绝远"。然而本文所列戴学传人孔广森、凌廷堪均工骈文，按章氏律令，岂非矛盾？至于汪中，则自举一帜，非惠非戴，章氏也不得因其擅俪辞而判令归属吴学者也。

乾嘉朴学家治经隆汉而贬宋，鄙薄说心性者与文士空虚。文人亦结盟理学以自壮，并反唇相讥。本文谓桐城派主将姚鼐"数持论诋朴学残破"。残破，犹言破碎。其实，以此攻朴学者，非止姚氏，大有其徒。对之，章氏与其挚友孙宝瑄曾予以圆满的解答。光绪二十八年八月六日，孙氏《忘山庐日记》云："苍雅之学，我国文字之根源也。本朝精治此学者，休宁之戴，高邮之王，诸家皆大有功。而近人多以破碎讥之。太炎为之讼冤曰：'西方论理，要在解剖，使之破碎而后能完具。金之出矿必杂沙，玉之在璞必衔石，炼钘攻研，必更数周而后为黄流之勺，终葵之圭。夫如是，则不先以破碎，必不能完具也。破碎而后完具，斯真完具尔。'忘山居士曰：'太炎以新理学言旧学，精矣。余则谓破碎与完具，相为用也。昔人多专治破碎之学，今日多专治完具之学。完具不由破碎而来非真完具，破碎不进以完具，适成其为破碎之学而已。'"此可为稍后问世的《訄书·清儒》作注脚。

---

[1]《左庵外集》卷九《近儒学术统系论》。

　　读章氏此文，当以章笺章，理解姚鼐所诋"朴学"，盖即惠、戴之学。清末，学者已不言"汉学"而云"朴学"。章氏《高先生传》云："先生语炳麟，惠、戴以降，朴学之士，炳炳有行列矣。"参以《俞先生传》"浙江朴学晚至……是时先汉师说已陵夷矣，浙犹觳张，不弛愈缮"之言，可知其内涵仍是汉经师贾、服、马、郑等训诂之学。再参《瑞安孙先生伤辞》"然文士多病先生破碎，抑求是者固无章采，文理密察，足以有别，宜与文士不相容受，世虽得王闿运等百辈，徒华辞破道，于朴学无补益"云云，可见其方法是考据，其目的是"求是"。

　　读章氏此文，当理解清朴学所至精者"小学"的完全意义，乃是"因音求义""以字考经"，而非仅教学者析形体、辨点画而已。章氏《与人论朴学报书》谓"若守此不进，而欲发明旧籍，则黏滞而鲜通，是特王筠《释例》之畴，可称'《说文》学'，而非小学也"[1]。

　　《訄书·清儒篇》言简意深，为后世治清朴学史者必读之文。

　　民国九年（1920），梁启超撰成《清代学术概论》。民国十二年，梁氏编写讲义《中国近三百年学术史》。近代学者系统董理和编纂清代朴学史，以此为嚆矢。梁氏二书留下极重要的启示：一是必须先从纵向着眼，考察清代朴学的兴衰及其原因；二是必须作横向解剖，展览清代朴学的成果。兹分别论之。

　　梁氏以"古典考证学"为中心，把清学史划分为启蒙、全盛、蜕分与衰落时期，这是他十数年从事纵向研究的结果。按，梁氏于清光绪二十八年（1902）亡命日本时，草拟《中国学术思想变迁

---

[1]　以上引文皆见《太炎文录初编》卷二。

之大势》一文，欲分为七个时代叙述：一、胚胎时期，春秋以前；二、全盛时期，春秋末及战国；三、儒学统一时代，两汉；四、老学时代，魏晋；五、佛学时代，南北朝隋唐；六、儒佛混合时代，宋元明；七、衰落时代，清朝。光绪三十年，章炳麟《訄书》重版于日本东京，其中新增的《清儒篇》给梁氏以很大影响。于是他为上文改写了最后一章，取名"近世之学术"，起明亡至清末，凡三节：第一节，永历康熙间；第二节，乾嘉间；第三节，最近世。其时，梁氏虽不再把清学看作处于中国文化衰落时代，但仍否定清代考据学的高峰——戴学。戴震主张"遂民之欲"，梁氏斥之，谓："人生而有欲，其天性矣。节之犹惧不蒇，而岂复劳戴氏之教猱升木为也。二百年来学者记诵日博而廉耻日丧，戴氏其与有罪矣！"[1]此是对朴学的否定。至民国九年撰《概论》时，梁氏已大赞戴震之学，并发明了朴学的脉络，得出启蒙、全盛、蜕分和衰落的分期结论。这是他为清朴学史研究作出的一大贡献。

　　梁氏分十六讲演说《中国近三百年学术史》，其中大量评叙朴学，特别是第十三至第十六讲，均为"清代学者整理旧学之总成绩"，实即古典考证学的成果展览。十三，经学、小学及音韵学；十四，校注古籍、辨伪、辑佚书；十五，史学、方志学、地理学、传记及谱牒学；十六，历算学及其他科学、乐曲学。每讲又分若干专题。以第十三讲为例，梁氏分经叙述清儒研经的主要业绩。如云："可以代表清儒《易》学者不过三家，曰惠定宇，曰张皋文，曰焦里堂。"接着评述三家《易》学。小学分以字义为主的《尔雅》学和以字形为主的《说文》学。音韵学分古韵学和切韵学。梁氏以同

[1]　梁启超：《饮冰室合集》，中华书局1936年版。

样方法评述其他专题。此书创始以事分类,从横向剖析清代朴学,与从纵向依时叙事的《概论》相结合,形成建设清朴学史的框架。这是梁氏作出的又一贡献。

梁氏为康有为弟子,颇受《新学伪经考》影响,怀疑古文经,连对西汉出孔子壁的真古文《尚书》,也认为难以置信。赞美魏源著《诗古微》,攻《毛传》为出后人伪托,谓可比阎若璩撰《尚书古文疏证》。比喻不伦,遭李详签驳。在引用资料上,也有削足适履等主观武断之病。但这些都非二书的主流。

最早肯定清朴学具有科学性质的是胡适。他在《清代学者的治学方法》等文章里,用西方 19 世纪自然科学发展催生的"实验主义"方法论("大胆的假设,小心的求证")来比较和评估清代朴学,发前人所未发,言前人所未言。胡氏指出:"中国旧有的学术,只有清代的朴学,确有科学精神。"[1]科学精神表现在哪里?一句话,就是讲究"实事求是"。胡氏说:"朴学是做'实事求是'的工夫,用证据作基础,考订一切古文化。"[2]他列举清儒反对宋人凭主观见解说经:(1)"随意改古书的文字"。(2)"不懂古音,用后世的音来读古代的韵文,硬改古音为'叶音'"。(3)"增字解经。例如解致知为致良知"。(4)"望文生义"。例如《论语》:"'君子耻其言而过其行',本有错误,故'而'字讲不通,宋儒硬解为'耻者,不敢尽之意;过者,欲有余之辞',却不知道'而'字是'之'字之误(皇侃本如此)。"[3]但清儒并非不要求读经有创见,而是每立一义,必有客观的证据。朴学家先归纳例证得出通则,

---

[1] 胡适:《清代学者的治学方法》,欧阳哲生编:《胡适文集》第 2 册。

[2] 《几个反理学的思想家》,《胡适文集》第 4 册。

[3] 《清代学者的治学方法》,《胡适文集》第 2 册。

又演绎通则解释它例,"故他们的方法是归纳和演绎同时并用的科学方法"[1]。胡氏强调说:清儒之所以能够有大发明,"正因为他们用方法无形之中都暗合科学的方法"[2]。这是对乾嘉考据的充分肯定。

乾嘉朴学扬弃宋明理学家"空谈心性",要求建设面向人伦日用的理学。胡氏大赞戴震"用当时学者考证的方法、历史的眼光,重新估定五百年的理学的价值,打倒旧的理学,而建立新的理学"[3]。

总之,读了胡适的书,人们便明白乾嘉考据暗合近代科学,从而确认清代朴学在文化史上的地位。

近世学人以论清朴学史而名家者众,其最著影响者厥唯章、梁、胡三大师。章炳麟撰《訄书·清儒》,朴学的源流及其特点明;梁启超著《清代学术概论》《中国近三百年学术史》,研究朴学史一纵一横的方法明;胡适发表《清代学者的治学方法》等论文,朴学的科学性质及其价值明。三大师为纂修清代朴学史奠定了基础。

(原载《扬州文化研究论丛》第 1 辑,广陵书社 2008 年 9 月版)

---

[1]《清代学者的治学方法》,《胡适文集》第 2 册。
[2]《论国故学》,《胡适文集》第 2 册。
[3]《几个反理学的思想家》,《胡适文集》第 4 册。

清乾嘉后期扬州三儒学术发微

尝观前代之学术主流，总不免由盛而衰，由衰而变，其主要原因乃是学术必须切合于人事实际。合则兴，否则衰，以至于变。在西学东渐之前，我国学界最有效的应变之方为"反求诸六经"。从明末清初到乾嘉之季，曾再次表现了上述"穷则变"的规律。先是，顾炎武高呼"古之所谓理学即经学"，以惩明季士大夫"空谈心性"之弊。至乾嘉后期，焦循又攘臂而起，倡言有经学而无考据学，以纠汉学末流之失。与焦氏桴鼓相应的，有阮元和凌廷堪。焦与阮皆扬州人。徽人凌廷堪曾作扬州寓公，与焦循、阮元等交密，在扬州文化熏陶下长成，以故论者也目之为扬学巨人。兹剖析三儒思变学说，以觇扬学之历史地位。

一

乾嘉学者谓致治之道萃于孔孟诸经，而经学莫盛于汉，惟汉儒得经学真谛，魏晋以降，经学已晦，至清儒始复其真。当时的耆耋大师钱大昕等都倡言此说。《潜研堂文集》卷二十四《经籍籑诂序》云："汉儒说经，遵守家法，诂训传笺，不失先民之旨。自晋代尚空虚，宋贤喜顿悟，笑问学为支离，弃注疏为糟粕，谈经之家，师心自用，乃以俚俗之言诠释经典……古训之不讲，其贻害于圣

经甚矣！"同书臧玉林《经义杂识序》云："国朝通儒若顾亭林、陈
见桃、阎百诗、惠天牧诸先生，始笃志古学，研覃经训，由文字、声
音、训诂而得义理之真。"于是江藩等遂以"汉学"名派。《国朝汉
学师承记》卷七《汪中》篇云："君治经宗汉学，谓国朝诸儒崛起，
接二千余年沉沦之绪，通儒如顾宁人、阎百诗、梅定九、胡朏明、惠
定宇、戴东原，皆继往开来者。亭林始开其端；河图洛书至胡氏
而绌；中西推步至梅氏而精；力攻古文者，阎氏也；专治汉《易》
者，惠氏也；及东原出而集大成焉。"《国朝汉学师承记自序》云：
"经术一坏于东西晋之清谈；再坏于南北宋之道学；元明以来，此
道益晦。至本朝，三惠之学盛于吴中，江永、戴震诸君继起于歙，
从此汉学昌明，千载沉霾一朝复旦。"然而戴震之学与惠栋实际
不同，戴氏不似惠氏以"复汉"为经学的极峰，因为汉儒说经也有
过错。《戴东原集》卷九《与某书》："汉儒故训，有师承，有时亦
傅会。"戴震以申明孔孟之道为宗旨，他不仅反对宋人凿空说经，
而且批判他们援老佛入儒。所以戴氏著作的精华，不是疏通故训
的《方言疏证》等书，而是批判程朱"以理杀人"的《孟子字义疏
证》。但当汉学风靡一时的乾嘉后期，知识界的多数人都把支离
破碎的一字一句考据当作经学的唯一课题，正如蒋士铨《题焦山
瘗鹤铭》诗所云"注疏流弊事考订，鼫鼠入角成蹊径"，使学术与
人伦日用严重脱节。对戴震《孟子字义疏证》一书，如朱筠等权
威人士皆不予重视。有些宋学家则伺机而起，对汉学鸣鼓以相攻，
欲重振理学的旗帜。就在此时，从汉学家分化出来的扬州三儒，
联袂而起，力纠汉学末流之弊，并继续批判宋明理学空谈性道，把
顾炎武等所开创的以经世为宗旨的朴学向前继续推进。

二

扬州三儒也是尊信汉儒说经的。《校礼堂文集》卷十一辑凌廷堪《后汉三儒赞》，三儒者许慎、服虔、郑玄。其序云："若夫许君叔重、服君子慎、郑君康成，皆东京之冠冕，洵儒林之翘秀，或长于小学，或精于《春秋》，其大者则功在六经，旁通七纬……传姬公之旧典，衍尼山之坠绪……代传其书，罔敢畔越。隋唐以来，王辅嗣之《周易》、梅仲真之古文、杜元凯之《左传》，稍起而奸之，至于声音文字，未之或改也。自宋以降，异说争鸣，刘原父之《小传》方兴，王介甫之《字说》复出。延及南渡，厌故喜新，变本加厉，遏抑之，搐击之，不遗余力，而汉学遂废焉，是不可以不赞也。"阮元曾于杭州创诂经精舍，令生徒奉祀许慎、郑玄。《雕菰集》卷二十四辑焦循《代诂经精舍祭许祭酒郑司农文》，即宣扬诂经必宗许、郑。但是他们并不盲从汉儒。《雕菰集》卷十五《九经三传沿革例序》云："学者言经学则崇汉，言刻本则贵宋。予谓汉学不必不非，宋板不必不误。"即使是汉代大儒所说，亦必折中于经传而后定其是非。《揅经室集·一集》卷十四《浙江图考·下》云："曰：'康成之说，经学之宗也，子奈何非之？'曰：'予岂不宗康成，顾质之经传而不合，故不敢从焉耳。'"

对于当时惟汉必信、非汉不信、歪曲汉学等偏向，焦循曾一再加以驳斥。《雕菰集》卷七辑《述难》五篇，其四专斥当时的所谓"汉学"：

学者诩于人，辄曰我述乎尔。问其何为乎述？则曰学孔子也……然则所述奈何？则曰汉学也……学者述孔子而持汉人之言，惟汉是求，而不求其是，于是拘于传注，往往扞格于经文，是所述者汉儒也，非孔子也。而究汉人之言，亦晦而不能明，则亦第持其言，而未通其义也，则亦未之为述也。且夫唐宋以后之人，亦述孔子者也，持汉学者或屏之不使犯诸目，则唐宋人之述孔子，讵无一足征者乎？学者或知其言之足征而取之，又必深讳其姓名，以其为唐宋以后之人，一若称其名，遂有碍乎其为汉学者也。噫，我惑矣！

其时被公认为当代汉学宗师的是元和惠栋。《揅经室集·二集》卷三《诰授光禄大夫刑部右侍郎述庵王公神道碑》："公治经与惠栋同，深汉儒之学。"阮元等都肯定惠氏与戴震在经学史上的功绩。《揅经室集·一集》卷五《王伯申经义述闻序》云："古书之最重者莫逾于经，经自汉、晋以及唐、宋，固全赖古儒解注之力，然其间未发明而沿旧误者尚多，皆由于声音文字假借转注未能通彻之故。我朝小学训诂远迈前代，至乾隆间，惠氏定宇、戴氏东原大明之。"但是焦循等人极力反对惠氏盲从汉人的僵化思想。罗振玉辑《昭代经师手简·二编》保存嘉庆九年焦氏与王引之的信，其中有云：

> 六月十三日接得手书一通、大作《经义述闻》一部，第一条辨"黁"字，便见精核之至。东吴惠氏为近代名儒，其《周易述》一书，循最不满之。大约其学拘于汉之经师，而不复穷究圣人之经，譬之管夷吾，名曰尊周，实奉霸耳。大作出，可以洗俗师之习矣！

此信未辑入《雕菰集》，但《焦氏遗书》卷前刊录王引之复信，可相印证。其略云：

> 惠定宇先生考古虽勤而识不高，心不细，见异于今者则从之，大都不论是非……来书言之，足使株守汉学而不求是者，爽然自失。

为纠汉学末流之弊，焦循甚至主张取消"考据"之名。《雕菰集》卷十三《与孙渊如观察论考据著作书》云：

> 自周秦以至于汉，均谓之学，或谓之经学……无所谓考据也……赵宋以下，经学一出臆断，古学几亡……王伯厚之徒，习而恶之，稍稍寻究古说，摭拾旧闻，此风既起，转相仿效，而天下乃有补苴掇拾之学……不知起自何人，强以"考据"名之……本朝经学盛兴，在前如顾亭林、万充宗、胡朏明、阎潜邱；近世以来，在吴有惠氏之学，在徽有江氏之学、戴氏之学；精之又精，则程易畴名于歙，段若膺名于金坛，王怀祖父子名于高邮，钱竹汀叔侄名于嘉定，其自名一学，著书授受者不下数十家，均异乎补苴掇拾者之所为，是直当以"经学"名之，乌得以不典之称之所谓"考据"者，混目于其间乎？

《雕菰集》卷十三《与刘端临教谕书》云：

> 有明三百年来，率以八股为业，汉儒旧说，束诸高阁。

国初经学萌芽，以渐而大备。近时数十年来，江南千余里中，虽幼学鄙儒，无不知有许、郑者，所患习为虚声，不能深造而有得。盖古学未兴，道在存其学；古学大兴，道在求其通。前之弊患乎不学，后之弊患乎不思。证之以实，而运之于虚，庶几乎学经之道也。乃近来为学之士，忽设一"考据"之名目。循去年在山东时，曾作札与孙渊如观察，反复辨此名目之非。盖儒者束发学经，长而游于胶庠，以至登乡荐，入词馆，无不由于经者。既业于经，自不得不深其学于经，或精或否，皆谓之学经，何"考据"之云然？先生当世大儒，后学之所宗，仰出一言以正其名。

仪征汪廷儒编《广陵思古编》二十九卷，内辑扬州名家遗文，其卷七有焦循复王引之书，也倡议取消"考据"之名，也为《雕菰集》所未收，胡适曾亟称其书甚有价值。此书见民国十年六月十三日胡氏日记所引：

　　阮阁学尝为循述石臞先生解"终风且暴"为既风且暴，与"终窭且贫"之文法为融贯。说经若此，顿使数千年淤塞一旦决为通渠。后又读尊作《释词》，四通九达，迥非貌为古学者可比。循尝怪为学之士，自立一"考据"名目。以时代言，则唐必胜宋，汉必胜唐；以先儒言，则贾、孔必胜程、朱，许、郑必胜贾、孔。凡郑、许一言皆奉为圭璧而不敢少加疑词。窃谓此风日炽，非失之愚，即失之伪……此岂足语圣人之经而通古人声音训故之旨乎？循每欲芟此"考据"之名目，以绝门户声气之习，敢以鄙见相质，吾兄以为何如？

三信表明,焦循不是为反对考据而欲取消"考据"之名。他所力图克服的,乃是当时汉学末流的僵化思想与钻牛角尖的方法以及狭隘的门户之见。如果不克服这些,则由顾炎武等所开创的,惠栋、戴震等所继承的清代朴学就不能前进。另一有识之士凌廷堪也"思起而变之"。《校礼堂文集》卷二十三《与胡敬仲书》云:

> 所云近之学者,多知崇尚汉学,庶几古训复申,空言渐绌,是固然已。第目前侈谈康成,高言叔重者,皆风气使然,容有缘之以饰陋,借之以窃名,岂如足下真知而笃好之乎!且宋以前学术屡变,非"汉学"一语遂可尽其源流。即如今所存之十三经,注疏亦不皆汉学也。盖尝论之,学术之在天下也,阅数百年而必变。其将变也,必有一二人开其端,而千百人哗然攻之。其既变也,又必有一二人集其成,而千百人靡然从之。夫哗然而攻之,天下见学术之异,其弊未形也。靡然而从之,天下不见学术之异,其弊始生矣。当其时,必有一二人矫其弊,毅然而持之。及其变之既久,有国家者绳之以法制,诱之以利禄,童稚习其说,耄耋不知非,而天下相与安之。天下安之既久,则又有人焉,思起而变之。此千古学术之大较也。

以上大体是对两宋至清乾嘉之季,我国学术史变化的经验总结。按顾炎武等虽反对王学空谈性道,但犹不攻击宋儒。清初对程朱鸣鼓相攻的,乃是毛奇龄。凌氏又言:

> 固陵毛氏出,则大反濂洛关闽之局,掊击诋诃,不遗余

力，而矫枉过正，武断尚多，未能尽合古训。元和惠氏、休宁戴氏继之，谐声诂字必求旧音，援传释经必寻古义，盖彬彬乎有两汉之风焉。浮慕之者，袭其名而忘其实，得其似而遗其真。读《易》未终，即谓王、韩可废；诵《诗》未竟，即以毛、郑为宗；《左氏》之句读未分，已言服虔胜杜预；《尚书》之篇次未悉，已云梅赜伪古文。甚至挟许慎一编，置九经而不习；忆《说文》数字，改六籍而不疑；不明千古学术之源流，而但以讥弹宋儒为能事。所谓天下不见学术之异，其弊将有不可胜言者。嗟乎！当其将变也，千百人哗然而攻之者，庸人也；及其既变也，千百人靡然而从之者，亦庸人也。矫其弊，毅然而持之者，谁乎？盖深有望于足下焉。

此信痛斥汉学末流浮夸浅兢的不良学风，至今犹足警世。

三

清代朴学，至戴震达于高峰，主要在于他对学术思想和方法都有巨大创造。焦循、阮元、凌廷堪等都是沿着戴学所启示的"由字以通其辞，由辞以通其道"的门径，从事经学的。最受他们尊崇的戴氏之书，乃是其明道之作《孟子字义疏证》。《雕菰集》卷六辑焦循《读书三十二赞》，其中赞戴震《孟子字义疏证》云：

性道之谭，如风如影。先生明之，如昏得朗。先生疏之，如示诸掌。人性相近，其善不爽。惟物则殊，知识囿囷。仁义中和，此来彼往。各持一理，道乃不广。以理杀人，与圣学两。

同书卷七《申戴》云：

> 王惕甫未完稿载上元戴衍善述戴东原临终之言曰："生平读书，绝不复记，到此方知义理之学可以养心。"……江都焦循曰："……东原生平所著书，惟《孟子字义疏证》三卷、《原善》三卷最为精善，知其讲求于是者，必深有所得，故临殁时往来于心。则其所谓'义理之学可以养心'者，即东原自得之'义理'，非讲学家《西铭》《太极》之'义理'也……浮慕于学古之名，而托于经，非不研究六书，争制度名物之是非，往往不持临殁而已忘矣！夫东原，世所共仰之通人也，而其所自得者，惟《孟子字义疏证》《原善》，所知觉不昧于昏瞀之中者，徒恃此戋戋也。噫嘻危矣！"

钱大昕撰《戴先生震传》，见《潜研堂文集》卷三十九。全文盛赞戴氏"考证通悟"之功，结语云："其所撰述，有《毛郑诗考证》四卷、《考工记图》二卷、《孟子字说》三卷、《方言疏证》十三卷、《原善》三卷、《原象》一卷、《勾股割圆记》三卷、《策算》一卷、《声韵考》四卷、《屈原赋注》九卷、《文集》十卷，则曲阜孔户部继涵为刊行之。"钱氏并未突出戴氏的义理著作，焦循对之颇有微词。《雕菰集》卷十二《国史儒林文苑传议》有云：

> 如戴震之学，钱氏详矣，然其生平所得，尤在《孟子字义》一书，所以发明理道情性之训，分析圣贤老释之界，至

精极妙,钱氏略举之,尚未详著之也。

凌廷堪作《戴东原事略状》,见《校礼堂文集》卷三十五。其论戴氏之学,着重点与钱文显然有异:

> 先生之学,无所不通,而其所由以至道者则有三,曰小学,曰测算,曰典章制度。至于《原善》《孟子字义疏证》,由古训而明义理,盖先生至道之书也。

由于当时对戴氏义理的评价尚有争议,只能待历史作定论,以故凌氏又言:

> 昔河间献王实事求是。夫实事在前,我所谓是者,人不能强词而非之;我所谓非者,人不能强词而是之也,如六书九数及典章制度之学是也。虚理在前,我所谓是者,人既可别持一说以为非;我所谓非者,人亦可别持一说以为是也,如义理之学是也。故于先生之实学诠列如左,而义理固先生晚年极精之诣,非造其境者亦无由知其是非也。其书具在,俟后人之定论云尔。

焦循等虽心折戴学,但并不墨守戴学。焦氏曾指出戴氏义理之不足。《雕菰集》卷十六《论语通释序》云:"循尝善东原戴氏作《孟子字义考证》,于理道天命性情之名,揭而明之如天日,而惜其于孔子一贯仁恕之说,未及畅发。"焦氏的《易》学著作即为补戴学之缺,而畅发孔子仁恕之旨。

凌廷堪谓戴震批判宋人援释入儒不彻底。兹节录《校礼堂文集》卷十六《好恶说·下》二段以见大略：

> 《论语》："子曰：惟仁者能好人，能恶人。"此好恶即《大学》之好恶也。宋儒说之曰：盖无私心，然后好恶当于理。考之《论语》及《大学》皆未尝有"理"字，徒因释氏以理事为法界，遂援之而成此新义，是以宋儒论学，往往理事并称……无端于经文所未有者，尽援释氏以立帜……故鄙儒遂误以理学为圣学也。然理事并称，虽为释氏宗旨，犹是其最初之言，若夫体用对举，惟达摩东来，直指心宗，始拈出之。至卢慧能著《坛经语录》，乃云："法门以定慧为本，'定'是'慧'体；'慧'是'定'用。"宋儒体用实在于此……然则宋儒所以表章"四书"者，无在而非理事，无在而非体用，即无在而非禅学矣……
>
> 近时如昆山顾氏、萧山毛氏，世所称博极群书者也。而昆山攻姚江，不出罗整庵之《剩言》；萧山攻新安，但举贺凌台之《绪语》，皆入主出奴余习，未尝洞见学术之隐微也。又吾郡戴氏，著书专斥洛闽，而开卷先辨"理"字，又借"体用"二字以论小学，犹若明若昧，陷于阱获而不能出也。

凌氏发明"圣人不求理而求诸礼，盖求诸理必至师心，求诸礼始可以复性也"。他作《复礼》三篇，阮元赞之为"唐宋以来儒者所未有也"。详见《揅经室集·二集》卷四《次仲凌君传》。阮元虽不似焦、凌二氏著论力纠汉学末流之弊，但也谆谆劝导士子克服重艺轻道之偏。《揅经室集·一集》卷十一《诂经精舍策问》云：

孔子曰："我志在《春秋》,行在《孝经》。"此二句实为圣门微言。盖春秋时学行,惟《孝经》《春秋》最为切实正传。近时学者发明三代书数等事,远过古人,于春秋学行尚未大为发明。本部院拙识所及,首为提倡,诸生如不鄙其庸近,试发明之,以成精舍学业焉。

阮元远宗顾炎武经世致用之学。《揅经室集·三集》卷四《顾亭林先生肇域志跋》云:

> 亭林生长离乱,奔走戎马,阅书数万卷,手不辍录。观此帙密行细书,无一笔率略,始叹古人精力过人,志趣远大,世之习科条而无学术、守章句而无经世之具者,皆未足与此也。

阮元近师戴震研经之法,"由字以通其辞,由辞以通其道",而在与人事结合上,有自己的独得之见。《揅经室集·一集》卷二《拟国史儒林传序》云:

> 综而论之,圣人之道,譬若宫墙,文字训诂,其门径也,门径苟误,跬步皆歧,安能升堂入室乎? 学人求道太高,卑视章句,譬犹天际之翔,出于丰屋之上,高则高矣,户奥之间未实窥也。或者但求名物,不论圣道,又若终年寝馈于门庑之间,无复知有堂室矣。是故正衣尊视,恶难从易,但立宗旨,即居大名,此一蔽也。精校博考,经义确然,虽不逾闲,德便出入,此又一蔽也。

同书卷十一《汉读考周礼六卷序》云：

> 稽古之学，必确得古人之义例，执其正，穷其变，而后其
> 说之也不诬。政事之学，必审知利弊之所从生，与后日所终
> 极，而立之法，使其弊不胜利，可持久不变。差未有不精于
> 稽古而能精于政事者也。

此言学者读经，当由训诂以明道，并身体力行之。稽古之效当见
诸政事。

阮元说经，一如戴震，先疏释字义，然后阐明孔孟真谛，并批
判宋明理学援禅入儒。而其具体内容则是注重行事实践，与戴学
偏重哲理有别。如《揅经室集·一集》卷二《大学格物说》云：

> 《礼记·大学篇》曰："致知在格物，物格而后知止。"此
> 二句虽从身心意知而来，实为天下国家之事。天下国家以
> 立政行事为主。《大学》从身心说到意知，已极心思之用矣，
> 恐学者终求之于心学而不验之行事也，故终显之曰："致知
> 在格物。"物者，事也，格者，至也。事者，家国天下之事，即
> 止于五伦之至善、明德、新民，皆事也。格有至义，即有止意，
> 履而至，止于地，圣贤实践之道也。

阮元加注驳朱熹对"格物"的曲解云：

> 《大学集注》"格"亦训"至"，"物"亦训"事"，惟云：
> "穷至事物之理。""至"外增"穷"字，"事"外增"理"字，

加一转折,变为"穷理"二字,遂与实践迥别。

又如同书卷九《孟子论仁论》云:

> 孟子论良能、良知,良知即心端也;良能,实事也。舍事实而专言心,非孟子本指也……按良能、良知,"良"字与"赵孟之所贵,非良贵也"良字同。良,实也(原注见《汉书》注),无奥旨也。此"良知"二字不过孟子偶然及之,与良贵相同,殊非七篇中最关紧要之言。且即为要言,亦应"良能"二字重于"良知",方是充仁推恩之道。不解王文成何所取,而以为圣贤传心之秘也……圣贤讲学,不在空言,实而已矣。故孔子曰:"吾道一以贯之。"贯者,行之于实事,非通悟也。通悟,则良知之说缘之而起矣。

以上论说的倾向极为明确,阮元坚持经学必须切合于人伦日用,这与焦循《易》学、凌廷堪《礼》学的宗旨、方法相同。

我尝窃论,所谓乾嘉经学,乃是反对宋明"空谈性道"的经世之学,前后经历三期:初期是以惠栋为代表的"吴学",其主要功绩是复汉人训诂,故又称"汉学";继之而起的是以戴震为代表的"皖学",其主要功绩是由训诂以明道;又继之而起的是"扬学",主要人物有焦循、阮元和凌廷堪,其主要功绩是面向人伦日用。这是乾嘉经学的主流。

焦循曾论清代扬州经学的兴起。《雕菰集》卷二十一《李孝臣先生传》云:"吾郡自汉以来,鲜以治经显者。国朝康熙、雍正间,泰州陈厚耀泗源,天文历算,夺席宣城;宝应王懋竑予中,以经学醇儒为天下重，于是词章浮缛之风，渐化于实。乾隆六十年间，古学日起，高邮王黄门念孙、贾文学稻孙、李进士惇实倡其始，宝应刘教谕台拱、江都汪明经中、兴化任御史大椿、顾进士九苞起而应之，相继而起者未有已也。"

　　上列诸贤对"扬学"的形成都有贡献，但真能使"扬学"继吴、皖而起，确定自己地位的，却是稍后显名的焦循、阮元以及曾作扬州寓公的凌廷堪。他们力图使经学切合于人事，如焦循以《周易》为改过之书，阮元发挥孔孟仁论，凌廷堪倡议以礼代理，皆是也。由于他们皆以纠"汉学"末流之弊而起，故谨董理其思变诸说，供研究清学史者评议焉。

（原载《扬州大学学报(人文社会科学版)》2000 年第 2 期）

《清代扬州学派研究》序

海峡两岸学者合作研究清代"扬州学派",产生了第一本论文集。它收集台湾、扬州和北京、上海等地三十余位专家的作品,内容涉及对清代乾嘉汉宋之争、吴皖扬分派以及扬州学者关于经学、小学、史学、子学、地理、戏曲等研究的探讨。这是一本绚丽多彩的论文集。

清代朴学的兴起,乃是对明季士大夫"空谈心性"的否定。惩明亡之失,顾炎武首标"知耻博文"之旨,鼓吹"理学即经学",引导学者舍宋明语录而反求"内圣外王"的真道于六经,遂开有清一代通经致用的朴学之风。同时,阎若璩辨伪《古文尚书》,胡渭斥河图洛书……其锋芒均指向宋明理学的"空疏"。乾嘉诸儒继起,笃志于研经,其他诸学并兴,著作如林,人才辈出,于是在中国学术史上,出现了众星灿烂的"乾嘉学派"。

乾嘉诸儒在复兴"古学"的口号下,创造新的文化。先是,以元和惠栋为宗师的"吴派",力求恢复自魏晋以降被颠倒废弃的汉儒对诸经的训诂,其徒颂之,谓使千载沉霾,一朝复旦。继之,以休宁戴震为宗师的"皖派",坚持"由字以通辞,由辞以明道",力求恢复孔孟之义理。再继之,以江都焦循、仪征阮元和曾作扬州寓公的歙人凌廷堪为主要代表的"扬州学派",力求恢复三代的人伦典则。三者相继,创建清代的经学。

　　乾嘉学派擅长考据，宗法许郑，故称"考据学派"。乾嘉经学又称"汉学"，以区别于"凿空说经"的"宋学"。吴皖扬三派虽都属"汉学"，但颇有差异。吴派唯汉代经师的家法是从，这是真正的"汉学"。皖派谓汉儒也有"傅会"，不能盲从，提倡"实事求是"[1]。惠、戴相继，使考据之学达于高峰。于是扬州学人闻风兴起，先于焦、阮者，有汪中、王念孙等。汪中为李惇撰墓铭云："是时古学大兴，元和惠氏、休宁戴氏，咸为学者所宗。自江以北，则王念孙为之唱，而君和之，中及刘台拱继之。"[2]焦循为李惇作传亦云："乾隆六十年间，古学日起，高邮王黄门念孙、贾文学稻孙、李进士惇实倡其始，宝应刘教谕台拱、江都汪明经中、兴化任御史大椿、顾进士九苞起而应之。"[3]以上诸贤，皆响应吴皖之学而起，成为"扬州学派"的先驱者。阮元为任大椿作《弁服释例序》云："元居在江淮间，乡里先进多治经之儒。"他在列举上述七贤后又云："皆耳目所及，或奉手有所受。"[4]其时"汉学"也就是考据学，已日益暴露其负面。于是"扬州学派"的奠基者焦循、阮元和凌廷堪，联袂而起，枹鼓相应，力纠"汉学"末流之弊，使"扬学"成

---

[1]　戴震：《与某书》云："汉儒训诂有师承，亦有时傅会；晋人凿空益多；宋人则恃胸臆为断，故其袭取者多谬，而不谬者在其所存。"见《戴震全书》第 6 册，第 495 页，黄山书社 1995 年版。《与王内翰凤喈书》云："六书废弃，经学荒谬，二千年以至今……仆情僻识狭，以谓信古而愚，愈于不知而作，但宜求识，勿以株守。"见同书，第 278 页。以上表明戴震既贬宋学，又不株守汉学的态度。

[2]　汪中著，叶纯芳、王清信点校：《汪中集》，第 256 页，台北："中央研究院"中国文哲研究所筹备处 2000 年 3 月版。

[3]　焦循：《雕菰集》第 6 册，第 343 页，中华书局 1985 年《丛书集成初编》本。

[4]　阮元：《揅经室集》，第 243 页，中华书局 1993 年版。

为乾嘉朴学的殿军。

焦循作《述难》五篇,其四专斥惠氏株守"汉学","惟汉是求,而不求其是"[1]。他《与王引之书》指名批评惠栋,"大约其学拘于汉之经师,而不复穷究圣人之经,譬之管夷吾,名曰尊周,实奉霸耳!"[2]焦循深恶当时考据家的盲目信古之风,"以时代言,则唐必胜宋,汉必胜唐;以先儒言,则贾、孔必胜程、朱,许、郑必胜贾、孔。凡郑、许一言,皆奉为圭璧而不敢少加疑词"。焦氏深忧,"此风日炽,非失之愚,即失之伪"[3]。他大声疾呼,有经学而无考据学,必也正名。

凌廷堪《与胡敬仲书》痛斥当时所谓"汉学"者的虚伪学风:"第目前侈谈康成,高言叔重者,皆风气使然,容有缘之以饰陋,借之以窃名。"对惠、戴之学,"袭其名而忘其实,得其似而遗其真。读《易》未终,即谓王、韩可废;诵《诗》未竟,即以毛、郑为宗;《左氏》之句读未分,已言服虔胜杜预;《尚书》之篇次未悉,已言梅赜伪古文,甚至挟许慎一编,置九经而不习;忆《说文》数字,改六籍而不疑;不明千古学术之源流,而但以讥弹宋儒为能事……其弊将有不可胜言者"。凌廷堪又反对汉学家狭隘的门户之见:"且宋以前学术屡变,非'汉学'一语可尽其源流。即如今所存之《十三经注疏》,亦不皆汉学也。"[4]也就是说,孔孟经义不尽在于汉儒训诂。

---

[1] 焦循:《雕菰集》第2册,第105页。

[2] 赖贵三编著:《昭代经师手简笺释》,第208页,台北里仁书局1999年版。

[3] 《昭代经师手简笺释》,第201页。

[4] 凌廷堪:《校礼堂文集》,第203—206页,中华书局1998年版。

阮元在杭州诂经精舍，督率诸生发明孔子志行，以纠正当时重"书数"轻"志行"之偏。

焦循等虽然猛烈抨击"汉学"流弊，但是他们的步伐仍然没有脱离"隆汉贬宋"的轨道，批判宋明理学"援禅乱儒"，不遗余力。与前人所不同者，焦循等能及时总结汉学流弊的经验，发明和充实面向经世的治学方法。

凌廷堪揭示学术"阅数百年而必变"的规律："其将变也，必有一二人开其端，而千百人哗然攻之。其既变也，又必有一二人集其成，而千百人靡然从之。夫哗然而攻之，天下见学术之异，其弊未形也。靡然而从之，天下不见学术之异，其弊始生矣。"[1]他攘臂高呼，要求矫"汉学"之弊。

焦循发挥《论语》"学而不思则罔，思而不学则殆"的深意，阐明学经之道。他《与刘端临教谕书》云："盖古学未兴，道在存其学；古学大兴，道在求其通。前之弊患乎不学，后之弊患乎不思。证之以实，而运之于虚，庶几乎学经之道也。"[2]

阮元强调，稽古之学，当用之于政事，所作《汉读考周礼六卷序》云："稽古之学，必确得古人之义例，执其正，穷其变，而后其说之也不诬。政事之学，必审知利弊之所从生与后日所终极，而立之法，使其弊不胜利，可持久不变。尽未有不精于稽古而能精于政事者也。"[3]

所有这些，皆言惠、戴所未尝言，这与焦循《易》学三书、凌廷堪《复礼》三篇、阮元《论仁》等面向人伦日用的研经著作，都超

---

[1] 凌廷堪：《校礼堂文集》，第 204 页，中华书局 1998 年版。

[2] 焦循：《雕菰集》第 4 册，第 215 页。

[3] 阮元：《揅经室集》，第 241 页。

越了吴皖学者的陈迹,从而确立了"扬州学派"的历史地位。

我尝窃论,吴、皖、扬三派的划分,显示了乾嘉经学连续发展的三个阶段,这是学术内在的脉络[1]。借此序文,进一步申此浅见,以冀抛砖引玉,把对清代"扬州学派"的研究深入下去,并把研究的重点引向当时学术文化的中心——经学。除焦、阮、凌等的经学成果外,对于宝应刘氏之于《论语》、仪征刘氏之于《左传》等,我们都要研究。

清代"扬学"以博通著称,其内容博极"四库"。有些经学家,往往兼治史学,如任大椿作《吴越备史注》、刘文淇作《南北史注》等等。尤其是对文化史的董理,硕果累累。汪中作《荀卿子通论》《荀卿子年表》《墨子序》《墨子后序》《老子考异》,开拓"子学"史研究的领域。江藩撰《国朝汉学师承记》《国朝宋学渊源记》,阮元纂《畴人传》,均属不朽之业。如果上溯王懋竑撰《朱子年谱》,下迄刘师培编《经学教科书》,则清代扬州学人对文化史的著作,可谓渊远而流长矣。

远在隋代,曹宪传"《文选》学"于江淮间。"选学"冶雅训、词章于一炉,乾嘉扬州学者受其熏陶,彬彬称盛。汪中、凌廷堪均善骈文,其名作为世传诵。而焦循、阮元之文学理论,也影响及于近代。

乾嘉扬州学者好收藏金石,辨其文字。汪中蓄古钱二百九十有七,其古金多是三晋时物,刀布圜法,迄汉而止,考其文字,可以订正六书,益人神智。阮元纂《积古斋钟鼎彝器款识》《两浙金石志》及《山左金石志》,用以补经史,订《说文》。

---

[1] 祁龙威:《清乾嘉后期扬州三儒学术发微》,《扬州大学学报(人文社会科学版)》2000年第2期。

　　略举数例，以见"扬学"的宝藏极为丰富，需要海内外同行分工合作，长期研究。

　　我任教扬州大学及其前身扬州师范学院逾四十年，常思约集同好之士，合作研究清代"扬州学派"，以兴朴学之风。但直到20世纪的80年代，始告起步。1988年，我校举行"扬州学派"研讨会，印行了《扬州学派研究》一书。相隔不久，侨居美国的史学老前辈黎东方教授回扬州探亲，感谢他把此书带到台北，成为我校与海峡对岸同行交流"扬州学派"研究成果的起点。1999年1月末2月初，林庆彰、蒋秋华、张寿安、赖贵三、杨晋龙、黄智信六位专家从台湾跨海来扬，我们欢聚一堂，座谈关于清代"扬州学派"的若干问题，并协商合作研究的步骤，由此开始资料交流，并催生了今年4月初，在扬州举行的"海峡两岸清代扬州学派学术研讨会"。一位学者赋诗有句云："大义文中出，微言席上呈。"另一位也即兴得句云："研经思太傅，修禊访虹桥。"这些诗篇生动地写出了两岸文人雅集的盛况。这本论文集就是雅集的结晶。大家同意赖贵三兄的提议，取名《清代扬州学派研究》。今后可能还有续集、三集……因为我们的合作是长期的。

　　清代扬州学人之所以能够创造优越的学术文化，这是和他们的高风亮节分不开的。以对训诂学、音韵学作出卓越贡献的王念孙为例，他丧妻后居北京数十年，"块然独居，不畜妾媵，酒食游戏，无所征逐，淡然安之，不厌岑寂"。外任河道时，有人"见其厅事朴陋，寝室中唯古书数架而已"[1]。这在腐朽的官僚群中，几如

---

[1]　王引之：《石臞府君行状》，第25—26页，扬州大学敬文图书馆藏清道光十二年木刻本。

凤毛麟角。学者读书至此,能不肃然起敬、掩卷深思!

我祝愿,扬州将有群贤继往哲而起,敦行绩学,广师多友,在栖灵塔下、瘦西湖畔这块风景如画的土地上,为弘扬文化和哺育英才而弦歌不息。

(原载《清代扬州学术研究》上册,台湾学生书局 2001 年版)

由训诂以明义理

——读刘台拱《论语骈枝》

　　由训诂以明义理,反对"凿空"说经与"株守"古注,这是清儒戴震所倡导的读经方法论。乾嘉时,扬州诸朴学家奉行此法,撰成了大量有意义的著作,承先启后,其中包括宝应刘台拱的《论语骈枝》。

　　清代朴学家奉顾炎武为鼻祖。当明清易代之际,有识者深痛明季士大夫"空谈心性",无补时局,导致亡国之祸,力求学术更新。风会既开,异人应运而起。炎武登高一呼:"古之所谓理学,经学也";"今之所谓理学,禅学也"[1],号召学者舍弃宋明语录而反求救世济民的真道于孔孟遗经。他又指明了务实的治学途径——读经必先识古字,而古书多同音假借字,故识字必先审古音。"读九经自考文始,考文自知音始。"[2]炎武著《音学五书》,取明陈第考证《毛诗》古音之法:"刊本证、旁证二条:本证者,《诗》自相证也;旁证者,采之它书也。二者俱无,则婉转以审其音,参伍以谐其韵。"这实际是人类考察事物的归纳比较法,它与近代科学相通。于是以经学为中心,以小学(语言文字学)为工

[1]《与施愚山书》。
[2]《答李子德书》。

具,以考证为方法的一代朴学,于焉兴起。

乾隆、嘉庆之际,朴学达到鼎盛阶段。惠栋、戴震先后继起,提出取代宋学的纲领,即由训诂以明义理,反对凭胸臆地"凿空"说经,具见于戴氏《题惠定宇先生授经图》等文章中。惠、戴否定有人谓汉儒重训诂、宋儒重义理的说法,而坚持训诂与义理不能分裂,读经必由训诂以明义理。但惠、戴也有差别。惠栋志在复兴"汉学",而戴震则谓汉儒也有附会,不能"株守"汉诂,当断以己之律令,讲求实事求是,以故戴氏所创建的,已非古老的"汉学",而是新一代的"清学"。乾嘉及以后众多扬州学者,慕戴氏之风而起,精心渺虑,诂释经传,刘台拱是其中之杰。

台拱是清乾嘉扬州学派的老辈之一。其同侪汪中为李惇撰《墓铭》云:"是时古学大兴,元和惠氏、休宁戴氏咸为学者所宗。自江以北,则王念孙为之唱,而君和之,中及刘台拱继之。"刘氏姻家阮元所作《刘端临先生墓表》记乾隆二十一年(1756)台拱入都应礼部试,虽不第,但少年绩学,名倾京师。"是时,朝廷开四库馆,海内方闻缀学之士云集。先生所交游,自大兴朱学士筠、歙程编修晋芳外,休宁戴庶常震、余姚邵学士晋涵、同郡任御史大椿、王给事念孙并为昆弟交。稽经考古,旦夕讲论。先生齿最少,每发一议,诸老先生莫不折服。"戴门高第王念孙撰《刘端临先生遗书序》,盛赞台拱正确的读书之法及其精湛的成就,云:"盖端临邃于古学,自天文、律吕至于声音、文字靡不该贯。其于汉宋诸儒之说,不专一家,而惟是之求。精思所到,如与古作者晤言一室而知其意指所在。比之征君阎百诗、先师戴庶常、亡友程易畴,学识盖相伯仲。以视'凿空'之谈,'株守'之见,犹黄鹄之与壤虫也。"台拱虽博学多发明,但生前未及时裒辑。嘉庆十年(1805)台拱殁后，其婿阮常生奉父命刊刻的《刘端临先生遗书》，仅有三种三卷。其后陆续增辑至九种八卷，详见刘宝楠代阮恩海所作《刘氏遗书书后》。《论语骈枝》一卷，是其中的说经专著。

《汉书·艺文志》言："《论语》者，孔子应答弟子、时人及弟子相与言而接闻于夫子之语也。当时弟子各有所记，夫子既卒，门人相与辑而论纂，故谓之《论语》。"历代思想家和政治家都重视《论语》，或尊之为"六经"的钤辖，或奉之为治世的准绳。自汉迄宋，注释《论语》者不下千家，而带有时代性总结的有两家：一是综合汉魏古注的何晏《集解》；一是综合宋理学家言的朱熹《集注》。朱《注》为元、明、清功令所尊，在经学领域尤居统治地位。清汉学家多讥评朱《注》。台拱撰《论语骈枝》，不拘汉宋门户，既反对宋学凭胸臆凿空说经，也不株守汉学旧注，坚持由训诂以明义理，达到实事求是。所著虽仅一卷，然启发一代《论语》学者，影响深远，兹举例以见大略：

一、坚持正确的古义不可废

《论语·学而》："子贡曰：'贫而无谄，富而无骄，何如？'子曰：'可也，未若贫而乐，富而好礼者也。'子贡曰：'《诗》云："如切如磋，如琢如磨。"其斯之谓欤？'子曰：'赐也，始可与言《诗》已矣！告诸往而知来者。'"《诗·卫风·淇澳》之篇朱《注》言："治骨角者，既切之而复磋之；治玉石者，既琢之而复磨之，治之已精而益求其精也。"朱熹此说，与《尔雅》释《诗》的古义不合。《论语骈枝》驳之云："谨按，《释器》云：'骨谓之切，象谓之磋，玉谓之琢，石谓之磨。'《释训》云：'如切如磋，道学也；如琢如磨，自修也。'《三百篇》古训古义存者矣！独此二句，则此章问答之旨，断可识矣。盖无谄无骄者，生质之美；乐道好礼者，学问之功。

夫子言：十室之邑必有忠信，不如某之好学。而七十子之徒独称颜渊为好学。颜渊而下，颖悟莫若子贡，故夫子进之以此。然语意浑融，引而不发。子贡能识此意而引《诗》以证明之，所以为'告往知来'。《集解》及皇、邢二《疏》并鹘突不分明。而朱《注》不用《尔雅》而创为己精益求精之说，推是义不过以切琢喻'可也'，'磋磨'喻'未若'，比例虽切，而于圣人之意初无所引申，何足发'告往知来'之叹？况此例句法，本篇即有'如金如锡''如圭如璧'。综计全经，'如山如阜''如冈如陵'之类，不下十数句，皆一字一义，不以缀属联贯为文。以是推之，《尔雅》旧义恐不可废也。"

二、申说汉诂，破除困惑

《论语·述而》："子所雅言，《诗》《书》、执礼，皆雅言也。"何晏《集解》："郑曰：'读先王典法，必正言其音，然后义全，故不可有所讳。礼不诵，故言执。'"皇侃《义疏》失郑注本意，而云："谓孔子平生读书皆正言不为私所避讳也。"邢昺《正义》复述郑注大意，未作解释。朱熹《集注》不顾"雅言"古义，别创新意云："雅，常也。执，守也。《诗》以理情性，《书》以道政事，礼以谨节文，皆切于日用之实，故常言之。礼独言执者，以人所执守而言，非徒诵说而已也。"又云："程子曰：'孔子雅素之言止于如此，若性与天道则有不可得而闻者，要在默而识之也。'"刘氏以为郑玄注得经文本意，他申说"正言其音"以发千古之蒙。《论语骈枝》云："谨按，雅言，正言也。郑注谓'正言其音'者，得之。""夫子生长于鲁，不能不鲁语，惟诵《诗》、读《书》、执礼三者必正言其音，所以重先王之训典，谨末学之流失。""昔周公著《尔雅》一篇，以释古今异言，通方俗之殊语。刘熙《释名》曰：'尔，昵也。昵，近也；雅，义也,义,正也。五方之言不同,皆以近正为主也。'""雅之为言,夏也。孙卿《荣辱篇》云:'越人安越,楚人安楚,君子安雅。'""又《儒效篇》云:'居楚而楚,居越而越,居夏而夏。'""然则雅、夏古字通。"盖谓雅言乃周王都中夏之言。

三、搜取佚注,择善而从

《论语·述而》:"子曰'文莫,吾犹人也。躬行君子,则吾未之有得。'"何晏《集解》:"莫,无也。文无者,犹俗言文不也。文不吾犹人者,言凡文皆不胜于人。"皇、邢二《疏》均株守《集解》,训莫为无。朱熹《集注》:"莫,疑辞。犹人言不能过人而尚可以及人。未之有得则全未有得。皆自谦之词而足以见言行之难易缓急,欲人之勉其实也。"刘氏以为以上诸家实因不解"文莫"为何意,故对经文的阐说都属牵强附会。《论语骈枝》辨之云:"杨慎《丹铅录》引晋栾肇《论语驳》曰:燕赵谓勉强为文莫。又《方言》曰:侔莫,强也。北燕之外郊,凡劳而相勉若言努力者,谓之侔莫。谨按,《说文》:忞,强也;慔,强也。忞,读若旻。文莫,即忞慔,假借字也。《广雅》亦云:文,勉也。黾勉、密勿、蠠没、文莫皆一声之转。文莫,行仁义也;躬行君子,由仁义行也。"栾肇,字永初,高平人。晋广陵太守。见皇侃《论语义疏序》。栾肇著《论语释疑》十卷,见《隋书·经籍志》。

以上三例表明,读经若解诂不准,则说理也必不确,以故读经必"由训诂以明义理",《论语骈枝》就是奉行这一方法论的产物。后儒继之,俞樾著《续论语骈枝》,章炳麟著《广论语骈枝》,其渊源皆自刘台拱。而《论语》学得其从侄宝楠、从侄孙恭冕发扬光大,正如《清儒学案·端临学案》所云:"宝应刘氏代有闻人。端临邃于经学,考证名物,研精理义,未尝离而二之。所著《论语骈枝》,精深谛确,能发先儒所未发。楚祯、叔俛父子继之,遂成《论语正义》一书,尤称有功经训。有清一代治《论语》学者,盖以刘氏为集大成矣。"治清代扬州学派者当留意焉。

（原载《扬州文化研究论丛》第 2 辑,广陵书社 2008 年 11 月版）

读王欣夫辑《顾千里集》[1]

抗日战争初期，我在上海"孤岛"，得师事当代国学巨擘金松岑先生，听先师讲顾炎武、王夫之等之学，发扬民族大义。于是得识同门王大隆欣夫等前辈。欣夫先生方教授圣约翰大学，德业俱隆，深得众望，隐然为门生之长。常侍从先师以文会友。1939年春，先师赋《欣夫觞客于圣约翰大学学舍杨无恙作图请题》七绝二首[2]，即记其时与诗画名家杨无恙的一次雅集。太平洋事变后，日寇入"租界"，先师离沪归隐苏州。嗣后，欣夫先生以时归苏谒师起居。最后一次在抗战胜利后，1946年秋，会于东吴大学凌敬言教授寓斋，饯送太炎先生入室弟子朱君季海赴南京任国史馆协修职，先师赋七律记事，有"踞床老子谈犹胜，夺席经生史总谙"[3]之句。此次我有幸得侍末座。亡何，1947年1月，木坏山颓，先师溘逝。欣夫先生合诸弟子为刊行遗著。其中的《鹤望政论》即由其亲手编辑。

欣夫先生"修学好古"，师门有定评。先师为撰《学礼斋记》，

[1] 王欣夫：《顾千里集》，中华书局2007年12月版。
[2] 金天羽：《天放楼诗文集》上册，第450页，上海古籍出版社2007年11月版。
[3] 《天放楼诗文集》中册，第497页。

称其"颛颛惟经训是求"[1]。平生尤好搜辑清代经师惠栋等未刊之作,成果甚富,受学界耆宿所赞誉。1996 年,我在美国匹茨堡大学东亚图书馆,偶见叶恭绰著《矩园余墨》(油印本),其中有《清惠松崖手札跋》,言"王君欣夫素服膺惠氏家学,手辑松崖先生读书记至数十卷"云云。《顾千里集》系其所辑清代朴学家遗著之一。

清代朴学家提倡汉河间献王所崇尚的"实事求是"[2]。钱大昕说:"通儒之学必自实事求是始。"[3]为求立言信而有征,清儒都长于考证。考证如法官治狱,重在证据。他们每研究一题,必先广泛取证,即搜集有关资料。乾隆时,邵晋涵撰《尔雅疏证》,预计"取证差少三年"[4]。然后进行比较核对所得证据的真伪、传抄刻印上的是非、内容的差别,由此形成了考证学的各个分支:辨伪、校勘和考异。乾嘉考据家的成果各有偏重,顾广圻的著作偏重校勘。本《集》的主要价值就是反映他从事校勘,以及研究与校勘密切相关的目录、版本之学的高水平。兹举对《广韵》的两篇跋文为例:

按,宋修《广韵》,是清初及乾嘉学者所能见到的最古的一部韵书。它由唐代韵书增益而成,其最早的前身是隋陆法言《切韵》。《切韵》上承周秦古音,下开宋元等韵,极为重要。失传之后,清儒不得不由《广韵》以考《切韵》制书的条例,以探古代"声类"的区分,以明宋元"呼等"之学的渊源。从清初的顾炎武到乾

---

[1] 《天放楼诗文集》中册,第 635 页。

[2] 《汉书·景十三王传》。

[3] 钱大昕:《潜研堂文集》卷二十五《卢氏群书拾补序》。

[4] 邵晋涵:《南江文钞》卷八《与程鱼门书》。

隆时的戴震都极为重视《广韵》,但他们都为《广韵》的版本问题所困惑。

顾炎武以时人只知一百零七部的"平水韵",故将明经厂本《广韵》翻刻,欲使读者得睹二百六部古韵的原貌。但刻成后,炎武以宋人书中所引《广韵》注文与之相校,始发现所刻乃一删节本。于是撰"书后"以志恨[1]。炎武殁后,其弟子潘耒始从昆山传是楼得见并借抄宋刻《广韵》的详注本。已而苏州的刻书家张士俊从常熟汲古阁获得又一宋椠《广韵》详注本,但残缺不全,潘氏遂以抄本补足之,并为作序刊行[2]。于是坊间始有张氏泽存堂刻《广韵》的详注本,与先前顾刻的节注本平行。已而又有曹寅刻本,其平、上、去是详注本,其入声部分是节注本。扬州诗局以之翻刻,于是又有详略二本相配的局刻本《广韵》。乾隆时,学者于坊间所见的《广韵》,就有以上几种版本。此外,卢文弨收藏一旧刻节注本《广韵》,没有刊刻年月。文弨见其避宋孝、光、宁三帝讳,遂疑其刻于宋宁、理二朝[3]。戴震借阅,遽题为"宋本"[4]。实则这是元代刻本。前修未密,后来者转精,这是考据学发展的规律。于是到道光初年,顾广圻以其校书之勤及其研究目录、版本的细密,终于能把当时流行的几种《广韵》版本的来龙去脉及其改动痕迹初步说清楚了。

道光元年,顾广圻在翰林院修撰歙人洪莹家,得见两种《广韵》的旧刻本:一即曹寅所藏宋椠详注的残本,上有曹氏图记。

[1] 《亭林文集》卷五《书广韵后》。

[2] 潘耒:《重刊宋本广韵序》,见《宋本广韵》卷首。

[3] 卢文弨:《抱经堂文集》卷八《广韵跋》。

[4] 《戴东原文集》卷四《书卢侍讲所藏宋本广韵后》。

缺入声部分,配以节注本。广圻断言:此正是扬州局刻的祖本。另一种是元椠节注本,与戴震所题卢文弨藏本是同一种版本,也就是明经厂本(或称"明大板")及顾炎武翻刻本的祖本。广圻说:此"节注之祖也,系元代坊板"[1]。于是广圻为洪氏所藏宋、元两本《广韵》各写了题跋,即现在《集》中卷十七的两文。广圻还辨明了两点:其一,曹藏宋椠残本无毛晋父子印记,而张士俊刻所据汲古阁藏宋椠残本有毛氏父子印记,因此这两部宋椠《广韵》残本"决非一本可知"[2]。其二,曹藏宋本对韵部的合用与次序都保持原貌,而张刻已依《景祐礼部韵略》有所变更,曹氏翻刻后又据张刻仓促追改,竟将目录大字凿补,而书内小字依然未改,任其抵牾。戴震《声韵考》误会此是宋景祐所改,其实非是[3]。但广圻对曹寅所配补的入声节注部分尚不能判明其刊板朝代,究竟是"又一宋本",还是"元椠"?因此,两篇跋文所说不一。他又将洪氏所藏这两种《广韵》节注本互校,发现有差异,故疑曹氏所配补的入声部分是宋椠,"疑宋代别有略本流传如此"[4],留俟以后考明。尽管如此,然而无可否认,广圻对《广韵》版本的研究所得已超越了他的前辈。正如其后陈澧所说:"近人考《广韵》诸刻本未有如顾氏此二篇之详明者。"[5]再后,杨守敬撰《日本访书志》,黎庶昌刻《古逸丛书》,一直到当代周祖谟教授撰《广韵校本序》,都在此二跋的基础上,对《广韵》的版本问题继续进行考证,愈考愈明。

---

[1] 《顾千里集》,第 276 页。

[2] 《顾千里集》,第 275 页。

[3] 《顾千里集》,第 276 页。

[4] 《顾千里集》,第 277 页。

[5] 陈澧:《切韵考》卷六《通论》。

当年顾广圻所困惑的问题,已得到了解答,盖宋时仅有详注本,节注始于元人。曹氏所配补的是元刻节注本[1]。

　　欣夫先生晚岁,以目录、版本、校勘合成的"文献学",教授上海复旦大学。我在扬州师范学院任教,无由与先生会面,但闻扬师往复旦进修的同事回扬称颂先生博学。1962 年暑假,在当时主持复旦教务的金冲及兄带领下,在复旦教师宿舍见到欣夫先生,共同缅怀先师。不意匆匆一别,竟成永诀。近年读其遗著《文献学》,今又得读其所辑《顾千里集》,喜其学有传承。回顾同门情谊,自惭垂暮无成,书此以志伤感而已。

(原载《书品》2009 年第 5 辑)

---

[1]　周祖谟:《问学集》下册《广韵校本序》。

读曾国藩《绵绵穆穆之室日记》

一、曾氏这段日记的由来
——修身养心的记录

　　1965 年台湾学生书局出版的《湘乡曾氏文献》第六册,辑录曾国藩的《绵绵穆穆之室日记》,始咸丰元年七月一日,迄二年六月十二日。这是不见于曾国藩日记各种刊本,并用特殊形式写成的部分重要内容,对于研究晚清思想史、研究曾国藩,都颇有参考价值。

　　按,由黎庶昌署名,实出曹耀湘之手的《曾文正公年谱》说:"己亥,道光十九年,公二十九岁。""是岁始为日记,逐日记注所行之事及所读之书,名曰'过隙影'[1]。"曾国藩道光二十二年十月廿六日家书:"吾友吴竹如,格物工夫颇深,一事一物,皆求其理。倭艮峰先生则诚意工夫极严,每日有日课册,一日之中,一念之差,一事之失,一言一默,皆笔之于书,书皆楷字,三月则订一本,自乙未年起,今三十本矣。""予自十月初一日起,亦照艮峰样,每日一念一事,皆写之于册,以便触目克治,亦写楷书。""本欲抄予日课册付诸弟阅,因今日镜海先生来,要将本子带回去,故不及

_____

[1]　传忠书局本《曾文正公家书》卷二载"求阙斋课程",其中有"记过隙影"。

抄。十一月有折差,准抄几页付回也。"[1]但他未能坚持。咸丰元年,始恢复中断的日记。《年谱》又说:"辛未,咸丰元年,公四十一岁。""公前官翰林时,与倭仁公、唐公鉴辈讲学,逐日记注,中辍数年。刘公传莹为公书额曰'养德养身,绵绵穆穆之室'。至是,公乃仿程氏读书日程之意,为日记曰《绵绵穆穆之室日记》。其说曰:'自戒惧而约之,以至于极中而天地位,此绵绵者由动以之静也。自谨独而精之,以至于极和而万物育,此穆穆者由静以之动也。由静之动,有神主之。由动之静,有鬼司之。终始往来,一以贯之。'每日自课以八事,曰读书,曰静坐,曰属文,曰作字,曰办公,曰课子,曰对客,曰复信。触事有见,则别识于其眉。"王定安《求阙斋弟子记》也这样说。这就是曾国藩《绵绵穆穆之室日记》的由来。

二、曾氏这段日记的内容
——身系时局安危

曾氏这近一年的日记抄件,分装为七本。每本封面都写明起讫年月日。内容在木刻簿上填写。每纸十格。前半叶五格:月日、读书、静坐、属文、作字;书口刻"绵绵穆穆之室日记";后半叶五格:办公、课子、对客、回信和对"绵绵穆穆"之阐释:"自戒惧而约之以至于至静之中,无少偏倚而其守不失,则极其中而天地位,此绵绵者由动以之静也。自谨独而精之以至于应物之处,无少差谬而无适不然,则极其和而万物育,此穆穆者由静以之动

---

[1] 吴廷栋字竹如,倭仁字艮峰,唐鉴字镜海,曾国藩交游中的理学家。

也。由静之动,有神主之。由动之静,有鬼司之。终始往来,一敬贯之。"《年谱》所录,已经过修饰。所谓每日八课,有即填写,没有则空白。八课之外,需要记录的,往往附注于"日月"首格中。兹举咸丰元年七月初一日的日记为例:

> 七月初一日,晴,打辫子。
> 读书　看《淮扬水利图说》一卷,冯道立著。
> 静坐　在坐假寐二刻。
> 属文
> 作字
> 办公　在刑部[1]十刻,在礼部七刻,来回七刻。夜,摘题案由一叶。
> 课子　听讲《鉴》[2]三叶,姚崇初相。
> 对客　在家会客二次。
> 回信

在这册日记里,曾国藩已怀着高度的警觉,注视广西太平天国起义的星星之火,正在燎原。咸丰元年闰八月二十日记:"是日,广西警报,永安州失守。"咸丰二年三月十一日又记:"是日,闻广西省永安州贼溃围而出,杀四总兵十七武官之信。"其时,曾国藩已为应付艰险作精神准备。咸丰元年九月廿八日"读书"栏内记:"未正,读《史道邻集》。"他留下了一条发人深思的眉识:

---

[1]　曾国藩时以礼部侍郎兼署刑部侍郎。
[2]　曾国藩听子纪泽讲《资治通鉴》。

"孙高阳、史道邻皆极耐得苦，故能艰难驰驱，为一代之伟人。今已养成膏粱安逸之身，他日何以肩得大事！"

这册有不少眉识，记身心以至天下之事，从中可以看到曾国藩不同寻常官僚和书生的抱负。他是怎样刻苦磨炼自己的？如：

（一）咸丰元年七月十二日谈立志。"座右为联语以自箴云：'不为圣贤，便为禽兽；莫问收获，但闻耕耘。'"

（二）咸丰元年八月初一日谈修身。"盗虚名者有不测之祸，负隐慝者有不测之祸，怀忮心者有不测之祸。"

（三）咸丰元年七月初八、九、十日三天日记眉识，论治学须兼四长。"有义理之学，有词章之学，有经济之学，有考据之学。义理之学，即《宋史》所谓'道学'也，在孔门为德行之科。词章之学，在孔门为言语之科。经济之学，在孔门为政事之科。考据之学，即今世所谓'汉学'也，在孔门为文学之科。此四者，缺一不可。予于四者，略涉津涯，天资鲁钝，万不能造其奥窔矣！惟取其尤要者而日日从事，庶以渐磨之久，而渐有所开。义理之学，吾之从事者二书焉，曰《四子书》，曰《近思录》。词章之学，吾之从事者二书焉，曰《曾氏读古文钞》，曰《曾氏读诗钞》，二书皆尚未纂集成帙，然胸中已有成竹矣[1]。经济之学，吾之从事者二书焉，曰《会典》，曰《皇朝经世文编》。考据之学，吾之从事者四书焉，曰《易经》，曰《诗经》，曰《史记》，曰《汉书》。此十种者，要须烂熟于心中。凡读它书皆附于此十书，如室有基而丹臒附之，如木有根而枝叶附之，如鸡伏卵不稍歇而使冷，如蛾成蛭不见异而思迁，

---

[1] 曾国藩以后编成《经史百家杂钞》和《十八家诗钞》二书，见传忠书局本《曾文正公全集》。

其斯为有本之学乎！"

（四）咸丰元年八月廿二日论考究国家大事。"天下之大事宜考究者凡十四宗：曰官制，曰财用，曰盐政，曰漕务，曰钱法，曰冠礼，曰婚礼，曰丧礼，曰祭礼，曰兵制，曰兵法，曰刑律，曰地舆，曰河渠，皆以本朝为主，而历溯前代之沿革本末，衷之以仁义，归之于易简，前世所袭误者，可以自我更之；前世所未及者，可以自我创之；其苟且者，知将来之必敝；其至当者，知将来之必因，所谓'虽百世可知也'。"

三、对曾氏这段日记的鉴定

曾氏这段日记虽不见于其手稿，但却为王启原编《求阙斋日记类钞》时所征引。

按，曾国藩死时，留下日记手稿三十四卷，见《年谱》。宣统元年，上海中国图书公司据以石印的《曾文正公手书日记》，由曾氏故人王闿运作序，名重士林，但漏印了道光十九、二十两年日记。1965 年，其后人始将全部日记稿本交台湾学生书局影印，补足了以前漏刊的两年，改名《手写日记》。但其中也尚没有道光二十五年三月至咸丰八年五月的日记。从咸丰八年六月初七日起，曾国藩的日记才未间断。《湘乡曾氏文献》所公布的《绵绵穆穆之室日记》，正是其断层中的部分内容。

又按，曾国藩殁后，其子纪泽在湖广总督李瀚章的支持下，在长沙就前湖南巡抚骆秉章所设传忠书院开传忠书局，委托曾氏晚年幕僚曹耀湘等，于同治末、光绪初陆续编刊《曾文正公全集》。其中有王启原辑《求阙斋日记类纂》二卷，系一分类节选本，光绪三年十二月十三日赵烈文《能静居日记》即称之为《曾文正日记分类》者也。核其内容,其根据除日记手稿外,凡咸丰元年辛亥、二年壬子的若干条,即系录自《绵绵穆穆之室日记》。

曾氏又一晚年幕宾王定安,也参与传忠书局编书,看到曾国藩遗著,据以撰成《求阙斋弟子记》。其卷十九记曾国藩论治学须兼义理、词章、经济、考据四长,即录自《绵绵穆穆之室日记》的眉识。

由以上可见,在《湘乡曾氏文献》问世之前,早有王启原、王定安引用发表过曾氏这段日记。这为鉴定其真实性,提供了确证。

再按,《湘乡曾氏文献》第五册辑录了曾国藩的一部分"题奏摘由"。这是日记载他于咸丰元年二月迄二年六月公务活动的片断。与《绵绵穆穆之室日记》的"办公"栏相校,其内容是吻合的。如:

> "题奏摘由":咸丰二年二月"初二、三、四日,吏部加班[1],带京察一等人员(引见——原脱),章京八十四员,共十五排,初二日;笔帖式九十六员,共十七排,初三日;笔帖式八十五员,共十四排,初四日"。

《绵绵穆穆之室日记》:咸丰二年二月初二日,"早入内,带京察引见,午正归"。初三日,"早入内,带京察引见,巳初散"。初四日,"带京察引见,起刑部笔帖式迄各衙门笔帖式"。

以上互校,为鉴定曾国藩这段日记的真实性,提供了旁证。

（原载《书品》2005 年第 6 辑）

---

[1]　其时,曾国藩以礼部侍郎兼署吏部侍郎。

读李慈铭的最后一函《日记》

富有史料价值的李慈铭（荔伯、莼客，1829—1894）《日记》，起清咸丰四年（1854）迄光绪二十年（1894），凡七十余册，装成八函。其中有越缦堂、孟学斋、受礼庐、祥琴室、息荼庵、桃花圣解庵、荀学斋等分段别名，而以越缦堂为共名。

其印行经过，极为曲折，历时近70年，分三段三次出版。

1920年，先由上海商务印书馆刻石影印出版其第二函至第七函，凡五十一册，起同治二年迄光绪十五年六月终，是为最早问世的《越缦堂日记》。

1936年，续由商务印书馆影印出版其第一函，凡十三册，起咸丰四年迄同治元年，是为《越缦堂日记补》。

1988年，由北京燕山出版社影印出版其最后一函，即《荀学斋日记后集》，凡九册（其中二本各半册，以故又说八册），起光绪十五年七月迄二十年正月元旦。

今年4月，始由扬州广陵书社重新影印出版《越缦堂日记》全书，在名倾海内外的"晚清四大日记"中，这是出版全书最曲折也是最后的一部。

其最后一函因问世太迟，又流传不广，所以特别需要专文介绍，以澄清一些传闻不实之词，并揭示其主要价值。

一、"樊增祥一怒焚书"乃无稽之谈

为什么此书的出版会有两次间隔？蔡元培在《印行越缦堂日记缘起》里作了说明。其第一函因遵李氏遗意须整理后公之于世，第八函则被樊增祥取去，所以只得先印第二函至第七函。其后从钱玄同之劝，将第一函仍全稿影印，以免久搁。至于第八函，则自樊增祥死后，夹杂在其遗书中，一时无可究诘。于是传说纷纭，有好事者故作奇谈，谓李慈铭有恨于张之洞，而樊增祥与之洞昵，李在《日记》中痛斥增祥，增祥见之大怒，竟把它投入烈火中烧掉了。随着近年此函《越缦堂日记》佚稿的问世，学术界便确证其说无据。从这四年多的《日记》里，读者可以看到，不仅李与樊始终契洽，而且李与张之洞的关系也因樊的疏通，离而复合。事实充分证明，徐一士等所渲染的樊增祥一怒焚书，完全是虚构之辞。

按，光绪十五年八月二十日，李慈铭在《日记》里还痛骂时任两广总督的张之洞为"金人"，但其后李对张的态度有了变化，这与樊的从中协调有关，黄秋岳《花随人圣庵摭忆》公布一封樊与之洞的密信可证。其中有"李莼翁得御史后，牢骚渐平（欲有所陈，尚未封上，但谈时政，不事搏击。——原注），函丈之意，祥已转达，渠甚感幸也"云云。末署"九月十三日漏三下"，无年份，以李"得御史后"推之，当在光绪十六年。是年十二月二十四日的《越缦堂日记》证实，李、张因樊增祥为中介，恢复通信。

得云门书。作复张香涛尚书书……作书致云门，以致香涛书托转寄，得复。

按，樊增祥字云门，时在北京，代湖广总督张之洞与部分京官通声气。香涛即张之洞。清制，总督加兵部尚书衔。

嗣后李、张一直保持交往，并无间言，《日记》就是铁证。

光绪十七年十月壬辰朔，"张君立(权)来谒，艻涛制府之子，新举京兆试"。

制府即制军，总督别称。京兆试，顺天乡试。

十二月三十日，"楚督张艻涛尚书寄馈岁四十金"。

光绪十八年十二月二十六日，"张艻涛尚书馈银五十两"。

光绪十九年二月初十日，"得张艻涛尚书武昌书，其言铁厂工程办法及利弊凡千余言，甚为详尽，然江夏、大冶等处煤井，皆须掘深数十丈，方能取出佳煤，又须作炉数十座，炼成焦炭，约至七月，井工方能告成，然后采铁炼钢，可以制造枪炮轮船及各种机器，庶夺洋钢洋铁之利，非仅为修造铁路用也。其苦心筹画，甚为周至，然事属创办，其头绪繁密而工力浩大，所费不訾。近日徐季和廷尉已有疏纠之，此以叹任事之难耳！"

廷尉，汉官，掌司法，此喻大理寺卿。

六月初七日，"作致许仙坪河督书，并寄以《诗集》两部，余不答仙坪书者五年矣。作致芎涛尚书书，亦寄以《诗集》两部，不答书者亦两年矣"。

《日记》也证明李慈铭与樊增祥的关系至为融洽，从无讳言。

光绪十九年七月初五日，"得云门六月一日渭南书，并寄惠百金，书凡千余言……情文婉丽，诵之欣然。又写寄辛卯腊八日见怀七律一首、壬辰腊月见怀七绝四首，词皆甚美"。

辛卯，光绪十七年。壬辰，光绪十八年。

以上进一步确证，所谓"樊增祥一怒焚书"，完全是出于臆造。也由此可见，对一些随笔谈荟之书，历史研究者可以参考，但须加考核，不能轻信。

人们不禁要问，究竟为什么樊增祥要把这函《越缦堂日记》深锢书箧，不公之于世呢？从《日记》里，可以找到答案，盖樊氏有所顾忌。因为作者尖锐揭露了当时的腐朽政治，如果樊氏经手予以刊布，必招时忌，祸且不测。

二、晚清王朝的"谤书"

在最后一函《日记》里，李慈铭痛斥清王朝的弊政，最严重的是枢廷钳制言路。

光绪十五年十月初七日，"邸抄"公布一道"上谕"，对一位亢

直的小官上奏参劾一腐朽大官的案件,作了结论,大官未损毫毛,
而小官却因"诬告"反遭查处。节抄原文如下:

> 上谕:"前据詹事府右庶子崇文片奏参劾大学士张之万
> 接纳外官各节,当派福锟、潘祖荫查奏。兹据查明复奏……
> 均无实据,所参各节,毋庸置议……崇文,着交部议处,原折
> 片均掷还。"

在《日记》里,李慈铭愤然对煌煌"谕旨"作了批注,揭露真相,为
崇文讨还公道。

> 崇文,沧州驻防旗人……咸丰庚申进士……素有风
> 疾,多忤人,然颇伉直,能文字,满人中不多见也。与张之万
> 为中表兄弟,习知其家事,所参皆实。又言其狎昵票班子弟,
> 日往来其家,屡携眷属至城外打磨厂福寿堂演戏酣饮,以此
> 为半闲堂。以淫僧静洲为狎客,尤万目观瞻,不能掩也。

按,张之万与崇文之间官司的是非问题,还是小事;而朝廷袒护高
官,钳制言路,却是大事。读者于此,可见李慈铭敢揭时弊。

不久,李慈铭参加记名御史考试,取第二名。经手的阅卷大
臣是户部尚书翁同龢。光绪十五年十一月初四日《翁同龢日记》:
"余所取在第二,粘签递。递下,内监传旨,问第二卷内'扩被四
表','扩'字误否? 臣对云:无误。"盖《尚书·尧典》有"光被四
表"语,宋儒解"光"为显。李慈铭从乾嘉汉学家之说,读"光"为
扩。故引起了皇帝的疑问,得翁一言解纷。十二日,诏户部郎中

李慈铭记名以御史用。光绪十六年五月,李氏得补山西道监察御史缺。地位虽稍高于前而级别却反低了,以故在六月二十六日的《日记》里,李氏自嘲:"是日买马一匹……行年六十有二,始以正五品左转从五品,强号迁官,始具舆服……未曾上事,已欲倾家,亦可笑矣!"十二月初七日,他在《病起呈翁叔平尚书师》一诗里写有弃官归隐之思。"会待尚湖风雪里,从公归卧结茅庵。"尚湖,在江苏常熟,翁同龢氏故乡。光绪十七年五月二十日,因仕途拂逆,李慈铭遂称病辞官。

> 是日决计去官,移牒本道,告病开缺。居得言之地,值禁谤之时,上下一心,以言为讳。权臣擅政,宦竖窃权,官以贿成,事由中制,疆臣跋扈,丑夷耽眈,而酣饮漏舟,熟眠厝火。芜湖、丹阳、黄州、宁国、九江等处,夷教肆害,巨案迭起,督抚媚夷,杀戮妄行,民人愤怒,势极必变,而当轴宵人,炀灶固位,忌嫉益甚,惟恐言者或发其覆,胁制朝廷,钤押百司。冲圣柔仁,恭默不事,余入台将一载矣,小者不屑言,大者不敢言,寒蝉瘖哑,仗马趑趄,趑趄具僚之中,奔走簿书之末,俯首闭目,天下其谓我何!孔子曰:"邦无道危行言逊。"孟子曰:"有言责者不得其言则去。"七十老翁,龙钟衰病,既无所求,将欲何为?惟有洁身而去,不尸厥职已耳!圣贤有作,知我此心。

李慈铭虽未果去官,然而他这天的《日记》,已对慈禧太后的腐朽统治揭露无遗。在辛亥革命前后,作为清王朝臣子的樊增祥,怎肯公布这部"谤书"呢?但正因为这样,此函《日记》所以具有很高的史料价值。它揭露了在中日甲午战争前夜,清政不纲的严重事实,而为《实录》《圣训》等官书所讳言的。

三、须再次对《越缦堂读书记》作补辑

李慈铭博览群书,随手札记,散见于八函《日记》里。由云龙前辈(1877—1961)曾从第二函至第七函辑录为《越缦堂读书记》。1959年,由商务印书馆同仁从第一函补辑后一并出版。今已有多种版本,但尚缺最后一函的有关内容,须再次补辑,使成完书。本文择举数例,以飨读者。

(1)辨东汉经学中的"纬"与"谶"有别

光绪十五年七月十二日,"阅《开元占经》,湖南新刻巾箱本,讹错至不可读。去年曾见有官书抄本,不购,可惜也。此书引'纬'书甚多,然大率附会谬悠之言。盖'纬'与'谶'有别,后人多乱之。凡自汉哀、平以后所盛行者图谶也,而附之于纬,故光武纪、桓谭、尹兴等传及魏、晋所言受命之符,皆在谶中。郑君《三礼注》所引则皆在纬而不及谶,若何邵公《公羊解诂》乃浸淫及谶矣,故郑君云:《公羊》善于谶也。隋文焚图谶,并及纬书,佚文偶存,不能复别。《占经》所引占候灾祥妖妄居多,实皆本于谶耳。(如所引《孝经雌雄图》之类,谬妄尤甚,其名曰"图",是本图谶而非"纬"甚明。)辑'纬'书者当分别观之也"。

(2)评两部石经研究丛编

光绪十七年五月十七日,"阅元尚居校刊《石经汇函》,自顾亭林《石经考》至阮文达《仪礼石经校勘记》共十种,分十六册,椠刻精工,虽间有误字,然如严铁桥《唐石经校文》一种,所櫽断文坏字竟与原刻无大异。孙渊如《魏三体石经遗字考》且较原刻为精"。十八日,"卧阅冯氏登府《石经补考》,凡《汉石经考异》二卷、《魏石经考异》二卷、《唐石经误字辨》一卷、《蜀石经考异》二卷、《北宋石经考异》一卷、《南宋石经考异》二卷、《国朝石经考异》一卷,共十一卷,辨析极精,议论亦折衷平允"。

李慈铭的这些读书札记对后学或多或少有启发。而读者尤当重视的,是他同时对学风不正的批判。

光绪十七年七月二十七日记:"蔡瘤客来,以所著《经窥》十二卷见贻,已付刻矣。此君为俞曲园高足弟子,其说经承其家法,甚有新意,而颇喜穿凿,好摭前贤。闻此次入都,遍干贵人,欲写其书进呈。此近来风气日坏,后生躁竞,专以著作为羔雁,比于唐之温卷矣!"

唐举人以所作诗文奉主司,以求利禄,谓之"温卷"。此是士林恶习,事关世道人心、国家兴衰,故古人引以为戒。

(原载《扬州大学学报(人文社会科学版)》2004 年第 3 期)

《越缦堂日记》发微

　　著名的李慈铭《越缦堂日记》,包罗清季咸、同、光之际史事,历来为谈掌故和搜集史料者所取资。《日记》的主要内容有两大类:时事和读书札记。时事的来源有二:一是官方印行的"邸抄",二是本人见闻。前人重视李氏的读书札记及所引"邸抄",其实,《日记》的精华在于敢据见闻揭时弊。兹钩稽数事有关风气人心足资警世者,聊当发微云尔。

一、士风不正

　　同治十一年四月初二日,李氏就"同年"一辞,痛纠士风不正云:"至唐人以同中第者为同岁生,亦曰'同年',自是迄明,相沿成俗,然亦只及进士,不及举人。国朝以来,举人渐亦称'同年',然只及同榜,不及它省。近日士不务学,专竞声气,借此为征逐梯媒之缘,又惟以势利为高下,以酒食为冷热,反面易观,不如陌路。此衣冠恶习,最可痛恨者也。"

二、高官子弟浮荡

　　同治十一年七月二十一日,李氏见闽浙总督李鹤年之子后,大为喟叹！"下午诣谢梦翁谈，诣香涛谈。晚同赴刘仙洲之招，坐有李总督鹤年之子，新得拔贡，年少浮荡，真近时之子弟也！"香涛，张之洞。

三、官场腐败

同治十一年十二月初六日，李氏阅康熙时人孟远致张贞生书后，有感而发云："阅吾乡孟远上张侍读书，凡九千四百三十字，以正朝廷、明法度、厚风俗、收人心四事反复言之……其言督抚馈送之害，胥吏比例之弊，及会议之有名无实，则尤切中近日之病。"

四、官报废弛

同治十二年九月二十一日，"昨天邸抄不至，闻以误刻上谕一条，北城谭御史悉收各报房书手惩治之，今日始放出，不知缘何事也。近来所刻宫门抄既多道听途说之言，不足据依，而所载谕旨，往往不遵内阁发抄次序，轻重长短，刊落任意。而吏部抄单，如捐纳同知以下，分发引见各官，赀流末秩，尽数罗列。其翰林之记名御史，五部之除授郎员，以及经筵、直阁、日讲之兼官，宝泉、宝源、木厂、窑厂、街道巡城之差使，皆由简授者，概不登载。即此一事，无人整顿，亦可见矣！"

五、史书虚假

同治十三年二月二十五日，"高仲瀛来，馈莲子一合，《平浙纪略》一部,浙中书局新刻也,凡十六卷,皆纪左帅之功,非传非编年,略仿纪事本末之体。末二卷则述以前浙中军务及庚申、辛酉再陷事,自谓多本于知府许瑶光之《谈浙》。其痛贬张玉良之杀掠,微表段光清之战功,皆好恶任臆之辞,然终不能没张之死事、段之苟活,而瑶光于诸暨陷时,潜遁出城,今乃谓被刃晕绝,民舁之以免,则真不知羞耻矣!"

按,《平浙纪略》,秦湘业、陈钟英撰,谀左宗棠破浙江太平军之"功",清同治十二年浙江官书局刻本。慈铭见时,其书方刻成也。

六、权贵沉酣无视民生疾苦

光绪三年十月初九日,"近日都中百物踊贵,米麦尤甚。余所食米,去年春时,每百斤京钱二十八千,今渐至四十七千,昨日且五十千矣。杂货面(以黑小米、菽米和麦皮为之,都中极贫户所食)一斤至四百余钱(旧止百余钱)……满汉游民徒食日众,畿辅饥者又纷至沓来。祈祷虚文,雨久不得。其势殆将岌岌,而大小恬熙,惟知卖弄国权,奔竞捷径,有暇则逐酒食声伎。盗贼劫掠,白昼公行,严诏督捕,漠不为意。昨霞芬言:数日前,明善之子已革内务府大臣文锡夜宴恭邸于家,招之侍饮,且演软舞(都人谓之"软包",所演皆小剧)。恭邸语霞芬之师蕙仙曰:'比观一阵风演出,嫌生旦脚色不多,以后演时,尔当分半班来。'此柄国之经济也。又言:前日大学士英桂之弟英朴,以江苏粮道督运至京,邀步军统领侍郎荣禄及左右翼总兵成林、文秀三人夜饮,招霞芬等五六人,达旦始罢。此金吾之功伐也。有畿辅县令言:一日公宴演剧,兼府尹万青藜至夜半不肯罢,必欲招西伶十三旦演两出,属宛平令锁之来。言未毕而适至,万即离席膝坐为媚态以迎之曰:'汝来何迟,几得罪于从者,幸勿怪,速上妆(都人谓缠头曰上妆),以慰饥渴。'此京兆之勤劳也。时事如此,朝廷何以自存,我曹无死所矣!"

按,霞芬,艺名。李慈铭所善伶人。执金吾,汉官名,此喻清步军统领。京兆尹,亦汉官,此喻清顺天府尹。

从以上可见,李慈铭对时局极为悲观。读者于此,可以逆知清王朝之不永。但从李氏《日记》,也可以看到中华民族自古流传的浩然正气,并不因当局腐朽而随之消亡,相反却不断激发出火焰,展示出历史的曙光。如:

民众公开斥责疆吏贪渎。光绪四年九月十三日记四川人民视总督丁宝桢为"眼中钉","有大书总督辕门曰'闻公之名,惊天动地;见公之来,欢天喜地;睹公之政,昏天黑地;望公之去,谢天谢地'"。

按,丁宝桢在山东巡抚任内,以捕杀过境的慈禧太后宠信太监安德海而"直声"震朝野,故有"闻公之名"云云。

士大夫慷慨救国。光绪五年十二月五日,李氏记:"云门来夜谈,近日因议俄罗斯条约,部院庶僚多发愤相约合疏击崇厚,知好中亦有与其事者,此亦公议之仅存也。"云门,樊增祥。"俄罗斯条约",谓崇厚在彼得堡所签丧权辱国之《中俄伊犁条约》。

清官执法搏击豪门。光绪十四年七月朔,"得娄秉衡书,以陈六舟皖抚致合肥书及合肥答书见示。为去年合肥从子(名天钺,甘凉道鹤章子,拔贡捐纳郎中)里中杀人事也。同年孙葆田为合肥令,力持之。而庐州守黄云,本无赖小人,必欲消弭其事,以为挟命讹诈,六舟亦游移,臬使张君岳年不肯同,故谳久不决。孙君,山东人，由户部主事改官，素有学守，既持此狱，合肥人以包孝肃目之，而合肥相国书谓其专务搏击强家，比之《汉书》酷吏矣。"合肥相国，李鸿章。《汉书》有《酷吏传》。

李慈铭自言，在《日记》中评议时事，臧否人物，皆有准则，重在关系世道人心。光绪三年十月初三日记："自愧平生酬接，未尝以一语伤人。雅俗相参，绝口不及学问，偶遇名流道古，虽陋妄百出，从不出一言正之，以露才扬己为深戒，以情遣理恕为至言，非惟取法前贤，实亦禀承家教。或酒间纵论，花下闲评，偶及时事是非，人才臧否，无不平情审度，公道主持。即日记之所书，本私家之自述，冀存清议，稍秉严科，然一字之加，三思而出，必衡其终始，权其重轻，幽可以质鬼神，明可以视天日。学问有片长无不暴之，心术有可谅无不原之。而私衷所寓，又有三例：交好有小过者讳之，微贱有大恶者略之，过恶虽著而不系人心世道者亦没之。至己有小失，无不大书，所以示名教，存大闲也。世无知我者，聊于此发之。"读《越缦堂日记》者，当三致意焉。

（原载《书品》2004 年第 1 辑）

读《艺风老人日记》

　　1986年，北京大学出版社据北大图书馆藏稿影印出版缪荃孙的《艺风老人日记》。时隔二十年，为考镜清代朴学变化，我一读其书，略有所得。

　　缪荃孙曾任史馆总纂，手创南京高等学堂、江南图书馆、京师图书馆，大量著书校书刻书。他虽然跟不上时代前进的车轮，而以封建遗老终身，然而在他的《日记》里，却保留着不少珍贵的学术掌故，值得发掘。

一

　　《日记》始于清光绪十四年（1888），迄于民国八年（1919）。其间包括甲午中日战争、戊戌变法、庚子义和团运动、辛亥革命等事变。尽管作者罕言国是，然而他无法逃避时局震荡的刺激，而往往情不自禁地在《日记》里发表自己的心声。

　　光绪二十年十月十七日，时清陆海军均对日战败，国势艰危，而官场沉酣如故，于是缪荃孙借天意示警，写道：

> 　　五更大风。是时，太后还海，百官跪送之时也。天意垂戒深矣！

十二月十九日,又因李慈铭逝世,借题讽时,他写道:

> 闻越缦先生病殁京邸。今年封疆大吏如刘中丞锦棠、谭中丞钧培、周提督达武、黄提督翼升,我辈如朱鼎甫同年一新、蔡松生同年右辛、许雀巢先生玉琢、陆存斋观察心源,均谢世,今越缦又继之,大有老成凋谢之感。沈仲复之贪劣,潘继如之巧滑,皆不足惜也。

缪荃孙虽与康有为、谭嗣同等维新志士都有文酒交往,但戊戌北京发生的事变,他只记下了两条:

其一,光绪二十四年四月卅日,闻翁同龢罢官。"知朝内驱逐翁相国回籍,不胜骇异!"

其二,五月十二日,闻科举改革。"阅报知初五日上谕,废八股,改用策论。"

至于对其后发生的六君子被杀等事,则只字不提。而到了光绪二十八年九月初一,在上海,缪荃孙偶有机会读到《仁学》后,强烈谴责谭嗣同的"不臣之状,死有余辜"。可见他绝非民主维新的同路人。

光绪二十六年义和团运动中,在南京,缪荃孙与张謇、汤寿潜等充当两江总督刘坤一的谋士,策划"东南互保"。六月二日所记表明了他此时的动态。"晚诣恽心云、张季直谈,晤汤蛰仙、刘聚卿、陈百年,制军以《招抚徐老虎事略》见示。与季直上书制军,借小轮送蛰仙追李鉴帅。"时巡阅长江水师大臣李秉衡督兵北上,缪、张、汤等拟劝其助清廷决策,扭转时局,但未追及。李字鉴堂,故云"李鉴帅"。

读者如嫌缪氏此时所记有的过简,内容不明,便可与《张謇日记》相印证。如,闰八月初六日,"阅初二日谕旨,似有转机矣"。不明白所说"谕旨"内容是什么,但一查《张謇日记》,便可了然。闰八月初三日,"闻李、刘、张、袁四衔劾端、刚误国,请予罢斥。得旨解端差使,刚、赵交部议处。此初二日事,似有转机"。

对反清的革命,缪荃孙视同洪水猛兽。光绪卅二年四月十七日,在南京,他写道:"阅革命报,令人发指。"于是当革命爆发时,缪荃孙不是同张謇、汤寿潜等那样,顺着历史潮流拥护共和,而是仓皇逃到上海租界,过"遗老"生活。是年除夕,他写道:"今年由京归南两月,复入都。四儿一病而逝。随即大水,金陵城内可行船入市。水甫退而武昌乱,蔓及天下。金陵于十月失陷。予家窜至上海,已及四月。予亦已乞假来。现闻上已逊位,清国遂亡。自此以后,偷息人间,与已死何异! 而乱事不知何日止也。"

二

《艺风老人日记》除对研究缪荃孙的思想提供资料外,还保存着不少学苑珍闻,其价值远胜前者。

其一,关于修纂《清史儒林传》的片断实录。

光绪十四年,缪荃孙方任史馆总纂,因丁母忧开缺,于是他料理经手之事,作一交代。兹摘录有关修纂《儒林传》诸条,以见缪氏重视区分流派。

三月十六日,"检汉学儒林传旧稿"。

廿一日,"检理汉学儒林传"。

廿七日，"改定孔广森传、刘逢禄传、凌曙传、陈立传，皆传公羊之学者"。

廿八日，"改定江声传，以王鸣盛附之"。

廿九日，"改宋翔凤、戴望附刘逢禄传，以明庄氏之学"。

卅日，"撰王念孙传。改金榜传"。

四月朔，"改定孙星衍传、臧琳传"。

二日，"改定刘宝楠传"。

三日，"改褚寅亮传。又以顾广圻附江声传，本江氏弟子也"。

二十三日，"撰王菉友传"。

二十八日，"撰邵晋涵传，附以翟灏。晋涵传原附念鲁（邵廷采——引者），因学派不同，故以念鲁附沈国模传，为蕺山之正宗，而别出晋涵传，附以翟灏，因翟有《尔雅补郭》也。"

二十九日，"撰丁晏传"。

卅日，"撰朱彬传，附以成孺"。

五月五日，"改定黄式三传、方成珪传"。

十日，"改江藩传"。

十五日，"撰桂未谷传，附以许印林"。

由上述可见，缪氏组合儒林各传，重视"方以类聚，物以群分"。或以汉宋分篇，或以今古文经学各自相随，或以《尔雅》学、《说文》学等分类归队，或以师弟相从，等等。可供后人修史参考。

其二,关于缪荃孙所见清儒未刊名著和真迹的点滴记载。

(1)缪荃孙见过焦循的《里堂道听录》。

按,《里堂道听录》是乾嘉硕儒焦循的读书札录,包罗广博,富有学术价值。吴庆坻见其稿本。《蕉廊脞录》云:"焦里堂《道听录》手稿凡二十巨册,中似分类,盖读书随手记述者,老辈勤学精力过人有如此!"据《艺风老人日记》,乃知缪荃孙于清末也见过并过录是书。光绪二十七年二月七日,"礼卿送《里堂道听录》来。读《道听录》初集"(礼卿,蒯光典字。时与缪氏同在南京)。八日,"读《里堂道听录》"。九日,"读《道听录》卷一至卷十"。十日,"读《道听录》"。十七日,"校《道听录》"(是书近年已由广陵书社据北京图书馆藏本雕版刷印出版)。

(2)缪荃孙借读并过录李慈铭《越缦日记》。

按,李慈铭所著《越缦堂日记》,反映四十余载朝章国故、学术人心,在未刊前即享有盛誉。光绪二十年李殁后,沈曾植、樊增祥都谋为之刊行而不果,但已有部分抄本在亲友中流传。据《艺风堂友朋书札》下所辑吴重熹致缪荃孙书之十云:"《莼客日记》四册送去。此为孙氏存本,孙氏无人,惟余内眷在闽,坚不肯出手,故假抄之。得方家理董成书,甚盛事也。"宣统三年的《艺风老人日记》也记缪氏借读并过录《越缦堂日记》四册事。

> 七月十六日,"借《莼客日记》四册回"。
>
> 十七日,"读《莼客日记》,正其壮年。搜讨之勤,著作之雅,谭复堂且不逮,何况余目。丙子缔交,前后几二十年,尚不能知其旧日功夫如此之密。今所传仅诗十卷、骈文数十篇,实不足尽莼客也"。

廿二日，"阅《莼客日记》"。

八月六日，"校《莼客日记》"。

九月十一日，"还《苏州志》《莼客日记》与叔蕴"（叔
蕴，罗振玉）。

以上是缪氏在京师图书馆时写的。因太原兵变，北京震动，缪氏
随即弃职南行。他到上海租界后，续记：

十一月十日，"校《越缦日记》一册"。

廿八日，"校《莼客日记》毕"。

时值国变，缪荃孙难以刊行《越缦日记》。直到民国八、九年
间，由于蔡元培等的努力，此书才得陆续问世。

（3）缪荃孙收藏过顾炎武的山水画。

按，顾炎武工画山水，取法倪云林，但作品流传甚稀，学术界
视同瑰宝。《艺风堂友朋书札》下辑叶德辉与缪荃孙书之六云：
"国朝经师顾亭林、惠红豆两先生均工云林山水，载籍无闻，辉皆
有其真迹，此亦足备掌故之事。"据《艺风老人日记》，缪氏收藏过
一幅顾炎武画的山水立轴。

光绪二十二年十一月十三日，"购顾亭林先生山水"。

及辛亥革命爆发，缪荃孙亡命上海租界，光景变化，他竟把这幅珍
品卖掉了。

宣统三年十一月廿五日,"售顾亭林山水立轴,得百元"。

其三,关于缪荃孙在南京和伯希和的会晤。

按,《艺风堂友朋书札》下辑法国汉学家伯希和复缪荃孙的短信云:"奉手书,承惠赐小丛书及抄本《岛夷志略》,谨领以谢。嘱抄《沙洲志》,俟弟到北京后,遵即抄呈。午前十下钟时,当诣前请教,借壮行色。"此信末署写信时间为"二十二日",无年月。写信地点肯定不是北京。核之《艺风老人日记》,缪氏与伯希和的这次会晤,是在南京,缪氏正创办江南图书馆时。《日记》云:

> 光绪卅四年十月廿二日,"法人伯希和来,能中国语言,并知书,中国人罕能及者,异哉!"
>
> 廿三日,"拜伯希和,送《文集》一部,《碑目》《续碑传集》各一部"。
>
> 廿五日,"伯希和到图书馆,言敦煌千佛洞藏有唐人写经七千多卷集、秘本一千余卷,并有唐人《沙洲志》,又有西夏人书、回纥人书、宋及五代刊板。奇闻也"。

其四,关于清内阁大库藏书移归京师图书馆大略。

宣统三年五月二十九日《艺风老人日记》云:"(柯)凤孙、(恽)薇孙、(罗)叔蕴、(王)书城、(曹)君直、(王)扝郑、吕幼舲、(董)授经同席。又同往图书馆看书。"[1]缪氏未言看书详情。核之恽毓鼎(薇孙)同日所记,便知所看系移庋京师图书馆的原内

---

[1] 括弧内姓皆引者所加。

阁大库藏书。《澄斋日记》云：宣统三年五月二十九日，"缪筱珊年丈邀往图书馆阅藏书。内阁大库移来书极多。宋元明板史书数十种，虽大半不全，然雕印精工，人间罕见。有宋刻小字本《唐书》，尤稀世宝笈。装订多用蝴蝶装，与今东西洋相似，且有题书名于册脊者，乃知古人藏书亦直立也。又屋三间，皆庋各省府县志乘，网罗文献，大有益处。内阁有旧书，自来无人知之。虽以竹垞、渔洋诸老之广搜秘籍，亦竟不知。书之隐显，亦有定数耶"（筱珊，一书小山，即缪荃孙）。

其五，关于缪荃孙对古籍版本的鉴定。

缪荃孙虽信奉乾嘉考据，但他不是惠、戴朴学主流的继承者。他并不致力于诂释经传、发明音训，而是偏好目录、版本、校勘之学，与段、王、俞、孙等经小学大师异趣。在《艺风老人日记》里，随处显示缪氏鉴定古籍版本的深厚功夫。兹言数事，以充学苑掌故。

（1）对孤本秘册的鉴定。

如，光绪二十三年三月廿四日，"（吴）仲饴出示金板韩道昭《五音集韵》，板大于成化本几二寸，洵海内孤本也"。

又如，光绪二十八年七月十日，"（徐）积余代假《牧斋集》后十卷，闻所未闻，真秘册也。《太祖实录考证》五卷、《杜诗辨误》五卷"。

（2）对宋板的辨伪。

光绪十四年四月二十日，"博文书局送旧刻《汉隶分韵》来"，"《汉隶分韵》似明翻本，估人因书尾有'绍兴乙亥万卷堂镌'，推为宋板，索值甚昂。《拜经楼藏书题跋》记载，有宋板，有元板。《提要》云：不知撰人姓氏。此书次行有'大宋郭忠恕编次'。然用平水韵，必非宋人所撰，焉得有宋板也？且'大宋某人'，他书无此,决为书估伪托无疑"。二十一日,"还《汉隶分韵》于博文"。按,《汉隶分韵》辑入《四库全书》。《四库全书总目提要》不著撰人姓名。吴寿旸《拜经楼藏书题跋》也未言此书系何人所作。而此册署郭忠恕撰,使缪氏发生困惑。于是他用"内证法"从郭忠恕不可能用"平水韵"一点上找到后人作伪的铁证。盖郭忠恕生于五代末北宋初,以著《汗简》等名家。而此册《汉隶分韵》已据金王文郁等所创的"平水韵"用一东、二冬、三江等分部。查"平水韵"的公布至早相当于南宋理宗朝,其时郭忠恕的墓木已拱,他怎能应用"平水韵"? 用"平水韵"的《汉隶分韵》又怎能于高宗绍兴年间刊板? 由此可见,此册宋板《汉隶分韵》为后人伪作无疑。缪氏的鉴定是正确的。

(原载《书品》2008 年第 2 辑)

读《澄斋日记》

恽毓鼎《澄斋日记》，原稿凡卅六册，北京大学图书馆藏。2004 年 4 月，浙江古籍出版社据史晓风整理本排印上、下两册，列入《国家清史编纂委员会·文献丛刊》，戴逸主任为之序。

《日记》始清光绪八年（1882），迄民国六年（1917），中缺光绪九、十、十一、十四、十七、十八、十九、廿、廿六、廿七、廿八年，即在实存的二十五年《日记》中，也尚有缺记和数日合记。但内容极为丰富。

1963 年，我得故友陈庆华兄指引，曾看过此原稿，并有所札录，据以笺注《张謇日记》。时隔四十一年，喜睹此书出版，特举重大学林掌故为例，略言其史料价值焉。

一、八国联军侵略北京后
《永乐大典》亡失实录

《永乐大典》为明代所遗的一部未刊类书，其中保存大量古本和佚书，共一万余册。原藏大内皇史宬，雍正时移庋翰林院，尚存九千余册。乾隆编《四库全书》，从朱筠之请，敕馆臣从中辑录佚书甚夥。其中如薛居正《旧五代史》等，极为珍贵。但其后陆续散失。尤以遭咸丰十年英法联军和光绪二十八年八国联军两次浩劫,《永乐大典》亡失殆尽。时在翰林院供职的恽毓鼎提供了实录。光绪卅一年十一月十五日《澄斋日记》:"与笏斋检视《永乐大典》残本。此书本一万二千余册。庚申之变仅存八百余册。庚子翰林院毁于兵火,书亦散失,乱后搜罗,不过二百余册矣! 天壤间只存此数,恨惜久之。"笏斋,翁斌孙。庚申之变,即英法联军入侵北京之役。庚子,光绪二十八年,是岁,八国联军攻陷北京。

二、敦煌失宝侧记

光绪之季,敦煌发现藏经洞,其中有唐人写本等稀世之珍,为法人伯希和等先后攫去。宣统元年,恽毓鼎曾在北京晤见伯希和,闻敦煌失宝,愤恨不已,具见于《澄斋日记》。是年八月二十一日,"酉刻赴六国饭店,公宴法兰西人伯希和(字履中)。甘肃安西州敦煌县东南三十里,三危山下有寺,寺有石室数百,唐人谓之莫高窟,俗名千佛洞,洞壁满绘佛像及造像人画像,年代相沿久矣。光绪庚子,寺僧(当作道士——引者)因壁敝欲修之,凿壁而室见,藏书满中,僧不知其可贵也,稍稍流落人间。丁未冬,伯希和游历迪化府,谒将军长庚,将军示以石室书一卷,且语其事。迨过安西,州牧复赠以一卷。伯希和充东方学会长,素留意中国古学,颇悉其源流,审视所赠书,乃唐人写本也。亟诣其处,以银圆数百元购得十余箱,仅居石室中全书三分之一,然所有四部各书及经卷之精好者,则均囊括而去矣! 尚余残书数束,携以来京。王书衡、董授经侦知之,乃介一美利坚人以见伯希和,因得假观,并用摄影法付印。纸墨款式,定为唐迹,了无疑义。中多人间未见久佚之书。

即有见者,亦较今本多异文,且完足。藏碑有石晋开运、宋太平兴
国年号,疑是宋初人避西夏兵乱,凿壁以藏其书,且彩饰画像以掩
其迹耳。书衡、授经大集知名嗜古之士二十余人,宴伯希和以志
奇遇,予亦与焉。伯习华语,专治中国古学,席间纵论板本,辨析
真赝,即在吾辈犹推博洽,况欧族耶!独是此书自宋至今千余年,
风雨兵火所未毁,道俗樵苏所未伤,山灵护存,幸而发见。地方
官吏绅衿,曾无一人过问,乃举而付诸法兰西人之手,重洋万里,
辇归巴黎,岂非至可恨可伤之事!吾华尚有人乎?安西牧俗吏不
足责,身为学使之陈苏生所司何事?岂竟不一闻问耶?可耻甚
矣!"敦煌失宝的刺激,迅速在社会上层中传播,《日记》也有所
反映。二十三日,"致安徽沈子培丈书,附寄石室书目记事八纸"。
二十五日,"归寓写致陶斋书。石室唐迹,陶斋借影《沙洲志》一
种,予与授经欲以此间所影八种易之"。端方,号陶斋。董康,字
授经。

三、编辑《中国学报》

民国初元,北京发行《中国学报》,此刊因载李慈铭的日记片
断,而得鲁迅等的重视。《澄斋日记》具言恽毓鼎主编此刊大略及
所载《越缦日记》的由来。

壬子(民国元年)六月十四日,"四钟,复至安庆馆,赴《中国
学报》会,发起者为王书衡、郑叔进、吴经才诸君,将以一苇障横
流,一粟开世界,真吾辈之天职也。予极具同心,愿肩报务。本日
粗发其凡,至办法则下会详定之"。十八日,"三钟,至郑叔进寓,
赴《中国学报》社(事务所暂置郑处),公定章程","前年有《国粹

学报》,乃邓实、刘光汉诸君所编辑,寓排革之意于学说,使一般聪俊少年,皆印其说于脑中,遂成去秋之结果。法国大革命发于卢梭,欧洲立宪政治,发于孟德斯鸠。学说之力,过武力远甚。归寓偶检其一册阅之,为吾《学报》之程式”。“去秋之结果”,指辛亥革命。二十八日,“未刻赴《学报》社。予担任出报事(选择、支配、督催等)”。七月十四日,“饭后携所藏抄本《亭林杂著》(原名《修文备史》)访叔进,付写手,以备分期辑入《学报》,公之于世。叔进出示李莼客先生(慈铭)日记数巨册,乃黄岩王氏藏本,皆读书有得,随笔记录者,亦拟辑入《报》中。此《报》若成,借以读人间未见书,宁非快事!”(所辑皆海内传抄孤本佚本)八月初一,“又至《学报》社。予任总编辑,操去取支配之权,间一日必赴社理事。首期材料完备,阳历十月一号必可如期出版矣。集诸家收藏精秘之本,一一悉经吾目,洵快事也”。二十四日,“灯下作画跋三则(刻入《学报》插画)”。十月初三日,“四钟,赴《学报》社。《学报》第一期出版,内容外表均极精良,以势度之,当可盛行”(按,是日阳历为十一月十一日)。十二月二十二日,“《学报》第三期出版,登予《读十六国春秋》一篇。此册选材精美,有益学问不浅”。癸丑(民国二年)正月三十日,“校勘王元美《庚申始末记》一卷,刊入《学报》”。二月初三日,“又看《中国学报》第四期丛录《越缦随笔》,莼老勤学博闻,为同光间学者,特意见有时而偏耳”。四月十六日,“灯下校《学报》待登之《宁夏哱拜传》。此传叙次遒洁,有声有色,学龙门处,时得其一鳞片甲”。从以上可见,恽毓鼎编《中国学报》极为辛劳。他留下了一条迄今仍值得记取的教训。《日记》又云:二十三日,“前日校《哱拜传》,有‘遂逃’二字,疑‘遂’为‘远’之形近而讹,率改为‘远’字。今日见

《汉书·匈奴传赞》,有'逑逃窜伏'语,正是'逑'字,乃知亭林用《汉书》也。甚矣,读书不精不熟,断不可轻改前人也。急作简致蕙农更正('逑'即遁字)"。

四、撰写《崇陵传信录》

光绪之季,国际列强正图瓜分中国,民族危机引发清廷内部的帝、后党争。力图奋发有为的光绪帝受制于顽固腐朽的慈禧太后,于是甲午中日战争以中国向日本乞降终;戊戌变法以维新志士遭捕杀终;庚子义和团运动以签订丧权辱国的《辛丑和约》终。已而帝、后同日亡。不及三年,武昌起义,被人民憎恶的清祚遂屋。事后,不少清室孤臣痛定思痛,各濡血泪笔,颂帝贬后,追记这段他们亲历的伤心史。其中最有文采能尽情变的,厥为恽毓鼎之《崇陵传信录》。

按,《崇陵传信录》,初刊于民国三年五月,由天津《庸言》报馆印行,凡一卷。崇陵,光绪帝陵号。书名犹言《光绪传信录》。作者自叙,记时为宣统三年辛亥四月。卷末有癸丑年八月二十四日长沙饶智元跋,亦谓此书"作于宣统纪元"。但查《澄斋日记》,恽氏撰成《崇陵传信录》,已在民国二年(癸丑)。书方脱稿,即由饶氏作跋也。兹摘录有关内容,以见恽氏撰此的宗旨及其经过。

壬子(民国元年)六月二十六日,"每日夜饭后记《崇陵传信录》二三条,于前日创始,日以为常,定为课程(后不具记)"。但恽氏专心致志于撰写此稿,实际是在翌年的七八月间。癸丑(民国二年)七月十六日,"灯下撰《崇陵传信录》三条"。十七日,"撰《传信录》三条。毓鼎受孝钦显皇后知遇之恩,然其生平失德误国，隐伏覆祚之根，千秋有公是非，未便曲为讳饰。独至掖庭暧昧之事，如文廷式辈所传述，几等《飞燕外传》者，则一字不书。非特有伤忠厚，而风影无凭，亦不当信口污蔑也"。十八日，"灯下编《传信录》二条"。二十一日，"归撰《传信录》一大条，颇以简雅自喜"。二十二日，"归撰《传信录》一条半"。二十四日，"撰《传信录》半条"。二十五日，"撰《传信录》一大条"。二十七日，"十点钟归，久不如此奔驰矣！犹撰《传信录》一条，乃寝"。二十八日，"撰《传信录》三条"。八月初五日，"撰《传信录》二条"。初七日，"归寓撰《传信录》一条，乃就枕"。十二日，"数日来撰《传信录》，专叙光绪三十四年中之朝局，夹叙夹议，颇规仿太史公，而着语高简，谨守法度，时得意外意，则得之于陈承祚为多。研摩《三国志》三十年，其效如此"。十三日，"撰《传信录》数百字，颇得文字之乐"。十五日，"静坐簝中撰《传信录》，综论朝局百余言，郁茂欲追班、范"。十九日，"灯下撰《传信录》。读《文选》范蔚宗类传诸论，酝酿深厚，乃吾所醉心而欲追步者"。二十一日，"灯下撰《传信录》"。二十二日，"撰《崇陵传信录》脱稿，约千五百言，所记自信无虚妄语，后世史学家欲知先帝一朝事实真相者，或有取于斯。至于叙次简括，时有弦外音，则得力于《三国志》为多。惟是录作于今日，不免存避祸之心，故间有隐略处，阅者自当知之"（按，全文远不止"千五百言"，"千"字上似有脱文）。二十四日，"石顽兄跋《崇陵传信录》文一篇，芬恻深挚，与题相称，自是才人性情之作"。石顽，饶智元。

　　《崇陵传信录》的发表，得到了梁启超的支持。《日记》云：十月二十九日，"作书致梁任公先生，求作《崇陵传信录》序。任公复书允为跋尾。且云：'未及展诵，已增感叹，信史示后，先帝为有臣矣.'(书中先帝皆高抬)"在颂扬光绪皇帝、贬斥慈禧太后这一点上,梁与恽的观点是契合的,因此梁氏就决定将恽氏此作刊入自己所办的《庸言报》。《澄斋日记》:甲寅(民国三年)正月初九日,"梁任公以吾所著《崇陵传信录》入《庸言报》广为传播"。之后,作者续采访史料,以图增补。《日记》又云:乙卯(民国四年)正月初七日,"至韩城馆访吉同年(同钧),拟索观光绪中叶薛云阶师任司寇,执奏太监李进喜抵罪三次奏稿,并详问此案曲折,并叙入《崇陵传信录》中。未晤"。其后各种近代史料都辑录其书,恽氏此录现已广泛流传。

《澄斋日记》的史料极富,以上只举其一端而已。可惜与我同好的北京大学陈庆华教授已前卒二十年,不能再共发卷细论之也。

(原载《书品》2005 年第 1 辑)

考证成为科学的历史文献

——读 1997 年版陈垣著的《校勘学释例》

陈垣著《校勘学释例》由于时势的需求，流通在我国大陆的，已有三个年代的版本：一是 1934 年初刊本，书名《元典章校补释例》，胡适为之序；二是 1959 年重印本，改名《校勘学释例》，删去了胡序；三是 1997 年三版本，以 1959 年重印本为据，但恢复了胡适序文。我所读的，就是上海书店出版社的三版本。此书虽然只是一本仅有十二万八千余字的小册子，但却关系着 20 世纪我国学术史上两件有影响的大事：其一，陈垣对二千余年的我国校勘学做了总结，提出"校法四例"：对校、本校、他校、理校，成为古籍校勘的普遍法则。其二，胡适以校勘为例，引进西方的"实验主义"方法论，革新乾嘉考证学，使之成为科学。本文略说读后心得，以求正于同道。

一

考证或称考据，是人们治学处事必须运用的手段。人们研究自然现象靠实验，研究社会现状靠调查，研究历史靠考证。考证的对象是史料，包括书证、物证和人证。考证的方法是归纳比较法,其主要功能是解决人们在占有史料过程中所遭遇的各种矛盾:校勘定版本是非、辨伪判证据真伪、考异评记载异同,最终达到认清事实的目的。

考证,产生在人类社会生活中。《吕氏春秋》载孔门弟子卜子夏订正"晋师三豕涉河"为"晋师己亥涉河"的故事,已具有校勘的基本成分,也就是考证的萌芽。随着社会的发展,人们对考证的需要也愈多。东汉经师马融据先秦古籍引文,辨西汉民间所献今文《太誓》非古,这是辨伪的滥觞。东晋孙盛为撰《魏氏春秋》和《晋阳秋》,对前人记载异同进行评比,作《异同评》《异同记》。其书不载于《隋书·经籍志》,读者仅能从裴松之《三国志注》等见其鳞爪。这是史料考异的嚆矢。

考证盛于宋代。司马光撰《通鉴考异》,诞生了我国第一部比较史料的专书。朱熹撰《韩文考异》,提供了古籍校勘的珍贵经验。疑古经之风也兴起于此时。

考证大盛于清代,乾隆、嘉庆之际达到高峰。清儒以经学为中心,以考证施之于一切诸学,成果累累。他们创作了一些从事考证的条例和规则,启发了一代学者。如顾炎武本明季陈第之说,列本证、旁证以考《诗》本音[1],开有清一代古韵学的先河。戴震治训诂,不外"以字考经,以经考字",其徒段玉裁本此二语撰成《说文解字注》[2]。王念孙、引之父子校勘古书和训释古人虚字,要求"揆之本文而协,验之它卷而通"[3]。由于历史条件的限制,这些发明尚不成体系。

---

[1] 顾炎武:《音论》。

[2] 陈奂:《说文解字注跋》。

[3] 王引之:《经传释辞序》。

直至近世，胡适用西方"实验主义"的方法论，总结乾嘉学派的正反经验，才能划时代改进传统的考证学，使之成为科学。陈垣的《元典章校补释例》，就是考证学革新的结晶，而胡适序文，则是考证学革新的理论，这都是值得重视和探讨的。

二

按《元典章》为考究元代政教风俗语言文字必读之书，但世传沈家本刻本的舛误极多。陈垣以故宫所藏元刻本和几种抄本校勘沈刻本，发现伪误衍脱颠倒之处，凡一万二千余条，写成《元典章校补》，于1931年刊行。旋又从中择取一千多条，各依其所以致误之由，分别类例，写成《元典章校补释例》，目的将以通于元代诸书及其他诸史，于1934年刊行。全书六卷，从卷一至卷五，罗列沈刻《元典章》的四十二条误例，卷六乃是陈氏校勘此书的凡例。其中的"校法四例"，对我国校勘方法做了总结，创造了古籍校勘的普遍法则，其意义已远超出校勘《元典章》之外，以故在1959年重印此书时，即称为《校勘学释例》，这是名副其实的。

所谓"校法四例"，即校勘的四种方法：一为对校，以两种不同版本互校。汉刘向校书东观，曾用此法。《别录》所谓"一人持本，一人读书，若怨家相对者"。二为本校，以本书前后互证。陈氏举吴缜之《新唐书纠谬》、汪辉祖之《元史本证》为例，谓皆用此法。三为他校，以他书校本书。凡其书有采自前人者，可以前人之书校之；有为后人所引用者，可以后人之书校之；其史料有为同时之书并载者，可以同时之书校之。陈氏谓丁国钧《晋书校文》和岑建功刻《旧唐书》所附刘毓崧等的《校勘记》，咸用此法。

四为理校,无版本可依据,只得凭学识判断。钱大昕《廿二史考异》有时采用此法。校勘之法,尽此四端。

校勘与辨伪、考异所处理的课题虽然有别,但是所用的归纳比较法却是相通,以故除对校外,其他三校法也适用辨伪和考异。如马融用他校法辨西汉今文《太誓》为伪。孙盛用本校法以《吴书》与《魏书》互证,评陈寿《三国志》记曹、孙战事异同。又如顾炎武考《诗》本音,所用本证、旁证、审音之法,与陈氏所列本校、他校、理校相通。由此可见,陈氏所总结的经验,实际适用于整个考证学,非徒校勘而已。

三

胡适为陈氏作序,用"实验主义"的方法论评价陈书,肯定此书"是中国校勘学的第一次走上科学的路"[1]。此文对传统考证学影响深远。

19世纪自然科学的发展,催生了"实验主义"哲学。它不承认永恒不变的天理,只承认一切真理都是应用的假设,假设是否是真理,必须经过实验。"实验主义"思考问题分五步走:(一)发生疑难和困惑;(二)确定疑难之点;(三)假设种种解决疑难的方案;(四)比较各种假设,选取其一;(五)求得确证,判定这种假设是真理,还是谬误。在这五步中,假设和求证(实验)是两个重要环节,而求证是最重要的。胡适说:"假设不大胆,不能有所发明;

―――――――――――

[1]《校勘学释例》胡序,第8页。

证据不充足，不能使人信仰。"[1]"科学的方法只是'大胆的假设，小心的求证'十个字。没有证据，只可悬而不断，证据不够，只可假设，不可武断，必须等到证实之后，方才奉为定论。"[2]这就是"实验主义"的方法论。胡氏以此检查我国的校勘学，发现乾嘉学者校书与"实验主义"的科学方法有合有不合。凡是立言有确凿根据，假设得到客观证实的，就是合乎科学的；凡是仅凭"以意忖度"，得不到客观证实而把假设当结论的，都是不合乎科学的。以段玉裁、王念孙等的精审，都不免有以主观推理取代客观求证之失。而陈氏校《元典章》已克服此病，即使理校，也凭渊博的元史知识，做到"言必有据"，使人信服。

胡适革新校勘的理论适用于辨伪、考异诸课题，以故胡氏此序，实际是推动整个乾嘉考据向科学迈进的一篇重要文献。其后作者将此序辑入《胡适文存》时，改称为《校勘学方法论》，这也是名副其实的。但读者须知，其完全意义，非只限于改进校勘而已。

如同法官治狱首重证据一样，考证切忌立言无据。凡以主观推理取代考证，以"想当然"当作结论，这与科学背道而驰，然而却是我们易犯的常见病。以故对胡适以"实验主义"改进乾嘉考据的理论，值得记取。

（原载《书品》2002 年第 6 辑）

---

[1]《胡适文存·清代学者的治学方法》。
[2]《胡适文存·介绍我自己的思想》。

三十余年史料工作的结晶

——读荣孟源著《史料和历史科学》

荣孟源氏遗著《史料和历史科学》，已由人民出版社于 1987 年 3 月出版。这是荣氏在马克思主义指导下，从事史料工作三十余年的总结。

荣氏学术，渊源于清代的朴学。其特点：重视经世致用；知识宽广，长于考证。清初，顾炎武开其端；乾嘉之际，惠栋、戴震隆其业；清季及民国，章炳麟为其后劲。章门大弟子吴承仕和黄侃，都绍述乃师所授的训诂、声韵之学，分别教授南北都，学生向慕，有"北吴南黄"之目。"九一八"事变前后，目睹民族危机，这些爱国学者中的先进分子开始接受马克思主义，参加中国共产党，把朴学发展到了崭新的阶段。他们开始运用所掌握的经学和史学来阐明唯物史观，动员广大知识青年为抗日救亡而奋斗。其中最主要的代表便是吴承仕和黄侃的学生范文澜。他们先后充当荣孟源的学术引路人，给荣氏一生的学术发展以深刻的影响。

荣氏于中华人民共和国成立前夜，开始在华北大学讲史料学。中华人民共和国成立后，追随范文澜氏创建近代史研究所，协助校勘范著《中国近代史》所引史料，并参加《中国近代史资料丛刊》——《太平天国》《义和团》《辛亥革命》三书的编辑工作。以《太平天国》为例，卷首的序言和其中对"太平天国官书"的校注，都是出诸荣氏的手笔。1954 年，近代史研究所创办《近代史资料》，荣氏负责编辑。为这本杂志，耗尽了他的心血，直至 1985 年病逝为止。

有朴学为基础，以马克思主义为指导，加上三十余年史料工作的经验，荣氏给后人留下了《史料与历史科学》这部不朽之作。

荣氏重视我国史学传统。他对本书的每一专题，都广征古今典籍，溯叙其发展史。如在"考订的传统"一节里，荣氏指出："从史学出现的时候开始，运用史料就要辨别记事的真伪。"他征引《左传》《孟子》《礼记》中的例子，说明"早在 2000 年前，我国已经注意辨别史料记事的真伪了"。又引《史记·仲尼弟子列传》等，论证司马迁对史料的选择是极为审慎的。司马迁说："《弟子籍》出孔氏古文，近是。予以弟子名姓文字悉取《论语》弟子问，并次为篇，疑者缺焉。"荣氏以谯周撰《古史考》、王劭为《读书记》、李匡乂著《资暇录》、刘知幾作《惑经》《申左》等为例，说明"魏晋南北朝直到隋唐，史学日渐发展，辨别真伪的工作也日益深入"。他从司马光撰《资治通鉴考异》、吴缜作《〈新唐书〉纠谬》等说起，评述"宋代以后，辨别真伪，考订异同的工作更为发展，更为深入"。他盛赞乾嘉考据学，"清代乾隆、嘉庆年间，考据学最盛，在史学方面有：王鸣盛《十七史商榷》、钱大昕《二十二史考异》、赵翼《廿二史札记》等名著，为研究历史的必读之书。"

荣氏善于应用乾嘉学派的方法，考订近代史资料的真伪。在本书"辨别真伪"一节里，荣氏揭露伪造文物中，有《赖文光题砚》

一例。这一伪造拓本，由我在扬州发现，并错误地发表在 1956 年 2 月 16 日《光明日报》"史学"版。旋经荣氏以"于之夫"的笔名，撰文考证，从题词内容与史实不合的破绽，抓住作伪的马脚，严肃指出："这是一件假造的东西。"[1]事情已过去三十多年，荣氏已作古人，但我经常记起这位史学前辈这一次对我的深刻教诲。

荣氏绝不是局限在乾嘉考据家的脚下盘旋，而是在马克思主义指导下，批判地继承和发展了前人的考据学。他常说范文澜氏教他对旧的家法既要钻进去，又要在马克思主义指导下钻出来。在本书里，荣氏严肃批判地主阶级在史料考订方面否定农民起义的阶级偏见，又尖锐驳斥买办资产阶级为帝国主义辩护，把侵略曲解为"帮助"的谬说。他强调指出："历史科学是遵循马克思主义的立场、观点和方法来考订历史记载，对于我国考据学的传统要批判地接收，对实用主义的流毒要彻底肃清。"

荣氏分清"史料"和"史学"的区别。如司马光撰《资治通鉴考异》属于史料学，他撰《资治通鉴》才是史学。史料学是服务于史学的。荣氏又严格分清了旧时代的史料学、史学和在马克思主义指导下的史料工作与历史科学的区别。众所周知，只有在马克思主义指导下，历史研究才能成为科学。荣氏积三十余年史料工作的经验证明，也只有坚持马克思主义的指导，史料工作才能为历史科学服务。这就是本书的总的结论。

1950 年 8 月 29 日，毛泽东同志在《致陈寄生》信中说："惟觉中国的历史学，若不用马克思主义的方法去研究，势将徒费

---

[1] 1956 年 3 月 15 日《光明日报》"史学"版。

精力,不能有良好的结果。"[1]读了荣氏遗著,使人仿佛重温中华人民共和国成立后的史学史。我国的老一辈先进历史家,遵循毛泽东思想教导,辛勤地批判、继承和发展旧史学,创建崭新的历史科学,使之为社会主义服务。其中包括荣孟源氏从事史料工作的功绩。我相信,让青年一代历史工作者知道这个推陈出新的变化,对于发展我国的历史科学,将是十分有益的。

（原载《史学情报》1988 年第 2 期）

---

[1] 《毛泽东书信选集》,第 386 页。

书《赵守俨文存》后

我与赵君守俨论交逾三十年。中经"文革"之祸,友情历劫弥笃。1994年4月,守俨不幸过早逝世,我哭之以诗:

> 赵君我挚友,一病竟千秋!
> 博雅通三古,温文冠九州。
> 马班同史席,韩柳结仙俦。
> 来岁生刍奠,故人涕泪收。

守俨殁后四载余,中华书局出版其《文存》,内辑遗著五十八篇,包括他一生从事编辑工作的结晶,乃是当代中国古籍整理重要文献的汇编,可供后贤所取资。

一

守俨是生长在20世纪中国的一位历史学者。他的学术刻上了时代更新的烙印,从乾嘉余绪进化到实证派,继而接受唯物史观,这也是当代中国史学发展的三步曲。

研究历史必先占有史料。占有史料的科学方法乃是我国知识界逐步形成的考证学。自古迄今的杰出历史家一般都是从事考证的高手。占有史料的第一步是搜集史料,包括搜集书证、物证与人证;第二步是比较史料,包括辨伪、考异与校勘;第三步是归纳史料,查明事实。这三者有时交错进行,不可截然分割。考证之学始于孔门;盛于宋,其代表作为司马光撰《通鉴考异》;大盛于清,乾隆、嘉庆之际达于高峰,以故言考证者,必尊乾嘉学派。至于近世,受西方哲学和新科技的影响,考证学获得新发展,形成了以王国维、胡适、陈寅恪、陈垣、顾颉刚、傅斯年等为代表的实证派。稍后,郭沫若、范文澜等相继接受马克思主义,使考证学与唯物史观相结合,达到了前所未有的科学境界。乾嘉诸老、实证派、唯物论者对历史动力等的解释是有区别的,但在考证方法上却有其继承性和共同性。而当极"左"思潮为患时,有些人片面强调了新老学派之间在立场观点方面的对立,株连并抹杀了考证学的作用。

对否定考据,守俨是深表不满的。他在《校史杂忆》中说:"考证,本是一种重证据的研究方法,在校勘古籍判断是非的时候,是不可须臾离的。可是自 50 年代以来,这种研究方法却很不走运,一谈考证,往往就给它戴上'繁琐'的帽子,似乎凡是考证都是繁琐的。谁要强调考证的重要、稍一'上纲'就会成为学术上的方向、道路问题。"守俨强调考证的重要性,认为史料考证是历史研究的基础。他在《学术笔记的整理出版与评议》一文对否定考证的错误论者提出了质问:"我们今天的研究工作,当然不能停留在考辨是非、弄清事实,应该上升到理论分析。其实这并无矛盾,把事实考清楚不正是为理论分析服务,使理论分析能够具有更坚实的基础吗?在现实生活中,我们在研究问题的时候,往往强调要重证据、重调查研究,认为这是科学的态度,为什么轮到古代事物,就不主张这样做了呢?"这些真知灼见,说出了我国无数学人的共同心声,这是付出了沉重的代价才得来的。

守俨力主继承清人的考证成果。他在上文又说:"清代的学术研究,绚丽多彩,硕果累累,考据之学尤其盛极一时。""我们应当总结和继承这一份珍贵的遗产。"《五十年代商务整理出版古籍杂忆》中也说:"学术研究有个继承问题,不是平地起楼台。清人在具体学术问题的考证上,确是超越前人,贡献很大。如果不是只讲空话,就不能对清朝人这方面的著作一概摒弃不读。"

守俨非常重视由于时势转移而引起清学的蜕变。请看他所写的《〈癸巳存稿〉出版说明》:"嘉道时代,正是清代学风的转变时期,即'汉学'发生分裂的过程。因为:一、汉学末流,斤斤于字句的考证,纷纭于难以究诘的名物制度,渐趋繁琐浮泛,引起当时一部分学者的不满,方东树的《汉学商兑》一书,虽有矫枉过正的地方,但对于汉学的流弊,却说得淋漓尽致。二、清中叶以后,帝国的政治日见腐败,统治力量亦逐渐削弱,兼以阶级矛盾和民族矛盾的尖锐化,整个政权走上没落的途径。因为客观形势的变化,遂使一些较有见解的学者把眼光转移到'经世致用'之学;而西方学术的传入,更令当时的知识界,耳目为之一新。俞正燮正是这一时期的人物,我们只要翻一下《类稿》《存稿》的目录,就可以发现他的治学,是与纯粹'汉学'有所不同的,显示出上述的转化倾向。"这种转化并不意味着考证学的没落,而恰恰相反,正标志着乾嘉考据的获得更新。到 20 世纪初,继之而起的是开创新史学的实证派。

守俨是在实证派诸大师的直接或间接熏陶下从事历史研究的。《文存》保留着这方面的大量痕迹。

昔王国维擅长以地下发掘的甲骨等实物与古籍相印证,研究古代史,创造了"二重证据法"。守俨也常以新出土的文物与史书互证,研究唐史。《〈唐临川公主墓志〉记事考索》即用了"二重证据法"。其略言"《临川公主墓志》的发现,使我们对志主李孟姜和驸马周道务的生平有了更多的了解。它的记事,有些可补新旧《唐书》的缺略……至于志文所未详的,更不得不旁求于有关资料。现以史书、碑记与墓志参验,对于李、周事迹试作初步探索"云云。《〈旧唐书·章怀太子传〉辨疑》,也是以新出土的墓志补证史书的佳作。

守俨从事校勘,严格遵循陈垣所著《校勘学释例》,运用四校法。他曾结合自己的实践经验,把这四种方法写在《校史浅谈》里。"(1)版本对校:这是指对所校的书选择一种错误较少的本子作底本,用几种有代表性的本子和底本逐字逐句对校。所谓有代表性的本子,应当包括本书现存最早的本子,并兼采晚出的精校的本子。""版本对校是校勘的基础工作。""(2)本校法:从本书取得'内证',以校正本书的错误,谓之'本校'。换句话说,也就是用本书相关的记载前后互证……以比较其异同。""(3)他校法:同一件事,往往几部书都有记载;某些古书,又往往被旁的书节录或引用。由于这些情况,我们就有可能用相关的书来比勘,这就是所谓'他校法',它是我们经常使用的很重要的一种校勘方法。用他校法取得的证据,亦可称为'外证'。""就校史而言,可以用作他校的资料,主要有下列几类:其一,史籍互证……其二,古书旧注中的引书,也是我们用作他校的资料……其三,用类书校……其四,用石刻校史。""可以用作他校的资料并不限于以上四类……敦煌、吐鲁番发现的文书,也是校史的极好资料。""(4)理校法:即用推理的方法来校误。以理校法来校史,必须非常慎重,最好只限于有充分把握的版刻错误,否则容易流于武断。""陈垣先生表示,他校勘《元典章》的时候,'非有确证,不敢借口理校而凭臆见'[1]。所谓确证,当然是指版本根据,或本校、他校方面的强证。其实不仅理校需要与其他校勘方法相结合,另外的三种方法也常常是相互联系在一起的。应当避免只凭单文孤证作出判断。"以上表明,守俨敬谨师法陈垣的校勘学,并推广其遗说。

实证派诸大师不似乾嘉诸老受时代的束缚,局限于以经籍正史诸子为研究对象,他们的视野比较宽广。这一点也给守俨以巨大教益。在《"取精用宏"的典范》一文中,守俨赞美顾颉刚氏"往往利用民俗资料来印证古代事物,提出一些新见"之后,引出结论:"历史学本是一门综合性科学,举凡社会现象和人的活动,无一不是它研究的对象,因此史学工作者必须视野开阔,涉猎广泛,文献、文物、考古发现、口头传说,无不属于史料范围。"只有"广征博采,相互印证,才能触类旁通,多方位地去观察和了解历史,顾先生就是主张研究历史的人要广泛读书的"。守俨又举陈寅恪晚年写《柳如是别传》为例,强调史学工作者必须博学。他说:这"是一部七八十万字的巨著,表面上看似乎只是某个人的传记,而内容却是对于明末清初士大夫的思想状况、政治活动和他们相互之间的关系,做了全面的考察。它也是顾先生所谓'明末的士气和才子佳人的生活'的生动画卷。诗,是此书所凭借的主要资料,陈先生从中抉隐发微,揭示出从字面很难看出来的含义。这是由于陈先生对诗学功力极深,对典故词藻的了解极透,

---

[1]《校勘学释例》卷六。

才能取得这样的成果。如果根本不懂诗，这些资料即使摆在面前也无法利用。假若对历史学和史料的概念（理解）很狭隘，以为诗是搞文学的人的事，与自己无关，那就更无从谈起了"。

总之，守俨之学主要是得益于实证派诸前辈，但他并没有止步于此，而是沿着时代前进的轨迹，正确接受并运用唯物史观。他在《唐代婚姻礼俗考略》中强调民族融合；在《唐代的科场风波》中突出知识界与当权集团的政治斗争，等等，无疑都是从唯物史观得到启发的结果。他在《〈大唐创业起居注〉史料价值评述》中对李世民斗杀其兄太子建成的"玄武门之变"的考异，也是符合唯物史观的。守俨说："前人早已注意到，以《创业注》与新旧《唐书》核对，叙事颇有不合。""在建成、世民兄弟二人之间，两《唐书》把太原起兵的功劳几乎全归之于世民，至于建成，非但所起作用远不足与世民比拟，而且一无材略可言，不过因人成事，坐享其成。而在《创业注》里，这两个人却是平分秋色，不分轩轾的。""在这个问题上，显然是《创业注》的记载比较近乎事实。因为'玄武门之变'以后，世民为了替自己戕兄杀弟作掩饰，就在官修的实录中，有意识地粉饰自己，丑化建成，肆意夸大自己在太原起兵中的功勋，竭力贬低建成在当时的作用，企图使人们相信他的取得帝位是理所当然，而建成之死则是咎由自取。两《唐书》根据实录、国史修成，自然也沿袭了唐代史料的观点。""我们在两《唐书》中所看到的李渊，是一个颟顸骄纵、只会夸耀李氏勋阀的关陇贵族。太原起兵既不是他的主谋，在攻城略地中也没有起过太大作用。其所以能取得帝位，全靠次子世民的深谋远虑，指挥有方，处理得宜。但在《创业注》里，李渊却以另一副姿态出现。本书把他写成一个雄才大略的开国之君——刘邦式的人物，举凡军国大计，无不取决于他本人。""他是太原起兵事件的真正主人，决不是配角。"史料分歧的原因，守俨指出，这也是玄武门事变前后唐室政局大变的反映。按此次事变，从历史唯物主义看来，乃是唐统治集团内部的一场夺权斗争。"成则为王，败则为寇"，贞观史臣修实录、国史之所以拔高李世民、贬低李渊，丑化李建成，等等，正如守俨所说："也不难理解。"他对历史事件、历史人物的评价，就是这样力图在史料考证的基础上，运用唯物史观进行分析，作出判断。上举事例，不过是其中之一罢了。

二

守俨大半生的主要工作是古籍整理。他曾任国家古籍整理出版规划小组成员，始终负责并实际主持"二十四史"及《清史稿》的点校工作，为完成这一大规模的文化工程历尽艰辛。《文存》辑录守俨的两篇回忆录：《雨雨风风二十年》和《校史杂忆》。两文都已成为当代中国古籍整理的重要文献。

《雨雨风风二十年》，也就是《"二十四史"点校始末记略》。守俨把这亲历的二十年划分为三个阶段，以示点校工作在艰难中进展。第一阶段，1958—1962年："这是工作的摸索阶段。"所谓"摸索"，即探讨出一整套点校工作的要求和方法。本文说："1960年以前这套书在质量上没有明确的要求，工作方法也尚未作出切合实际的规定。""1959—1960年，我们对于各史具体情况和工作上的问题做了全面研究，在校勘方面提出了新的要求：除做好版本对校外，还要比较系统地进行'本校'（本史各部分的互证）和'他校'（以有关史籍及类书等比勘），并强调要汲取前人对本史的研究成果。""古籍规划小组要求'二十四史'成为代表国家的超越前人的最好本子，并经过重版时的陆续修改，使它成为完本。"这是总结先前点校各史的经验摸索而得的成果，其中包括守俨的心血。第二阶段，1963—1966年："这一时期，外地院校承担的各史由分散点校改为在北京集中点校。"1963年秋冬，先后借调到中华书局的专家有唐长孺(点校《魏书》)、王仲荦(点校《陈书》)、刘节(点校《旧唐书》)、罗继祖(点校《宋史》)、郑天挺(点校《明史》)等。1963年与1964年上半年，我正在中华书局笺注《张謇日记》，得亲睹盛事。各专家的工作、生活，均由守俨从容经理。"这一时期工作进行比较正常……为以后的继续点校打下良好的基础。"但极其不幸的是，一场史无前例的"文化大革命"发生了，专家都遭揪斗，有的死于非命。中华书局的编辑们被迫离京，前往湖北"五七干校"。守俨不胜慨叹地写道："从此'二十四史'的整理即被迫停顿。""第三阶段，1971—1977年：这是工作的完成阶段。"在极"左"思潮泛滥时，点校的学术性比前退步了。一是"对本校、他校作了限制，规定只是在'点不断，读不通'的地方使用这两种方法"；二是"版本异同择善而从，不出校记"。这时的点校工作分在北京和上海两地进行。在守俨直接掌握下，"北京点校的各史，没有严格遵守以上界限，略有突破，这就是说，本校、他校的运用，不局限于上述范围；而版本异同有非说明不可的，间或也写了校勘记"。后之读史者，当接受这些来之不易的学术成果时，幸毋忘前人抵制极"左"高压的功劳。

《校史杂忆》，一名《"二十四史"点校散记》。这是对点校方法的经验总结。一、"认真研究书的情况，了解存在的问题"；二、"针对书的特点和质量要求提出整理方案"；三、"反对'繁琐考证'给工作带来的影响"。此与上文相参证,读者可从中得知新本在学术上超过前人的一些细节。例如:"《魏书·乐志》有脱页,清人卢文弨据《通典》补了几十个字,后来陈援庵先生又据《册府元龟》补全,引起史学界的重视。这次整理,负责点校此书的唐长孺先生又发现《礼志》和《刑罚志》也有脱页,因为文字似乎是衔接的,从来没有人注意过,复据《册府元龟》《通典》校补了三百十七字。"[1]

《文存》还辑录《建国以来古籍整理出版工作简述》《五十年代商务整理出版古籍杂忆》《建国以来明清史料的整理概述》《张静庐先生与〈清实录〉的复原和出版》等,都为当代古籍整理史的编纂,提供第一手的资料。

《文存》辑录的《整理古籍有哪些常用的方法》《校史浅谈》《在全国古旧书店业务培训班的讲话》等,则是守俨给年轻一代古籍整理工作者留下的入门和向导。其中有理论、有方法,结合实际,深入浅出,成一家言。

《文存》节录的《〈顺宗实录〉笺证》和《〈封氏闻见记〉笺证稿》,虽系未完之作,但这是守俨为后人留下的古籍整理范本,从中可见他考史的谨严和功力之深厚。

守俨不幸早逝,但其遗著是不朽的,《文存》的出版,必将为培育新一代的古籍整理工作者,为繁荣我国新世纪的文化事业,作出贡献。我学术浅陋,评亡友之书,欲言难尽,以上笺笺,墨与泪俱,聊当寸莛,以启鸿钟之响而已。

(原载《书品》1999 年第 2 辑)

---

[1]《魏书》卷———校勘记第三条。

下编

乾嘉考据与太平天国史学

从 1952 年起，在常州，我开始研究太平天国史，距今已超过半个世纪。但多次因故中辍，实际从事太平天国史学的时间，不过二十年。这二十年中，一贯坚持的方法是清代乾嘉学派遗下的考据。以故简单地说，我是以考据治太平天国史。

一

考据，是人类研究历史的方法。其对象是史料。其过程是搜集史料、比较史料、归纳史料。比较史料是最繁重的环节，包括辨伪和考异。其最终目的是弄清历史事件的真相。在求真务实这一点上，考据与唯物史观科学是一致的。

考据萌芽于人类社会生活中，两汉以后，学者用以解经读史。宋司马光撰《资治通鉴》，对史料取宏用精，别为《通鉴考异》，交代去取之故。这是吾国最早比较史料的专书。

考据大盛于清。清初，顾炎武、阎若璩等开端。乾隆、嘉庆之际，惠栋、戴震、钱大昕、段玉裁、王念孙等先后继起，精心渺虑，把考据施之于一切诸学。由是后世论考据学必尊"乾嘉学派"。直至清季，俞樾、孙诒让等尤为其后劲。

乾嘉学派留下了大量成果,更重要的是考据的方法,其后,章炳麟、王国维、胡适等皆由是起。兹言其大要:

乾嘉学者研究条例

刘师培《南北考证学不同论》谓戴震之学,"先立科条"。他分清《水经注》久已混淆的经注,即从立区别经注的条例着手。其徒段玉裁作《说文解字注》,也从探讨许书的条例入门。他在"玉"部后注:"通乎《说文》之条理次第,斯可以治小学。"阮元《汉读考周礼六卷序》赞之,谓如果不明许慎编书的条例,则困惑者多。自段注出,学者以其说求之,"斯《说文》无不可通之处,斯经传无不可通之处矣"。

乾嘉学者发明条例

乾嘉诸老善于总结考据经验,发明比较归纳的条例。戴震以经传古籍与古代的训诂汇编《尔雅》互证,得出八字:"以字考经,以经考字",启发了一代《尔雅》学者。段玉裁即本此二语,撰成《说文解字注》。但《尔雅》与经传多用同音假借字,《说文》所说解的则是文字的本义,故而段氏发展了乃师的条例,他在《周礼汉读考序》中提出"不以字妨经,不以经妨字",把比较研究引向深入。王引之总结其父念孙考证古籍虚字的经验,概括为"揆之本文而协,验之它卷而通"十二字,由此产生了名著《经传释词》,见其自序。

乾嘉学者精心取证

考据如法官治狱,首重证据。清考据家治学首重取证。乾隆时,邵晋涵撰《尔雅正义》,他首先花大工夫在《十三经注疏》等古籍中,搜寻有关证明《尔雅》的训诂资料——"取证"。邵氏在给朋友的信里说:"取证差少三年。"钱大昕、阮元等还多方从古代遗下的金石等实物取证,用以说解文字,订补史书。

乾嘉学者对一字的意义,有的几经反复,甚至经历了数代人,才能作出结论。关键在于必须获得确凿的证据。

例如,"诤""讯"二字,在经传中混用。清初顾炎武撰《诗本音》,推测这两字古人可能通用。以后戴震作《毛郑诗考正》,认为这是古人传写之误,这二字不能通用,因为读音差异。但再后王念孙撰《广雅疏证》,在获得"诤""讯"古同音的确证后,断言戴说"失之"。

又如,《诗经》中往往用"匪"字作"彼"字解,但极具权威的郑玄笺:"匪,非也。"历来经师都对之困惑。顾炎武《左传杜解补正》假设:"匪、彼古或通用。"其后,惠栋《毛诗古义》再次假设"匪、彼古或通用如顾说"。再后,王念孙《广雅疏证》列举大量证据,支持顾、惠二前辈的假设,作出结论,判定郑笺为非。钱大昕《养新录》为作旁证,谓古无轻唇音,"匪,读如彼"。

类此一字之证,似乎是小事,但清儒这种思维程序暗合近代"实验主义"科学——"大胆假设,小心求证"的方法论,这却是值得我们重视的大事。

乾嘉学者严于审证

取证的同时必须审证,首先是辨别真伪。清初,阎若璩撰《尚书古文疏证》,揭露东晋本《古文尚书》为赝鼎,为辨伪创造了典型。乾嘉诸儒审查其他历史文件,发展了辨伪的经验。兹举凌廷堪辨世传三国时曹操谋士陈琳名作《檄吴将校部曲文》乃后人伪作为例。

按顾炎武《日知录》卷三十"年月朔日子"条说:"《文选》陈琳《檄吴将校部曲文》'年月朔日子'。""古人文字,年月之下,必系以朔,必言朔之第几日,而又系之干支,故曰'朔日子'也"。
"《宋书·礼志》'年月朔日甲子,尚书令某甲下'。此古文移之式
也。陈琳檄文,但省一甲字耳。"顾氏不知此檄乃赝品,遽举以为
"年月朔日子"之证,并引《宋书》有"年月朔日甲子"之文以相附
会,又曲为解释,谓陈檄"但省一甲字耳"。炎武虽博极群书,但
因审证未严,故尚有此疏失。其后凌廷堪读此檄,发生困惑。其
一,何以此文仅见于《昭明文选》,而《三国志》及裴松之注皆未
载?其二,按《魏书·武帝纪》,曹操于汉献帝建安十七年冬十月、
十九年秋七月、二十一年冬十月,三次南征孙权,年月可考,何以
此檄但云:"年月朔日",不明指何年?此檄由尚书令荀彧署名发
布。按《魏书·荀彧传》,建安十七年,彧病死寿春,何以此檄所言
多彧死后之事?于是凌氏著《书陈琳檄吴文后》,断定此檄非真
陈琳手笔,当是"齐梁文士所拟作"。

　　研究古人的条例,制定自己的条例,广泛取证,严格审证,然
后作出"实事求是"的结论。乾嘉学者这一整套考据方法,给了
我对太平天国史研究以深刻的影响。

二

　　20世纪五六十年代,在时势的推动下,研究太平天国史者风
起云涌。从唯物史观出发,肯定农民反封建反侵略斗争的正义性,
歌颂太平军的爱国主义精神,总的导向是正确的。但同时也受到
"以今例古""以论代史"等唯心倾向的干扰,有的论著偏离了"实
事求是"的方向,对凡是说太平天国"好话"的资料,不加审核,一
律信以为真,据以虚构历史,甚至写进了学校教科书。再由于太

平天国史研究一时畸形走红，所以有的投机者便伪造天朝文献、文物、口碑以牟利。面对这一切，我们必须继承和发扬乾嘉考据学的实证精神，勇于担当去伪存真的严肃任务。

我写过一些考证太平天国史的文章，可存者少，其中较有益于促进太平天国史学发展的有两篇：一是 1957 年发表的《从〈报恩牌坊碑序〉问题略论当前研究太平天国史工作中的偏向》，辨一件有影响文物内容之伪；一是 1980 年发表的《〈燐血丛钞〉辨伪》，辨一部有影响书籍之伪。

《报恩牌坊碑》，系太平天国幸存的石刻之一，发现在江苏常熟，相传为常熟人民歌颂忠王李秀成之作。自简又文前辈于 1937 年 6 月在《逸经》半月刊 32 期发表《常熟访碑记》后，此碑一直受学术界重视。由于日寇侵华，频年战乱，学者还来不及对之做周密的审查。到了 20 世纪 50 年代，罗尔纲前辈等都把它当作常熟人民讴歌太平军统治下年丰人乐的重要物证。凡是太平天国史家几乎都引用这篇碑文里的"禾苗布帛，均出以时；士农工商，各安其业。平租佣之额赋，准课税之重轻。春树万家，喧起鱼盐之市；夜灯几点，摇来虾菜之船"等骈俪词句，以描绘当时民物殷阜的景象。我生长常熟，儿时即闻先辈遗说其时兵荒马乱之状。及壮，治太平天国史，读吴云《两罍轩尺牍》、龚又村《自怡日记》等有关史料，发现当时当地民生困苦实况，与碑文所记不符。原来此时常熟太平军守将钱桂仁已密谋叛变。他暗通上海清军并与伪降太平军的盐枭武装及地主团练相勾结，对农民横征暴敛，积草屯粮，伺机变天。1861 年冬，乘李秀成攻杭州，苏州空虚，昆山叛将李绍熙、相城团首徐佩瑗与钱桂仁串通，阴谋暴动。不意李秀成攻克杭州，率大军回师苏州，叛徒们一时丧胆，便纷纷偃旗息鼓,重新潜伏起来,以图再举。《报恩牌坊碑》就在这时由叛徒炮制出笼,目的是为麻痹李秀成。据当地目击者陆筠《海角续编》记:同治元年(1862)"二月,贼慷天福钱桂仁将王市严氏节孝坊拆到南门外丰乐桥,改造报恩坊,以媚伪忠王李贼"。不过隔了几个月,1863年1月,常熟叛军便闭城剃发,公开降清,为李鸿章部清军攻陷苏南打开了缺口。在掌握大量确证之后,1957年,我撰写《从〈报恩牌坊碑序〉问题略论当前研究太平天国史工作中的偏向》一文,揭露此碑出于叛徒之手,内容虚假不足信,并批评某些太平天国史论著偏离"实事求是"的方向。此文曾引起争议,有的学者撰文鸣鼓相攻。但对《报恩牌坊碑序》的引用率,却从此一落千丈了。这是考据的功效。

在二十多年之后,因对《燐血丛钞》的辨伪问题,史学界波澜再起。此事乃是对罗尔纲前辈《江南春梦庵笔记》辨伪的继续。

按,大伪书《江南春梦庵笔记》出笼于清光绪年间,由上海《申报》馆印行。托名天朝后期重臣赞王蒙得恩的心腹沈懋良所撰,史料来源于蒙得恩。20世纪50年代,中国史学会编《太平天国资料丛刊》,竟收录了这部眩迷人目的伪书。因它编造了一套荒谬的天朝制度,鱼目混珠,给太平天国史学造成了极其恶劣的影响。但作伪者无法克服资料来源与资料内容的矛盾。这个自命为蒙得恩亲信的沈懋良,对蒙得恩的情况却是无知。特别是蒙得恩已在太平天国辛酉十一年(1861)死去,而沈懋良却说,甲子十四年(1864)天京失陷前几天,蒙得恩还在天王宫值宿。岂非"见鬼"!罗先生经过深入调查,取证确凿之后,撰《江南春梦庵笔记考伪》,宣判这是一部大伪书。这是罗先生在20世纪50年代对太平天国史学作出的一大贡献。不意隔了二十多年,又有《江南春梦庵笔记》的翻版——《燐血丛钞》混进了市场，欺骗世人。

《燐血丛钞》出笼的时间是 20 世纪 50 年代，地点是苏州。炮制的手法特别具有欺骗性：其一，它也抄录了一批真史料，如《东南纪略》《苏台麋鹿记》《李秀成供》等，真伪混杂。其二，托名谢绥之随淮军破苏州时所收集的太平军图籍。其人事迹，有俞樾《春在堂杂文》四编《赠通议大夫谢君传》等可稽考。其三，内有多种"太平军将士"的著作，为世所罕见。1962 年，此书被苏州文物保管部门所收藏。"文革"后，在衰而复振的太平天国史研究浪潮中，此书竟被节录发表于《中华文史论丛增刊——太平天国史料专辑》。1979 年，由上海古籍出版社出版。一时以假乱真，贻误读者。然而作伪者对太平天国史事却仅是一知半解，尤其不谙天朝制度，因而下笔即误，满纸触犯"拜上帝"戒条，令人读后生疑。特别是作伪者不知《江南春梦庵笔记》已被罗先生揭穿是大伪书而尚奉为至宝，当作资料来源，大量抄袭，终于人赃俱获，被抓住了作伪的铁证。

以考据治太平天国史，我得到了罗尔纲先生的鼓励。他还勉励对乾嘉考据学做总结。遗言在耳，末命可怀。但愿扬州大学中国近现代史博士点的师生共同保持和发展我们朴实无华的治学特点，远继清代扬州学派的遗风，近副罗先生等前辈的期望，这是我馨香祈祷以求之的。

（原载《扬州大学学报(人文社会科学版)》2007 年第 4 期）

从《报恩牌坊碑序》问题略论
当前研究太平天国史工作中的偏向

中华人民共和国成立以来,很多研究太平天国史的人们,几乎都把常熟的《报恩牌坊碑序》当作是说明在李秀成领导下,常熟等地太平天国政府政策的进步性和年丰人乐的根据。

我生长常熟,听到过关于太平军的很多传说,近年阅读史料,曾对这个残碑摩挲勘订,发现它的内容与历史的真相不符。

一、关于"报恩牌坊"的来历问题

《报恩牌坊碑序》并不如有些同志所理想的是"常熟人民感恩报德"[1]的文章,而是以钱桂仁为首的一群叛徒们别有用心地谀颂忠王的作品。

原来太平军在攻下江南前,已经发展成为一支庞杂而不稳定的队伍。其中久经艰苦战斗、忠贞于农民革命事业的广西老战士已经很少,"大抵以湘、鄂、皖、赣等籍人,先充官军,或流氓地痞,裹附于贼,或战败而降贼军,积赀得为老兄弟者居多"[2]。在攻下

---

[1] 罗尔纲:《太平天国文物图释》,第 57 页。
[2] 李圭:《思痛记》卷上,《太平天国》四,第 480 页。

江南的时候,大量招降纳叛[1],更加深了自己内部的危机。有不少地方政权,还落在一些堕落分子的掌握。

常熟昭文守将钱桂仁,桐城人,他和地主阶级有千丝万缕的关系[2]。当咸丰十年(1860)秋季,接防常昭之后,即表现出种种背叛革命的行为:

生活腐化,贪污享乐

龚又村《镜穪轩自怡日记》[3]说:

> (咸丰十一年三月初五日),晚见钱伪帅查卡……至存仁堂,爱大船厅,命师帅拆移城馆,扎本松桧两盆,亦随身去。(卷二十)

他在同年八月八日写道:

> 其盐务则拨各乡,著军师帅销卖……(每斤)钱帅归四文。(同上)

以后他的部将骆国忠乘钱桂仁到苏州的机会,争先发动叛变,觊觎他的"赀重"[4],也是原因之一。

---

[1] 罗尔纲:《忠王李秀成自传原稿笺证》,中华书局1954年6月版,第121页。

[2] 李鸿章:《朋僚函稿》第二同治元年闰(八)月二十七日《上曾相》。

[3] 《镜穪轩自怡日记》系未刊之本,现藏北京图书馆。参阅1957年2月14日《光明日报》"史学"第101号,拙作《介绍〈镜穪轩自怡日记〉》。

[4] 谭嘘云:《常熟记变始末》卷下,《太平天国》五,第403页。

重用地主分子

钱桂仁在常昭,任用陈耕云为军政司,"专管粮务"。陈系寓居在常昭的仪征县廪生。有人亲见他"豪华特甚,时有姬人艳妆出屏见客,每图要办米八百石,银一千五百两……米色顶真,须出使费,乃斛收"。当时在钱桂仁部下,陈的权力最大。其次为胡伯和(一名昌銮),"系徽州人,丙午孝廉,江苏拣发知县,被掳掌吏科"。这个反革命的两面派分子一心效忠清朝,在病死之后,他的木主上还写着清朝的官衔。通过胡伯和的关系,原来躲避在农村的南乡大地主曹和卿便公然进城,面见钱桂仁,不论关于"收漕""试士"等大政,钱桂仁、胡伯和都向他请教。准许地主收租和考试"出'四书'题",都是他的主意。博得地主们齐声喝彩,说他能够"片言使狂寇回心"[1]。

支持地主,剥削农民

太平军初到常昭,是不准地主收租的。经过地主分子的活动,钱桂仁便公然支持他们剥削农民。《镜檽轩自怡日记》说:

> 辛酉二月,邑绅曹和卿具禀钱伪将:悯城士流落于各乡者度日艰难,每亩酌收三斗,立租局于吴塔左近。(卷二十一)

这样,便激起了常熟南乡农民的强烈反抗,很多租局的房屋被拆毁,"局董"被击毙,钱桂仁竟派兵镇压,并亲自下乡,"访获周姓二人,熬审毁局,随带回城"。

同年秋收的时候,钱桂仁更进一步地支持地主收租。

---

[1] 以上见《镜檽轩自怡日记》。

（八月八日），闻伪示：业户呈田数给凭，方准收租，每亩出田凭费六十，又欲呈田契钤印，图取税银，曹和卿劝止，现设公局于西庄存仁堂，议各乡租米，归局代收。（同上书卷二十）

（十月初五日），见武军政洪（原缺）示十款：如佃农匿田抗租……本人处斩，田亩充公。（同上）

（十二月望日），迎天豫钱（原缺两字），下洞港朱局……谕司马百长，饬佃农五日中完清租粮，即桂仁之子也。（同上）

太平天国"均产并耕"的方案就葬送在这些叛徒的手中。

私通敌人，阴谋叛变

当太平军攻下江南时，这里的封建残余势力被迫向三方面退却，一部分逃往上海；一部分钻进太平军内部；一部分潜伏农村。不久，他们又迅速地重新结合，以上海为基地，利用农村中的据点和力量，通过钻进革命内部的人，勾诱动摇分子，梦想内应外合一举攻陷苏福省。

据很多史料记载，钱桂仁很早就和苏州守将熊万荃、降将李文炳以及盘踞在苏、锡、昆、虞四县边区的地主武装首领徐佩瑗等勾结，接受流亡在上海的苏州知府吴云的指挥，进行叛变活动。吴云于 1861 年致李文炳的密信里曾说：

金二戈处既已扣定，有无生法之处？[1]

---

[1] 吴云：《两罍轩尺牍》卷十二《复李某》。"金二戈"系钱字的暗号。

同年,江苏巡抚薛焕奏报清朝:

> 常熟贼目钱安邦……欲乘间投诚,束身归罪。[1]

有个参与叛变阴谋的周庄大地主写道:

> (咸丰十一年)十二月十一日,接吴藩司密札饬费秀元(即费玉成,盘踞周庄的土匪头目)整备船勇,堵御荠娄一带援贼,盖因苏城贼酋李文炳、熊万荃、钱得胜与永昌团董徐少蘧佩瑗同谋内应,据称有兵六万,不用官军援剿,但请上海设局以济其饷,于是府尊吴平斋云至泖塔,倩清卿(吴大澂)来镇候信,振甫亦自长渠至,将密调孙少襄(孙金彪,盘踞盛泽的土匪头目)之众为外应,不意忠逆于十七日率群贼自杭回苏,内外悚然,俱不敢动,然糜饷已十余万矣。[2]

在大叛变流产之后,钱桂仁的投降活动更加积极。李鸿章于同治元年(1862)闰八月廿七日,写信给曾国藩说:

> 常昭踞逆钱百顺,桐城人,密托程学启乞降,所部二三万,存饷二十万,可支数月,俟嘉定克复,我军进昆山,便以城来归。[3]

---

[1]《同治东华续录》卷一咸丰十一年八月丁巳"上谕"。

[2] 陶煦:《贞丰里庚甲见闻录》卷上。据《镜穉轩自怡日记》,钱桂仁一名得胜。

[3] 李鸿章:《朋僚函稿》第二同治元年闰(八)月二十七日《上曾相》。

谭嘘云《守虞日记》：

> 桂仁素有反正之心，因无援未发。会李抚军收浦东降
> 众，连克青浦、嘉定，军威大振，桂仁遣董政勤至彭家桥海
> 口，阳为负固之计，阴图纳款之谋；政勤曾隶行伍，于官军有
> 旧也。[1]

同年十一月，这个叛徒完成了叛变准备之后，便阴狠地企图
谋杀忠王。庞鸿文《常昭合志稿》说：

> 桂仁先于虞山门外筑石营，工竣后即赴苏将诱伪忠王
> 李秀成至常昭阅城计杀之。[2]

不料骆国忠争先发动叛变，杀掉了他的全家，夺取了他的赏
财。钱贼一时进退失据，后蒙忠王宽大，令其将功赎罪，但是在左
宗棠进攻杭州的时候，仍"遣人纳款献城"，最后，可耻地"跪伏道
旁，泣求免死"，留下了他的狗命[3]。

总之，从钱桂仁的身上，反映了当时阶级斗争的尖锐复杂性
和太平军内部阶级力量对比的变化，也体现出农民战争失败的共
同规律：即太平天国革命和历史上所有的农民战争一样，它能够
消灭外部的敌人，而无法纯洁自己的内部；它能够在军事上战败
地主阶级，而抵抗不住地主阶级在政治上的侵袭。内部的反动势

---

[1]《太平天国》五，第407页。
[2]《常昭合志稿》卷十八《兵制》附《兵事》。
[3]《左恪靖伯奏稿》卷十四《陈明钱贵仁事前通款贷其一死片》。

力和堕落倾向随着战争的胜利而不断滋长起来,特别是在进入
"财赋之区",被子女玉帛所包围的时候,便给敌人以内外夹攻的
机会。

狡猾的叛徒们,为了隐蔽叛变的逆谋,千方百计地媚惑革命
的领导者。《镜稼轩自怡日记》曾说:钱桂仁在常熟城内前造桥
筑花墅,"为伪忠王行宫,水木工疲于奔命"。当 1862 年初,大
叛变流产之后,他一方面更积极地准备叛变;另一方面加紧对忠
王献媚,《报恩牌坊碑序》就是这时的产物[1]。所以《海虞贼乱
志》说:

> 闻伪忠王奉召回京,遂于南门外建一大石坊,名报恩忠
> 王坊,盖以忠王为伪天王檄召,特建此坊,谓忠王爱民如子,
> 民不能忘,王虽去京,此坊如召伯甘棠之意。忠王大喜,加
> 钱逆为受天天军主将,独掌常昭军民事务。[2]

撇开地主阶级对革命污蔑的意义,这段记载是含有某些真相
的。又据《镜稼轩自怡日记》说,叛徒们还借着建筑牌坊的名义,
大肆搜括,"佃农疲惫不堪",成为严重的灾难。由此可见,如果我
们天真地把这个残碑当作是人民感恩报德而营造的,那就完全违

---

[1] 陆筠:《海角续编》谓"报恩牌坊"建成于同治元年二月,顾汝钰《海虞
贼乱志》则记在同年六月后。罗尔纲先生推测为前者所记是建坊开始的时
候,而后者所记却是牌坊已建成的时候(《太平天国文物图释》,第 58 页)。
按,《镜稼轩自怡日记》说:"(同治元年三月初九日),舣舟至城,……见报
恩坊新造,在丰乐桥堍。"与《海角续编》之说合,《海虞贼乱志》系追记之词。
[2] 《太平天国》五,第 374 页。

反了历史的事实,而被叛徒们所窃笑了。

二、关于碑文内容的真实性问题

在叛徒们的横征暴敛之下,常、昭两县农民的生活到了困苦不堪的境地。

据各种文献所记,当时常、昭农民对政府的负担是异常繁重的。有公粮、军租、田凭费、上下忙银、兵饷捐、红粉捐、过路供应费、免冲钱、筑海塘捐、修塘路捐等种种捐税名目。再加上各级官吏的层层剥削,又额外加重了农民的负担。请看 1861 年秋收时,常熟南乡佃农应缴的每亩租粮总数:

公粮——三斗三升;加费钱一百十四;

局费——一斗;

田凭费——一斗;

委员监局费——一斗;

地租——一斗。

叛徒们的搜括手段又是极端残酷的。"一有不应,已链条加颈,甚则杖枷。"[1]以下是《海虞贼乱志》记同治元年春夏间常昭东乡的情形。

拘农民具限期,每亩赋役折价,涨价至二千零六十文,农力何能完办?到麦熟,有未清者,伪职代坐天父堂,着司

---

[1] 以上据《镜櫋轩自怡日记》。按当时因捐税繁重,所以叛徒们不得不限制地主的剥削,仅许收租一斗,以缓和农民的反抗。

马伍长交出欠户,当堂行杖,命听差随至其家,将所收麦子蚕豆尽行拿出作价抵偿。老幼男女见此情状,泣泪如雨。[1]

主要由于叛徒们的这样搜括,造成物价飞涨,更加深了农民的灾难。原来每斤十八文的盐价,经过钱桂仁等层层抽税,增加到二十八文[2]。就在"报恩牌坊"建成后不久,《镜穉轩自怡日记》说道:

> (五月初十),见天久不雨,例破黄梅,农夫望云益甚,致米珠粟玉,度日大难,而追呼仍如火急。予寓买米每石价至六千五百,乃未几而增至八九千,谁能堪此。(卷二十一)

同年有个常熟地主周鉴在《汝南一家言》中写道:

> 去夏米价六千,今夏贵至八千以外。道光二十九年大水,米价五千八百,咸丰六年大旱,米价六千,皆无如此之数也。[3]

叛徒们"三里五里设卡抽厘",而且"店有店凭:数千至百数十千,逐日再加,抽日头钱,虽素菜摊日收四五文亦不免"[4]。这

---

[1]《太平天国》五,第373页。
[2]《镜穉轩自怡日记》。
[3]《近代史资料》1955年第3期。
[4]《近代史资料》1955年第3期。

样,就造成了"货殖亦难得利,闭歇者多"[1]的商业萧条现象。

随着社会经济破产而来的,便是农民暴动。据各种文献的记载,在咸丰十一年(1861)和同治元年(1862)两年间,常熟昭文四乡农民的抗租、抗粮、抗捐暴动不下数十次。

咸丰十一年四月,南乡吴塔、莘庄等地发生农民抗租暴动。

同月,南乡翁庄、樊庄等地和东乡的白茆都发生农民抗捐暴动。

五月,东乡陆家市等地发生农民反抗"军租"暴动。

六月,南乡四万荡、东乡陈唐坝都发生农民抗捐暴动。

十月,东乡的周巷桥发生农民抗粮暴动。西乡顾山发生农民反对查田暴动。

十一月,北乡福山、东乡柴角等处都发生农民抗粮暴动。

同治元年上半年的民变也多如蜂起。就在"报恩牌坊"建成的同月,西乡的小市桥还爆发了一次农民抗粮暴动。

这些暴动都遭遇叛徒们的血腥镇压,往往"大打先锋","民宅都空","俱成焦土"。正如忠王自述"后十二年回到苏省,民已失散,房屋被拆,良民流泪来禀"的情景。

沿江一带的村镇,还不时遭受外国侵略者的船舰和清朝"水师"的炮轰和抢劫。许多地主、土匪的武装也横行无忌。大局的恶化,更促成社会秩序的动荡[2]。

试看这种情形,和碑文所说的"禾苗布帛,均出以时;士农工

---

[1] 《镜穉轩自怡日记》卷二十。

[2] 以上参据《镜穉轩自怡日记》、佚书《庚申避难记》(一名《庚申避难日记》,未刊本,系常熟西北乡黄家桥的一个小地主所作。土改后我于离黄家桥不远的港口镇发现。内容极富)、《海虞贼乱志》等书。

商,各安其业。平租佣之额赋,准课税之重轻。春树万家,喧起鱼盐之市;夜灯几点,摇来虾菜之船"的民物殷阜景象正成尖锐的对比,有什么相似之处呢? 由此可见,如果我们把《报恩牌坊碑序》当作描绘太平天国历史的根据,把叛徒统治下的混乱世界粉饰成为年丰人乐的理想社会,便不自觉地陷入了主观唯心论的泥潭。

三、目前研究太平天国史工作中的偏向

中华人民共和国成立以来,研究太平天国史的人们都积极发扬太平天国革命的意义,有了很大的成绩。同时也产生一种偏向,就是有些同志对凡是有利于太平天国的资料,不论它是否真实,便一律当作可靠的根据,而把它渲染起来;凡是和这个观点相反的,便当作"地主阶级的污蔑"而在排斥之列。这样,也就在自己和读者的面前筑起了一道隔离历史真相的高墙。《报恩牌坊碑序》的问题就是显著的一例。

迄今研究太平天国史最有贡献的是罗尔纲先生,从罗先生所写的书里,我们可以举出不少同样的事例。

按佚名《庚申避难记》说:

> (咸丰十年十一月)初六(日),有长毛告示,要收钱粮,谕各业户各粮户,不论庙田、公田、学田等俱要造册收租完粮。

佚名《平贼纪略》记咸丰十一年正月无锡、金匮事说:

> 城贼黄和锦出示招募锡金老书吏,设伪钱粮局于东门

> 亭子桥唐宅。分业田收租完粮,令民自行投柜,随给伪串。
> 城乡业田者俱得收租糊口,或顽佃抗租,诉贼押追。[1]

这些都是后期太平天国的部分地方的变节政府于咸丰十年冬季和十一年春季已经准许地主收租的证据。罗先生掌握了这些尚未公开发表的资料,并没有很好地用以说明后期太平军内部阶级力量对比的变化,分析太平天国失败的原因。

他在《天朝田亩制度的实施问题》一文里,为了证成太平军曾在苏常实行"耕者有其田"的论点,尽管在很多处征引这两种抄本,但是从来没有一提上述两段记载,而是割取了另外几节片段的文字来描绘太平军在常熟无锡于咸丰十一年冬季还实行"耕者有其田"的措施。

《庚申避难记》一再说明太平天国常熟昭文政府从咸丰十年冬季以后就准许地主收租,而罗先生却固执地引用它的以下一段话来证明太平天国常昭政府于咸丰十一年十二月还保护佃农的土地所有权[2]。

> 长毛又要耕种自田领凭,每亩米五升,折钱一百二十五
> 文,着旅帅必要催领。

姑不论罗先生置前文于不顾,就按这段原文也是说常昭太平天国政府在向佃农征税之后,又向自耕农征税,要他们领凭,并不

---

[1]《太平天国文物图释》,第188页。窦镇:《锡金续识小录》卷一有同样的记载。

[2] 罗尔纲:《太平天国史事考》,第209页。

如罗先生所解释的，是发给佃农"土地证"的意思。罗先生固然不了解常熟的方言，"耕种自田"系指自耕农而不是佃农；也没有注意到如果真的是满足了佃农的土地要求的话，那么，应该受到他们的拥护与欢迎，像《庚癸纪略》所记"领凭后，租田概作自产，农民窃喜，陆续完纳"的吴江情形一样，为什么还要"着旅帅必要催领"，强迫农民执行呢？

《平贼纪略》于咸丰十一年十月有以下的一段记载：

> 伪乡官随田派捐以供贼支。各佃户认真租田当自产，故不输租，各业户亦无法可想，惟乡业熟悉田佃者或可每石收一二斗不等。旋为贼知偏枯，是年春遂招书吏循旧章按户完粮收租。于是城业议设总仓厅于四城门外以便各佃户就近还租，公举薛某总董其事，出传单招各业主将租册送总仓厅者代完粮收租。因照足额，以至各佃户聚众拆毁而废。后归各业自行到乡收租，大抵半租而已。[1]

从这里，我们可以深刻地看出当时阶级斗争的复杂尖锐性和嗅到太平天国革命行将失败的气息。但是在《天朝田亩制度的实施问题》一文里，罗先生只摘引了"伪乡官随田派捐以供贼支。各佃户认真租田当自产，故不输租，各业户亦无法可想"几句，来描绘太平军在苏常地区实现"耕者有其田"的经过[2]。直到当时那个"总仓厅"董事薛某的"布告"出现之后，罗先生在笺释

---

[1] 《太平天国文物图释》，第188—189页。

[2] 罗尔纲：《太平天国史事考》，第209页。

这个"布告"的时候，才不得不征引了上述《平贼纪略》的一段全文[1]。不容讳言，罗先生这样地处理尚未刊行的史料，不仅损害了自己学术的成果，而且贻误了后学。

也由于罗先生这样地富于主观主义精神，所以有牵强附会的错误。例如在《忠王李秀成自传原稿笺证》里，曾征引沈梓《避寇日记》来表明忠王在苏州的治绩：

> 过钱吟樵，言苏属乡镇未延烽火者十之七八，且迁徙者多，人烟转盛，城市富民往来贸易，货财充斥，增设市廛，贼但抽租增税而已，初不知其为乱世也，彼常以事至荡口镇，目见其然也。[2]

实际上这是战时某些地方商业畸形发展的现象，与忠王的治绩无关。

按太平天国在苏浙建立政权，一般都是从城市到乡村的，所以当苏州、无锡等城市已经被太平军所占领，而不少地主豪绅仍据守农村对抗革命。在革命洪流的冲击下，一部分土崩瓦解；一部分表面归附太平军，以保全地盘和实力。在他们的盘踞下，当时有不少未经战争和不受太平天国直接管理而被流亡地主当作安乐窝的巨镇，如华翼纶霸占的荡口、徐佩瑗霸占的黄埭、费玉成霸占的周庄、孙金彪霸占的盛泽等，这里的商业都畸形发展起

---

[1]《太平天国文物图释》，第188—189页。
[2]《忠王李秀成自传原稿笺证》，第129页。

来[1]。另外有些没有受战争影响的商业中心地点，也呈现特殊繁荣的景象。《镜樨轩自怡日记》于咸丰十一年春夏之交说：

> 近因各路梗塞，办货者择地，东则往上海，南则往余杭，北则往通州，以及嘉定之黄渡、南翔，金匮之东亭、荡口，长洲之陆墓、黄埭，吾邑之野塘、彭桥。（卷二十）

至于军队经常过往的地方，"若山塘、金顶桥数处，则浮摊不成市，时发时收"。罗先生没有引用《避寇日记》的材料来研究太平天国革命战争时期的复杂情况所造成的这种经济畸形发展的社会现象，而牵强附会，夸大忠王个人的作用，这对太平天国史的研究是没有益处的。

总之，从《报恩牌坊碑序》和上述其他事例，说明了过去研究太平天国史工作中的一种偏向，就是主观主义的观点与方法所造成的偏向，它阻碍了我们对太平天国的历史作更深刻的认识。因此我们必须克服这种偏向，才能把对太平天国的研究工作向前推进一步。

（原载《光明日报》1957 年 5 月 23 日）

---

[1] 以上参据施建烈：《纪（无锡）县城失守克复本末》、潘钟瑞：《苏台麋鹿记》、《贞丰里庚甲见闻录》、《镜樨轩自怡日记》、仲虎腾：《盛湖志补》等书。

石达开官爵考

近年,王庆成同志在英国剑桥大学图书馆,仔细检阅了不同版本的《太平军目》。其中有一册是"戊午遵改"本。庆成同志发现"其最重要的修改是,此书各版中的'翼王旗长阔俱八尺,内写太平左军主将翼王石'一行,改为'翼王旗长阔俱八尺,内写太平开国军师左军翼王石'"。庆成同志由此推论,石达开膺封开国军师,是在"杨韦内讧"之后,石回京辅政之时。他又说:"石达开在八年新历献历奏中有'通军主将'头衔,而《太平军目》戊午本中仍作'左军',这应是改刻时之粗忽,因为石达开'通军主将'之称早在出走告示中就已经有了。"[1]庆成同志对《太平军目》这一修改的发现,是富有新意的。但是,对他的两点推论,尚需斟酌。其一,石达开膺封开国军师不是在回京辅政之时,而是在丁巳出走之后。其二,戊午修改本《太平军目》中的"太平开国军师左军"八字,都是对的。"左军"非"通军"之误。鉴于学术工作的需要,作《石达开官爵考》,以就正于庆成等同好。

金田起义后,洪秀全任命杨秀清、萧朝贵、冯云山、韦正、石达开为五军主将,石达开任左军主将。《天命诏旨书》:"辛亥七月十九日,时在茶地。天王诏令:'前军主将贵妹夫、左军主将达胞

---

[1]《太平天国学刊》第五辑,第210页。

同统戊一监军、中一军帅、前二军帅、左一军帅、左二军帅,开通前路;中军主将清胞统土一总制、中一军帅、中二军帅及前选侍卫二十名护中;右军主将正胞、后军主将山胞同统右一军帅、右二军帅、后一军帅,后二军帅押后。'"其中"达胞"即石达开。洪秀全旋任命杨秀清、萧朝贵、冯云山、韦正为军师,又封东、西、南、北、翼王,石达开膺封翼王。《天命诏旨书》:"辛开十月二十五日,时在永安。天王诏令:'今特褒封左辅正军师为东王,管治东方各国;褒封右弼又正军师为西王,管治西方各国;褒封前导副军师为南王,管治南方各国;褒封后护又副军师为北王,管治北方各国;又褒封达胞为翼王,羽翼天朝。'"从此,石达开的官爵为"左军主将翼王"。一见之于壬子初版、癸好重印的《太平军目》。"翼王旗长阔俱八尺,内写'太平左军主将翼王石'。"又见之于《太平天国癸好三年新历》所载五王奏请颁历诏"太平天国禾乃师赎病主左辅正军师东王杨、右弼又正军师西王萧、前导副军师南王冯、后护又副军师北王韦暨左军主将翼王石伏奏我主我兄天王万岁万岁万万岁,为治历定时事"云云。《太平天国甲寅四年新历》载此奏所列石达开的头衔与上同。按太平天国制度,每年十月印行下一年的新历。甲寅新历是癸好十月印行的。由此可见,直到癸好三年十月,石达开的官爵全称仍是"左军主将翼王"。

不久,太平天国以东、西、南、北、翼诸王上应风、雨、云、雷、电天象,为诸王加衔,其详见《顶天侯秦日纲等颂赞词》:"赞美东王,为圣神风,是圣灵赎病救人。赞美西王,为雨师,是高天贵人。赞美南王,为云师,是高天正人。赞美北王,为雷师,是高天仁人。赞美翼王,为电师,是高天义人。"高天,犹言天上。由是,从甲寅四年起,石达开的头衔全称为"电师左军主将翼王"。

还在起义初期,太平天国规定,群下称东王为九千岁,西王为八千岁,南王为七千岁,北王为六千岁,翼王为五千岁。均有文献为证。杨秀清称九千岁,见《太平救世歌》:"赐爵东王,九千岁锡。"萧朝贵称八千岁,见《天兄圣旨》:"辛开元年十月十八日,天兄劳心下凡,时在永安。"其记录有"东王等奏曰:'遵命。我们众小弟沾得天兄从前代赎罪功劳甚大,今朝贵妹夫八千岁又代世人如此受苦'云云"。南王称七千岁,北王称六千岁,翼王称五千岁,见《天父下凡诏书》(一):"(辛开)元年十月二十九日,冯南王、韦北王、石翼王同小臣曾天芳、蒙得天齐到杨东王殿前请安,并会议天父上主皇上帝江山大事,言不数语,忽然天父下凡。……天父回天后,小臣曾天芳、蒙得天与七千岁、六千岁、五千岁将天父圣旨回禀东王九千岁。"因此,按规定,自秦日纲以下,一律尊称石达开为"电师左军主将翼王五千岁"或"翼王五千岁"。见《贼情汇纂》。又见北京大学图书馆所藏《旧遗诏圣书》封面题字。

又按规定,东王对下文告称"诰谕",北王称"诫谕",翼王称"训谕"。以故前期石达开对下文告的统一格式是"真天命太平天国电师左军主将翼王石训谕"云云。也见《贼情汇纂》。

"杨韦内讧"之后,石达开回京辅政,他的头衔有了变化。丁巳七年刊行的《太平天国戊午八年新历》所载诸王请颁历奏,反映出政局变动的痕迹。其一,北王韦昌辉的衔名已被削去,剩下东、西、南、翼四王署名。其二,石达开署衔已变作"电师通军主将义王"。按通军,即全军。因避洪秀全名讳,故以通字代。《天命诏旨书》:"今恐通军大小男女兵将未能熟知天父圣旨命令,及熟知天兄圣旨命令,致有误逆天命天令也。"通军,作全军解。通军主将,即全军统帅。关于"义王",曾国藩曾经询问过李秀成,李答："义王即石达开，本系翼王，后来大家喜其义气，推为义王，石不肯受。"见庞际云藏《李秀成答词手卷》。

丁巳七年洪石分裂之后，石达开有了两套头衔：一是他自己沿用原来的官爵；二是洪秀全给他加封或改封的官爵。从中显示出双方的微妙关系。

石达开离天京出走后，留下了一些有时间可考的文告原件：一件是壬戌十二年二月十四日给涪州城内四民的训谕，文件开头就是："真天命太平天国圣神电通军主将翼王石，训谕涪州城内四民人等知悉。"文末年月上盖长方朱印，印文是："太平天国圣神电通军主将翼王石达开"。一件是癸开十三年四月二十三日给松林地总领王千户的训谕，文件开头也是"真天命太平天国圣神电通军主将翼王石，为训谕"云云。翼王部下给翼王的禀报，也有原件可考。壬戌十二年十一月初二日，掀天燕李福猷给翼王的禀报："小官李福猷跪禀报圣神电通军主将翼王五千岁千岁千岁千千岁殿下。"按"圣神电"即电师。一如西王是雨师，又称"圣神雨"，见《太平天国戊午八年新历》所载四王请颁历奏。东王称"圣神风"，天王在《钦定前遗诏圣书》的批注中有解释："即圣神风亦是上帝圣神之风。非风是圣神也。风是东王，天上使风者也。""如今上帝下凡降东王，降托东王是圣神，东王本职则是风劝慰师也。"依此类推，西王本职是雨师，称圣神雨。翼王是电师，称圣神电。上述文献证明，石达开从出走以后，直至失败，他一直沿用原来的官爵"圣神电通军主将翼王"。群下称他仍是"五千岁"。他对下的文书称"训谕"，群下给他的文书称"禀报"，也悉依旧章。

但在洪秀全方面，对石达开的官爵曾进行改封和加封。

戊午八年，洪秀全改封石达开为开国军师。当年颁行的《醒世文》在追叙东王、西王的勋绩之后说："南翼军师为佐辅,前导开国扶圣君。"此文已将前导副军师南王与开国军师翼王并列为天王佐辅,确证是时石达开已从通军主将改封开国军师,以故"戊午遵改"的《太平军目》,将翼王旗改刻为"太平开国军师左军翼王石"。王庆成同志访寻海外所藏太平天国文献的新发现,为我们对《醒世文》这两句的解释,找到了铁证。至于"左军",即"殿左军"。一如以后洪仁玕头衔中的"殿右军"。实际这是虚职。

己未九年,天王封授洪仁玕为开朝精忠军师干王。从此,石达开列名在干王下,他的头衔又有变化。从开国军师变为开朝公忠军师。《太平天国辛酉十一年新历》所载请颁历奏,由已故的杨秀清、萧朝贵、冯云山和在世的洪仁玕、石达开、陈玉成、李秀成、蒙得恩、李世贤、杨辅清、林绍璋联衔署名。石达开列名在"开朝精忠军师殿右军干王洪"后,他署衔为"开朝公忠军师殿左军翼王石。"

辛酉十一年二月二十一日天王诏旨:"自今东西至豫印,通刻顶天扶朝纲。某军等字俱除去,换刻五字世袭长。"他规定石达开的印文是"天父天兄天王太平天国公忠军师顶天扶朝纲翼王石达开",不再有"殿左军"字样。

太平天国的军师原分:正、又正,副、又副,共四员。杨秀清、萧朝贵、冯云山先后死去,所遗左辅正军师、右弼又正军师、前导副军师三职,分别由幼东王、幼西王、幼南王袭位。见抄本《敬避字样》附件。韦昌辉死后,所遗后护又副军师一职不予世袭。洪仁玕膺封的开朝精忠军师,按级别是又副军师。辛酉十一年出版的《诛妖檄文》公布洪仁玕的官爵全称是"钦命文衡正总裁开朝精忠又副军师顶天扶朝纲干王"。石达开膺封的开朝公忠军师,按级也是又副军师。抄本《敬避字样》附件所列石达开的军师全称是"开朝公忠又副军师"。《求阙斋弟子记·贼酋名号谱》所载同。

后期,洪秀全重订礼制,幼东王仍称九千岁,幼西王仍称八千岁,幼南王仍称七千岁。但群下对石达开的称谓,已从"五千岁"改为"喜千岁"。按《太平礼制》(辛开元年颁行本):"贵岳与贵岳两相称,自因其等职,譬如七千岁贵岳见九千岁贵岳则称东贵亲兄,又譬如七千岁贵岳会六千岁、五千岁贵岳则称北贵亲弟、翼贵亲弟,如此为兄弟相称也。"查己未九年以后重印的《太平礼制》(原是戊午八年颁行本),已被补充修改。兹节引一段:"贵岳母与贵岳母两相称,自因其等职,譬如七千岁贵岳母见九千岁贵岳母,则称东贵亲嫂;又譬如九千岁贵岳母会七千岁、福千岁、喜千岁、禄千岁、荣千岁、耀千岁、雄千岁、威千岁、寿千岁贵岳母,则称南贵亲婶、干贵亲婶、翼贵亲婶、英贵亲婶、忠贵亲婶、赞贵亲婶、侍贵亲婶、辅贵亲婶、章贵亲婶,如此则为嫂婶相称也。"又说:"王岳母会贵岳母,亦因其等职,譬如会九千岁贵岳母则称东贵婶,会七千岁贵岳母则称南贵婶,会福千岁贵岳母则称干贵婶,会喜千岁贵岳母则称翼贵婶……如此王岳母为嫂,贵岳母为婶也。"王岳母,天王的岳母;贵岳母,列王的岳母。从两本《太平礼制》的规定看,东王称九千岁,南王称七千岁,一直未变;但对翼王的称呼变了,先是五千岁,后是喜千岁。

壬戌十二年,太平天国设吏、户、礼、兵、刑、工六部僚,每部设正、又正、副、又副部僚四员,共二十四部僚。天王任命洪仁玕为吏部正天僚,见护王部下的《来文底簿》。石达开为吏部又正天僚,陈玉成等均加封或追封兼任部僚。见抄本《敬避字样》附件。

由上述可见,王定安《求阙斋弟子记·贼酋名号谱》称石达开为"吏部又正天僚开朝公忠又副军师翼王喜千岁",这不是石达开自己的署衔,而是洪秀全给他加封或改封的官爵。

附记两则:

①或谓:石达开在受任左军主将之前,曾任天官正丞相。张汝南《金陵省难纪略》:"贼在修仁、荔浦时,止天贼及东、西、南、北四贼旗号而已。翼贼伪天官正丞相,秦日纲伪天官副丞相。及围桂林,天贼下诏封翼贼为伪左军主将翼王,羽翼天朝,日纲始转正。"与太平天国文献所载有出入。录此备考。

②壬子二年八月初九日,曾水源、林凤翔、李开芳禀:"东、北王两翼王下各千岁殿下"[1]。按,《洪大全自述》有"石达开为天官丞相右翼王,秦日昌称为地官丞相左翼公"。(秦日昌,即秦日纲。)吴君良祚谓曾水源等禀文所说的"两翼王",即《洪大全自述》的右翼王与左翼公。可备一说。

(原载《清史研究通讯》1989 年第 4 期)

---

[1]《伦敦大学东方与非洲学院公报》第 39 卷第 1 期。

《湘军志》杂考

我曾继徐一士《王闿运与〈湘军志〉》一文，作《从〈湘军志〉毁版到〈湘军记〉撰成补证》，已发表于《书品》1989 年第 1 辑。顷续有所得，作《〈湘军志〉杂考》，以备书林掌故。

郭嵩焘等对编纂湘军战史的倡议

还在湘军攻陷太平天国天京之前，郭嵩焘即倡议编纂湘军史，为曾国藩所阻止。王定安《求阙斋弟子记》卷二十二引曾国藩答郭嵩焘书："楚军之起，时盛时衰，金陵未破，遽尔编纂巨册，如方略馆臣之例，倘其卷土重来，全局翻覆，振矜一言，叛者九国，功或竟亏于一篑，书亦贻笑于方家，见卵而求时夜，殆太早计矣。"旋先编《湖南褒忠录》。同治十一年二月，曾国藩病故。四月，曾纪泽等将其灵柩从江宁运抵长沙埋葬。七月，由曹耀湘等在长沙开设传忠书局，着手编纂《曾文正公全集》。九月，由郭嵩焘主持的湖南通志局发起编写《楚军纪事本末》，是为纂修《湘军志》的嚆矢。先征集资料和筹措经费，郭嵩焘和曾纪泽策划其事。《曾惠敏公手写日记》：同治十一年九月十五日，"郭筠仙丈来，谈极久"。是日饭后，"清查志局所寄各省函件，将修《楚军纪事本末》一书，劝同乡诸公助赀也"。廿一日，"代志局发甘肃、黄州各函十余件。写片缄致郭筠仙丈"。按郭振墉《〈湘军志〉平议》引郭嵩焘致陈士杰书:"湘军本末,宜有述录,发议自吴南屏。"吴名敏树,古文学家。此次倡议书即由吴敏树(南屏)、郭嵩焘(意城)、罗汝怀(研生)、曹耀湘(镜初)署名。《刘忠诚公遗集·书牍》卷四载刘坤一给四人的复信:"承示纂修《楚军本末》一书,洵为美举,正不独为辨谤而鸣功也。楚军与此次军务相为始终、兵饷兼筹、援防互用,其措施之精密,经营之艰苦,诚如来教所云,足为百世之规,可表中兴之业。倘烦椽笔,此书告成,所裨益良非浅鲜。江省办理军务奏疏咨行各件,已饬赶紧查抄。所需经费,亦经函嘱水陆各营,竭力捐助,俟有成数,当即寄交曾侯公馆,汇缴尊处,仰副台命。"彼时,刘坤一正任江西巡抚。曾侯曾纪泽,袭爵一等毅勇侯。此信保存了郭、曾等倡议编纂湘军史的宗旨。

曾纪泽、张自牧委托王闿运撰《湘军志》

郭嵩焘旋被起用,出使英国。他把《湖南通志》事务托给了湘阴同乡人张自牧。张字力臣,以助贵州巡抚张亮基打击苗民起义,得布政使衔。通晓洋务,著《瀛海论》二种。又重视地方文献,辑《沅湘耆旧诗》。长期寓居长沙,与曾氏叔侄、郭氏兄弟等交密,为权绅之一。其事迹具载于李元度《张力臣方伯五十寿序》,见《天岳山馆文钞》卷三十三。光绪初年,曾纪泽与张自牧把撰写湘军战史一事,交给了王闿运。李榕《十三峰书屋全集》书札三《复王壬秋孝廉》:"似闻《长沙通志》阁下亦与其事,此书成否?此举实榕倡之。沅公、筠老虽未终局,后来不应一笔抹杀。当日鄙意谓湘中武功,千载一时,记载殊不可缓。罢官后与阁下论及,乃不谓然,以为无关志体。近日劼刚、力臣二君以长沙军事编辑属阁下,别为一书耶?合之《通志》耶?"李榕字申夫,四川剑州人。咸丰进士,礼部主事。曾国藩奏调赴军营,同治元年,令领军为统将。后任湖北按察使、湖南布政使,因事被劾罢官。信中的沅公,指曾国荃(沅浦);筠公,即郭嵩焘。两人均经理《湖南通志》事,但均因起用外出而未终局。

刘坤一等对《湘军志》的诽议和酝酿毁版

《郭嵩焘日记》:光绪六年十二月初八日,"晚诣新屋及草潮门,便过朱香荪。闻壬秋《楚军志》已付刊,专寄裴樾岑一部,樾岑匿不示人,亦谓其言多涉虚诬,不足昭示是非之公。香荪与樾岑最昵,询之,尚未有所闻也。而香荪于此慨然谋以自任,但得《方略》诸书,闭门编次,以一年为期,必可以成书,亦资以补救王壬秋之失也"。按朱香荪名克敬,曾任湖南龙山县典史,与抚幕郭嵩焘经常通讯,见郭著《云卧山庄尺牍》。后被巡抚王文韶参革,流寓长沙,郭嵩焘援引入湖南通志局,并嘱曾国荃向曾国藩推荐其人其书。《湘乡曾氏文献》第八册载曾国荃于同治十年六月十五日,从长沙给在金陵的曾国藩的信:"昨筠仙到此,嘱寄朱香荪少尉《潜园杂俎》一本。香荪甚有学识,人亦慈祥恺恻,惜其辱居下寮,志莫能伸。年才五十左右,两目均减光五六分,不堪世用矣。贫病可怜,筠仙延入省志局,月赡薪水二十串,将以此终余年也。"刘声木《苌楚斋三笔》卷一云,有人冒名李元度撰《国朝先正事略·补编》二卷,其中有朱克敬事略。朱氏改写的《湘军志》未刊行。当时郭嵩焘之弟崑焘将改写《湘军志》事商之两江总督刘坤一。《刘忠诚公遗集·尺牍》卷八,光绪六年十二月二十二日《复郭意城京卿》:"《湘军志》自以另办为宜,即请商之次青方伯,弟实无暇及此。如需经费,无不勉竭绵薄,第此间非比广东,恐亦不能过多也。"次青,李元度。

又过了几个月,郭嵩焘才亲见《湘军志》。他的日记说:光绪七年四月廿六日,"张力臣枉过,并示王壬秋《湘军志》二本:一、《湖南防守篇》;一、《曾军篇》。壬秋自命直笔,一切无所忌讳,而颇信取委巷不根之言,流为偏蔽而不知。又其性喜立异,匹夫一芦之长,表彰不遗余力;其名愈显,持论愈苛,或并其事迹没之。其所不欢,往往发其隐私以取快,此其蔽也。然亦未尝不服善。《曾军篇》,曾稍规正之,所改削已多。此书久至樾岑处,固秘不出,经李次青苦索得之。闻尚有《筹饷篇》二本,则竟不肯出也"。旋由刘坤一提议将《湘军志》毁版。《刘忠诚公遗集·尺牍》卷八,光绪七年八月四日《复李次青方伯》:"承示另办《湘军志》,愿改名目,自无不可。惟王壬秋既经在川付梓,何能秘而不宣?裴公不肯出以示人,亦所不解。为今之计,似宜索观全册,将其众惟陒谬之处,逐一签明,寄与曾劼侯一阅。即请其转嘱壬秋,将一切案卷交出,重行编订,务从实录,以期传信后世。壬秋所刊原板,并应照前明《三朝要典》销毁,方为和盘妥处。区区非仅为湘军计,亦为壬秋计。盖偶有舛错,尚可曲原。倘颠倒是非,恐为文字之祸。北魏崔司徒之酷,东晋桓宣武之词,事体虽殊,理势则一,不可不虑及。本朝此次军务,为前代所未有,卒夷大难而成中兴盛业者,湘军之力,亦皆曾文正公之力。若此志矫诬失实,当为劼侯所不许,亦我辈不能辞责矣!经费一节,容再筹商。"光绪八年正月,《湘军志》便遭毁版。

曾纪泽怀念王闿运的诗

其时，曾纪泽已继郭嵩焘任清廷驻英法两国出使大臣。《湘军志》毁版后七个月，他才检阅此书。《曾惠敏公手写日记》：光绪八年八月初三日，"夜饭后，阅王壬秋所撰《湘军志》数篇"。初四日，"茶食后……阅《湘军志》……饭后……阅《湘军志》……饭后……阅《湘军志》"。他未留评语。《曾惠敏公遗集》诗集己集下卷有《怀王壬甫》云："秋林茂实敛春英，龚魏文章数弟兄。搅动飞黄腾达意，发为坚白异同鸣。爱人以德丛人怨，毁汝之言玉汝成。《国语》一编新出手，鱼龙喷沫鬼神惊。"此诗似为《湘军志》而作。龚、魏，龚自珍、魏源。

李榕对《湘军志》切齿

《湘军志》刊印后，湘军宿将李榕也是切齿者之一。他阅后，贻书王闿运大加诘责，见《十三峰书屋全集》书札四。"往年君去蜀时，遗我一书，并大著《湘军志》二册。志中挂及贱名，凡五六见，每于扬美中寓讥贬之意，以为书人书事，瑕瑜不掩，亦天下至公，真若可信者。尔时即欲抗书相诘，则必敷陈事实，援引证据，有如对簿，念非数千万言，不能竟其说。"于是在罗列本人战绩之后，李榕继续分辩说："榕以孱弱书生，屡犯危险。陈、郑二弁，皆百战之将，部下全募老勇，并非新军。且此次将兵，凡十四阅月，而遣撤，中间守建平、桐城不及三月，其余无月不战。君作志时，据何文牍而曰'榕军徒务自全'也？直以意为之而徒快其说耳！"

王闿运《湘绮楼日记》：光绪十年九月廿九日，"得申夫书，以《湘军志》，颇怨我。此书诚负心，使人惭愧，复书引咎谢之"。这封复信的内容略见于《湘绮楼笺启》卷五所录王闿运《致黄子寿》："申夫之恨《湘军志》，较沅伯尤甚。闿运复书云：'他日阎王殿下亦惟有俯伏认罪，自投油锅。'不知可平旦之气否？"按其时有两黄子寿：一、贵筑人黄彭年，字子寿；一、长沙人黄瑜，也字子寿，黄冕之子。此是黄瑜，他与王闿运为姻亲，预闻《湘军志》毁版等事。

《湘军志》改名《湘军水陆战纪》
冒名曾国藩遗作重新刊行

《湘军志》被毁版，反使它被知识界更加珍贵起来。不久，即被改名《湘军水陆战纪》重新刊行。书的扉页有"乙酉仲春京都同文堂"字样，盖光绪十一年即刻石。卷首有光绪十二年丙戌十月永川宋楠序，言此书为虞山人鲍叔衡所刊。"丙戌五月，过申。（叔衡）又得曾文正《湘军水陆战纪》四卷底稿示予曰：'此非今之《国语》《国策》者乎！'翻阅一过，徐应曰然。后十月，侨寓云间，叔衡将此书石印告成，邮寄属序。"宋楠慨叹："惟曾文正乃能自记其篇，未及薨而稿已脱。"他赞美曾国藩写此书，比之柳宗元写游记。"若夫柳州之笔以纪游而神，不知文正之笔以纪战而神！"盖此书竟被冒名为曾国藩之遗作而求得畅通无阻矣。

吴汝纶、刘体智评《湘军志》

吴汝纶是曾国藩晚年的幕宾也是门人。他关心湘军战史。当王定安的《湘军记》刊行不久，吴汝纶即托友人代觅其书。《桐城吴先生尺牍》卷一辛卯三月十六日《与萧敬甫》："王鼎臣想时时通问。曾忠襄薨后，鼎臣尚作金陵寓公否？其所著《湘军志》，亦久欲得之。因读王壬秋所撰不甚惬意，不知鼎臣所为何如耳？"辛卯，光绪十七年。两江总督曾国荃新亡。其幕客王定安仍留金陵修纂《两淮盐法志》。吴汝纶以后为京师大学堂开课目，仍列王闿运《湘军志》，而未代之以王定安《湘军记》。见其《清史本传》。

刘体智，淮军统将刘秉璋之子。刘秉璋也师事曾国藩，官至四川总督。刘体智好谈湘淮军掌故，载其笔记《异辞录》中。此书卷二评《湘军志》失实云："《湘军志》言，李世忠落职闲居后，朝中尚疑其异志。曾文正在江督任中，密使侦察，至其家则已竹篱茅舍，种花莳竹，不复与闻外事矣。湘绮老人此章记载，不知何据？世忠居安庆省城，挥霍如故。久之，难以自给，开设鸦片烟馆以为生计。窝藏匪类，自不能免。会有斯文败类，因欠烟资为其所辱，纠众复仇。世忠野性，岂堪受此强制，亦号召徒党械斗。两方颇有伤夷。时裕禄为皖抚，裕庚在幕中，闻之，召至抚署，言将有所戒饬。世忠敝衣破履，从容而来，殊不经意。入门遂禁勿出，疏请处之重典，制曰可。诏书至皖，裕禄先勒兵严为之备，中夜取世忠出行刑。世忠见灯火满前，兵刃夹道，知不能免，夷然曰：'我昔居巍位，若有诏赐死，当先谢恩。'令人取冠服来。裕禄不许，遂诛之。世忠本剧盗，综其所行所为，一死不足蔽辜，然临刑数语，犹有磊落之象。裕禄用法，以事论事，则失之过甚。湘绮老人《湘军志》一书，评者多訾其不实，我于此亦云。"

（原载《书品》1992 年第 1 辑）